五代十国全史

VI

后唐三朝

麦老师 —— 著

中国出版集团　现代出版社

图书在版编目（CIP）数据

五代十国全史．Ⅵ，后唐三朝 / 麦老师著．— 北京：
现代出版社，2023.4

ISBN 978-7-5143-9974-5

Ⅰ．①五… Ⅱ．①麦… Ⅲ．①中国历史－五代十国时
期－通俗读物 Ⅳ．①K243.09

中国国家版本馆 CIP 数据核字（2023）第 035110 号

五代十国全史．Ⅵ，后唐三朝

作　　　者：麦老师
责任编辑：姚冬霞
出版发行：现代出版社
通信地址：北京市安定门外安华里 504 号
邮政编码：100011
电　　　话：010-64267325　64245264（传真）
网　　　址：www.1980xd.com
电子邮箱：xiandai@vip.sina.com
印　　　刷：北京飞帆印刷有限公司

开　　　本：710mm×1000mm　1/16
印　　　张：27　　　　　　　　　字　　数：410 千
版　　　次：2023 年 4 月第 1 版　　　印　　次：2023 年 4 月第 1 次印刷
书　　　号：ISBN 978-7-5143-9974-5
定　　　价：65.00 元

目录

第一章 同光朝政

王彦章　周德威　刘知远　石敬瑭

梁亡众生相

敬翔自尽的同时，梁朝的降官以李振为首，在皇宫正殿三拜九叩，向这里的新主人李存勖山呼万岁，请求赦罪。

郭崇韬听说昨天没来的李振今天来了，挺感兴趣，让人指给他看。看见李振叩头如捣蒜，郭崇韬禁不住一声冷笑："以前听人说李振是一代奇才，今天一看，不过是个平常的庸夫罢了！"

李存勖刚得汴梁，后梁大部分疆域仍为原来的官员、军队统辖，为了争取这些人放心投降，李存勖需要以宽大示人，所以下令全部赦免。不过，这道赦令只是暂时的。

十月十一日，朱友贞去世的第四天，李存勖占领汴梁的第三天，姗姗来迟的梁军勤王之师的前锋部队，在大将杜晏球的带领下，到达汴梁之北百余里的封丘。梁军将士与唐军李从珂部相遇，马上明白过来：汴梁已经丢了，皇帝没了，大梁亡了。没有发生任何交战，算得上一员勇将的杜晏球就投降了。

十月十二日，段凝统率的梁军主力也进至封丘，一看这情况，非常识时务地率麾下这支梁朝最强大的野战军缴械投降，帮助李存勖的灭梁之战成功收官。然后，段凝以新朝功臣的身份，十分自然地率众将南下，朝见新皇帝李存勖，完全不在意后梁旧臣对他的鄙夷的目光。

后梁众降将在朝见李存勖后，由段凝领衔，上书抨击丑恶，矛头直指他们十几天前行贿讨好的朝中权贵："伪梁的显要高官赵岩、赵鹄、张希逸、张汉伦、张汉杰、张汉融、朱珪等一干奸臣，对上蒙蔽伪主，窃弄皇权，对下作威作福，残害苍生，罪恶滔滔，不杀不足以平民愤！"

之前李存勖下令大赦，是为了在局势还没有彻底明朗化之前，稳定后梁降官的人心，防止仍然拥有巨大实力的原后梁各路将帅、各地藩镇因前途莫测铤而走险，继续与唐军对抗。在李存勖心里，早给世仇后梁的高官拟了一份必杀名单，机会一到便可付诸实施。

现在，原后梁帝国的各路军队、各地藩镇约好似的依次来降，没有哪一军、哪一镇愿意继续为梁朝尽忠，看来，天下已定，宰几个早就想宰的，也实在没什么了不起的。

正好，赵岩等人在后梁朝野的名声已经坏透了，杀了他们，正好体现大唐中兴吊民伐罪的正义性，而且这几个人又没有直接掌握兵权（这是赵岩、张汉杰等佞臣，与曾与其同流合污的庸将段凝、盗帅温韬等人最大的不同，所以他们在后梁亡国时的结局完全不一样），杀掉也没什么风险。

李存勖言而无信，撕毁了刚刚颁布的大赦令，这是他称帝以来第一次，但远远不是最后一次。只是现在轻佻的李存勖暂时还看不出，本应金口玉言、令出必行的一国天子，轻易地一次次自打耳光，动不动就失信于天下，后遗症会有多么严重。

李存勖欣然接受了段凝等人提出的这个"宰人"建议，还顺理成章地在诏书的名单上加了几个他原本就想杀的名字："敬翔、李振首先辅佐朱温，共同颠覆了大唐，屠害皇室，杀戮朝臣，罪不容赦！敬翔虽已自尽，不足以抵消其罪。还有契丹的撒剌阿拨（阿保机二弟，一度降晋，被李存勖收为义子，又在胡柳陂会战中倒戈降梁的世里剌葛），既反叛兄长、抛弃生母，又辜负皇恩、背叛国家，也是死有余辜！这几个人，应该与赵岩等人一样，绑赴街市，满门抄斩！"

十月十六日，除了先死的敬翔、赵岩，名单上的其他人及其家属（包括敬翔、赵岩的家属），都被绑赴汴桥之下，开刀问斩。郭崇韬说得没错，李振就是一个平常庸夫，他竟没有看出来，别人可以降唐，他和敬翔是不能降唐的。他最后的屈膝投降，只为自己赢得了短短六天的性命和一个永远被后人耻笑唾骂的污名。

如果连敬翔、李振此类"帮凶"都要被灭门，那李存勖会怎么对待朱温这个死去的"元凶"呢？会将朱温当年那句"我将死无葬身之地"的哀叹变成现实吗？

　　且说在段凝、杜晏球等梁军大将纷纷归降的同时，原后梁朝所属各藩镇首领，树倒猢狲散，争先恐后地改换门庭，向新的唐朝皇帝表达忠心。

　　朱温的亲外甥，当年帮朱友贞夺位的主要功臣之一，后梁的宣武节度使袁象先，因为驻地宋州（今河南省商丘市）距离汴梁比较近，成为第一个入朝觐见新主的后梁节帅。

　　在后梁一朝，不管是论与朱友贞的亲密关系、受宠程度，还是比在贪污腐化、巧取豪夺方面的敛财造诣，袁象先都不会比赵岩、张汉杰等人差。如今赵岩、张汉杰等人落得那种下场，袁象先不可能不有所担忧。

　　不过，袁象先深信有钱能使鬼推磨的道理，他带着数辆大车，里面装满了金银珠宝，一到汴梁就大肆贿赂李存勖身边的人，上自李存勖的宠妃刘玉娘、枢密使郭崇韬，下到供李存勖取乐的伶人、宦官，见者有份。

　　这办法果然有效，没过几天，李存勖的耳朵里就充满了对袁象先的赞美之词。仿佛听信了这些赞美之词，李存勖对于率先归顺的袁象先颇为厚待，赐名"李绍安"，不久，又欢送他回宋州继续担任宣武节度使，稍后，还将"宣武军"更名为"归德军"，以表彰李绍安（袁象先）率先"归顺有德之君"的"功绩"。

　　实际上，袁象先没受到任何追究，还得到李存勖的厚待，主要原因绝不在于他出手阔绰，舍得花钱行贿，而是后梁亡时他正好担任节度使，手里有兵、有地盘。后梁帝国突然崩溃，留在各地的残存势力还非常强大，这些军队统帅、地方大员虽然对后梁没什么忠心，不会为朱家拼命，但如果李存勖这位新君推出的政策严重损害他们的利益甚至生命，他们完全可能为了自己同后唐王朝继续战斗。那样势必兵连祸结，李存勖灭梁的胜利成果必将大打折扣。

　　在这样的前提下，对于袁象先这名率先入朝表忠心的后梁地方实力派代表，肯定只能优待，不能杀。

　　随袁象先来到汴梁的有一个重量级的大人物——后梁的洛阳留守、天下兵马副元帅张全义。已过古稀之年的张全义，是一名段位更高的墙头草人物。朝见李存勖之时，张全义一方面献上一份厚礼——金币、宝马数以千计，另一方面又在自己的老脸之上涂一层泥。

这种做法叫作"泥首"，倒不是为了增加脸皮的厚度，而是古人表示诚心认错的一种仪式。当了这么多年的梁臣，张全义特为自己"误栖恶木，曾饮盗泉"的过失向李存勖请罪。

张全义以重建洛阳之功，在当时名气很大，算得上德高望重。对这样重量级的元老，新朝当然应该以安抚为主，更何况张全义那么识时务，在第一时间归降。

李存勖马上赦免了张全义的"罪过"，还在"大喜"之下，当即吩咐在场的皇子李继岌和皇弟李存纪等人："你们对张公，当事之如兄！"

李存勖这一手操作，让在下在读史时惊呆了：张全义既是你儿子的哥，又是你弟的哥，那他究竟算是你李存勖的什么人呢？

这个问题，后来有人替李存勖做了回答。

第二年（同光二年，924年），李存勖带着刘玉娘（已升级为皇后）到张全义家做客，张全义献上大批珠宝，竭力招待好皇帝、皇后。

待酒过三巡，菜过五味，曾命人痛打亲爹的刘玉娘，突然对丈夫说："妾身从小就失去了父母，所以一见到年纪大的老人，就不由自主地想起了爹娘，感觉特别亲切！能否让妾身认张公为义父，稍解孝思？"

对于刘玉娘的请求，李存勖从来都是百依百顺的。张全义虽然惶恐，推辞再三，但还是接受了刘玉娘的叩头，认下了这个"义女"。

第二天，刘玉娘命翰林学士赵凤（跟着刘守奇一起逃亡的那位文士赵凤，在刘守奇死后任后梁的天平节度判官，在李嗣源奇袭郓州后降唐）帮她写一封家书，和张全义好好叙叙"父女之情"。

赵凤马上密奏李存勖说："自古以来，从没有皇后认臣子为义父的事！这样做，合适吗？"

李存勖夸奖了赵凤："你说得很对，是一位忠臣。不过，皇后喜欢，别扫了她的兴。"

这样，张全义的新身份便铁板钉钉了——李存勖的义岳父。

后面的事后文再说，先回到同光元年末，张全义刚刚完成此生五易其主（黄巢、诸葛爽父子、李罕之、朱温父子、李存勖）之时。为了进一步讨好新皇帝，张全义提议：大唐就应该回归大唐的都城，只可惜长安已残破，所以最好是迁都洛阳，那里还设有大唐历代先皇的宗庙，应该去拜谒。另外，六年前，朱友贞曾打算在洛阳南郊举行祭天大典，因大军渡河而匆忙放弃（见第五部《后梁帝国》的《大战胡柳陂》一章），但准备好的各种大典物品都还在洛阳存着，皇上您如果要在洛阳祭天，将大唐中兴的喜讯诏告天下，就省事多了！

　　李存勖听了，深觉有理，正式决定后唐的都城就定在洛阳，整个朝廷开始分期分批逐渐向洛阳搬迁。不过，洛阳除了有大唐的宗庙，还有另一件与后唐王朝相冲突的东西——后梁太祖朱温的埋骨之地宣陵。该怎么处置它呢？

　　据说李存勖最初的打算是，把坟刨了，劈开棺材，再一把火将尸骨烧成灰。张全义虽然为了生存经常跳槽，但还算是个厚道人，不会反咬旧交来讨好新主（除非那个旧交对他太糟，如李罕之），上书劝阻说："朱温虽然是国家的大仇人，但他毕竟死了很久，再怎么给他本身加刑，他也不会疼、不会痒。屠灭其家族，已是足够严厉的惩罚，就请不要再开棺焚尸，也好向天下展示圣天子的恩德！"

　　李存勖就将对宣陵的处置改成铲平封土，砍光树木了事。朱温最终因老朋友的一句话，没有沦落到自己预言的最糟处境。

　　对袁象先、张全义等大多数后梁地方实力派的优待，后唐朝廷基本上有共识，但在另一个人身上就产生了争议。

　　后梁的匡国节度使、大盗墓贼温韬，先是派人将老朋友赵岩的首级送到汴梁，表示对新朝的忠心，顺便也探探风声。得知袁象先和张全义入朝都安然无恙后，温韬有样学样，带上大批金银绸缎开路，前往汴梁朝见李存勖。

　　于是，李存勖身边的那班人又有财发了。温韬重点贿赂了刘玉娘，见钱眼开的刘玉娘在李存勖耳边帮着温韬大吹枕头风。

李存勖不愧是一名宠妻的"好丈夫"。温韬入朝后，很快被赐名"李绍冲"。以后咱们就是一家人了！当然，当时加入李存勖"一家人"的后梁降人比比皆是，如段凝为"李绍钦"，杜晏球为"李绍虔"，袁象先为"李绍安"，康延孝为"李绍琛"，等等。仅仅过了十天，李存勖决定送温韬回许州继续担任新朝的忠武节度使（李存勖将匡国镇改回唐朝时的忠武镇旧名）。

郭崇韬得知李存勖这个决定后，觉得这是一个关系后唐立国基础的原则性问题，不能妥协，便提出反对说："国家是以中兴大唐，为李氏皇家报仇雪耻的大义名分，来号召天下英雄的。温韬此人，曾将大唐的皇陵盗挖干净，他罪大恶极，几乎与朱温相等！现在他入朝了，我们不但不依法惩处这样的罪魁，反而还让他继续留任藩镇，试问天下的忠义之士，将怎么看待我们？"

李存勖显然对大义、名分不太重视，居然把郭崇韬的意见顶了回去："我刚刚进入汴梁的时候，已经对他们下过大赦令了，怎么能说话不算话呢？"问题是，被你李存勖砍了头的人，该找谁说理去？

天子李存勖不讲理，于是，温韬潇潇洒洒地来，又得以潇潇洒洒地回去了。温韬没有白走一趟，他用他的一路顺风，将新皇帝为人没有原则、做事不讲是非的真面目，向天下人揭开了一个小角。

就事论事，该怎么看待李存勖赦免并厚待温韬这件事呢？在下认为，李存勖放过温韬，在后梁亡后迅速稳定地方局势而言，是一个加分项，但加分不多。对后唐王朝软实力的建设而言，则是一个减分项，减分很多。李存勖就是抓住了芝麻，扔掉了西瓜。

在温韬入朝之前，李存勖通过厚待袁象先、张全义等人，足够稳定后梁藩镇的人心了。对李唐而言，温韬早就身负十恶不赦之重罪，杀他有名、有理，对其他藩镇的负面影响其实不大。

另外，温韬于后梁龙德元年（921）才在赵岩的帮助下顶掉王彦章，当上匡国节度使，在后梁亡国时，他经营许州的时间还不到两年，再加上这个人品行、能力、名声都比较低劣，原后梁朝臣中想杀他的人都不少，他在匡国镇内也远远算不上根基深厚。除掉温韬，许州当地出现暴乱的可能性其实很小。

而放过温韬的危害，郭崇韬说得很清楚了：忠于大唐，中兴大唐，是后唐王朝软实力的主要基石。李克用父子虽然并非李唐皇室血脉，但毕竟曾被唐朝皇帝加进了皇家族谱，从过继的角度说也是可以拥有继承权的，而且有对抗朱梁四十年，重定北方的功业。较之前朝后梁，后唐王朝得国较正，在软实力方面本来拥有一个不错的初始值。可惜，李存勖后来的举措，几乎都是在减少，而不是增加这个初始值，最终让后唐王朝成为整个五代软实力的最低谷。

身为一国之君，做出的每个决定有如棋手落子。可选择的落点通常有很多，但大多数都是有得亦有失，有失亦有得，难点就在于准确判断得与失的大小和平衡。李存勖本人显然对于软实力及其在维系人心方面的重要性缺乏清醒认识，在李存勖的决策中，它常常是被忽略、被舍弃的部分。放过温韬仅仅是第一次，李存勖以后类似的错误决策还很多。

连温韬都可以放过，是不是意味着李存勖对所有后梁藩镇都宽大了呢？不尽然。下面一个就没这么幸运了。

听到李存勖攻下汴梁的消息，最想拿头去撞南墙的后梁藩镇莫过于李嗣昭的二公子——匡义节度使李继韬。下错注了！都怪你们煽阴风点鬼火，胡说什么河北终究打不过河南，好了，现在才过去几个月，河南就灭了！但现在追究责任也晚了，重要的是怎么不让自己被后梁那艘大沉船拖到水底喂鱼。或者，咱们跑不了庙，但可以跑和尚，抛弃军队和地盘，乔装改扮逃走，投奔契丹皇帝阿保机？可是，先不说动身出发时左右会不会有二心，会不会被属下绑起来向李存勖献俘，光是想想从潞州到契丹，隔着千山万水，自己要躲过追捕，就是一件几乎不可能完成的任务！

就在李继韬迟疑不决、心如汤煮、度日如年之际，后唐皇帝的一道诏书送到了潞州。内容是赦免李继韬的罪过，征召他前往汴梁朝见（李存勖发出这道圣旨时，尚未前往洛阳）。李继韬有点动心了：如果能就这样躲过此次大难，还有什么不满意的呢？

但怂恿他造反的弟弟李继远反对说："二哥你已经是叛徒了，李存勖怎么可能容得下你？去和不去，结果都是要死，咱们还不如深挖壕沟，高筑城墙，坐食积粟，还可以多活几天。如果去汴梁，那就早死早投胎！"

不过，也有人（可能是传诏的使臣）劝李继韬说："您的先父令公（李嗣昭有中书令的官职，故称'令公'）曾为国家立下过大功，当今皇上是您的叔父，都是一家人，而且弘农夫人也在，可以放宽心，去汴梁一定不会有危险。"

李继韬听了，觉得好像也有道理。到目前为止，李存勖都在示人以宽大，后梁的节度使到朝廷朝见李存勖的，还没有一个人被治罪，连温韬都没事。总不见得自己去了，就一定会成为倒霉的第一个吧？更何况，以潞州一隅肯定不足以挡天下，李存勖如果前来讨伐，自己困守孤城，必然是死路一条。如果现在还有求生的机会，干吗不试一试呢？

注意，这里出现的"弘农夫人"这个称谓，在《旧五代史》中仅出现这一次，联系后文，应该是指李嗣昭的妻子杨氏。可能李嗣昭的这位妻子，就出身弘农杨氏这个显赫了几百年的仕宦名门。

杨氏夫人是个精明能干的女强人，精于理财，积累了超过百万贯的家财，现在为了救儿子，正好拿来破财消灾。

杨氏夫人带上四十万两白银（白银在中国历史上是不断贬值的，此时的白银比后世以白银为主流货币的明、清两朝值钱），以及价值与之相当的大量珠宝，与儿子李继韬一起前往汴梁。

李存勖身边受到宠信的伶人、宦官又迎来了一次"大丰收"，数钱数到手发软，纷纷在李存勖身边给李继韬说好话。理由并不难找，如李继韬最初并不想造反，只是受了奸人蛊惑，李嗣昭既是皇室至亲，又是一代贤良，不能让忠臣无后等，都是入情入理。

杨氏夫人还入宫求见了刘玉娘，哭泣哀求，还送上厚礼。对贪婪的刘玉娘而言，到手的钱财绝没有不收的道理，所以她也加入李继韬的维护者行列，充分使用她对那位宠妻好男人的影响力。

夫君，嗣昭是多好的人啊！对国家又有大功，您做了天子，可不能对不起功臣，对他的后人下狠手哇！

但真正能决定李继韬生死的人，毕竟只是李存勖一人。在方方面面都打点到，做足了各项铺垫工作之后，杨氏夫人先行拜见了小叔李存勖。对李存勖，杨氏夫人大打感情牌，追忆李嗣昭生前与李克用父子的亲情，泣不成声，请求李存勖看在李嗣昭的分儿上，饶他的儿子一命。

杨氏夫人母子这一轮银弹为主、情感为辅的攻击，效果初看起来还不错。李继韬入宫请罪，李存勖当即下令赦免，然后将这个侄儿留在身边，天天让他陪自己出猎游玩。先是在汴梁郊外，随着后唐王朝迁都工作的完成，又到洛阳郊外，两人每天形影相随，外人乍一看，就像这对叔侄从未发生过任何不愉快，亲热得很。

可当事人的内心没有那么乐观。温韬只来了十天就回去了，可李继韬都来了一个多月了，李存勖闭口不谈什么时候送他回去，这难道能解释成叔侄情深、依依不舍吗？李继韬还发现，并不是李存勖身边的每个人都能花钱摆平，比如当初被他们兄弟威胁要杀掉的小叔李存渥，就对李继韬积恨难消。李存渥一见到李继韬，就要破口大骂，如果没人拦着，可能拳头已经抢上来了。

毕竟人家是亲兄弟，自己和李存勖只是挂名的叔侄，论亲疏就先天不足，更别说自己还是戴罪之身。这些日子李存勖虽然对自己好像不错，但只要在洛阳一天，人家可能是菜刀砧板，自己没准儿就是活鱼鲜肉，危险是随时有可能发生的。

李继韬心里就像有十五个吊桶在打水——七上八下。李继韬只好加大对李存勖身边人的行贿力度，希望他们能劝皇帝叔叔把自己放回去。伶人、宦官收钱就办事，可惜他们说了不算，不管花了多少钱，李存勖就是不点那个头。

李继韬终于沉不住气了，决定使个大招，秘密写信给弟弟李继远，要李继远在潞州策动一次假兵变，闹点儿事出来，皇帝叔叔就有可能派自己回去处理。

可很明显，他的一举一动一直在李存勖的严密监视之中，这封信没送到李继远那里，先送到了李存勖的案头。李存勖拿到了李继韬在大赦之后再次图谋不轨的铁证，那么，不管昔日李嗣昭的功勋，还是眼前杨氏夫人的金钱，都救不了他们儿子的命了。

十二月十二日，李存勖下令免去李继韬的安义军兵马留后之职，贬为登州（今山东省烟台市蓬莱区）刺史。千万别以为李继韬还有机会去登州观沧海、访仙山，不等他走上京东路，下一道圣旨马上送他上黄泉路。李继韬被逮捕，绑赴天津桥南，在这个据说是晚年黄巢作诗感慨世事的地方，被斩首示众，成为被人感慨的对象。

与李继韬一起被处死的，还有他当初降梁时送到汴梁做人质的两个儿子。据说，李存勖在进驻汴梁时就见到了这两个年幼的侄孙，当时就说了一句让人不寒而栗的话："你们这么小，就能帮助你们的父亲造反，长大了还了得？"

李继韬要是先前听说过这句话，听出其中的杀气，不知还敢不敢来？

至于李继韬的母亲杨氏夫人，李存勖将她送往太原养老。杨氏夫人可能眼睁睁看着儿子遭难不能救，心情沉痛，不久便郁郁而终。

杀李继韬的同时，李存勖也派了使臣前往潞州，斩杀李继韬的同党，留在那里帮二哥看场子的李继远。李继远毫无防备，完全没有抵抗，就被一道圣旨砍了头。然后，李嗣昭的长子，之前被老二软禁的李继俦被放了出来，暂任权知潞州军州事（连"留后"都不是，李存勖根本不打算让李嗣昭的儿子有机会在潞州世袭），尽快入朝觐见。

让人失望的是，刚刚获得自由的李继俦迫不及待地向世人展现了自己的本色。李继俦上任后就把老二李继韬的家抄了，从漂亮的弟媳、小妾、婢女到珠宝古玩，凡是好的，统统搬自己家去！李继俦拖拖拉拉，迟迟不肯上路。

时任军城巡检的老三李继达被气坏了，愤怒地对左右说："我家家门不幸，二哥刚刚被论罪，父子一起被诛，大哥竟没有一丁点儿骨肉之仁，反而幸灾乐祸，忙着奸淫弟媳，索取财货。有这样的哥哥，我都没脸见人，简直生不如死！"

话是这么说，李继达的打算并不是自己去死，而是让大哥去死。他穿上丧服，集结手下一百多名亲骑，突然攻入内城的节度使衙门，砍下了大哥李继俦的人头，扔到辕门之下。

　　但没等李继达接收自己杀兄的成果，节度副使李继珂（非李嗣昭子，可能是李存勖派来的）已经得到李继达造反的消息，临时从集市上招募了一千名丁壮，反攻内城。城中的绝大多数正规军虽然不是李继珂的人，但显然也不愿意站在李继达一边，只保持中立。

　　结果，李继达连这一千名丁壮的进攻都挡不住，先跑回家将妻儿杀光了（李继达可是刚刚骂完大哥没有骨肉亲情），然后带着随从亲骑出城北逃，估计是打算去投奔契丹人。不过，李继达出城没几里，身边的亲骑就逃了个精光，他自知不可能跑脱，自刎而亡。

　　李嗣昭的儿子们的故事，并没有就此画上句号。后来，他们的母亲杨氏夫人在太原病逝，老五李继能和老六李继袭前往奔丧。他们并不关心母亲的丧事，只关心母亲留下了多少遗产，还有没有藏着没公布的。

　　李继能连做做悲痛样子的耐心都没有，竟然在丧礼上把母亲的贴身婢女抓起来严刑拷问，要她交代金银藏在哪里。因得不到满意的数目，李继能竟将这婢女活活打死！婢女的家人控告李继能兄弟聚兵作乱，于是，李继能、李继袭也被逮捕处斩。

　　最后，一代名将李嗣昭的七个儿子中，只有一个李继忠活过这一轮大劫，没有死于非命。他的故事以后再说。

　　扯远了，镜头重新拉回洛阳。李继韬是李存勖在灭梁之后诛杀的第一个节度使级的地方大员。对于其他人，郭崇韬上书提醒李存勖说："从河南投降过来的节度使、刺史，因为很多还没有得到新朝的委任令，上表时只写姓名，不敢列官职。应该早点儿把这件事办完，免得他们心存疑虑。"于是，除了李继韬，所有归降的后梁地方大员，最后不管有罪无罪，都顺利过了这一关，加入新朝的行列。这个结果隐隐显示出李存勖的一个特点，防内甚于防外，对自己人下手比对外人狠。只不过，因为李继韬本有可杀之罪，这一点暂时不是很明显。

躁动的列国

李存勖灭后梁，影响到的当然不仅仅是后梁所属的各个藩镇，还有那些只在名义上臣服后梁，以及连名义上都不属于后梁的各支独立势力。

这样的独立势力此时还有十二支，其中有四支在北方，即岐王李茂贞、朔方节度使韩洙、定难节度使李仁福、归义节度使曹议金，另外八支位于南方，即杨氏吴国、王氏前蜀、吴越王钱镠、楚王马殷、闽王王审知、南汉帝刘龑、渤海王高季兴、静海节度使曲承美。

经过几十年混战，这些独立势力渐渐失去了与梁、晋两霸争夺天下的可能，相互间谁也吃不了谁，逐渐打出了一个相对的平衡。渐渐地，他们彼此默认各自的疆域，边境上小的冲突虽然还时不时发生，但大的战争很少，大家开始在自己的地盘上享受和平时光，这种日子自然过得舒服多了，与同时期梁、晋的恶斗形成鲜明对比。

不过，这种平静显然要建立在梁、晋两霸长期对峙，无暇他顾的基础之上。现在，李存勖成功灭梁，北方出现了一个实力碾轧各国的强大的后唐，各独立势力在震惊之余，不得不对自己在新的环境下如何活下去认真地进行审视。

各独立势力最直接的反应，自然就是遣使入朝，先摸一摸李存勖这个新王朝的底，再根据掌握的情况，制定出相应的后续措施。可能是因为入朝使臣的能力有强弱，经历有差异，眼界有高下，各独立势力对后唐的这一轮大摸底活动，竟得出了一个类似盲人摸象的结果，各自得出的结论大相径庭。不过，这也让后人通过当时人的视野，从多个方面去了解后唐王朝及李存勖。

独立势力中最强大的杨氏吴国，一直是晋（后唐）反抗后梁的重要盟友，不过，随着徐温在吴国掌权，这种盟友关系渐渐淡化直至消失。这一点可以从几个月前的一件事上看出。

李嗣源奇袭郓州得手后，李存勖曾派使者到达扬州，请求吴国按照盟约出兵北上，与唐军南北夹击后梁。此时，徐温已将吴国的内政权力交给在扬州的养子徐知诰，但军事、外交方面的决策，徐知诰不敢自作主张，仍须请示徐温。坐镇金陵的徐温接到养子的报告后，打算派水师沿着海岸线北上山东，不过，并不是助唐攻梁，而是等唐、梁两军决出胜负，再加入胜利者一方，顺势捞点儿好处。

但徐温这个计划刚说出来，就遭到头号谋士严可求的反对，反对理由乍一看简直荒谬："如果梁军邀请我军登陆援救他们，我军用什么理由来拒绝？"吴国和后唐不是同盟关系吗？后梁不是你们的敌人吗？这世上哪有敌人向你求援，一起去打击你的盟友，你还不好意思回绝的道理？可是，就因严可求这句话，徐温放弃了自己的计划，吴军按兵不动，不参与梁、唐之间的最后决战。

毫无疑问，严可求是一代智士，能说出看起来如此荒谬的一句话，原因恐怕是这样的：我们看得见的史书中没有明确记载，但是，晋国（后唐）咄咄逼人的发展势头，以及后梁越来越明显的衰退趋势，使吴国的最大假想敌发生了改变。徐温此前显然已悄悄背弃了与李存勖的盟约，转而同后梁达成了某种助梁抗唐的秘密协定。虽然对于这个秘密协定，徐温也是以实用主义态度视之，随时准备扔进废纸篓的。

等得知李存勖灭梁，徐温多少有些懊恼，埋怨严可求说："你前些日子反对我的计划，现在可好，捅下的娄子怎么补？"

严可求不以为意，回复了一段后来证明极有预见性的话："据我得到的情报，李存勖刚刚夺取中原，就已志得意满，忘乎所以，他统御部下，又没有一定法度，估计用不了几年，其内部一定会发生变化。我们现在只需对外放低姿态，用谦卑的言辞和厚重的贿赂来敷衍他，对内保境安民，做好自己的事，等着他出事就行。"

徐温对严可求的判断力还是比较信赖的，听了他的预测，宽心了不少，对后唐的畏惧之意大减。李存勖下诏书给吴国，吴国方面以自己不是后唐的属国为由，拒绝接受。直到李存勖将诏书改为国书，开头称"大唐皇帝致书于吴国主"，吴国方面才受书，然后回书称"大吴国主上大唐皇帝"。稍后，徐温派遣吴国的司农卿卢苹为使，前往洛阳觐见李存勖。

在卢苹出使前，严可求见了他，面授机宜，推测了李存勖可能提出的问题，并将如何作答写在密件上，交给卢苹。严可求堪称神机妙算，李存勖的想法让他猜了个八九不离十，卢苹照着严可求的锦囊应对，把后唐皇帝说得龙心大悦。

卢苹回来后，向徐温报告说：李存勖自灭梁之后，懈怠政事，将过多的精力用于游玩打猎，又舍不得对部下论功行赏，听不进反对意见，对他不满的人越来越多……

李存勖的另一个老资格盟友——风云一时的岐王李茂贞，早在刘知俊降蜀之后，便一蹶不振。李茂贞本人也渐渐老迈，精力衰竭，所以岐国不论是实力还是声望，都已被边缘化。到李存勖灭梁之时，岐国的地盘仅剩下陇右一隅的区区六个州府（凤翔府、泾州、原州、渭州、仪州、陇州），只是苟延残喘。

闻听后梁灭亡，虚弱的李茂贞当然没有徐温那种与新朝纠缠的底气。他原先自认与李克用平辈，以李存勖的"季父"自居，等得知李存勖到洛阳，忙向后唐称臣，并遣使入朝。李茂贞派来觐见李存勖的使臣，级别要比吴国派来的卢苹高不少，是李茂贞着力培养的继承人，时年二十五岁的彰义节度使李继曮（yán）（后改名李从曮）。

不过级别和眼界显然不是一回事。《旧五代史》上说，李继曮是李茂贞的长子，但就像李存勖的排行是一笔糊涂账一样，这条记载也有问题。早在二十年前（唐天复三年，903 年），李茂贞让儿子宋侃迎娶了昭宗李晔的女儿平原公主，那时李继曮才五岁，宋侃极有可能是他的哥哥。《五代史补》甚至说李继曮在"昆仲间第六"。

不管李继曮究竟是老大、老二，还是老六，他肯定是含着金汤匙出生的，无须努力便会官运亨通。他还未成年，便得授谘议参军，赐绯鱼袋，领彭州副使、凤翔衙内都指挥使。李茂贞取得代替唐朝皇帝墨敕除官的权力后，又给这个儿子加了开府仪同三司、检校太尉、四镇北庭行营、彰义节度使等一大堆显赫的头衔。

李继曮进入官场很早，官大官多，但本书此前没有提过这个人，因为他实在没有值得一提的业绩。李茂贞的这个儿子性格柔和，文质彬彬，擅长书画，但在政务、军事方面的能力很平庸。

虽然岐国比较穷，但也不能空手来，李继曮代表父亲向李存勖献上龙凤玉带，又向后宫刘玉娘献上宝装针珥，两面讨好。李存勖则很厚道地表示：李茂贞一直不向伪梁屈膝，实乃大唐遗臣、宿望耆老，应该享受特别的礼仪，所以改封岐王李茂贞为"秦王"，在所赐诏书不书其名，以示尊重。

不清楚李继曮在洛阳的这段时间究竟看到了些什么，但显然他的感受与卢苹、严可求大不相同，完全被李存勖的英武和后唐军队的强悍善战折服了。史书有很多李存勖在灭梁后热衷游猎，除了他本人本来就喜欢打猎，可能含有向各方来使炫耀武力的成分。在那个年代，游猎在很大程度上可以代替军事演习。不过，在文人卢苹的眼中，在人口稠密，到处是农田的汴梁、洛阳周边地区游猎，是不务正业，而且祸害百姓。

李继曮连忙回报父亲：唐军强大，我们不敌！刚刚取得秦王头衔的李茂贞更加惊慌，上书请求行藩臣之礼，李存勖用十分暖心的措辞下诏回绝：我怎么忍心接受秦王如此德高望重的前辈下拜呢？于是，李茂贞觉得自己的末日快要到了。这么想着，他就病倒了。同光二年（924）四月，李茂贞在凤翔病逝，享年六十八岁。

临终前，李茂贞上书，请求李存勖准许他的儿子李继曮接替自己，暂理凤翔的军政要务。李存勖同意了这一请求，让李继曮接了班，就任凤翔节度使，但不能继承秦王或岐王的爵位。

随后，李存勖派了一名叫柴重厚的宦官到凤翔担任监军，渐渐挤占了李继曮的权力，李继曮也不敢反抗。再后来，李存勖伐蜀，顺势过凤翔，李继曮被命令随同讨伐大军一道行动，被迫离开凤翔，负责为大军提供军需。于是，由唐末枭雄李茂贞百战建立的岐国，从名到实都不复存在。

这样，李存勖以强大的武力为后盾，用渐进手段，只付出了微小代价，就不声不响地吞并了一国。这是李存勖的成功，是他继灭梁之后又一个漂亮的胜利，也为未来的赵宋合并吴越提供了一个学习范本。

李茂贞死后，葬入他在生前便营建好的王陵。李茂贞死后十九年，他的"皇后"刘氏夫人也过世，与李茂贞合葬，也许因为"皇后"的名位高过"秦王"，两人"同茔不同穴"，拥有两组地宫，在古代王陵中比较少见。今天，他们的陵墓成了陕西宝鸡的3A级景区，号称"大唐秦王陵"。不知去参观的游客中，有多少人清楚这里的"大唐"并非一般人熟知的那个大唐，而是后唐。

李存勖灭梁这一年，当年列国中第一个上表劝进朱温称帝的楚王马殷，已七十一岁，头脑还清醒，但精力已不比当年，开始逐步放手，将日常事务交给儿子们。马殷有三十多个儿子。嫡长子马希振在史书上声名不错，但马殷不怎么喜欢他。得到马殷宠爱的是老二和老四。老二马希声，时任武安节度副使，辅佐处理楚国的日常政务。老四马希范，时任牙内马步都指挥使，保卫王室的安全。

马氏楚国重商，经过多年恢复发展，比较富庶，也不喜欢打仗，此前虽然称臣于后梁，但与晋（后唐）的关系并不恶劣。关系恶劣就无法做生意了。当年王镕一家惨遭灭门之时，他唯一幸免的儿子王昭海，就是在一个楚国商人的帮助下逃生的。得知宗主国后梁灭亡后，马殷派马希范为使，带上一个庞大的使团前往洛阳朝见新君，准备换个庙继续烧香。

有传言说，马希范使团在过淮河时，排场惊动了一个长相丑陋，但很有才华的读书人。这位读书人厚着脸皮来求见马希范，说：公子这么富，我又这么穷，能不能赞助我"万金"？马希范见这个上身长、下身短的矮个子大言不惭，就随便扔了几个小钱，将这个人打发了。这个张嘴就找人要钱的厚脸皮叫桑维翰，他在未来的故事还很多。

到了洛阳，李存勖接见了马希范。在对话中，李存勖突然问了一句："你们楚国那边的洞庭湖究竟有多大呀？"马希范一听，这句话好像对楚国不怀好意呀，就不软不硬地顶了一句："也不算大，不过将来如果圣驾南巡，足够您饮马了！"李存勖当然听出马希范不肯示弱的弦外之音。看来马殷这儿子还算机灵，不过真要比心眼儿，他还太嫩。

李存勖暗藏杀机，将一条反间计融入对马希范的夸奖中："我原先听说，湖南的马家就要被高郁篡夺了，可马殷有你这么聪明的儿子，高郁怎么可能得逞呢！"

说者有心，听者也有意，正好马殷最喜欢的两个宝贝儿子，讨厌他们叔叔辈的高郁也不是一天两天了。之前，楚国弱小的北邻，占据荆南的渤海王高季昌，和楚国发生过数次冲突，不希望楚国能保持强势。在高季昌看来，楚国能富强，全仗高郁治国有方，所以便设计离间。

高季昌故意写信给已当上武安节度副使的马希声，把高郁大大夸奖了一番，顺便把马殷和马殷的儿子都边缘化了，然后又表示自己这辈子最佩服的人就是高郁，正好又都姓高，希望马希声从中引荐，自己愿和高郁结为义兄弟。这信的内容让马家兄弟看了，自然是不高兴。同时，高季昌还派间谍散布流言：高公听说楚王重用高郁，大喜，认为将来灭亡马氏者，必是高郁无疑。现在，又有了李存勖这句话，三人成虎的条件满足了。

马希范回去后，就和哥哥马希声想法达成一致，不断在马殷面前攻击高郁，指控这位老臣贪污腐化（贪污是真的，高郁不是清官，但比起马家两兄弟，还是要干净得多）、勾结外邦、图谋不轨等。尽管两个儿子异口同声，但马殷仍然信任高郁，不予理会。高季昌和李存勖的反间计没有收到立竿见影的效果。不过，种子已种在马家两公子的心中，只要马殷越来越老，自有时机成熟的那一天。

虽然同为后梁的藩属国，吴越之前与晋（后唐）的交情就比较恶劣了。还记得吴越在挑动契丹南犯过程中所发挥的巨大作用吧？吴越提供海船，遣使在后梁与契丹之间牵线搭桥，又赠送阿保机猛火油之类的先进武器，等等。

不过，等后梁一亡，长期以来相当于李存勖间接对手的吴越王钱镠，好像并不对此感到过分担心，他非常自然地派钱询为使入朝进贡。吴越本来就比较富庶，为了让李存勖伸手不打笑脸人，送上的贡单非常丰厚，其中既有金器、银器等贵重物品，也有越绫、吴绫、秘色瓷等北地稀缺的吴越特产。在正式的贡单之外，当然也少不了行贿李存勖左右的大笔金钱。

以金钱为敲门砖，钱镠毫不脸红地向李存勖提出请求，请新朝将后梁王朝授予他的那些官职、爵位、各种荣誉，如使用金印、玉册、赐诏不名等，都重新追认一遍，让吴越王国毫不掉价地从后梁的属国转变成后唐的属国。

后唐的相关官员提出了反对，引经据典地说："按照惯例，只有天子祭祀才能使用玉册，钱镠怎么有资格用呢？而且钱镠又不是皇室宗族，按例也不能封国王！"

但李存勖大概觉得这些官员太迂腐了，他可是有雄心一统华夏的皇帝。在新形势下，吴国早不是后唐的盟友，而是他将来要用兵的对象，如此一来，能牵制吴国很大一部分力量的吴越，就是一颗非常有用的棋子。至于过去发生了什么，更不值得一提！国与国之间，只有永恒的利益，哪有永恒的敌人或者朋友？于是，李存勖吩咐，钱镠想要什么头衔就给他什么头衔，不要这么小气。

随后，李存勖下诏，授予钱镠天下兵马都元帅、尚父、尚书令、吴越国王等一大堆，在前一个唐朝从未有人兼于一身的豪华官职。另授钱镠之子钱传瓘为检校太师、兼中书令、两浙节度观察留后；钱传璙为检校太保、兼中书令、中吴节度使。吴越国在极短的时间内完成了华丽的转身，成为原敌国的属国。

对于后梁帝国的灭亡，钱镠的表现算是淡定的，但还有比他更不把李存勖当回事的。岭南之主刘龑，仗着山高皇帝远，直到后梁亡国两年多（同光三年，925 年），才派了一个宫苑使何词，带着"大汉国王致书上大唐皇帝"的国书，出使洛阳，顺便窥探新朝的强弱。这封国书给李存勖留了面子，其实在刘龑的地盘上，他已自称"大汉皇帝"，而他给李存勖（也包括李存勖的后任者）的称号是"洛州刺史"。

等何词回来，向刘龑奏报说：他口中那个第一任"洛州刺史"，是如何如何骄奢淫逸，治国无方。刘龑大喜，更觉得自己的南汉已是高枕无忧，从此断绝了与中原王朝的官方联系，关起门来继续骄奢淫逸。

比南汉刘龑更过分的，是把享乐当作人生最高目标的前蜀后主王衍。作诗填词，可能是这位王后主唯一胜过他的老狐狸父亲王建的地方，他创作过一首情真意切的词牌《醉妆词》，词曰："者（古通'这'）边走，那边走，只是寻花柳。那边走，者边走，莫厌金杯酒。"

既不属于"寻花柳"，又不属于"金杯酒"的那些俗事，前蜀新皇帝提不起兴趣。结果，在后梁亡国后，前蜀是列国中唯一没有派过使臣到后唐的。王衍可能没有想到，不去向新邻居打个招呼，代价会有多大。

除了这样的"淡定派"，还有特别不淡定的，比如后梁名义上的荆南节度使、渤海王高季昌。他为了讨好李存勖，避李存勖爷爷李国昌的讳，赶紧改了个新名字，叫高季兴（后文均用高季兴这个名字）。

宗主国后梁速亡，让高季兴大吃了一惊，他刚刚打造出的独立王国，地小兵少，而且地盘紧挨后唐，他立即感受到了唐军的巨大威胁。怎么办呢？硬抗肯定不是对手，那要如何躲过这可能的灭顶之灾？需不需要放弃自己独立一方的梦想，老老实实去当个后唐王朝的藩臣呢？

在这关键时刻，高季兴身边两位重要谋士的意见出现了分歧。

这两位谋士其中一个叫司空薰，他是前文提过的前唐知制诰、"耐辱居士"司空图的族子。司空薰认为，大势不可硬抗，只能冒点儿风险，以柔克刚，高季兴应该放低身段，亲自入朝，如果拍好了李存勖的马屁，未必没有转机。

而提出异议的谋士叫梁震，他是蜀地邛州（今四川省邛崃市）人，原名叫梁霭。据说当年李儇带着唐中央政府为避黄巢逃入蜀中时，年轻的梁霭带着自己的诗作去求见一位叫刘象的郎中（六部的办事官员）。刘象很欣赏梁霭的才气，但认为他的名字取得不好。"霭"字是雨下谒（请求、拜见的意思），下雨天去求人，容易吃闭门羹。不如把"霭"改成"震"，"震"字是雨下龙（辰为龙），龙遇云雨，一定前途无量！

于是，梁霭就变成了梁震。后来唐朝廷迁回长安，梁震赴京，中进士，但风雨飘摇的唐王朝已不可能给梁震任何发挥的空间，他只能流寓京城，虚度岁月。等到朱温代唐，梁震不愿做后梁的臣子，便弃职南归，打算回蜀地老家，不想途经江陵，被高季兴发现。高季兴正欲收揽人才，便强行把梁震留下，打算任命他为荆南节度判官。

清高的梁震连当朱温的臣子都觉得是一种耻辱，更别说当朱温的干孙子的手下了。但他又害怕触怒高季兴，自己吃不了兜着走，便半真半假地答复高季兴："我这个人一向不喜欢功名富贵，如果明公不认为我愚昧，一定要我给您出出主意的话，我以白衣之身给您当当参谋也是可以的。"

于是，梁震就以高季兴的平民朋友的身份留在了江陵，他自称是前朝进士，而高季兴见到他，常常尊称他为梁前辈。自命清高的梁震，原本从内心就看不起奴仆出身的高季兴，但随着时间一久，相知渐深，他和高季兴之间也萌生了真正的友谊，成为可以相互信赖的朋友。

到了此刻，梁震明确地反对朋友去冒险，他说："唐有并吞天下之志，我们严密戒备，据险而守，都不一定能自保，何况还要跋涉千里去朝见？而且大王您是梁朝旧将，怎么能担保他不把您当作仇敌？弄不好，就是自投罗网，当第二个楚怀王！"

但高季兴思虑再三，还是觉得应该入朝觐见李存勖，对梁震说："我已经决定了，多说无益。"然后，高季兴留下儿子高从诲等守江陵，自己带上大批行贿用的金银细软，由三百名骑士随行，前往汴梁。

十一月十九日，高季兴到达汴梁，时间比李继韬入朝更早。虽然在十六日李存勖就已从张全义所请，下令将后唐新都定在洛阳，但迁都毕竟不是小事，有大量的准备工作要做，李存勖还没来得及动身。

现在高季兴来了，这是南方割据势力中第一个亲自入朝的大头目，李存勖很欣慰，就在同一天加授张全义为守尚书令，高季兴为守中书令，以兹表彰。李存勖还向他咨询一统天下的方略："我已经灭了梁国，现在天下仍然负隅顽抗，不遵王命的，只剩下吴、蜀两国（实际割据岭南的南汉主刘龑也未向后唐称臣）。朕先前打算出兵伐蜀，可又担心蜀地险阻难行，而江南之地与卿镇守的荆南只隔着一条水道，所以朕考虑先伐吴，卿以为如何？"

听闻此言，高季兴心中一动：荆南与江南吴国同据长江，而且在吴国的上游，战船可顺流而下。李存勖说要先伐吴，是指唐军伐吴可能会假道荆南吗？如果是这样，那当然不能同意。

而且，在高季兴此前的四个邻居（北面后梁、东面杨吴、南面马楚、西面前蜀）中，他和吴国的关系，目前算是最亲密的。五年前，楚军北上，欲攻取江陵，高季兴自身兵力不敌，又不敢向已背叛的后梁以及曾经大战一场的前蜀请援，只能遣使扬州，求救于吴。

吴国的实际老大徐温，不愿让与吴有宿怨的马楚坐大，便下令两路出师：镇南节度使刘信率洪（今江西省南昌市）、吉（今江西省吉安市）、抚（今江西省抚州市）、信（今江西省上饶市）四州的步军取道浏阳，威胁潭州（今湖南省长沙市，马楚都城）；武昌节度使李简率吴国水军进攻复州（今湖北省仙桃市）。楚军急行南归，荆南才转危为安。这件事并不能证明荆南与吴国有真诚的友谊，但一个阶段内的相互需要是实实在在的。为了自身利益，荆南也应尽全力阻止唐军伐吴。

另外，在入朝之前，高季兴和司空薰商量过怎样应对李存勖可能会问的话。正好，这道题目被预测到了。司空薰的观点是：应该挑动李存勖去攻蜀，蜀地天险重重，多的是一夫当关、万夫莫开的要隘，唐军不是骑兵厉害，在平地作战很牛吗？那就让他们去爬大山，有劲儿也使不上！

于是，高季兴胸有成竹地答道："江南的情况我略知一二，那里地方狭小，百姓穷困，就算打下来，对国家也没什么益处。不如先攻蜀国，蜀乃天府之国，地富民饶，物产丰富，取之可获大利。蜀主王衍又昏庸无道，国内民怨沸腾，大军一至，必能得手！灭蜀之后，大军以高屋建瓴之势，顺长江而下，取吴易如反掌！"

听了此言，李存勖大喜，用手轻拍高季兴的脊背，以示亲密无间。高季兴当天回到住处，让绣工在自己衣服的背上绣了一个手掌印：这可是皇上的手掌亲自拍过的地方啊！

此时在外人看来，高季兴对李存勖无比尊敬，李存勖对高季兴也是宠信有加，关系十分融洽。但高季兴越来越感到有苦说不出，原因很简单：自己带来的钱包是有限的，李存勖身边那些宦官、伶人的贪欲却是无穷的，自己留在朝廷的时间一天天过去，靠有限的钱财岂能应付无穷的索贿？李存勖虽然对自己看似亲厚，却一直闭口不提什么时候让自己回江陵的事，这让人觉得不踏实。高季兴开始有点后悔自己入朝的决定了。

不久，发生了李继韬父子三人受死于天津桥的事件，这让从汴梁来到洛阳的高季兴深感震惊。要知道，就在李继韬被斩首的前几天，李存勖与他还是一副亲密无间的好叔侄样儿！看来这个御座上的年轻皇帝远比自己想象的更腹黑，谁也不知道他会在何时翻脸，洛阳非久居之地，必须想尽一切办法尽快离开这个是非之地！

几天后，李存勖与郭崇韬在一起议事，提到了高季兴。李存勖向这位自己一手提拔的心腹谋士透了底。高季兴的担忧被证实了，李存勖确实不打算放他回去，也许等个时机就可像解决李继韬的潞州问题一样，把江陵问题也和平解决！

但郭崇韬提出异议："我大唐刚刚灭掉伪梁，夺取天下，人心尚未完全安定，各地诸侯仍多猜疑，这个时候应该以诚信示天下。如今各诸侯相继入贡，来京的不过是他们的子弟或部下，只有高季兴一个亲自入朝觐见。对这样的模范人物，我们应该重重褒奖，好鼓励还在观望的诸侯归顺大唐。如果我们不但不表彰他，反而将他扣留，天下诸侯必将认为我们心胸狭隘、不讲信用，会断绝主动归附的念头。所以这件事不能做！"

李存勖听了郭崇韬的建议，迟疑了一会儿，决定礼送高季兴回江陵。高季兴得到自由，不敢有一刻停顿，立即带着他的三百名卫士纵马南奔。在路上，高季兴对左右说："这趟出行犯了两个错误。我来见他，是第一个错误；他把我放回去，是第二个错误！"

高季兴一行到达了襄阳，曾经和高季兴有仇的山南东道节度使孔勍，将他接进城，设宴款待。高季兴不得已赴宴，但内心深感不安。当天深夜，高季兴与亲随潜出驿馆，冲破城门，逃出襄阳，向南狂奔。

据说，在高季兴离开洛阳后不久，李存勖就有了和他类似的看法，有些后悔了，便派人去追赶高季兴。不过，他们来晚了一步，等追到襄阳，才知道来不及了。

【作者按：据《五代史补》记载，在襄阳拦停高季兴的是山南东道节度使刘训（李绍琛）。但据《旧五代史·庄宗纪》载，刘训要到同光二年（924）七月才接替孔勍掌管山南东道，此记载应误。】

十二月二十八日，李继韬被杀后的十几天，高季兴终于回到江陵。当见到前来迎接的梁震时，高季兴激动地握住他的手，说："我没有听你的话，差点儿就逃不出虎口了！"

然后，高季兴又对江陵文武诉说他见到的李存勖："主上历经百战，才好不容易夺取河南，刚取得成功，便骄傲自大，伸着手对在战争中为他出生入死的众将说：'我用这十根手指取得了天下！'如此沾沾自喜，漠视将士的功绩，岂能不让将士寒心？而且我在京城这些天，主上不是忙于打猎，就是忙于听戏，成天陶醉于声色犬马之中，政事多废，如何能够长久？早知他是这样的人，我就不用过于担心了。"

既然决定了继续当一个割据者，高季兴就积极修缮城池，加筑了江陵的西罗城，囤积了大批军粮，同时趁后梁灭亡，原后梁军队被大批裁撤解散的机会，大量招募原梁朝军人，使荆南的军力在短时间内大大提升，增强了独立于一方的本钱。

枢密郭崇韬

一个大权在握的一把手，会逐步淘汰手下那些资格太老、功劳太大、渐渐有尾大不掉苗头的重臣，然后代替以自己一手提拔的，相对资历浅、功劳小的亲信。等到这些亲信的资历和功劳攒得差不多，渐渐有了与一把手分庭抗礼的潜力时，他又再重复以上操作。这种循环有其内在合理性，在很多时候几乎是一把手一种不可遏制的生物本能。

历史上此类例子不可胜数。朱温就经常这样干。因此，李存勖要更换核心圈，用亲近的新人代替老资格，本身无可厚非，但一定要处理好，有两大难点不能办砸：一是用什么样的方式安置旧人，二是用什么样的方法选拔新人。

要看清李存勖在这方面干得怎么样，有一个重要人物可以作为最佳切入点。他是李存勖一手提拔到高位，用来顶替李存勖哥哥辈老臣的新人，随着时势演变由新人成长为位高权重、功劳大的重臣，让自己也成了被君主猜忌的对象。李存勖从没把他当成王猛，他却把李存勖当成了符坚。他在一个极易被怀疑的位置上，却对自己在君主心中地位的变化没有清醒认识，不懂得避嫌，等发现情况不妙，已经来不及挽救，最终将自己送上了不归路。

换句话说，这个人既当过代替旧人的新人，又成为被新人取代的旧人，两种经历都在他身上演示过。他就是郭崇韬。

郭崇韬在胡柳陂会战之后，经孟知祥推荐当上中门使，从而崭露头角。他才干过人，又好表现，以扎扎实实的功绩，很快成为李存勖第一号心腹。李存勖用人的两大原则是"有用"和"有趣"，他属于有用那一类。

灭梁之后，郭崇韬仍旧是李存勖心腹圈子内的重要角色，能在很大程度上影响李存勖的决策。这从各藩镇、各诸侯的一些举动就可以看出。

自唐军灭梁之后，郭崇韬收受后梁降臣的贿赂之多，堪比李存勖新宠信的那些宦官、伶人，是天下糖衣炮弹的主要标靶之一。这也证明了他在李存勖圈子中的重要地位，要知道，同时期官职更高、功劳更大、资格更老的李存审与李嗣源基本没人理睬，这两个老家伙如今在李存勖面前已经说不上话了。

不过也毫无疑问，干这种拿人钱财、替人消灾的事，任何时候都不可能是好名声的加分项。郭崇韬的亲朋好友私下劝诫他说，您已身为一代智士贤臣，干吗还要收受那些身外之物，败坏自己的名声呢？

郭崇韬答道："我身兼将相，位极人臣，正常的俸禄收入已经极为丰厚，哪里还会在乎钱呢？可河南在伪梁统治之时，朝政腐败，贿赂成风，官员养成了不花钱就不能办事的习惯。如今各地藩镇，有很多是伪梁的旧将降臣，昔日都是与咱们皇上有射钩斩祛之仇的人（春秋时，管仲曾箭射齐公子小白，误中带钩，小白成为齐桓公后不计前嫌，任管仲为相国。晋国寺人披刺杀公子重耳，斩断其衣袖，重耳成为晋文公后赦免寺人披，得到寺人披的效忠），他们虽已洗心革面，成为大唐的臣子，但内心仍有忧虑，害怕被追究。他们行贿，也是为了得到安全感，我如果坚决不收，他们能不感到害怕吗？更何况这些钱财暂时收在我家里，与藏在国库其实也没有太大区别。"

郭崇韬这么说，也确实在之后逢后唐财政困难时带头捐出家产，补贴国用。只是因为缺少准确的统计数据，我们无法知道郭崇韬究竟收了多少钱，又拿了多少钱出来充作公款，以及进与出之间究竟匹不匹配。

但就算郭崇韬的话完全出自真心，他真的一点儿也不贪财，仅凭他身为朝中第一重臣，却带头破坏正规制度，充当潜规则的保护人与受益人这一事实，就同李存勖身边那些宠妃、宦官、伶人干的事一样，足以给后唐致命一击！郭崇韬对后梁王朝的评语"朝政腐败，贿赂成风"，很快也像最有活力的癌细胞一样，在后唐帝国本还年轻的肌体上迅速成长壮大。

不过，李存勖对此一点儿也不在意。李存勖灭梁后，身边心腹小圈子的那些人，从李存勖自己到刘玉娘，再到得宠的伶人、宦官，有几个不爱财、不受贿？要说郭崇韬与他们有什么不同，那就是钱财藏在他们的私囊中，与藏在国库的区别还是很大的。

李存勖本身就是个喜欢铺张浪费，花钱如流水的主儿，当年嫌晋王的正常俸禄不够挥霍，还向对待公款如铁公鸡般一毛不拔的张承业索贿，结果碰了一鼻子灰。现在不用索贿，都有人源源不断地主动送钱进来，这不挺好吗？有什么值得大惊小怪的？郭崇韬收点儿钱，证明他不像张承业那个不通情理的老古板，是个正常的同道中人，只要不收得比自己还多，李存勖是不会在意的。

如果说郭崇韬贪钱财很可能并不属实，但要说郭崇韬爱揽权，就一点儿也没冤枉他。顶走前辈，排挤同僚，敲打后辈，他一样都没少干，他最终的结局也与这些密切相关。

回溯开头，郭崇韬接替孟知祥担任中门使，成为李存勖手下第一号谋士，虽然已进入机要，但在李存勖集团中的名位还排不上号，当时晋王之下至少有四个人，论功绩和资历都要远远超过他，分别是张承业、李嗣昭、李存审、李嗣源。郭崇韬认识到，要想成为一人之下、万人之上，权倾天下的第一重臣，这四座大山是他无论如何都要翻过去的。

郭崇韬的运气不错，他没等太长时间，张承业就因为反对李存勖称帝，把自己气死了，李嗣昭则在镇州城下战死了，四座大山倒了两座。不过，剩下的李存审和李嗣源好像就不那么"配合"了。排挤的功夫不到家，老家伙们通常不会自己走掉。

那要怎么排挤，成功率才比较高呢？最有效的办法，就是把这两个老将驱离李存勖身边，去地方当节度使。这里要注意一个重要前提：必须是到任，不能是遥领。比如郭崇韬也有一个成德节度使的头衔，但他始终留在李存勖身边，从来不去镇州（此时改名真定府）上任。李存审原任横海节度使，李嗣源原任安国节度使，同样天天跟李存勖在梁晋战场上纵横拼杀，并没有去沧州、邢州上任。

现在是后唐，不是晚唐了，朝廷大大强于藩镇已是显而易见的事实，留在朝廷可能得到的权力也要比在藩镇多。顺便说一句，后来赵匡胤的"杯酒释兵权"，释的可不是节度使的兵权，恰恰相反，是将朝廷军将领下放到地方当节度使。

李存勖称帝前夕，负责守卫幽州的前中门使李绍宏公公，不知是想在后唐建国之际赶紧回朝廷争权，还是害怕契丹人难对付，反正紧急上报说：阿保机的军队又大举进犯卢龙了，希望朝廷能马上派一员上将来代替自己。

李存勖得到此报，就与郭崇韬商量：你觉得谁合适去守卢龙啊？这个机会实在太好了，有契丹人在，这个时候去当卢龙节度使，就不可能遥领，不可能留在朝廷，必须到任。郭崇韬煞有介事地沉吟片刻，推荐道："要能坐镇幽州，抵挡契丹进犯的，我看非李总管不可！"

这是一个看起来似乎合理的推荐，毕竟李存审是现在李存勖手下的第一号上将，面对大敌，他不上谁上？但其实并不合理，因为这位老将已年过花甲，此时正卧病在床，需要静养，不利于远行。他就算上任，以其身体状况，也不利于指挥作战。但李存勖与郭崇韬仿佛心有灵犀，一道命令下达，李存审只能躺在车中，一路颠簸着前往幽州赴任。

接下来李存审就远离了历史舞台的中心，他没有见到李存勖穿上皇袍，没有见到大军攻汴梁，灭亡后梁的辉煌，没有见证后唐王朝威震天下，诸侯纷纷来朝的荣耀。李存审为这个事业出生入死几十年，好容易等到成功的一天，一切好像都与他无关了。

李存审感到十分懊恼，他的身体状况越来越差，契丹人还时不时到幽州附近骚扰，老将军渐渐打不动了。

李存审上书，想辞掉卢龙节度使的职务，入朝养病。可在郭崇韬看来，李存审的病谁知道是真的还是装的，这个老头子的资历、功绩、声望，每一样都超过自己，他到了洛阳，那自己在朝中这一人之下、万人之上的地位，还能保得住吗？于是，郭崇韬利用自己身为枢密使，总揽机要的职权加以阻挠，一次次将李存审的上书压住，让老将军只能一直待在幽州。

同光二年（924）春，病情沉重的李存审再一次上书李存勗，请求入朝，让自己能在有生之年最后一次觐见天颜！

李存审的妻子郭氏夫人此时身在洛阳，她知道丈夫回不来的原因，求见郭崇韬，向他哭诉道："我的丈夫为了国家，几十年出生入死，一向无愧于君王，与郭公你又是乡里亲旧（史载，李存审为陈州宛丘人，郭崇韬为代州雁门人，一在豫东，一在晋北，相隔千里。郭氏夫人与郭崇韬同姓，这里所谓的'乡里亲旧'，指的可能是郭氏夫人与郭崇韬同乡）。郭公您就忍心让我丈夫死于北荒之地？做人怎么能无情到这种程度？"

对郭氏夫人的责问，郭崇韬面露愧色，无言以对，不过原则问题还是不能松口，李存审的申请再次被拒。消息传回幽州，病榻上的李存审无奈叹息："老夫历事二主，已经有四十年，总算幸运地等到如今这天下重归一家的盛事。边陲的军镇、夷人，昔日射钩斩祛的仇人，都可以入朝面圣。唯独我被隔阻在远方，这大概就是命吧！"

李存审感到自己将不久于人世，便将几个儿子召到身边（史载，李存审有五子，依长幼序分别为李彦超、李彦饶、李彦卿、李彦能、李彦琳，在李存勗死后，他们恢复祖姓"符"），留给了他们一段很著名的家训："你们的父亲，自幼生于贫寒，在很小的时候，就提着一柄剑背井离乡，开始闯荡江湖，四十年后，终于位列将相。这其中九死一生的经历，不知有过多少次！仅仅是从身上取下来的箭头，就有一百多个！"

说着，李存审拿出了一大把泛着锈迹和隐隐血迹的箭头，分给儿子们保管收藏。"你们自幼就生活在富贵的环境里，但应该知道这份富贵是怎么得来的。"

稍后，郭崇韬大概探听到李存审是真的快死了，才奏请李存勖准许李存审入朝。随后李存勖下诏，改任李存审为宣武节度使，兼诸道蕃汉内外马步总管，许其入朝。同光二年五月十五日，在诏书送到幽州之前，为后唐王朝奋斗了一生的一代名将李存审，在幽州官舍病逝，享年六十二岁。

之后，李存审的儿子李彦超等人护送父亲的灵柩南归。七月一日，李彦超代替父亲朝见李存勖，同时将李存审留下的亲随牙兵共八千七百人献给中央。显然，这并不是卢龙镇的牙兵，他们并没有与某个藩镇绑定，而是从属李存审个人。换句话说，他们是李存审的带有半独立性质的私兵。当然，拥有一支与主将亲密无间的精悍私兵，这是当时很多重要将领的惯例，不是李存审的特例。

按照当时的惯例，在李存审还活着的时候，对这八千七百名精兵而言，主帅的号令很可能会比皇帝李存勖的号令更有效。关于这一点，可以从另一条记载推测出。

与李存审一样，李嗣源也有一支长期追随其左右，数量在五千人左右的亲随牙军，而且由于之后历史的演变，李嗣源亲军的前途比李存审亲军更加远大，很多人成为后来的显赫人物。

其中有一位猛将名叫高行周，是当年被刘仁恭暗算的原卢龙将领高思继的儿子。在李存勖灭燕之战中，高行周兄弟为李嗣源收降，纳入亲军队伍，同时加入李嗣源亲军的还有在当时很有名的勇将元行钦。

李存勖很喜欢元行钦的骁勇，听说此事，直接要求李嗣源把元行钦献给自己。李嗣源不敢不从，于是元行钦脱离李嗣源的亲军，加入李存勖的亲军，并改名李绍荣，成为李存勖最信任的心腹将领。后来，在与梁军的一次交战中，李绍荣（元行钦）身陷重围，怎么冲也冲不出来，脸上也中了一剑，血流满面，几乎不能幸免。关键时刻，是高行周杀入重围，把李绍荣救出来。

这次战斗，让李存勖发现，原来在李嗣源手下还有这么出色的勇士，可惜，上次要人时漏掉了！李存勖想再向李嗣源要人，但上次已经夺走元行钦，再开口有点不好意思，于是就私下派人去找高行周，以提供更高薪水和更好前途为诱饵，劝高行周跳槽到自己的亲军。

但高行周是个比较讲义气的人，回答说："李总管（此时实际上是李副总管，要等李存审死后才是总管）用人，也是为了国家，为总管做事，与为大王做事没有什么不同。我们高家兄弟能够从大难中死里逃生，全拜总管的大恩大德，怎能忍心背弃！"于是，身为君主的李存勖，硬是没能从义兄那里把高行周挖过来。

而且，从李存勖的角度看来，什么"为总管做事和为大王做事一样"，这不是胡说八道吗？要是一样，我用得着花心思挖人吗？不管李存审、李嗣源是不是自己的义兄，他们一贯的表现有多么忠诚可靠，只要他们手中握有自己不能完全掌控的精锐军队，就是一种潜在的危险。

除非像这一回，李存审死了，他的亲兵被献出来，这些人"为总管做事"与"为大王做事"，就真的一样了。

以前对后梁作战时，李存勖对于高级将领这一类能够提升本方整体战斗力的做法，不会有太大异议。如今，虽不能说是天下太平，起码在李存勖视野内，那只最大、最难对付的狡兔已经完蛋，是到了考虑压缩"走狗"的时候了，特别是那些资格比自己还老，特别能战斗的"功狗"。

因此，可以从李存审这支亲随牙兵归属的变动窥探到潜藏在表象下的另一个真相：挤掉李存审，不仅是郭崇韬一个人的胜利。

不过，对郭崇韬而言，这只是他在官场斗争中的一个阶段性成果。在官场倾轧这方面，郭崇韬不敢有丝毫放松。

同光二年（924）初（那时李存审还在幽州，但已病重，不能理事），李存勖即将在洛阳南郊举行空前盛大的祭天大典，正式向老天爷报告自己中兴大唐的成功。满朝文武都将参加这一盛典，人人以此为荣，个个翘首以盼。值得一提的是，为了普天同庆，让更多的人得享天恩，李存勖特意颁下两道圣旨。

其一，将因朱温发起大屠杀而逃亡于各地的宦官重新召回洛阳，安排工作。于是，李存勖宫廷中的宦官，立即由五百余人扩充到一千多人。李存勖打算恢复晚唐制度，向各地派驻监军，现在有人了。

其二，允许散落于各地的大唐遗臣及其后人参加祭天大典，朝廷会酌情授官，让他们共沐大唐荣光，同享盛世太平！于是，一千多人拿着家谱、告身赶到洛阳报到，一时冠盖云集，场面蔚为壮观。

但好事总有人来捣乱。就在这时，幽州方面送来紧急军报，有一支契丹军队进犯国境，绕过幽州，已经深入瓦桥关（今河北省雄县）。

这些契丹人真是太讨厌了，怎么对付他们？李存勖问。郭崇韬赶紧建议：既然李总管身体不好，那只有让李副总管出征了。当年在幽州城下教训契丹人的，不正是他们老哥儿俩吗？

随后李存勖下令任命李嗣源为北面行营都招讨使，梁朝降将霍彦威为副手，从幽州回来不久的李绍宏公公为监军，统军北上去对付契丹人。这么三个人彼此联手与朝廷作对的可能性，应该微乎其微吧？

又一尊大神被暂时请走了，实践证明，像李存审、李嗣源这样看起来很强大的对手，其实并不算很难对付。不过，郭崇韬一回头，嗯，除了李存勖身边那批伶人越来越得宠，新的宦官、朝臣正在源源涌进。这些人也是潜在的对手，但郭崇韬暂时没有放在心上。

郭崇韬继续大展拳脚，对有可能分割自己权威的官场后辈下套。敌人不同，方法自然也就不同，为收拾后辈，郭崇韬找到的另一个大杀器就是快要被历史淘汰的门阀制度。

自从在与豆卢革闲聊时，认了郭子仪当祖爷爷，掌管着人事部门的郭崇韬，便时时以名门世家自居，对他不想任用的人，实行以门第为硬指标的一票否决制。对付这些人，郭崇韬常用的口头禅是："我也知道你很有能力，但你出身这么低，我要是任用了你，岂不被名流耻笑？"

这是一招必杀技，有时威力相当可观，堪称大规模杀伤性武器。

比如，原先按李存勖的承诺，有大批前唐的遗臣子弟来参加祭天大典，作为候补官员，等待授官。如果完全兑现皇帝的承诺，后唐朝廷一下子要增加一千多名无功受禄的中高级官员，这对于并不宽裕的后唐中央政府来说，不是可以忽略的开支。何况这些人一来，还会挤占本来就比较稀缺的官爵资源，郭崇韬还想用这些官职、爵位来安排那些有功的和自己信任的能做事的人。

而且，由于唐末战乱，很多官宦世家家道中落，往往在穷困潦倒之时，将能够证明家族显赫身份的告身、敕书一类贱卖。所以很多家谱、族谱早已失真，多有伪造冒认，不说别人，郭崇韬自己就是典型的例子（当然这不能让别人知道）。郭崇韬以己度人，很容易想到：也许这些家伙，很多也是在冒认官亲吧？这条终南捷径，我一个人走走就行了，岂能让这么多人都挤进来？

于是，郭崇韬决定，让吏部对这些候补官员送来的告身、家谱等各种证明文件严加考核，凡有疑点存在的，一概注销，不予承认。原先参加祭天大典的前唐官员子弟多达一千二百余人，最后通过考核得以授官的才几十人，淘汰率超过了百分之九十！

以当时后唐已经形成的官场风气，不难推测，这些被淘汰的候补官员为了拿到这份做官的资格，肯定都是私下里为买通门路花了大钱的，多半还借了债，等得官之后再捞钱偿还。谁知道郭崇韬的一道指令，就让他们所有的风险投资打了水漂！离开洛阳的大道上，到处可见因绝望而痛哭的候补官员。更有甚者，大概为买官欠下的债太多，回去也已经无路可走，只能躺在小客栈里等着饿死，口中共同诅咒着：郭崇韬，你不得好死！

自然，光说这件事，被郭崇韬得罪的人，就不只是这些被淘汰的、已经没有还手能力的候补官员。他们只不过是权钱交易市场上出钱的卑微买家，李存勖身边那些收钱的权势卖家同样感受到了愤怒。郭崇韬突如其来地横插这一杠子，使他们将封官许愿的承诺卖出去之后，后续没有跟上。即使这次没有损失，咱们收钱就办事的名声被破坏，以后肯花钱行贿的人还会像以前一样多吗？

因此，在史书记载中，李存勖身边的伶人、宦官，不断向李存勖打小报告，说郭崇韬的坏话，也就不足为怪了。这也怨不得别人，本来大家都是李存勖心腹小圈子里的人，谁让你搞什么特立独行呢？

孔谦跑官记

前文说过，郭崇韬用门阀制度当必杀技，有时候威力巨大，换言之，有时候威力并不那么大。这里得提到一位重要人物，他就是在张承业死后，为后唐军（晋军）的后勤工作出力最大的财政官员，原魏博度支使孔谦。

从某些角度说，孔谦与郭崇韬是同一类人，比如两个人都很有才干（当然，两个人的强项不一样，郭崇韬精于谋划，孔谦精于理财），都为李存勖的事业做出了重大贡献，又都有极强的权力欲，不惜推开别人往上爬。当然，也有不同的地方，郭崇韬大体上比较讲原则，孔谦基本上无视原则。也许正是因为相似点比较多，郭崇韬不愿让孔谦有接近自己的机会。

新生的后唐帝国面临的经济形势比较严峻，掌管收取天下赋税之权的租庸使一职就非常关键。已经在魏博替李存勖筹措了好几年军需的孔谦很自信，认为论功论才，这个要职都是非己莫属。既然你郭崇韬由魏博的中门使升级为大唐的枢密使，那我由魏博的度支使升为大唐的租庸使，不是同样顺理成章吗？

还记得后梁的租庸使是谁吗？就是赵岩，赵岩与朱友贞的亲密关系咱们都知道，这也证明租庸使很容易成为帝王心腹。郭崇韬自然会想到，如果让和自己一样既有才华也有野心的孔谦升到这个位置，对自己肯定是一个潜在威胁。于是，正如前文所述，郭崇韬以孔谦门第低微为由，推荐了与自己私交良好且为人正直谦让，但原先并不管账的张宪当租庸使，"老会计"孔谦只得到一个副使当安慰奖。

孔谦很不满，很委屈，为什么豆卢革当初不来找自己聊天，问问自己是不是孔丘之后呢？

如果正长官只是挂个名，经济大权仍由自己这个副长官掌握，那虽然有点憋屈，也不是完全不能忍。谁知张宪虽然原先没管过账，但接手不久就把相关业务程序搞得清清楚楚，完全干得下来，孔谦只剩下了顾问的价值。

不过，命运并没有抛弃孔谦。只过了几个月，李存勖灭梁，后唐的首都，由东京兴唐府（魏州），先迁汴梁，再迁洛阳。张宪除了是租庸使，暂时还负责守卫魏州，不能轻易离开，前方的物资输送工作就由孔谦暂代。孔谦抓住这个机会，乘着向郭崇韬汇报工作，模仿他推荐李存审的故技，提出一条建议："国家虽然马上要定都洛阳，但兴唐府仍是重镇，非有才干、有威望的重臣不能坐镇，我看再没有比张公更合适的人了！"

郭崇韬听罢，觉得很有道理，魏博那块极容易出事的地方，的确得有一个有能力的大臣看着。看不出来，孔谦除了会算账，还很有政治眼光。郭崇韬马上表示自己会尽快上书皇帝商议此事。

孔谦大喜，掌管全国钱粮的租庸使当然得在朝廷办工，只要把张宪挡在魏州，他就无法继续担任这个职务，那自己就可以转正了。没过多久，人事任免令下来了，张宪任东京留守，同时解除租庸使的职务，租庸使之职改由宰相豆卢革兼任。

这世界究竟怎么了，为什么对我如此不公平呢？不过，仔细分析，孔谦这一轮操作也不是一无所获，起码顶头上司由张宪变成了豆卢革。张宪是个比较能干的上司，豆卢革却不是，也就是说豆卢革相对好糊弄。张宪还是个比较清廉的领导，豆卢革正好也不是，这就意味着抓他的把柄会相对容易。

暂时还没有弄清楚谁才是妨碍自己的最大障碍的孔谦，又开始走郭崇韬的门路，想把豆卢革请走。他很"善意"地提醒郭崇韬："豆卢大人他位居首相，日理万机，公事繁忙，而且他的府邸距离租庸使的办公地点又太远，导致有不少财税方面的公文得不到及时处理，多有积压。是不是可以考虑稍稍减轻豆卢相公的工作强度哇？"建议很合理，但郭崇韬就是随口打哈哈，拖着不办。

看来要扳倒豆卢革，得再加强点儿火力，孔谦开始仔细寻找豆卢革的错误。正好，豆卢革也真够"配合"的，当上租庸使才一个多月，就用一纸便条从国库中挪走了公款数十万钱，便条上没说明用途，也没说什么时候归还。这显然是赤裸裸的腐败！孔谦马上将这件事悄悄上报给郭崇韬。

从当上郭子仪"后人"那件事的经过来看，郭崇韬与豆卢革的私交不坏，但他在原则性问题上还是有一定操守的。受贿的事嘛，咱们都受，就不说了，可你怎么嫌不够，还要挪用公款呢？不知道现在咱大唐的公款很紧张，不够用吗？郭崇韬找了一个机会暗示豆卢革：公最近是不是家里有困难，批了个条子呀？

豆卢革马上反应过来：我就这么倒霉，才一伸手就被捉？这东窗事发得也太快了吧！豆卢革此时虽在名义上贵为后唐的首相，但他知道自己只不过是李存勖为标榜正统推出来的政坛装饰，既没有军方背景，又非李存勖真正核心圈子里的人。如果真的惹怒了李存勖或郭崇韬，他们要掐死自己是分分钟的事！比如原先和自己一起当上宰相的卢程，就是因为自以为尊、好摆架子，骂了李存勖姐姐的女婿——兴唐少尹任圜，差点儿被李存勖勒令自尽。

想想卢程的遭遇，豆卢革很恐惧，忙上书辞去租庸使的职务，推荐郭崇韬来兼任此职。但郭崇韬位高权重，公务本已比较繁忙，再加上此时在背后说他坏话的人已经不少，为了避嫌也不能接受此职，免得别人说自己一手遮天。于是，郭崇韬在李存勖面前坚决辞让，不争这份肥缺。

李存勖问："如果你不干，那你看谁合适接任租庸使？"郭崇韬知道现在各项条件最合适的莫过于孔谦，但他就是不让孔谦上来。他用经典口头禅答道："孔谦虽然长期管理钱粮，经验比较丰富，但他出身太低，如果骤然升到高位，恐怕人心不服！不如这样，还是把张宪从魏州调来，张宪也管理过财务，干得也不错！"李存勖同意了，就下令调张宪入京，至于东京留守的职务，改由胆小怕事的原魏博判官王正言担任。

孔谦快被气疯了。叫张宪回来当自己的上司，那还不如不扳倒豆卢革呢！他现在算是知道是谁在挡自己的晋升之路了！原来自己一直拜错了庙门！不过，亡羊补牢，犹为未晚，能够在李存勖面前说上话的又不止你郭崇韬一个人，你庙大不留人，自有留人处！孔谦开始加大力度，讨好李存勖身边的另一位大红人，伶人出身的情报官员景进。

前文提过，景进是伶人出身，与用人出身的朱守殷，并列为李存勖手下两大情报官员。不过后来朱守殷升职带兵去了，还在德胜为李存勖"贡献"了一场大败仗，宠遇稍减。从此，在后唐的情报界就以景进为尊了。

此时的后唐，如果说在朝堂之上郭崇韬可以当李存勖大半个家，宫廷之内是刘玉娘笑傲群雌，那么朝堂与宫廷之外，就是表面上身份低微的景进的天下。民间的大事小情，众文武的交往隐私，都由景进及其情报组织侦查窥探，再秘密上报给李存勖，这几乎就是李存勖的另一套耳目。另外，有时有些李存勖想做，却因为不够光明正大，通不过朝堂审议的事，也会交给景进去办，可见他受信任的程度。不过，伶人出身，加上总干这类窥人隐私和当黑手套的工作，也使景进在很多朝臣眼中的形象非常负面。

通过今天无法知道详情的私下交易，孔谦成功地让自己当上了景进的密友，每次见面都要恭恭敬敬地喊一声："八哥！"见过不少朝臣白眼的景进非常受用，也投桃报李，时不时在李存勖面前替孔谦美言几句。

有了景八哥这位可靠的内援，以及很可能从八哥那里得到的情报，知道自己还没有暴露，孔谦便厚着脸皮来拜访让自己坑了一把的前顶头上司豆卢革。

孔谦先是表示遗憾，痛心疾首地说，都怪咱们在选人用人时没有严格把关，也不知是哪个没良心的小人，竟然把相公批条那点儿小事给捅了上去，真是知人知面不知心啊！豆卢革也只能叹气：事已至此，不提也罢。

不提就好，那就切入主题，说说今天的正事。孔谦诚恳地建议："其实，管理钱粮这类琐碎的小事，一个能干一点儿的小吏就能胜任。与此相反，邺都（代指魏州兴唐府，不过古邺城并不在魏州，而更接近相州）可是国家的根本重地，坐镇的人选难道可以马虎吗？兴唐尹王正言这个人我是知道的，论品格操守，他都无可挑剔，但遇事时的应变才华，他就比较欠缺了。皇上将张宪征召入朝，却留王正言守邺都，能不让人担心吗？"

豆卢革一听，深觉有理，因为孔谦并没有冤枉王正言，这位王大人的能力之低下，在后唐大臣中也是出了名的，比豆卢革还差。一向平庸的豆卢革感到，纠正这项人事失误，正是挽回自己形象的难得机会。他马上去找郭崇韬，将自己的（其实是孔谦的）思虑说了出来。

郭崇韬不以为然："留在魏州的各级官员，都是追随主上多年的旧臣，有他们辅佐，何必担心王正言干不了？"豆卢革难得真理在手一回，便不再退让，用孔谦教他的话反对说："调张宪入京，与任命王正言留守魏州，都是失策！如果一定要调整，不如让王正言入京任租庸使，有孔谦等一套人马帮着他，或许可以办好。要是让王正言坐镇一方，一定会坏事的！"（后来的历史证明，豆卢革说的这个版权很可能属于孔谦的预言，竟然惊人准确。）

郭崇韬第一次没能辩过豆卢革（实际上他是输给了孔谦），于是，人事调令被迫做了重大调整。张宪继续担任东京留守，王正言调入京城任租庸使，孔谦成功地给自己换了一个最无能的上司。

无能的上司有这样的好处：他不开口还好，只要一发表意见，马上错漏百出，充分暴露其外行领导内行的草包本色。王正言只好尽量少说话，但你身为一个部门的一把手，属下向你汇报工作，请示意见时，你也不能完全不理睬啊！于是没过多久，孔谦手中就积累了一大堆关于新上司失职渎职的黑材料。

孔谦就拿着这些黑材料，再去找郭崇韬检举揭发。孔谦拿出了忧国忧民的表情，甚至声泪俱下：国家的税收都来自民脂民膏，得之不易，经不起这样的瞎折腾啊！郭公您就不想想办法，阻止这样的事继续发生吗？

尽管孔谦的演技不错，表演的态度也十分认真，却无法打动郭崇韬。郭崇韬一来不能容忍一个和自己一样喜欢专权的人升上来，二来他对孔谦管理财税的很多做法十分反感，甚至认为他就是个奸臣。因此，郭崇韬装聋作哑，就是不给孔谦提供向上的空间。

按常规，如果过不了郭崇韬这一关，孔谦终究升迁无望，而要郭崇韬对孔谦大发慈悲，看来又是件不可能完成的任务。孔谦又气又恼，但这个坚强的职场老狐狸仍然不肯认命服输。如果常规方法不行，那我就试试非常规的手段！

孔谦在与景进密议协商之后，冒险使出最后的绝招儿：老子要辞职，不干了!

这下子后唐的租庸院炸锅了。租庸使王正言根本没有能力接手孔谦的工作,看着一摞摞厚厚的账簿、公文,就觉得头皮发麻,吓得声称自己风病恍惚,告假回家躲了起来。

如果说金钱是驱动后唐政权正常运行的血液,那租庸院就是让血流流动起来的心脏。租庸院突然间无人主持工作,后唐朝廷就像心脏突然停跳,差点跟着停摆!

李存勖勃然大怒,可能郭崇韬也建议他,对于此类不顾大局、随意撂挑子的官员,一定得严惩,以儆效尤。于是,李存勖下令逮捕造成此次朝廷停摆危机的祸首孔谦,准备将他斩首。

现在,就到了孔谦的内援景进挺身而出的时候了。他秘密觐见主子李存勖,从另一个角度诉说此事的来龙去脉。景进密奏的具体内容没有记载,在下推测大概是说:真正的肇事元凶是郭崇韬,他嫉贤妒能,故意所用非人;孔谦备受郭崇韬欺压,功高赏薄,其实他才是真正对陛下忠心耿耿,却报效无门的人……

景进这番密奏极大地改变了孔谦的人生轨迹,李存勖开始重视孔谦这个人,什么"论罪当斩"当时就不算数了。李存勖还将他引入自己的心腹小圈子,以后就是真正的自己人了。

孔谦撂挑子事件过后一个月,根据景进的推荐,李存勖不顾郭崇韬反对,直接下旨免去王正言的租庸使之职,改任礼部尚书;孔谦则终于去掉自己职位中那个刺眼的"副"字,升任租庸使;原后梁降臣孔循(朱温家奶妈的养子,当年曾用名赵殷衡,曾陷害蒋玄晖,可参看第四部《大唐末路》的《诸神的黄昏》一节)任租庸副使。

又过了十天,李存勖赐给孔谦一个称号"丰财赡国功臣",当着天下之人,亲口表达了对孔谦才能和功绩的高度肯定。这也意味着郭崇韬对孔谦的打压彻底失败。

为什么郭崇韬能够轻易地挤掉强大的李存审,而对看起来弱小的孔谦却无可奈何呢?孔谦几次冒头都被郭崇韬拍了下去,但最终还是冲破了郭崇韬设下的层层防线。

如果转到李存勖的视角来看问题，答案就一目了然了。

郭崇韬之所以能轻易排挤李存审，是因为作为君主的本能，李存勖其实早就想让这些资格老、功劳大、威望高的老家伙靠边站。无奈之前大战不断，李存勖不能在战时自断臂膀，削弱本方的军事实力。但现在后梁已亡，良弓当藏，李存勖可以将削夺老将权力的工作提上议事日程了。

在排挤老将这一点上，郭崇韬的需求与李存勖的需求正好重合，使李存勖可以轻松地通过郭崇韬之手达到自己的目的，而不用自己去承担薄情负恩之名，何乐而不为？所以，李存勖对郭崇韬在这方面的行动，给予了百分百的支持，这才是李存审被轻易排挤的真正原因。

至于孔谦，原本并未得到李存勖的重视。对于郭崇韬打压孔谦的行为，李存勖既未支持，也未反对。但随着孔谦通过景进这条线挤进李存勖的心腹小圈子行列，情况就完全不同了。孔谦让李存勖认识到了自己的"有用"，成了李存勖一定要保的人，所以与其说郭崇韬是败给孔谦的钻营，不如说他是败给李存勖的意志。

郭崇韬也是李存勖心腹小圈子的一员，虽然是比较另类的一员。他的权力来自李存勖的授予，当他的做法与李存勖的基本需求一致时，李存勖的意志往往隐身于幕后，让人看起来似乎是郭崇韬权倾天下，想干什么就干什么。但如果郭崇韬的做法与李存勖的需求不一致甚至相背离时，郭崇韬的权力就仅仅取决于李存勖对自己的自律程度和对郭崇韬的容忍程度。但凡李存勖铁了心要干的事，郭崇韬从来没有能力阻止。

再来看看郭崇韬为什么一定要压制孔谦。这里当然有郭崇韬私心作祟的成分，但绝不仅仅因为私心。前文说过，孔谦与郭崇韬有很多地方相像，很有才干，也很喜欢揽权，拉仇恨的本事也十分拿手，只不过，他们拉仇恨的对象不是同一批。这正是郭崇韬最反感孔谦的地方。

来看看孔谦是如何"丰财赡国"的。其实要改善财政状况，方法为开源和节流两大类。

后梁王朝的税收，在初始阶段是比较低的，但到了朱友贞时代，梁军在前线屡受重挫，每次大败后都要以很高的效率重新集结重兵集团，如果还保持低税收，这是不可能做到的事。实际上，史书已经在一些地方，提到身为后梁租庸使的赵岩如何设法在正式税收之外巧立名目盘剥百姓。

不过对于新建立的后唐王朝来说，这是一件好事，前朝的暴政越突出，才能衬托出新朝越正义。所以，李存勖刚进汴梁没几天就发布了一道取悦天下百姓的圣旨："理国之道，莫若安民；劝课之规，宜从薄赋。"接下来就是三项具体的利民措施：一、暂停各道的徭役，还在服徭役的百姓都放回家务农；二、原后梁境内百姓积欠未交的税赋，以及欠公家的债务、利息等，凡是在汴梁光复以前发生的，都一概免除，不再征收；三、原先为了战事征集战马，向民间摊派一事，凡没有从官府领钱的，或有困难无法弄到马的，都免除摊派不再征收。

可想而知，正被沉重税赋压迫的中下层百姓，得知圣旨的内容会多么欢欣鼓舞，感念皇恩！但是，他们高兴不了几天，新朝的衙役就会闯进家，追缴那些圣旨已经免除的税赋和各种徭役、摊派。百姓的负担根本没有因为李存勖的圣旨而减轻，甚至比以前更沉重了。

原来，在后唐的租庸院实际领导孔谦看来，这道圣旨就是个棒槌，没必要当针（真）。咱们税收得越多，国库财力越厚，皇上自然越高兴，根本不会计较以他名义颁布的圣旨是否都得到了严格执行；要是真按圣旨办，导致税收不足，使皇上和他身边的人必须捐出受贿所得来补贴国库时，可别指望他们会表扬你坚持原则。

于是，李存勖高调宣布的善政，到了下边，孔谦根本不执行，沦为一纸空文。

也许百姓还带有期望：新天子只是一时受蒙蔽，还不了解情况，一旦知道真相，天子还能对孔谦公然无视圣旨的行为无动于衷吗？当然不会无动于衷，"丰财赡国功臣"就是李存勖对于这个问题给予全天下最直接的答案。但天下人会怎么想？于是，在很短的时间内，李存勖在百姓中受到的爱戴程度大减，之后不管他再许下什么动听的诺言，颁布什么利民的善政，都很少有人相信了。

第五部《后梁帝国》的《顺义改革》一节说过，五代各国的税收制度基本都源自唐代两税法，以收钱为主。于是，每到收税的时候，广大农夫必须将手中的农产品尽快换成现钱，大商人乘机压价，大赚一笔。

南方的宋齐丘看到了它给百姓带来的灾难，推进了吴国的税制改革。北方的孔谦则看到了国家税收让商人分流的损失，也推出了新办法。

新办法的具体操作是，孔谦从他掌握的税金中拿出一部分作为本金，发行小额贷款，解决百姓缺少现钱的燃眉之急。然后嘛，我也知道你们赚钱不容易，所以之后也不用还钱，以第二年出产的生丝偿还。

乍一看，这好像是个便民的善政，但关键的猫儿腻在于第二年用生丝还贷。孔谦的规定是，不管当时生丝的市场价是多少，一律以几年内生丝出现过的最低价折算。于是，丝农又被额外盘剥，只不过额外盘剥他们的力量，由还可以讲讲价钱的大商人变成无法抗拒的朝廷。

当时很多官员也知道这种做法潜藏的危害性。翰林学士承旨，兼代理汴州刺史卢质，为此上书李存勖说："这是伪梁租庸使赵岩干过的恶政，曾激起百姓怨愤。陛下您革故鼎新，为的是给天下人除害，如果还像过去一样横征暴敛，与赵岩复生有何区别……我是为天子做事，不是为租庸院做事，可现在天子的圣旨久盼不至，租庸院的公文却一份接一份到来，都在催促我们按贷收债。我们该怎么做？请陛下尽快发一份明旨。"

然而，奏疏送上去之后，李存勖就当没看见，不予回应。显然，在财政政策上李存勖已经接受了孔谦的观点，更重视短期利益，更关心眼前母鸡的下蛋速度，而不太在意母鸡们吃得饱不饱。

除了抓牢农业税这个当时的大头，孔谦也没有忽视商业税。当时征收商业税的主要方法，还是在各交通要道上设卡收费，检查过往商旅，雁过拔毛。为了减少物流成本，商人们往往会寻找偏僻小路通行，以便绕过关卡。当时可不是什么太平盛世，走小路遇上土匪的概率是很高的，但商人们显然算过了，比起在大路遇上"官匪"，遇上土匪的损失还是可以接受的。由此可见当时商业税不轻。

孔谦对此很恼火，于是上奏李存勖，提出要增加各关卡的人员，让他们分出人手严密巡视关卡以外的各条小道，查拿绕道过关的商人，一旦抓获，从重从严处罚，看谁还敢逃税。

对于孔谦这份可以增加政府收入的奏疏，李存勖可比对待卢质那份会减少收入的奏疏重视多了，立即批准，督促各地相关部门，要严格按孔谦的方案开展工作，不得松懈，更不得敷衍。

虽然孔谦在"开源"方面成就不小，但他的方法全是在追求短期利益的最大化，对后唐经济的长远发展其实是有害无益的。

后唐在同光一朝的财政状况从来没有真正好过。由于藩镇供奉悉入内库的制度，国家收入被大量分流；治理黄河（收拾后梁决口留下的烂摊子），筹备与契丹、前蜀的战争，都是巨大开销；那几年也没有遇上哪怕一个风调雨顺的好年景……

孔谦不得不在"节流"方面做出很多努力。

当上租庸使之初，孔谦就上奏李存勖："现在国家用度不足，原因之一就是吃公家饭的人太多了，尤其是各道的判官（各地主官的辅助官员，不一定干什么）之类的，数量太多，早就该精简。建议从今以后，每个藩镇可以设置节度使、观察使、判官、书记、推官各一员。每个留守设判官一员，另外三京府可另置判官、推官。在此标准之外的多余官员，各道有困难要保留也行，但国家不再负责发工资。"

孔谦这道奏疏一上，各地大批官员就此失业或者减薪，但这还不算完，孔谦接着要让更多官员理解成语"祸不单行"的含义。

孔谦先向李存勖提出了一个不美好的现实："现在官员的名义俸禄都高，但因为国家的现钱数量不足，只能采用折支发放，官员实际所得很少。"

这里简单介绍一下何谓"折支"。古代朝廷给官员发俸禄时，早期主要是发粮食，连官位的级别都直接以粮食的重量单位"石"来做标准。后来因为经济发展，钱作为当时财富最佳的交换和储存媒介，其优越性越来越突出，官员俸禄中钱的比例逐渐上升。到唐中期以后，官员俸禄的组成虽然很复杂，但钱已经是俸禄的主要部分，也是最受欢迎的部分。

官员希望发到手的都是钱，但很难做得到。朝廷常常会根据国库实际拥有的物资情况，将一部分官员的俸禄，用据说价值相当的各种实物发放。这里的实物如果是粮食还好，但很多时候是乱七八糟的东西。如苏轼就记述过，他在黄州为官时，领到的折支竟然是官府卖酒后退还的包装袋！

还要注意这个"据说"，这里同孔谦推出的生丝还贷政策一样充满了猫儿腻，即使不考虑实物变现的困难，这种折支通常也会让官员的实际俸禄收入远远低于法定俸禄收入。

大家都不喜欢折支，那怎么办呢？孔谦提出的方案是：所有官员俸禄减半，但今后都发现钱，不再折支。李存勖如今对孔谦的建议都采纳，新的俸禄政策立即推行。但官员很快发现只是推行了百分之五十：俸禄减半，立竿见影地做到了；取消折支，不过是一句空话。

孔谦的财政政策在平民百姓间，也在官场内激起了广泛的怨恨。虽然受损官员的人数远没有受损百姓多，但在大多数情况下，他们的愤怒比百姓的愤怒更可怕。可是孔谦不在乎，他觉得只要让李存勖欣赏他，肯保着他，你们算得了什么？

包括郭崇韬在内，大家暂时确实没本事拿孔谦怎么样，但这种愤怒并不会消失，只会慢慢积累成一股强大的势能，而且针对的不仅仅是孔谦，更会暗暗指向支持他、庇护他的李存勖。

金书铁券

郭崇韬想打压却打压不下去的人，不仅仅是一个孔谦。前文说过，李存勖对后梁亡后归降的将领、节帅虽然外示宽厚，但其实有所戒备，在有步骤地将他们慢慢替换。不过，这里也不是没有例外，有一位重量级的降将，就深得李存勖的宠信。这个人，就是最后一任梁军总司令段凝。

段凝担任过梁军主帅，但他将才平平，军功惨淡，在梁军士卒中的威信并不高。段凝最后统率的六七万梁军精兵，是朱友贞以各地征发会合，再配给他指挥的，不是他的嫡系人马。或者说，段凝压根儿就没什么像样的嫡系人马。他要煽动这些与他关系并不亲密，甚至看不起他这个主帅

（这一点康延孝可以做证）的军队同他一道造反，可能性几乎没有。换言之，在李存勖看来，段凝身上潜在的危险性很小，可以比较放心地使用。

那段凝有什么可用的地方呢？当然是他的强项——用其一流的谄佞功夫，为大领导提供无微不至的贴心服务了。当年段凝能在后梁诸多中层官员中脱颖而出，青云直上，靠的就是对朱温无比出色的接待工作。

投降后唐后，段凝那从未被荒废的谄媚绝技更加炉火纯青，马上在新朝深深扎根。李存勖心腹小圈子中最重要的四个人——后妃界代表刘玉娘、朝臣界代表郭崇韬、宦官界代表李绍宏及伶人界代表景进，除了郭崇韬还搞不定，其余三位都被段凝的糖衣炮弹拿下，成为他在李存勖集团内的坚实靠山。显然，在这方面的本事，孔谦只配当段凝的学徒。

段凝得到一个新名字"李绍钦"，出任泰宁节度使。李绍钦（段凝）到兖州上任才一个月，兖州发生了一起特大经济案件，存放在兖州库府的数十万公款被新节度使以不明不白的原因挪用一空。

后唐朝廷震惊了，这时，还是租庸副使，没有攀上景进那棵大树的孔谦马上责令李绍钦（段凝）把挪用的公款还回来。但钱这种东西，用出去容易，还回来就难了，段凝摆出一副要钱没有、要命一条的无赖相，迎着四方飞来的指责，撑起厚厚的脸皮，固守待援。

段凝无比强大的援军，就是后唐皇帝本人。李存勖亲自过问这起经济案件，指示说，这件事就当作没发生过，不要再追究了。

郭崇韬得知李存勖的指示，很不甘心。他很讨厌段凝，从能力到品行全方位鄙视，曾向李存勖说："段凝就是一个致人亡国的败军之将，集奸邪谄媚等劣迹于一身，绝对不能信任！"谁知这家伙就如同棉花似的，越弹越起，着实可恨！现在好了，逮他个现形，不乘着这机会把这条不要脸的落水狗一巴掌拍死，更待何时？

于是，郭崇韬求见李存勖，摆事实讲道理，反复抗争，说像段凝这样顶风作案的贪腐分子绝不能轻易放过，否则国家的法纪何在。

此事论情论理，郭崇韬说的都是堂堂正正、无懈可击的，李存勖理屈词穷了。不过，一把手有不讲理的特权，李存勖干脆用音量代替论据，强词夺理，大怒曰："朕处处被管着，连起码的自由都没有了吗？"

明明说的是段凝的经济问题，跟您的自由有什么关系？但天子震怒，逻辑从来都是不重要的，郭崇韬也被吓住了，不敢再说话，于是辩论就此结束，段凝无罪开释。只要不太笨的话，应该也猜出被段凝拿走的那些公款大概用到什么地方去了。上梁不正啊！

关于对段凝挪用公款案的争执，并不是李存勖第一次对郭崇韬大发雷霆，早在郭崇韬刚刚当上中门使那年（后梁贞明五年，919 年）就有过先例。

李存勖有个习惯，吃饭的时候喜欢有一大堆人作陪，顿顿都是宴席。那个时候处于战争期间，李存勖身边最亲近的人主要还是和他一起在战场上冲锋陷阵的各级将士。这在当时战事频繁、处处缺银子的大背景下，显得有点浪费。

于是，刚刚当上李存勖心腹的郭崇韬不把自己当外人，上书建议说，要不咱们缩小一下日常宴会的规模，减少参会人数，能省一点儿是一点儿。那天可能李存勖情绪不佳，看到郭崇韬的上书，就像发现了一个出气口，突然间就毫不讲理，发起小孩子脾气："难道我连请为我卖命的忠勇将士吃顿饭的权力都被剥夺了吗？那好吧，就让军中重新推举一个人当头，我自己回太原，不在这儿碍手碍脚！"

骂完，怒气未消的李存勖吩咐他的掌书记："马上发布一道文告，就按我刚才说的写！"

幸运的是，当时担任李存勖掌书记那个人，名叫冯道。冯道一听，这不就是一通疯话吗？他提起笔，却没有往下写，待看着李存勖的情绪略微平和，才慢慢地说道："大王您不是正计划要平河南，定天下吗？郭崇韬的请求，算不上什么大错，您要是觉得不好，不接受也就行了，何必还发文告，弄得远近皆知呢？敌人如果知道，只会讥笑大王与您的部属之间不团结。这样做，对于提高大王的声望，好像也没有好处吧？"

李存勖听了冯道语气委婉的劝谏，算是又恢复了一点儿理智。可能也有人给郭崇韬报信，郭崇韬急忙赶来认错道歉（虽然他不见得有什么错），这件事算是有惊无险地过去了。

此事因为没造成实质性影响,郭崇韬没有亲眼看见李存勖发火时的样子,也就没有过分在意。在后来的日子里,郭崇韬屡出奇谋,多建大功,在李存勖集团中的地位越来越高。特别是按其方略灭梁的成功,让郭崇韬一度忘乎所以,真把自己当成了李存勖不可或缺的孔明、景略,已经是古今君臣相得的典范了。

有了对自己的错误定位,郭崇韬在李存勖面前不避忌讳,知无不言,言无不尽,以为自己与李存勖知交之深,非他人可以离间。但其实,他已经把李存勖的其他心腹都得罪了。

李存勖身边心腹圈子的人员组成一直在变动,灭梁之后,一起血战沙场的军人少了,伶人和宦官的比例大大增加了。对于这些新入圈的多数人,郭崇韬不喜欢他们,他们也不喜欢郭崇韬,更重要的是,郭崇韬很多坚持原则的做法,在大大损坏他们通过不坚持原则而取得的利益。本来大家都发财,你也没少拿,凭什么你要时不时地横插一竿子,屡屡坏别人好事?这岂能不招人恨?郭崇韬在圈子内自然越来越孤立,关于他的坏话充斥于李存勖的耳边。

而且,当李存勖发怒时,那个喜欢与人为善,会为郭崇韬说好话的冯道也不在了。后唐迁都洛阳后不久,冯道的父亲去世,他便辞职回到故乡瀛洲景城县,丁忧去了。

这些都没让郭崇韬收手。段凝案发,郭崇韬竟因坚持法纪而受到李存勖的当面怒斥,才清醒过来。原来自己在李存勖心目中的位置远没有那么重要,皇上的治国理念和自己是不同的。可自己走得太远了,得罪的人也太多了,怎么办?郭崇韬开始感到了惶恐。

不过李存勖痛快骂人后,也有点懊悔,郭崇韬现在仍然是他最得力的重臣,要罢免郭崇韬,一来无名,二来短时间内也根本找不到合适的替换人选。还是安抚一下老郭吧,不要让天下人说朕薄情。

正好,同光二年(924)二月,李存勖要在洛阳南郊举行盛大的祭天大典,大赦天下,遍赐随行人员官爵(不过前文也说过,后来绝大多数的名额都让郭崇韬砍掉了），顺便也就仿照一下前朝先例，赐元勋功臣金书铁券，而这头一份就赐给了郭崇韬。

金书铁券即民间所称的免死金牌，汉高祖刘邦首创，是古代帝王赏给重臣的，表示将共享富贵，免除罪责，是一种誓言性质的凭证，是大臣能够得到的极高荣誉。它以铁制成，上面用丹砂书写文字，故称"丹书铁券"，后来改用黄金代替丹砂注文，故又改称"金书铁券"。

如今还有一份唐末的金书铁券保存于世。这是唐昭宗李晔为表彰平定董昌之功而赐给钱镠的，是一块弯曲的铁板，形如瓦片，上面镶嵌着三百三十三个金字，叙述了钱镠的功绩，以及朝廷决定给予的司法奖励："卿恕九死，子孙三死，或犯常刑，有司不得加责。"

郭崇韬拿到的那份铁券当然没有保留下来，不过史书上记载过它的关键内容，是"恕十死"，理论上豁免死刑的次数比钱镠那份铁券还多一次。不过，郭崇韬虽然功勋卓著，但功绩在后唐重臣中并非第一，更别说资历了。郭崇韬拿到了金书铁券，比他功劳更大、资历更深的李存审、李嗣源没有拿到，这是不是不合情理？于是，李嗣源回朝参加祭典，得到了李存勖赏赐的第二份金书铁券。如果李存审能够活着返回洛阳朝见李存勖，极可能得到第三份。最后，到当年十一月，积极拥戴李存勖称帝的河中节度使李继麟（朱友谦），滥竽充数地领到了第三份大奖。在同光年间受赐铁券者，就此三人。

不过，熟悉历史的读者清楚，即使不算后世那位把免死金牌当成催命符来用的大神朱元璋，因为郭崇韬肯定不知道明朝的事，只考虑他可能知道的历史，那金书铁券的实用价值，也显然远远低于它的理论价值。真到祸事临头时，铁券是什么用处也没有。

因此，得到这份殊荣的郭崇韬没有感到太大的宽慰。郭崇韬在李存勖心腹圈子内依然孤立，依然是众新人攻击的标靶，不安全的感觉也依然如影随形。是否应该引退避祸呢？

一天，郭崇韬将自己的几个儿子和门人召到一起，向他们征求意见："我辅佐主上，好容易了却大事，却遭到一群小人的反复诋毁，主上也不再像以前那样信任我。算了，惹不起，躲得起，我打算辞去朝廷的职务，去成德老老实实当个节度使，你们以为如何？"

一听此言，郭崇韬的儿子郭廷诲第一个表示反对："千万不可，难道父亲大人躲开他们，他们就会收手不害您了吗？何况蛟龙一旦离开大海，蝼蚁都能制其于死命，您一旦离开洛阳，权柄丧失，人家要动手，您就连还手的能力都没有了！您可一定要想清楚哇！"

显然，郭廷诲的话是有道理的，后唐不是晚唐，尤其在同光朝，地方节度使的命运是受制于朝廷的。可不离开朝廷又能怎样？三人都能成虎，何况现在经常在李存勖身边说自己坏话的人远不止三个，长此以往，谁知哪一天大祸临头？

这时，一位没有在史书上留下姓名的门人出了个主意："郭公您的功勋业绩为当朝第一，纵然是皇上身边的伶人、宦官离间诋毁您如何贪恋权势，皇上也不可能轻易相信。不过要保万全的话，郭公不妨乘此时直接上表，辞去枢密使之职，皇上此时还离不开您，肯定不会同意。这样一来，您就有了辞避之名，可以堵住群小之口。"

众人一听，这算什么好主意，你认为皇上不会让郭公去职，但万一皇上另有想法，顺水推舟，批准大人的请辞，怎么办？这门人补充道："别急嘛，咱们还有配套措施。皇上如今最宠爱的女人是魏国夫人刘氏，生有皇上的爱子继岌（在不久前洛阳南郊举行的祭天大典中，李存勖自为首献，亚献就是魏王李继岌，这等于公开向天下人宣示，将立李继岌为皇嗣）。只是她既不是原配，出身又低微，没人助力，一直当不上皇后。如果您作为朝臣之首，出面奏请册立刘氏为皇后，皇上早盼着有人进言此事，一定会高兴地允准，而刘氏感激您的大恩，必然相报。以后，您在宫内有皇后相助，伶人、宦官何足为虑？"

郭崇韬思之再三，觉得就数这个办法好。于是，郭崇韬先是恳切请辞，李存勖果然不许。然后，郭崇韬启动了自己的"宫内盟友制造计划"。在公开场合，郭崇韬联络宰相豆卢革，率领朝中文武百官联名上书：请皇上早立皇后，以母仪天下。同时，郭崇韬又私下上密奏给李存勖，称赞魏国夫人的"贤德",请求立她为皇后。

让自己喜欢的女人当皇后,叫那些世俗偏见都见鬼去吧!说起来,这本就是好丈夫李存勖早想干的事,只是他的生母曹太后不同意,无奈暂时搁置。可现在好了,既然有了呼声,曹老太太也不好再继续反对,郭崇韬的行动又一次与李存勖的意愿重合了。因此,此事的执行异常顺利,收到群臣上书的当天,李存勖"从善如流"地正式下诏,册立刘玉娘为皇后。

郭崇韬给自己制造"盟友"的行动,看似获得了成功,但要论此举的实际效果,只能说,郭崇韬和他的门人都过于乐观了。郭崇韬自以为获得了可靠的安全保障,之后不再想着引退避祸的事,而是故态复萌,多次做出让李存勖和其身边人不愉快的事,大步走向其人生不再遥远的终点。

比如说,由于过于铺张,南郊祭天的开支超出了原先的预期,给国家预算捅了一个填不平的大窟窿,郭崇韬就捐出十万贯家产来填补。此举自然引发了很多人的不满。当初圈子内众人一起受贿时,自然是你好我好大家好,现在公家亏空,自然有租庸使负责顶着,你个伪君子捐什么私财?是想让大家难堪,还是想让大家破财?

但郭崇韬一点儿也不为圈内众人着想,反而因为经费仍然不够,竟上奏李存勖,请皇帝做一下群臣的表率,动用皇家内库的钱来补足亏空。

一听说要钱,李存勖的脸色一下子就晴转多云,半天不肯答话。

李存勖不是一个吝啬的人。出身高贵的他,大手大脚惯了,对身边人极慷慨,赏赐无节制。李存勖第一次对郭崇韬发火,就是因为他想让更多的手下和自己一起享受食品特供,而郭崇韬怕花钱,想缩减将士的福利。现在怎么反过来了呢?是因皇家内库没钱了吗?

史书记载:"先是,宦官劝帝分天下财赋为内外府,州县上供者入外府,充经费,藩镇贡献者入内府,充宴游及给赐左右。于是,外府常虚竭无余,而内府山积!"从逻辑上讲,这也是合理的。进贡给皇家内库的钱财,皇帝是可以直接看见的,给皇帝一个好印象,就是给自己的前途铺路架桥。地方官员干这类利皇利己的工作,自然比常规性向中央国库输送税赋更有积极性。而且内库通常不负责庞大国家机器的常规开销,支出自然也相对较小。内库进得多、出得少，理应有财富积余，李存勗还有什么为难的呢？

另一条记载，可能道出李存勗不肯出钱的真正原因。当时的皇家内库，也不是一个整体，而是被分成了两半。各地藩镇向皇宫进贡时，为了事半功倍，把好钢用在刀刃上，都要先摸清楚宫廷的内部情况，所以每一批贡品入京，都要分成两份，一份呈献李存勗，另一份呈献那位狐假虎威的女人刘玉娘。

与一辈子没有体会过贫穷滋味的李存勗不同，刘玉娘小时候穷怕了，不同的经历让这对夫妻对待金钱的态度有天壤之别：李存勗是大把地拿，然后仿佛口袋有洞，又大把花出去；刘玉娘则是想尽办法聚敛钱财，然后尽最大可能地一个子儿不花。

还在魏州之时，刘玉娘就在精心理财。她指挥下人打着自己的招牌做生意，倚仗权势，欺行霸市，垄断了魏州的木柴、蔬菜、水果等市场。下人更嚣张，什么税收、摊位费是绝对不用缴的，谁要敢竞争，就打得他连老妈都认不出！因为做得太过火，激怒了一条硬汉，当时任魏博三城巡检使的张廷蕴，便抓了几个为恶过甚的下人杀了，之后刘玉娘的不正当商业竞争才有所收敛。

到了洛阳之后，刘玉娘的财迷之心越发膨胀，在索贿、受贿排行榜中勇占鳌头，在皇家内库中另建属于自己的分库。凡宴饮游乐，赏赐左右、亲军等内库开支，用的都是李存勗的那部分内库资金，刘玉娘的分库是绝不出钱的。不过，刘玉娘信佛，有时也会施舍一点儿给尼姑庵，让尼姑们抄写佛经，为自己祈福，争取发更大的财。

所以，所谓"内府山积"，其实绝大部分都是刘玉娘的积蓄，李存勗的钱都随手花出去了，所剩无几。郭崇韬要皇家内库出钱，等于要让刘玉娘这只从来一毛不拔的铁公鸡来次大脱毛，哪有这么容易？郭崇韬不知道，只此一事，就已经把这个记仇不记恩的女人结结实实地得罪了。

当然，李存勗真要征用她的私房钱，她也是不可能抗拒的。不过，那会付出夫妻反目的代价。思来想去，李存勗总算想出一个折中方案："我在太原还有些积蓄，可让租庸院调车运来。"

实际上，李存勖所说的太原积蓄，根本就不是他的产业，而是已经过世的李嗣昭夫妇的家产。李嗣昭死后，算是由儿子李继韬继承，李继韬以谋反被诛，其母杨氏夫人返回太原故居养老，她攒下的巨额家产也随之带到太原。

虽然用钱没能救回儿子，心情悲痛的杨氏夫人在理财上的精明却毫无减退，她预感到了风险，已经分批分散和藏匿了大量家产。果不出杨氏夫人所料，李存勖手头一紧，又把她的钱财惦记上了。一道圣旨下来，以没收反贼李继韬家产的名义，把杨氏夫人还没来得及转走、藏匿的家产都征用了，运往洛阳填补亏空。

李存勖这事儿做得就有点不地道了。李继韬来朝见被杀前，是叛据潞州，根本没去过，也不可能去太原，哪有可能把私产放在太原？李继韬既已死，在太原这些钱财的所有人，只能是大功臣李嗣昭的遗孀杨氏夫人，以及李嗣昭没有参与叛乱的几个儿子。这二次执法，究竟算是惩罚叛徒，还是算屈待功臣家属？

这件事一传出，李存勖在后唐大多数将士心目中的形象大打折扣。当年大战之时，皇上许下的种种美好承诺，原来都是假的！他对我们是只记过错，不记功劳！难怪如今很多没什么功劳的伶人、宦官纷纷高升，而我们这些跟着他南征北战，一起打下这万里江山的人，却没几人得到应得的报酬！等到国家缺钱，皇上自己不肯出，被他提拔，又在最近被贿赂养肥的伶人、宦官也一毛不拔，却首先想到从曾为他浴血奋战的人身上挤油水，连为国战死的李嗣昭都是这样的下场，这世道还有公理吗？

第二章

凛冬将至

王彦章　　周德威　　刘知远　　石敬瑭

巡游魏博

从功臣、百官到军队、百姓，后唐境内的绝大多数人，对李存勖新王朝的怨恨在慢慢地产生，默默地增长。同光二年（924）过去了，无情的岁月迎来了同光三年（925），这将是一个在中国历史上都排得上号的大灾之年。

农家有谚曰："春雨贵如油。"这一年的春雨，却比油还贵。新年之后，整个华北大地几乎滴雨未下，严重影响了种苗的生长，预示着荒年将至。

不过这次干旱在刚开始时带来的好像不全是坏事。李存勖在同光二年七月启动的黄河大堤修复工程，由右监门上将军娄继英负责，要将一年前由段凝挖开的酸枣决口给堵上。

这个想法是好的，但娄继英这位从后梁投降过来的将军，并非工程方面的行家，执行得非常不顺利。半年过去，先是决口堵上又被河水冲开，然后又是民夫遇上雪灾大量逃亡，抓都抓不回来。麻烦事是一件接着一件，工程总不能完工。

现在水少河枯，正是堵口良机。李存勖决定离开洛阳，北巡兴唐府（魏州）。这次出行，李存勖有三个目的。一是督导黄河堵口工程的进行；二是故地重游，追思过往，舒畅情怀；至于第三项，因为不是那么光明正大，没有事先公开，我们稍后再说。

到达酸枣，李存勖视察了决口的实际情况，命令已经升任平卢节度使的原成德将领符习，代替娄继英指挥堵口工程。同时指示，放弃决口处的这一段黄河大堤，在原大堤外平地水缓之处重新修一段新河堤，再延伸与旧河堤相连。这个治水新方案拉宽了本段河道，降低了施工难度，但会增加工程量。

有了皇帝的亲自指示，在符习的严厉督促施工下，被征来的民夫夜以继日地加工抢修，这段新河堤只用了一个多月，到三月初便告竣工，黄河之水重新被锁入河道。李存勖得到这个结果时应该挺得意，这证明他不但是军事天才，也是水利达人。不过，这过快的竣工速度，其实也意味着工程质量不那么让人放心。

李存勖本人当然不会在酸枣一直等到施工完成，他做出指示后便离去，于正月十七日到达兴唐。

刚到兴唐，李存勖就发现了一件让他很不高兴的事。

原来，去年卢龙节度使李存审去世后，李存勖与郭崇韬让挂着宣武节度使牌子的李嗣源前往幽州（时任卢龙节度使为另一老将李存贤），抵御契丹军队的骚扰攻击。李嗣源受命率军北上，途经兴唐，知道这座曾经当过后唐首都的城市，仍储存有大量军用物资，便用公函向留守长官张宪借用御用的精良铠甲五百套。张宪认为，前方马上要开战，如果等请示洛阳朝廷，得到批复后再拨给，必然贻误战机。于是，他没有奏请就将这批铠甲拨给了李嗣源。

现在，李存勖知道了这件事，勃然大怒：这后唐的天空应该只有我一个天子吧？李嗣源的公函又不是圣旨，你张宪怎么敢未得我的批准就擅自出借我的铠甲给李嗣源？

这件事其实有点奇怪，张宪就算来不及事先请示，也应该事后奏报，怎么会等到李存勖出巡兴唐才发觉呢？究竟是什么地方出了差错，导致这次乌龙事件？史书没有留下调查报告，千年之后的我们也就无从得知。

不过，郭崇韬身为枢密使，掌握机要，各地奏章先要经他的手，而且他有过排挤李存审的前科，有搞掉李嗣源的动机，再加上稍后发生的一些事，所以在下怀疑郭崇韬做过手脚，但说不通的地方太多，姑且存疑。

不管原因何在，这件事在激怒李存勖的同时，也极大提升了李存勖对自己名义兄长李嗣源的不满和猜忌。不过，李存勖对张宪的处理并不算重，只是罚一个月的俸禄，命他马上派人去李嗣源军中大营，把铠甲取回来。也许是他认为李嗣源威望、权势过重，张宪一个文人无法抗拒，又或者是郭崇韬替张宪说了好话，把过错都推到了李嗣源身上？

李嗣源暂时没有察觉他在李存勖心中地位的微妙变化，正好，他在涿州击败了一支进犯的契丹军队，高兴地遣使向李存勖告捷。见到张宪派人来取铠甲，李嗣源没太在意，既然仗打胜了，战事稍平，把铠甲还回去也是应当的。

这时李嗣源虽然官居宣武节度使（稍后改任成德节度使），但他的家和大部分家人并不在汴梁（今河南省开封市）或镇州（今河北省正定县），仍然留在太原的旧居。奉王命长期征战于南北，李嗣源已经很久没有回过家了，颇有些牵挂。但契丹的威胁还在，自己还不能回去。于是，自我感觉还处于良好状态的李嗣源，就给皇帝李存勖上了一道奏疏，请求将自己的义子，卫州（今河南省卫辉市）刺史李从珂，改任北京（后唐的"北京"就是太原）内牙马步都指挥使，以便就近替自己照顾一下家人。

按说这不算是一个过分的请求，但时机实在没选对，正对李嗣源充满疑忌之心的李存勖，此时对这位义兄的一举一动都是往最坏处解读的。于是，后唐皇帝一下子就爆发了，勃然大怒说："李嗣源仗着自己手握重兵，身居大镇，就记不得天下大事都要由我来决定了，居然替儿子要官！"

李存勖马上下令，将屡立战功，得到过他高度褒奖的李从珂贬为只能指挥百人的突击指挥使，发配到后唐与契丹边界的石门镇去戍边。

李嗣源这才发现自己惹了祸，又惊又怕，连连上表解释，又请求到兴唐来朝见天子，当面请罪。但李存勖都不准。

郭崇韬乘机落井下石，发表议论说："我看总管令公（身兼中书令与蕃汉马步都总管的李嗣源）不像是久居人下之人，现在皇家子弟中没有一个人是他的对手！"

那么，对这么一位具有巨大潜在危险性的重臣，应该怎么处置呢？郭崇韬悄悄给了李存勖提了一个建议，最好把李嗣源调回京城任宿卫，先罢去他的兵权，等时机成熟，再制造一个案子，一劳永逸地将李嗣源从肉体上消灭掉。

这是一个让人不寒而栗的计划。一位帝国最高荣誉，金书铁券的获得者，建议皇帝用阴谋去冤杀另一位金书铁券的获得者。在他眼中，天子的信誉算什么？

当初在下看到这段历史时，不禁想到一年后郭崇韬的结局。他确实很冤枉，但如果他在天有灵，是否有资格抱怨自己所受的冤屈？

李存勖没有接受郭崇韬的建议。这可能因为他对郭崇韬的信任，同样也是要打点儿折扣的。他这么积极鼓动杀李嗣源，动机难道仅仅是一腔忠贞？更何况李嗣源也不是说杀就杀的人。即使不考虑这员老将有没有罪，没有说得过去的理由杀个重臣会引发多大的潜在风险，光想想李嗣源若死，郭崇韬就将成为军中无可匹敌的一号人物，平衡可能就会被打破，这也是不能接受的。李嗣源幸运地躲过了一劫。

李存勖不允许李嗣源来朝见，可对另一个人的相同请求，态度就大不一样了。义武节度使王都听说李存勖到了兴唐，也上书请求入见。李存勖很高兴，打算与自己的儿女亲家（王都的女儿嫁给了李继岌）在马球赛中尽兴一乐，却嫌魏州没有好的球场，便命令张宪马上建一个。

张宪回奏说："原本行宫大门前那片广场就是当马球场用的。但前年陛下在广场上建祭天台，并在此台之上敬告上天，登基称帝，中兴大唐，这个高台已经有历史意义，神圣不可毁！我看不如在行宫西侧重新清出一片空地，用来建新球场。"

李存勖先是同意了，但要在城市中心区清理出一块空地，需要解决如拆迁补偿这一类问题，花费时间也长，这都超出了李存勖的预期。几天后，新球场还没有影子，李存勖就等得有些不耐烦了，下令说再建不好，就把祭天台拆了。

张宪觉得这么做不好，但他已经接连两件事让李存勖不愉快了，不敢再多嘴，于是想请郭崇韬帮忙劝说皇帝，登基用的祭天台在天下人心目中有多高的意义，可不能自己拆自己的台啊！

郭崇韬深以为然，便去见李存勖，看到皇帝的心情似乎还不错，就用很委婉的口气把这个担心说出来。谁知不说还好，郭崇韬话一出口，李存勖马上变了脸色，像是故意要打这位重臣的脸似的，立即命令随驾禁军动手，现在就把祭天台给拆了！

轮到郭崇韬目瞪口呆，眼睁睁看着见证大唐中兴的象征性建筑被拆毁。张宪很不安地悄悄对郭崇韬说："忘天背本，还有比这更可怕的不祥之兆吗？"

张宪、郭崇韬可不是杞人忧天。后唐王朝为天下正统的重要象征物，被李存勖自己满不在乎地摧毁了，将给天下人传递一个暂时不敢说出口的可怕想法：这个王朝还会久长吗？这种想法一旦和其他因素结合，迸发出的能量将是非常巨大的。

对于兴唐的百姓和士兵，皇帝的巡幸最初给他们带来的是美好的希望。李存勖明文下了诏书，给兴唐府城及其管辖区内的百姓减税。稍后，李存勖又给此次出巡中，所有参与过护驾的军队发赏赐，每人得到的赏钱从最低一贯到最高二十贯。

这发奖金的档次拉得有点大了，不是太公平。史书记述过于简单，在下不清楚驻守当地的魏博军有没有陪着李存勖出去打马球、射野鸭，算不算参与过护驾，有没有享受到这次奖金的福利。但他们既然已经不再属于皇帝的亲军，估计即使分到了赏金，多半也是一贯级的。魏博军人估计会有些失望，只是他们未必想到，真正的不幸马上将降临他们之中很多人的头上。

李存勖在兴唐住了两个月，让亲家王都陪着打了马球，又去郊外打猎，射大雁和野鸭子，待放松得差不多了，黄河大堤在其指导下修复成功的报告也送了上来。李存勖的心情重新变好，决定返回洛阳。当然，不是这么简简单单地回去，而是要给随驾群臣进行一次教育。

李存勖召见以郭崇韬为首的群臣，对他们说了一段谦虚谨慎，很光明，完全可以当作后世榜样的话："我最近总回想起当初在德胜寨时，霍彦威和段凝还是我军的劲敌，天天交锋，战声相闻。没想到才过了不到两年，他们就都变成我的下属了。我没有少康、光武的大才，能够重兴大唐的基业，实在是有赖于你们几位功勋重臣同心同德的辅佐协助。这几天晚上只要一闭眼，我就好像又回到战场，看见高扬的军旗，听到激昂的战鼓，残破的堡垒与战壕俨然浮现于眼前！这次回去，我想顺道重访德胜故寨，与你们再叙往昔，怎么样？"

要追忆李存勖上一拨以将士为主体的老心腹的功勋往事，枢密使大人当然得捧场，免得让皇帝老被宦官、伶人这帮子新贵围着。郭崇韬赞同说："正好这里距离澶州不远，陛下想重访战地，更让君臣都能重温创建大业的艰难，再没有比这更有意义的事了！"

于是，三月十五日，李存勖在随驾群臣和禁卫亲军的前呼后拥下，离开兴唐府，踏上回返洛阳之路。沿途，这个超豪华的旅行团经过了德胜、杨村、戚城等昔日恶战之地，一处处走来，李存勖随时随地设宴排戏款待群臣，同时兴致勃勃地向随驾众文武指点各个战场，夸耀当日之武功。众臣子当然是齐声赞颂，让李存勖的虚荣心得到极大满足，一路风光，缓缓而行。

与此同时，另一件非常不光明的事，也差不多办完了。这件事就是前文提过的，李存勖巡幸兴唐不那么好说的第三个目的。

原来，在李存勖开始这次出巡活动之前，洛阳的皇宫发生了多起灵异事件，不少宦官宣称在宫里见到了鬼。李存勖本人虽然没有看见，但既然目击者那么多，那就宁可信其有吧，后唐皇帝按照当时人们正常的科技认知水平，打算请个法师来驱邪。

后唐宦官很多是从上一个唐朝转业过来的，深知他们这个行业有多了不起，蕴藏着多么大的潜力，目前的状况虽然有所恢复，但比起前唐的宦官盛世，那还差得远。因此，他们"见鬼"可是有目的的，就是想扩大宫廷的行政编制，为皇帝提供更贴心的服务，让皇帝更亲近他们，从而增加他们的发言权。这个时候岂能让那些江湖术士来抢本属于他们的风头？

于是，一位"有见识"的，但很遗憾没有在史书留下姓名的老宦官，力谏李存勖，认为驱邪是治标不治本。他说："从前，我们侍奉咸通（唐懿宗李漼年号）、乾符（唐僖宗李儇年号）两位先皇时，六宫中的嫔妃宫女之众不下一万，人气旺盛，鬼怪根本不敢出来。而今皇宫里人太少，大部分殿宇都是空屋，所以鬼怪才敢横行。"那怎么办？当然只能往皇宫里补充大批宫女。

这次负责给李存勖征集宫女的行动，由前文提过的，李存勖的情报官员，孔谦的恩公"八哥"景进，与一个叫王允平的宦官负责。至于数量，李存勖还是比较"克制"的，并没有一步到位，向懿宗、僖宗两位先帝的高标准看齐，只要不少于三千人就可以了。

不知道是李存勖在魏州住久了，对此地的美女有好感，还是别的什么原因，反正魏博成为李存勖征集美女的优先"货源地"。所以在这次北巡兴唐的行程中，景进和王允平是李存勖身边工作最繁忙的随行人员。

因为他们也知道，此事与塑造李存勖形象的需求有矛盾，不能大张旗鼓。但要不引人注目地征集大量民间美女入宫，并不像想象中那样轻松。由伶人与宦官领导的征集人员，不但在魏博当地坑蒙拐带，还派出很多人员远赴太原、幽州、镇州等地征集。即使如此，在李存勖即将返回洛阳之时，征集到的美女数量仍然比计划数少了一千多人。

景进和王允平开动脑筋，想到了一个"好主意"：魏博是一个军人密度很高的地区，有大量军人家属随军营居住，只需要弄一道诏令，让军队统统去领赏或者操练什么的，家属区里就只剩下年轻女子了。

于是，在李存勖离开兴唐府的同时，魏博军营的家属区突然发生了一起超大规模的人口失踪案，一千两百多名年轻女子被强行拐走！完成了任务的景进和王允平，押送着几百辆充满哭声的牛车，跟在李存勖与众文武之后，也踏上了南归洛阳的路途。

试想，假如你是后唐帝国魏博军中的一名士兵，今天原本心情不错，因为遵照长官的命令，要去列队送别皇上的车驾，并能领到一份赏赐。这次皇上的赏赐不算丰厚，但你们毕竟不是当上皇帝禁卫亲军的幸运儿，只要等着护卫李存勖出猎的时候请请愿就能大有收获。梁亡以后，仗打得少了，魏博军士的收入大为降低，连维持温饱都成了问题。这次皇上亲临，能领到赏赐，给家人打打牙祭，再添几件新衣服，已经很难得了！你带着赏赐和难得的愉快心情回到家，却惊愕地发现，你的妻子或是女儿已经失踪了，活不见人，死不见尸。人都去了哪里？各种小道消息都说可能是被皇上的亲军拐走了。如果这是真的，那就意味着你只能认命，无冤可伸，无状可诉，妻子、女儿再也不可能回家。在这个世界上，没有了能与你一起分享快乐，共担痛苦的最亲的人，你原本那可怜的、卑微的幸福也离你远去……你禁不住仰问苍天：我们的努力，我们的奋斗，我们为皇上，为新王朝十年血战建下的功勋，都是为了什么？家已破，人亡否？

留守长官张宪虽然没接到景进、王允平的通知，但这么大的事，他也略略知道了一些情况，连忙给李存勖上书：魏博各军营将士的妻女突然失踪一千余人，怀疑是被护驾的禁军拐走藏匿，皇上是不是调查一下？

奏疏送上去，没有得到回应。李存勖正兴致勃勃地重游旧时战场，夸耀昔日武威，没心思也没工夫搭理这事儿。张宪不得已，只好硬着头皮替皇上擦屁股，自欺欺人地为这次大规模人口失踪事件定调说，这些年轻女子是因为吃不饱饭，而主动离家出走的，和咱皇上没关系，谁都不许再散布谣言！（张宪的解释从另一个侧面暴露出当时后唐军队中普通士兵的日常待遇糟糕到了什么程度。）

但纸终究包不住火，牵强的解释骗不了人。兔子都知道不能吃窝边草，李存勖却漫不经心地纵容伶人、宦官，犯了大忌。

这次的受害者可是魏博军人，是天下公认很有战斗力的魏博军人，是在梁晋恶战中为李存勖立下过赫赫战功的魏博军人，是在大功告成后，没有享受到论功行赏，反而生活困苦的魏博军人，是有悠久的下克上传统，当年换老大很勤快的魏博军人。难道你认为他们会像刘玉娘生父代表的普通小民一样，没有还手之力，任你欺负吗？

可以说在梁晋夹河大战之时，魏博军人就是李存勖手中的宝剑，而李存勖则是他们多年未遇的最有能力，最有威信，让他们又敬又爱，在内心深处还怀有一定恐惧的首领。双方可谓关系融洽，相得益彰。

但在灭梁之后，李存勖将自己的亲信圈子转到了另一批人身上，疏远了对他不再有用的故旧，除了少数幸运儿，魏博军人整体都被冷落了。他们对李存勖有过的敬佩和爱戴在一天天流失，对新皇帝的不满在一天天滋长，曾经护卫国家的利刃渐渐转化成木炭、硫黄一类的易燃危险品。

等到李存勖这一次北巡兴唐，故地重游，不但没给故人带来些许希望，反而伤透了故人的心。就像在这一大堆易燃危险品中，又加入了适量的硝石。为什么一年后惊天雷暴会首先在魏博军中炸响？现在我们清楚了，因为他们距离被引爆只差一根导火线。

冤杀罗贯

虽然不自觉，但很成功地在魏博埋下炸药之后，李存勖返回洛阳。这个时候，一个前些天看起来还没那么严重的问题，越来越让人担忧了：这老天爷它就是不肯下雨！

整个春天都不曾降雨，马上要入夏了，今年中原地区农作物的收成可想而知。而农夫没了收入，国家自然也别指望着能收上多少税。职责相关的租庸使孔谦很担忧，只好寄希望于那个时代效能很可疑的"人工降雨技术"。他向李存勖上奏说："今年降雨不正常，请陛下下旨，诏告各道州府设法祈雨。"

李存勖同意了，各地官府开始忙着求雨。洛阳作为后唐的首都，当然要起表率作用，特地筑起五方龙王（东方青龙王、南方赤龙王、西方白龙王、北方黑龙王，以及中央黄龙王）像，请了很多巫师昼夜不停地焚香祷告。可那几位龙王爷架子大得吓人，任凭凡人如何折腾，就是不见它们出来上班。

难道是这些巫师的法力不够？这时，有人向李存勖推荐说："在五台山有位和尚，法号诚惠，人称'降龙大师'，据说道行高深，能役使毒龙，呼风唤雨更是小儿科！"

当今天下竟有这等活神仙？好极了，如果请不动龙王爷，那请一位比龙王爷更厉害的高人前来，岂不更好！虽然郭崇韬不相信这位大师真有这么高的神通，但在严重的旱情面前，他也只能服从多数人的意志。李存勖忙吩咐，赶快把降龙大师请来！

很快，诚惠和尚享受着神仙级的待遇，被后唐朝廷隆重地从五台山迎到洛阳。李存勖很高兴，为了显示为民求雨的赤诚之心，亲自率领皇后、嫔妃、皇弟、皇子向诚惠和尚叩头。连皇帝都如此虔诚，文武百官自然也得虔诚，一起下拜。只有郭崇韬一个人不虔诚，就是不肯向诚惠和尚叩头。

要说这诚惠和尚不愧是一位见过大世面的骗子，心理素质极佳，就这样大模大样高居上座，心安理得地接受跪拜。他高度自信的样子，使全洛阳城的人都相信，大师一出马，大雨可立至，旱情马上就能解除。

谁知诚惠和尚一连祈雨几十天，龙王爷同样一点儿面子也不给，洛阳城滴雨未下。稍后，李存勖又下令大赦天下，各地关押的犯人，只要不是重罪，都释放回家，配合求雨，可还是没有效果。

期望越高，失望越大，李存勖感觉自己被人当猴儿耍了，准备追究诚惠和尚的欺君之罪。有人悄悄跟诚惠报警说："不得了啦，官家（皇帝李存勖）因为大师你祈雨无效，打算把你烧了当祭品！"

"降龙大师"既然降不住各位龙王爷，又没有避火神功，只好连夜逃走了。等到追捕诚惠的官兵找到他时，这位以法术显赫一时的诚惠"大师"因为羞愧和恐惧，竟然已经吓死了！

李存勖纡尊降贵，向一个和尚叩头跪拜的原因，在下猜想有两个。

第一个原因很重要，但暂时还不那么让人感同身受。那就是：如果旱灾持续加重，那今年国库的收入就很成问题了，由此引发一系列麻烦，不久将很让人头痛。

第二个原因相对不那么重要，但现在就已经让李存勖度日如年了。由于长期不下雨，洛阳入夏后的天气酷热难当，李存勖在皇宫中转悠来转悠去，从一处殿宇搬到另一处殿宇，从一座楼阁转到另一座楼阁，可不管走到哪儿，都还是觉得热得受不了。虽然宫里刚刚增加了三千名美女，但在这种天气下，带给皇帝的烦闷，还是远远多于愉悦。

于是，又有一名"贴心"的老宦官说："老奴以前在长安，见当年全盛时的大明、兴庆两宫，楼阁亭台都有几百座。而今皇上连个避暑的地方都没有，皇宫的规模还比不上当年一个公卿的府第（宦官不是前不久才说皇宫太大，住的人太少所以闹鬼吗？怎么一转眼又说皇宫还没有公卿的府第大了呢？李存勖的皇宫大概是属弹簧的，规模时大时小），实在让人痛心啊！"

李存勖听到这么"忠君"的言论，觉得有理由改善一下居住环境了，就命令宫苑使王允平负责设计施工，在宫里新建一座避暑用的高楼。

皇宫里本不缺楼阁，住着依然炎热，王允平新建的这座高楼要采用什么方法来避暑呢？史书在这方面没有详细记载，不过，在此前已被毁的大唐皇宫大明宫，有过一座特别设计的避暑楼阁，名叫"含凉殿"。

含凉殿位于太液池南岸，依水而建。殿后设有大型水车，可昼夜不停地将凉爽的湖水送到殿顶，再从屋檐均匀地流下，在殿四周形成人造水帘，盛夏之时可大大降低殿内温度。另外，殿内还设有用机械传动的大型人力风扇，可进一步带给殿中人凉爽的感觉。以当时的技术标准而言，含凉殿设计合理，构思巧妙，算得上一项建筑工程的杰作。

既然技术已经成熟，李存勖让王允平新建的避暑楼，很可能就是仿造含凉殿而建的。从以上的介绍也可以看出，要建这么一座配备古代空调系统的楼阁，其成本肯定比相同规模的普通楼阁高出不少。

于是，作为李存勖心腹小圈子的新人宦官乘机找皇帝诉诉苦，顺便排挤一下那个常常不与圈内人打成一片的前辈："一提到钱，郭崇韬就会端出一副苦瓜脸，孔谦也天天说经费紧张，用度不足。唉，陛下您虽然有心要建一座楼，恐怕也会被他们给搅黄的！"

李存勖也知道此时国库收不抵支，所以很慷慨地表示："没关系，建这座楼的经费从我的皇家内库中开支，不必动用国库的钱。"

在李存勖看来，不用国库的钱，孔谦自然就不会多嘴了，但郭崇韬仍然有可能唱反调。虽然最终决定权还是在自己，但天天听别人的反对和非议，毕竟不是一件让人愉快的事。于是，李存勖决定先给郭崇韬打个预防针，降低一下他嚼舌头的概率。

李存勖派宦官给郭崇韬传话说："今年这个夏天实在热得非比寻常。想朕从前，在大河两岸与梁人恶战之时，常住在那些地势低洼又潮湿闷热的军营中，身披重甲，骑乘战马，冒着流箭飞石在战场上奔驰。即使如此，也没觉得像今年这么暑热难耐，你看怎么办好呢？"

郭崇韬也不知道是真的没有体会李存勖的意图，还是装作没有体会，不肯顺竿爬，反而就李存勖口中的现象做了一番解释："陛下昔日血战于黄河两岸之时，凶恶的大敌就在眼前，所思所想，全是如何报国仇，雪家恨，心无旁骛，天气再怎么热，陛下也无暇去注意。而今天强敌已灭，四海臣服，没有急迫的大事让陛下操心，您就把注意力转到了个人感受上，所以虽身在华丽的亭台，住着舒适的楼阁，仍然会感到炎热。陛下您如果能不忘初心，多想想当年创业的艰难，两相对比，暑气自然就消失了。"

李存勖听了郭崇韬这些逆耳之言后，什么话也没说，但谁都看得出来，后唐的皇帝很不高兴。

有宦官乘机煽风点火："郭崇韬的府第修得比皇宫还好，难怪他站着说话不嫌腰疼，一点儿也不能体谅皇上您的暑热难耐！"李存勖听罢，决定不管郭崇韬说什么，立即开工。

避暑楼的修建工程是浩大的，在王允平的指挥下，每天有近万名工匠劳作在工地上，开支同样也很巨大。这样，很快全洛阳都知道了：在这大灾之年，国家财政紧张，很多吃皇粮的低级官员和军人都快揭不开锅了，皇上却还在为自己的享受大兴土木！

郭崇韬自然又来进谏："今年不论河南、河北，灾情都很严重，国库的储备光发军粮都有些不足！这个时候，王允平还大张旗鼓地修楼（即使没有用国库的钱），影响太坏了，最好暂时停工。等到隔年丰收，再开工就什么问题也没有了。"但对于这份谏言，李存勖当作既没看见也没听见，根本不予理睬。

这里有一个常常被人忽略的事实。据《旧五代史》记载，李存勖至少三次到过郭崇韬家里做客，其中最近一次就发生在这一年的四月十三日，距离李存勖决定修楼的时间不超过两个月。所以，郭崇韬的府第什么样子，李存勖是清楚的，宦官们说它修得比皇宫还好，也许有夸张，但不可能是捏造的。可见在这件事上，郭崇韬自己先不够正，再欲正人，即使他的话再有道理，也难有效果！

挺气人的是，在避暑楼开工后不久，六月十一日，龙王爷好像睡醒了开始上班，让所有人期盼已久的雨水终于落下来了。更让人没想到的是，龙王爷似乎为了弥补之前的长期休假，半年不下雨，一下下数月！中原大地的旱灾，在制造出足够多的恶果后是过去了，可水灾接踵而来。

到七月六日，严重的灾情迫使李存勖下诏要求各地作法，祈求天晴。无奈龙王爷同上半年一样，对凡人的祈祷充耳不闻，那雨越下越兴奋。

就在李存勖下诏祈求天晴的同一天，滑州奏报：年初在李存勖的亲自督促下才刚刚堵上的黄河酸枣决口，又被河水冲开了，黄水再次冲向濮州、郓州。

七月十六日，洛水暴涨，冲断了洛阳城内连接洛水两岸的天津桥，后唐的京官上朝和回家都得坐船了。

七月二十一日，陕州奏报，黄河水上涨二丈二尺，漫过堤岸，灌入城中，有不少居民被淹死。

七月二十四日，汴水泛滥，威胁汴梁城的安全，相关官员不得不在城池东、西的堤岸上决开槽口，分流洪水……

短短三个月内，洪水泛滥，灾情特别严重，而被正史明确记载下来的地方，还有泽州（今山西省晋城市）、潞州（今山西省长治市）、邺都（魏州、兴唐府，今河北省大名县）、河阳（今河南省孟州市）、镇州（今河北省正定县）、卫州（今河南省汲县）、青州（今山东省青州市）、襄阳（今属湖北省）、凤翔（今属陕西省）等。从地图上看，超过大半个后唐帝国都让洪水洗了一遍。什么叫屋漏偏逢连夜雨？这一年的后唐就是。

比天气更糟糕的，是李存勖的心情。

在大雨还没有落下来的五月初，李克用的正妻刘太妃在太原逝世。李存勖对这位嫡母好像并没有太深的感情，所以在建国时尊生母曹夫人为太后，原本地位更高的刘夫人只能当太妃。灭梁后，李存勖把母亲曹太后接到身边以尽孝道，刘太妃却被留在太原，守着李克用的陵墓，冷冷清清。

眼见世态炎凉，刘太妃虽然表现得十分豁达，但内心的抑郁可想而知，

同光三年（925）六月十一日起，后唐境内大雨始降，连绵不绝，酿成大灾。七月至九月，先后有十三个州府，因洪灾严重，被记入正史。

▲ 925 年，后唐大洪灾

所以她渐渐身体不支，卧病在床。

　　与李存勖不同，曹太后与刘太妃的感情极深。得知太妃病重，曹太后急得吃不下饭，虽然马上派了御医前往太原诊治，慰问病情的信使一个接着一个，但还是放心不下。曹太后把皇帝儿子找来，对他说："太妃与我情同姐妹，现在姐姐卧病在床，我做妹妹的怎么能不回去照顾她呢？"

　　面对生母，李存勖可是个货真价实的大孝子。在他看来，嫡母刘太妃不重要，若让上了年纪的亲生母亲累出病来，如何了得？于是，李存勖反复劝阻，比如天气太热啦，路途太远啦，终于让母亲暂时打消了念头，改派皇弟李存渥去太原照看。

　　五月六日，从太原传来了确凿的消息，刘太妃病逝。曹太后又痛心又悔恨，一连数天水米不进。虽然李存勖守在母亲身边，寸步不离，反复安慰劝说，但曹太后还是病倒了，仅仅两个月后就追随"姐姐"刘太妃的脚步，相会于黄泉去了。

　　于是，轮到李存勖悲恸欲绝。据说在母亲死后，他下令停止上朝七天，自己闷在宫里一连五天没有吃饭，后来在众人的不断劝解下才恢复进食。又过了几天，郁郁寡欢的李存勖突然想到，自己应该亲自去曹太后的陵墓工地看看，检查一下工程质量，千万不能让母亲在死后受委屈。

　　不知道为什么，李存勖没有让母亲与父亲李克用合葬，而是就近在洛阳西南约七十里的寿安县（今河南省宜阳县），为母亲营建一个新墓地，叫作坤陵。李存勖冒着雨前往坤陵工地，他生气地发现，这段不算长的道路，路况竟然很差，沿途泥泞不堪不说，有些桥梁都坏了也没有人来修。

　　那时，大雨连绵不绝地下了一个多月，到处洪灾泛滥，别说这洛阳城外，就在洛阳城内，连百官上朝必经的天津桥都让洪水冲断了，大家只能坐着船上下班。因此，城外的道路泥泞、桥梁损坏，也是正常的事。假如当时道路清洁，桥梁完好，才不可思议。

　　但是，李存勖勃然大怒，问左右：这条路的主管官员是谁？左右答道："这里是河南县（那时通常将都城所在城池划分为两个县管辖，如洛阳城就划分为洛阳县与河南县）的辖区，应由河南县县令罗贯负责。"罗贯？

一听到这个名字，龙颜不悦的李存勖愤怒加倍。

原来，这罗贯职务虽然不算高，但特立独行，刚直不阿，正身奉法，不避权豪，是当时一位名气很大的官员明星。

罗贯原为进士出身，在御史台和三省担任过下级官员，那时还不太引人注意，可自从当上半个首都的父母官之后，不得不与李存勖心腹圈子内的权贵有了交集，情况就大不一样了。

就在眼皮子底下，伶人、宦官常常写条子叫罗贯帮他们办事，自然，这类事儿通常都是不那么光明正大，不那么合理合法的。那怎么可以？于是，"死脑筋"的罗贯任凭这些条子堆满他的办公桌，一概不予办理。而且，罗贯将这些条子打包给郭崇韬过目，请郭崇韬上书皇帝，好好警告这些朝中宵小。这样"不上道"的官员，自然把李存勖身边的伶人、宦官气得要死。

张全义在唐末重建洛阳以来，就长期坐镇这座都市，从未离开，在当地威信很高，势力很大。洛阳大小官吏、幕僚，大多是张全义的门生故旧。当时被任命到洛阳当县令的官员，无不像奴仆见老爷似的，小心侍候着张全义，因为只有委曲求全，他们的官才能顺当地当下去。

然而，当上河南县令的罗贯，按照法律法规公事公办，不会自降身价去侍候张老爷子，让张老爷子感觉没面子。不仅如此，张全义人数众多的旧部下中，谁只要有违法乱纪的事，罗贯一定按律惩治，打狗从来不看主人。张全义气得要死，于是遣人入宫，找干女儿刘皇后告状。

没过多久，在李存勖的心腹圈子中，除了郭崇韬常常夸奖罗贯的忠直，其余上到皇后，下到门房，几乎所有人都向李存勖喊冤：那个叫罗贯的小小县令，是多么傲慢无礼，多么嚣张跋扈。他表面是欺负我们，其实就是不把皇上您放在眼里呀！

三人成虎，时间一久，听了太多坏话的李存勖就渐渐记住了罗贯这个名字，对他十分厌恶。只是罗贯这个人操守甚严，一时抓不住什么把柄，李存勖就暂时把账记下，只等时机成熟，再合并清算。

现在，正是李存勖心情最烦、火气最大的时候，罗贯撞到了枪口上。

罗贯被叫到李存勖面前，李存勖冲着他大发雷霆，可罗贯即使面对暴怒的皇帝，也不肯低头求饶，坚持说："臣事先没有接到抢修城外桥道的诏命，要追究也该追究接受诏命的人。"

可以设身处地替罗贯想一下，此时遇上百年不遇的洪灾，洛阳城内的救灾工作都没忙完呢，自然顾不上城外。但李存勖不会这么想，他大吼道："这里就是你河南县管辖的范围，居然还敢把责任推给别人？岂有此理！"李存勖当即下令将罗贯打入大牢，听候处置。

不知道是李存勖还是他身边那些痛恨罗贯的心腹，给牢中狱吏打了招呼：好好招待罗县令，千万别让他在牢房里住舒服了！于是，罗贯一下狱，就遭到了狱吏惨无人道的酷刑拷打，被摧残得全身血肉模糊。

第二天，得知罗贯被捕的郭崇韬急忙入宫，想为自己最欣赏的这个好官求情，结果迎面遇到前往大狱传旨处决罗贯的宦官。郭崇韬急忙请传旨的宦官暂缓，赶去觐见李存勖。

见到脸色铁青的皇帝，郭崇韬劝道："罗贯没有别的过失，仅仅从道路桥梁没有及时维修来说，按大唐的律法，这到不了死罪。"

李存勖咆哮道："太后的灵柩马上就要启运，天子的车舆也要多次往来，在这关键时刻，桥梁道路却都是坏的，你还敢说他没有罪（郭崇韬明明说的是罪不至死）？这分明就是结党包庇！"

帽子扣得又大又重，郭崇韬只好再退一步，用更软的口气哀求说："就算罗贯有死罪，要处决一个朝廷命官，也应该走正常程序。先等供状出来，召集有关官员合议，根据朝廷的法典定罪，那时再要论死罪也不晚。现在您以万乘至尊之位，对一个小小的县令施展雷霆之怒，如果传扬出去，让天下人议论陛下您执法不公，这是臣的罪过啊！"

李存勖显然有些不耐烦了，恨恨地道："罗贯既然是你欣赏的人，那就由你看着办好了！"说完，李存勖一甩袖子，转身返回后宫。

这种事儿，郭崇韬哪敢"自己看着办"，也连忙紧跟在后，苦苦哀求。奈何李存勖一进入后宫，就立即将殿门关上，把郭崇韬挡在外边，这下子枢密使大人再怎么想救罗贯一命，也完全无计可施了。

当天，罗贯在狱中被处死，不仅如此，他那具已被折磨得不成人形的残躯，还被拖到他生前办公的县衙大门口，暴尸示众！

讨厌的刺头总算被拔掉了，除了一个姓郭的另类分子，这件事在李存勖的心腹小圈子内算得上"大快人心"。被这群人围绕在中间的李存勖，自然也不会觉得自己做得有什么不妥。但是，在小圈子之外，更广阔的天下，大多数人都认为罗贯是冤死的，并对此感到愤愤不平。

虽然李存勖不是故意要搞坏官场风气，但他其实已经通过虐杀罗贯，给所有身在官场，还想保持道德操守的少数人，发出了一个沉重的警告：贪赃枉法没有事，但要是不肯同流合污，这就是下场！

灭梁后这几年李存勖的所作所为，让人感觉他与灭梁之前那个英明神武的李晋王判若两人。但仔细分析就会发现，李存勖的性格特点，其实没有太大的变化，只是环境发生了变化。

李存勖拿手的项目依然很拿手，例如有条不紊地收降岐国，稍后征服前蜀，限制削弱后唐的元老旧臣，笑里藏刀地逐步分解消化后梁降臣、降兵，从而不断扩张皇权等，他的精明一点儿也没有减弱。只不过，由于大规模战争的暂停，他最大的强项一时没有表现的机会罢了。

与此相对，李存勖的个性与能力中原本就存在的缺点，在新的环境中没有了制约因素。第五部《后梁帝国》的《亚子侧身像》一章分析过，李存勖一直就是一个不讲什么原则，没有是非观念，也不注意维护自身威信的人。只是在灭梁之前，他的这些缺陷，在英武的正面光芒的掩盖下，容易被人忽视。而且，如果在某些时候李存勖做得过火，也有人能帮助他校正，不致酿成大错。大家还记得那位正直的老宦官张承业的故事吧？

在张承业选择为自己不切实际的幻想殉葬后，郭崇韬在某种程度上成为他的接班人，担起了李存勖身边最主要谏臣的职责。但是很显然，他在这方面的工作成果比前辈张承业差太多了。

与张承业相比，郭崇韬在才能上或许更优秀，但论资历，论与后宫的关系，论刚正无私，论自我修为，都远远不如。因为资历浅，他对李存勖的劝谏就没有张承业那种长辈对晚辈的分量。张承业得到了李存勖生母曹太后的信任和尊敬，即使他无法制止李存勖的放纵，也会有一个最强有力的盟友来压制少主的胡作非为。而郭崇韬在后宫基本没有盟友，他想靠施恩于刘玉娘来寻求助力，不料刘玉娘根本不记他的恩，只记他的仇。郭崇韬虽然是李存勖心腹小圈子中形象比较正面的人物，但也是一个有道德污点且污点还不算小的打折的君子。自己有毛病，劝谏别人时，自然底气不足，这在他劝李存勖不要修建避暑楼一事中表现就很突出。

不过，这些都不是最重要的，最重要的因素来自李存勖自身成就与地位的变化。一个初出茅庐的毛头小伙儿，还能保持一些谦卑，比较容易听进反对意见。而一个已经取得巨大成就，被群臣争相吹捧的帝王，是很难拿出客观心态来正视自己的错误的。

于是，郭崇韬对李存勖放纵自己权力欲的劝谏全都失败了。李存勖的皇权在恶性膨胀中，不断侵夺从上到下天下绝大多数人的权益，天下人对李存勖所作所为的不满积聚而成的势能，在不断地增长。

不过，不易察觉的势能，要转化成震撼天下的动能，是需要条件的。在最后一根稻草压上骆驼背之前，天下在李存勖用破燕、灭梁、败契丹等赫赫武功累积出的威望震慑下，仍然保持着表面的平静。

虽然，这只是凛冽的暴风雪来临前的平静……

前蜀后主

当然，灾难之神是公正的，它不会把注意力仅仅集中到李存勖和后唐王朝身上，在华夏大地的其他地方，也同样有吸引它前往光临的人和事。比如，后主王衍统治下的前蜀。让我们暂时把视角转换到秦岭以南的那个天府之国，对这里这几年发生的事儿做一次走马观花的掠影。

后唐同光元年（923）冬十月，也就是李存勖攻进汴梁，朱友贞身死国灭的那个月，前蜀后主王衍任命他的宠臣，文思殿大学士兼礼部尚书韩昭，代理吏部侍郎，主持当年前蜀官员的铨试（科举由礼部负责，考中的人有了做官的资格，但还不会实授官职，吏部主持铨试对他们再做一遍考核，以决定这些新入行者的实际工作岗位）。

这位韩昭大人，字德华，长安人，是个杂家，有多种才艺，会写诗，能抚琴，下棋、书画、射猎，都可以玩一玩，但没有一项特别拿得出手。当时有人讥讽说："韩八座（古语中将尚书一级的高官称为'八座'，另有说法是乘坐八人抬大轿的官员为'八座'）的才艺，就像拆下来的破袜子线，没有一根是长的！""韩昭干的所有事，就如和尚剃头，无有寸长。"

韩昭刚出道时，缺的不仅是才干，也没有什么强力的后台，更没有值得一提的功绩。按说以韩昭要升入高层应该是挺难的。不过，韩昭幸运地遇上了视享乐高于一切，和他有很多相同"爱好"的王衍当政。于是，这个从不甘心被埋没的佞臣，就抓住每一次机会，发扬自己善于溜须拍马的优势，终于成功得到王衍的赏识和提拔。

从那以后，韩昭紧跟王衍的脚步，成为天子身边，与出身高贵的潘在迎（王建朝宰相潘炕之子）、顾在珣（王建的老友，唐末东川节度使顾彦朗之子）并列的三大玩伴之一，而且一加入就位居首席。

一个好的玩伴，光会陪吃、陪喝、陪玩、陪乐还不够，帮助天子掩耳盗铃，排除那些有可能妨碍大家愉快享乐、醉生梦死的因素，也是相当重要的。

比如说，就在韩昭获得铨选官员这项肥缺的前一个月，九月初九重阳节那天，王衍在宣华苑（王衍继位后，用了两年时间，沿摩诃池周边——当初他的二哥、前太子王元膺丧命的那个地方——扩建而成的豪华行宫）举行了一次盛大的宴会。前蜀在京的大部分高级官员都出席了宴会，在这其中，有一位前蜀宗室、王建族子（另一说他是王建的同乡），是在族叔当盐贩头子时，就已追随左右的开国老臣，大名王宗寿，爵拜嘉王。

王宗寿是第二次出场，上一次是荆南军队犯前蜀，王宗寿时任镇江节度使，首当其冲。关键时刻，王宗寿却与蜀军前线总指挥，前蜀的另一位开国元勋王先成发生了严重冲突，在王先成击败荆南军队后，反被王宗寿设计杀害（见第五部《后梁帝国》的《奸雄迟暮》一节）。

不过，人性是复杂的，除了擅杀王先成这件事，王宗寿留在史书上的其他记载比较正面。总的来说，他对这个由族叔开创，自己也参与了建立过程的国家，还是比较有责任感的。

王衍继位后，王宗寿被征调入成都，负责京城的治安。这时，前蜀帝国的腐败，经过十多年，已经如烧不尽的野草般弥漫于各级衙门，满眼看去，皆是贪官污吏。

比方说，当时有个叫周邸的监狱管事，将司法做成了生意。所有的犯人被抓进来，周管事不问你有罪没罪，先问你有钱没钱。没钱行贿的，你就等着把牢底坐穿。而只要钱给到位，不管你犯的什么案子，周管事都有办法帮你脱罪。

等王宗寿上任，想公正执法，却发现困难重重，只因成都司法系统存在着严重的舞弊行为。王宗寿没有退缩。我管不到的地方也就罢了，管得到的地方岂能坐视不理？王宗寿大刀阔斧地在自己的权限范围内进行了整顿，很快，在大量证据面前，周邸便落网了。

周邸没有被吓住，他虽不是什么大人物，但敢赤裸裸地徇私枉法，就是因为背后有大人物当靠山。这个幕后的大人物，《九国志》没有直接点名，只用了"大阉"一词代指，此时在前蜀能够担当"大阉"这一称号的人，十之八九是指王衍最宠信的大宦官宋光嗣。

宋光嗣，原是王建女儿普慈公主的亲信宦官，曾替公主向父皇秘密递送离婚申请（见第四部《大唐末路》的《蜀、岐反目》一节），以此功得到王建的重视。宋光嗣其人没什么大才，但反应机敏，颇有心计，在主子面前算得上一个好奴才。王建晚年立王衍当太子，觉得这个太子过于庸弱，担心他无法控制那些随自己打天下的功臣，所以加大了对元老勋旧的排斥力度，将这些人逐渐送去养老，由那些资历较浅，看起来比较听话，而且能力不太强的人接替。

宋光嗣就在这样的大背景下，先是顶掉唐文扆当上枢密使，在王衍即位后，又兼任判六军诸卫事。同时期在后唐，担任枢密使的是大名鼎鼎的郭崇韬，而担任判六军诸卫事的，先是皇后"义父"张全义，后是李存勖的默认皇储李继岌。光凭这两个职务，宋光嗣在王衍一朝的显赫程度已可见一斑。

另外，宋光嗣还有一个族弟宋光葆，先任宣徽北院使（后唐对应人物为李绍宏），后又接替徐延琼（王衍的亲舅舅）出任前蜀境内分量最重的藩镇东川节度使。

于是，见周小弟有难，那位当老大的"大阉"连忙给王宗寿打了招呼：关于周郜的事，嘉王还请高抬贵手。王宗寿对这样的请求不予理睬，下令依法将周郜斩首于市。这一举动吓住了不少贪官污吏，成都官场风气一时间竟稍有改善。

不过，"大阉"可不是好欺负的。没过多久，王宗寿被迫升官，当上了位居一品的太子太保，奉朝请。在那个年代，实权官位从三品起，当到一品、二品高官的通常含义是，你不再有具体工作，可以回家养老了。

前蜀各级官员重新恢复了浑浑噩噩混日子的景象。王宗寿躲回家中炼丹修道以避祸，对于朝政，只能是眼不见心不烦。

但是，即使是闲散官员，有些重大的官方活动还是得参加。于是，在盛大的宴席之上，王宗寿无可奈何地又见到了感到痛心疾首的一幕：王衍的狎客弄臣，与他的宫女妃嫔杂坐一处，打情骂俏。王宗寿很久没见的皇帝王衍，则高坐于上，乐不可支。此情此景，不该出现在蜀天子的宣华苑吧？包括自己在内的一大批豪杰勇士，追随族叔王建，艰苦备尝，历经百战，才打下这四十六州的大蜀国。现在，却落到了这些不知创业艰难、守业更难的纨绔子弟手中。每次只见他们寻欢作乐，不见他们关心国事，大敌已经在北方出现，这国家的未来还会好吗？

在一片欢乐的笑声中，王宗寿走到王衍的面前，直言国势将危，痛心疾首地将前蜀存在的种种积弊说出来。没说几句，王宗寿已经难过得捶胸顿足，声泪俱下。

场面一时僵住了，眼看一场欢乐的盛会就要被破坏。韩昭不愧是王衍倚重的大玩伴，忙连同潘在迎，上去把王宗寿拉开，对众人说："没事儿，这是嘉王的老毛病了，一喝多就会悲从中来。"于是，众人大笑，欢乐重新回到大家的脸上，大家继续吃，继续喝，继续玩。

其实之前潘在迎就建议王衍说：凡是有出言诽谤朝政的官员，宰掉几个，之后自然就没人敢多嘴，皇上也可以享受耳根子清净了。不过，王衍虽然是个昏君，为人不残暴，没有接受这个主意。

比如，在宣华苑兴建期间，嘉州司马刘赞画了一幅《三阁图》（指南朝陈后主兴建的"临春""结绮""望仙"三座楼阁），上面还写上讽刺陈后主骄奢亡国的诗句，献给王衍。王衍仿佛没看出弦外之音，笑纳了。他对劝诫充耳不闻，却也不加罪刘赞。

更夸张的是，不久前前蜀举行的一次科举中，有个叫蒲禹卿的考生，激于义愤，竟在考卷中言辞激烈地抨击朝政："衣朱紫者咸盗跖之辈，在郡县者悉狼虎之人！奸佞满朝，贪淫如市……"

当朝几个宰执大臣（时前蜀宰相为王锴、庾传素，枢密使宋光嗣）知晓此份考卷的内容后，个个勃然大怒，觉得这姓蒲的小子是不想活了。几名大人正打算找个罪名把蒲禹卿办了，谁知王衍得知此事，竟觉得这个人不错，正直敢言，下令提拔蒲禹卿为右补阙（从七品小官，专司进谏）。官虽然不大，几名宰执大臣却不敢下手加害蒲禹卿了。这一手让王衍看起来很像个明君了吧？但提拔归提拔，蒲禹卿针对时弊提出的建议，王衍一概不听。

对两个小官王衍都是如此，何况是对开国老臣兼长辈。现在大家一起欢乐，不能让族兄一个人哭哭啼啼吧？王衍就命宫中的美女兼才女李玉箫，演唱自己新写的《宫词》，给王宗寿消消愁。词曰：

> 辉辉赤赤浮五云，宣华池上月华新。
> 月华如水浸宫殿，有酒不醉真痴人。

歌唱完了，赏酒一杯。王宗寿绝望了，看来自己无法唤醒这个御座上的年轻人，又担心今天这次失败的进谏会给自己招祸。那好吧，既然独自醒着就要独自忍受痛苦，那就和众人一起醉吧！王宗寿接过酒，暗暗叹了口气，一饮而尽，脱离了"真痴人"的行列。

等王宗寿退出后，潘在迎料想王衍不可能杀嘉王，要让这个倔强的老头儿不再给大家找麻烦，干脆把他也拉入伙吧！于是，潘在迎建议，要不就把李玉箫赏给王宗寿，今后他就是吃人嘴软，拿人手短。

王衍知道王宗寿和他们不是同道中人，没同意："算了吧，嘉王肯定不会接受，就别去找麻烦了。"

也许是为奖励韩昭在重阳宴会上的"功绩"，王衍才把代理吏部侍郎，铨选官员这么一个大肥缺赏给了韩昭。

身为一名擅长捞钱业务的贪官，韩昭当然不会错过发财机会，于是努力地卖官鬻爵。韩府的门口排起了长龙，行贿的队伍摩肩接踵，争先恐后地参加官位竞拍的盛宴。刺史、县令、录事参军等，每个官位通常都有好几个争夺的人选，大家先比后台关系的软硬，再比出钱的多少，经过激烈的竞拍，后台硬、出钱多者自然胜出。

虽然官员铨选"规则"制定清晰，但这是见不得人的潜规则，还进行得如此公开甚至冠冕堂皇，激起了大量落选人员的极大不满。数量众多的落选人员聚集到朝堂大门外的登闻鼓院，愤怒地击鼓上诉。有些人还根据传闻，为韩昭创作了一首歌谣，揭露他以权谋私："嘉、眉、邛、蜀，侍郎骨肉。导江、青城，侍郎亲情。果、阆二州，侍郎自留。巴、蓬、集、壁，侍郎不惜。"大体意思就是，凡是好地方的肥缺，韩大人统统拿去照顾自己人了，没关系的人只能去川东北的巴州（今四川省巴中市）、蓬州（今四川省仪陇县）、集州（今四川省南江县）、壁州（今四川省通江县）之类的穷乡僻壤。

前蜀皇帝不知从哪个渠道获知这首歌谣，特意把韩昭叫来，问他：歌谣里说的事是真的吗？你们是不是应该注意一下影响啊？

韩昭感到自己很冤枉，忙解释说：这歌谣里反映的情况，完全就是一群恶意诽谤朝政者在捕风捉影，胡说八道。实际上，里面所有好地方的官职，都已经让太后、太妃、国舅安排的人内定了，微臣哪敢染指呀？只有所谓"侍郎不惜"的"巴、蓬、集、壁"那些州县的官职，才真正是微臣所卖。陛下您也知道，我打算营建一处新宅，手头有点紧……

这里所谓太后，即王衍的母亲徐贤妃，尊称"顺圣皇太后"；太妃是王衍的姨母徐淑妃，尊称"诩圣皇太妃"；国舅则是太后太妃的兄弟，中书令赵国公徐延琼。这几个全是王衍的娘家长辈，别说是韩昭了，就是王衍也不好轻易得罪。

而且，原来闹了半天，大部分肥水都流进自己娘家人手里了，很好，很好，只不过母亲为什么不事先告诉自己一声呢？不过，好脾气的孝子王衍并不在意。再想到韩昭，王衍不愧是一位"体贴下属"的皇帝：这么忠心办事的臣子，给皇家外戚背黑锅，还没有一套好房子，好吧，巴、蓬、集、壁那几个州县卖官的收入，就给你留着吧！

于是，前蜀这起轰动一时的卖官大案，只引发了王衍轻描淡写的反腐败调查，就这样踏雪无痕地温柔抚过，没有任何人受到处分，一切都糊弄过去了。

同时，这起大案还提示了那时前蜀的一些真实情况：百姓把韩昭当成了卖官鬻爵的老虎，却不知前蜀的腐败根子在比他位置高得多的人身上。

从第五部《后梁帝国》的《奸雄迟暮》一节可知，拥有过人美貌的徐家姐妹，在争权夺利方面也精明。在原太子王元膺与重臣唐道袭那次同归于尽的火并后，徐家姐妹抓住这千载难逢的良机，接连发起三次战斗，让徐家的地位扶摇直上。

第一次战斗，串通权宦唐文扆与宰相张格，成功把儿子王衍扶上太子之位；第二次战斗，干掉竞争者信王王宗杰，以及可能改主意的老头子王建；第三次战斗，摆平了想与徐家姐妹争权的曾经的"盟友"唐文扆，罢免了宰相张格，尽量换上那些既无能又听话的人。

不过，前蜀毕竟是以武力开的国，王建生前在军中认下的那一百多个干儿子，虽然其中最优秀、最能干的几个已被清洗，但剩下的数量依然庞大，他们在军队中形成了一个个山头，影响力不容忽视。

徐家姐妹辅佐着儿子，成功地控制了前蜀根基有限的宦官集团与文臣集团，但对于军方那些大大小小的山头，在军中毫无威信的她们，并没有能力真正将这些力量纳入掌控之中。好在这些山头很多，力量分散，彼此之间也不团结，一时半会儿并不会威胁到徐家姐妹以及她们儿子的最高权威。只不过，潜在的威胁也是威胁，也有在某些情况下转化成现实威胁的可能性。

徐家姐妹知道自身的弱点所在，强力削藩是不敢的，真要那样，逼得王建的干儿子们团结起来，还指不定是谁削谁。不能削藩，那就只能选择怀柔了，通过收买军方的代表人物，让他们分享一部分权力与财富。

所以就在处理了唐文扆与张格后不久，前蜀帝国一口气封了一堆非皇族人员为王：以王宗弼（原名魏弘夫）为巨鹿王，以王宗瑶（原名姜郅）为临淄王，以王宗绾（原名李绾）为临洮王，以王宗播（原名许存）为临颍王。最奇特的是，同时封王宗裔（原名不详）、王宗夔（原名不详）、王宗黯（原名吉谏）三人为琅邪郡王。在同一个国家，同一个时段，同一个爵位被同时封给三个人，在在下个人读史的印象中，好像仅此一次。

在这群新王爷中，同时担任兼中书令的王宗弼分到了最多的红利。史称，在一段时间内，前蜀从朝廷到地方的官员任免升降，多由王宗弼决定，这个巨鹿王营私舞弊，广纳四方贿赂，百姓怨声载道。

有一次，军方大佬对徐家姐妹与王衍的潜在威胁差点就变成了现实威胁。王建的另一个重要干儿子，一度身兼山南西道节度使、中书令与西北面都招讨行营安抚使的王宗俦，认为徐家姐妹与王衍当政，前蜀迟早要亡国，就主动与在朝中权力很大，同为王建干儿子的王宗弼商量，打算要行伊尹、霍光之事，合作发动一次政变，废掉王衍，更新朝政！

但王宗弼已被徐家姐妹收买，是既得利益集团的一分子，虽然这位王爷不是什么良善之辈，压根儿没有知恩图报的概念，但风险收益率总是要考虑的：造反这种事，如果失败，就是全家脑袋搬家。就算运气好，成功了，废掉王衍，也不可能是自己当皇帝，权臣的位子还要和王宗俦分享。现在自己的日子过得滋润，值得去冒那种风险吗？

结果，思量来思量去，王宗弼就是不肯给王宗俦一个肯定的答复。王宗俦担心计划败露，又急又气，没多久就死了，一次有可能让徐家姐妹集团翻船的危险就这样平安渡过。事后，王宗弼不忘给自己表功，对徐家姐妹宠信的宦官宋光嗣、景润澄说："王宗俦想造反，而且要我杀掉你们，好在我极力阻止，把他拖死了，现在没危险了！"

宋、景二人拜倒于地，流着泪感谢王宗弼对天子的赤胆忠诚，阻止王宗俦叛乱的大智大勇，以及仗义救人的大恩大德。让两位当朝权宦下拜，王宗弼十分得意。当然，不是每个人都从相同的角度看问题，王宗弼的儿子王承班听闻此事，对一位朋友哀叹道："将来，我家的大难还有可能躲得过去吗？"

对军界大佬怀柔，取得暂时的安定，只是扬汤止沸的治标之策，非釜底抽薪的治本之术。一个专制君主，如果不能有效控制国家机器中最强有力的部分，那他的宝座就不过是一座暂时休眠的活火山，危险随时有可能喷发。那徐氏姐妹和王衍该怎么应对这个问题呢？

以往太平岁月，一位君主即使本人对军事一窍不通，也可以通过控制军队的后勤来源，厉行赏罚，宣扬天命正统，用这一硬一软两手密切配合，来实现对军队的有效掌控。

在唐末五代这个乱世，这两招都不太有效：这时的国家都划分成一个个藩镇，藩镇同时兼有兵权和财权，对朝廷的断粮攻击有很强的免疫力；而且，这个时代城头大王旗变换得太快，天下分崩如坠地瓷盘，老大更替似走马宫灯，大多不过笑傲江湖三五天，谁能比谁神圣？皇权天授的观念根本无法深入人心。

一个在军中没有威信的二代皇帝，要想赢得军队的拥戴，最有效的方法，莫过于亲统大军击败敌人，用胜利让军中的每个士兵都真正感觉到你的强大。前有李亚子的夹寨奇袭，后有周世宗的高平之捷，都可以证明这个方法切实可行。

徐家姐妹应该也是这么想的，她们对那位好玩、好色、好作诗的皇帝儿子有没有军事天赋，心里也没谱，但让皇帝找个比较弱的对手，刷刷经验值，应该没什么问题。

王衍亲征

正好，蜀地北边的岐王李茂贞年已垂暮，岐国地盘已萎缩到区区四个州府，刘知俊叛逃后的岐军，少精兵，缺良将，前蜀与其交战，历来赢得多、输得少，拿来给皇帝儿子练练手，立立威，再合适不过了。

贞明六年（前蜀乾德二年，920年），王衍宣布要继承父皇的遗志，学习先帝御驾亲征，讨伐岐国，扬威北境。八月十日，前蜀禁军正式从成都出发，开拔北上。出师那一天，前蜀二十一岁的皇帝，身穿遍镶黄金的铠甲，头戴嵌满珠宝的头盔，手持长弓与箭矢，高坐在有二十个车轮，号称"流星辇"的豪华大车上，可以说是帅气十足。"流星辇"的前后，满是飘扬的旌旗，护卫的甲士连绵不绝，一眼望不到边。史书的说法是，"旌旗兵甲，互百余里"。

成都城内外的百姓算是开了一回眼界，纷纷传言说：这不是灌口（今都江堰）二王庙里的二郎显圣真君下凡了吗？虽然王衍亲征出动的兵力数字没有具体记载，但至少从视觉效果上说，这次出师的阵容确实是非常豪华的。

不过没多久，这位下凡的"二郎神"就暴露出他与神话中那位二郎神存在多大的差距。出行不远，到达成都北门外的升仙桥，前蜀宫中的后妃在此设宴，为王衍出征饯行。看着这些美貌娇娃的婀娜体态，王衍突然想到：自己现在在军中，左右全是大老爷们儿，离开成都后要有好多天身边都没有美女相伴，这等煎熬，叫人如何承受？于是王衍临时下令，挑选二十名宫女，陪伴自己一同出征，这样一来，行军打仗之余，都可以莺歌燕舞，打消寂寞了。

大军进至汉州（今四川省广汉市），王衍发现当地有一个风景优雅的西湖（广汉市今天仍有一条西湖路，但那个湖找不到了），就暂时停下不走，住了进去。次日，他与宫女泛舟湖上，借着湖光山色，纵情奏乐饮宴，一玩就是一整天。

负责招待的雒县（汉州治所所在县）县令段融看着，觉得今上和先帝王建还是有区别的，这架势像是去打仗的样子吗？上了前线能赢吗？有些不安的段融，便乘着接近皇帝的机会进言："陛下最好不要远离成都，派一个大臣出征就可以了。"王衍自然不听，难得出远门一趟，这一路上不知还有多少没去过的好山好水好风景等着自己呢，怎么能半途而废？

于是，在汉州玩了几天后，王衍带着军队和美女，继续一路招摇前行，于九月到达昔日其父皇王建亲征击败刘知俊的光荣之地——安远军（今陕西省汉中市西）。

已经接近蜀岐边界，但王衍并不急着与岐军开战，而是接着转悠，于十月东巡至前蜀武定节度使桑弘志的驻地洋州（今陕西省洋县），住了几天，又返回安远军。直到十一月，蜀军真正发起对岐国的进攻，但并未动用到武定镇的军队。

在与岐军开战之前，王衍去一趟无关紧要的洋州干什么？史书没有明确记载，在下觉得有三种可能。

一、王衍去犒赏桑弘志。在王衍"北伐"的上一年十二月，雄武节度使王宗朗（前蜀诸藩镇中比较弱小的一个）突然被指控有罪，王衍下诏革去王宗朗的全部职务，并将他开除出王建干儿子的行列，恢复其原名"全师朗"。

随后，辖区紧挨着雄武镇的武定节度使桑弘志受命讨伐全师朗。桑弘志这一战表现很优异，只用了不到一个月就攻陷了雄武镇总部金州（今陕西省安康市），生擒全师朗，献俘成都。如此功绩，确实应该犒赏。

二、王衍去安抚或替换桑弘志。桑弘志在蜀军诸军头中是个资历浅薄的新人，就在王衍"北伐"的四年前，他还是岐王李茂贞的干儿子，被干爹赐名"李继岌"。是的，你没看错，桑弘志当干儿子时用的大名，与李存勖最宝贝的儿子的名字完全一样。

刘知俊以蜀军主帅的身份最后一次出征（回来就让王建罗织罪名给冤杀），进攻岐国时，时任岐国保胜节度使的"李继岌"叛岐降蜀，恢复原名桑弘志。

由桑弘志的履历可知，他是岐国降将，见证过刘知俊、全师朗的下场，对王衍北上，他很可能心存疑虑：天子北伐，是否醉翁之意不在酒？而在伐岐之时，留桑弘志在洋州，在大军的侧背，是否安全，可能也是值得前蜀天子考虑的问题。

由于史料缺失，现在无法确定桑弘志这一次究竟有没有被替换，但史书上再也没出现过桑弘志这个名字。几年后，后唐伐蜀时，前蜀的武定节度使已经是魏王王宗侃（王建义子田师侃）的儿子王承肇。

三、前面的假设，尤其是第二种假设，纯粹是过度解读，王衍就是去游山玩水而已。

历史上的大人物，有些当然是千锤百炼，淘汰无数对手才杀上舞台的精英人杰，雄才伟略，远超吾辈凡夫。但不是所有大人物都是不优秀就无法成功的创业者，还有更多的"官二代"乃至"官 N 代"，除了有好爸好妈之外，再无过人之处，见识行事还不如常人，同样有很多机会置身高位。王衍显然不属于前者，即使有那些打着他的名义，颇有权谋色彩的诏旨，也是他妈妈和他姨妈的杰作。从王衍一生的行为方式看，从此次"北伐"中他留下的其他事迹看，在下觉得，他去洋州就是为了游玩。

言归正传。且说在王衍的号令下，北伐的蜀军分东、西两路攻入岐国。

先动手的是西路军。由山南西道节度使王宗俦（就是后来想把王衍废掉的那个王宗俦，不知道他后来的想法，与王衍这次"北伐"的表现有没有关系）为主帅，天雄节度使王宗昱、永宁军使王宗晏、左神勇军使王宗信三人为副，首先出发，绕道秦州（今甘肃省秦安县西北），走故关（今陕西省陇县西固关）。

事前，岐王李茂贞对于蜀军将发起的进犯是有所准备的，已在境内实行了坚壁清野。接到西边陇州方面的告急战报后，李茂贞大概觉得陇州坚固，不会轻易失守，而且他预计拥有很大兵力优势的蜀军完全有能力在东边对凤翔发起另一次攻势，凤翔的岐军如果现在就急匆匆救援陇州，可能正中蜀军的调虎离山之计。

根据这个判断，李茂贞决定亲率岐军主力一万五千人进驻汧阳（今陕西省千阳县）。汧阳小城差不多位于陇州与凤翔的正中间，有汧水将三城连成一线，西上陇州和东下凤翔都比较方便，南依箭筈岭，也有险可守。李茂贞屯兵于此，正围攻陇州的王宗俦等蜀将就不敢放胆攻城，假如凤翔受到攻击，岐军也可以迅速回援。

果然，西路蜀军开始攻击陇州后没几天，东路蜀军也开始了行动。只不过"御驾亲征"的王衍没有来，他留在遥远和绝对安全的安远军，派了一位在史书仅露过一次面的将军陈彦威（五代时用"彦威"当名字的人太多了），率军走陈仓道，出大散关，攻击岐国。

名不见经传的蜀军偏将陈彦威，打仗挺有魄力，一越过秦岭，就直接杀向汧阳，欲与李茂贞统率的岐军主力决战。于是，十一月十六日，王宗俦开始进攻陇州，李茂贞进驻汧阳的六天后，东路蜀军与岐王亲统的岐军战于汧阳之南的箭筈岭。

按照史书一般的记载，这次会战的结果是蜀军赢了，无名之辈陈彦威打败了征战沙场几十年的李茂贞，但接下来发生的事，让这条记载的可信度蒙上了一层厚重的阴影。

箭筈岭的胜利（如果的确是胜利的话）后仅数日，两路蜀军就都粮尽了，不但后方送不上来，前方也征集不到，不得不全线撤退。王宗昱退回秦州，王宗俦退回上邽（今甘肃省天水市），王宗晏、王宗信等退至威武城。

王衍看这战事显然进行不下去了，也就离开安远军，起程返回成都。王衍离开安远军这一天，是十一月二十三日，距离蜀军所谓的"箭筈岭之捷"仅仅过去七天。

差不多可以这么认为，蜀军士兵仅仅吃掉了随身携带的干粮，然后就断粮了！要知道，当时前蜀还是很富庶的，肯定不缺粮，如离前线不太远的威武城要塞就囤有大量的粮食。那蜀军这么急匆匆地撤退，究竟是怎么回事？

难道是王衍挂帅下蜀军的后勤系统，已经烂到了崩溃的程度？在下觉得这种可能性不大，就算王衍在这方面是外行，他身边也有懂行的人，从现有记载看，王衍也不像是一个喜欢不懂装懂瞎指挥的人。

另一种情况的可能性要大得多，就是当时有什么别的重要战事让史书漏掉了。毕竟李茂贞的岐国又小又弱，在史书上的话语权一直非常低，之前李茂贞扩张得手的大多数成果，都找不到直接记载，只能用其他地方的间接记载来推导。也许在箭筈岭会战的同时，李茂贞仿效曹操袭乌巢，另出奇兵端掉了蜀军某个重要的前方囤粮基地，导致蜀军只剩下随身携带的干粮。蜀军或许只是在箭筈岭赢了面子，却在另一个没被史书记下来的地方输了里子。

不过，在下觉得还有一种情况，有可能比岐军的胜利被隐藏更接近真相。前线的蜀军压根儿就不缺粮，所谓"粮尽退兵"，只不过是王宗俦等蜀军前方将帅不想打攻坚硬战，又不把王衍这个不懂事的外行小辈放在眼里，随口找的托词而已。

从历史经验看，要在野战中战胜岐军，倒不是太难，但要攻下岐军主力固守的坚城，就很不容易了。李茂贞守凤翔，可是连当年如日中天的朱温，配以巅峰期的梁军主力，攻打经年，仍然拿不下来的！

我们在蜀中有吃有喝，日子过得好好的，何必来冒这种不值当的风险？咱们现在的大领导是王衍，不是先帝王建。王衍不过是一个毫无威严且很容易糊弄的黄口小儿。比如早先，将领王承愕、王承勋、王承会犯法，应当重处，王衍全部下令赦免，什么事都没有。史书称："自是禁令不行。"又比如，年初，桑弘志生擒造反的全师朗，向成都献俘，王衍居然赦免了全师朗，让他回家养老。不管王衍是不敢，还是脾气太好，他这样的做法，很容易让众军头再不把他的命令当回事。

再说此次名为"御驾亲征"，王衍却躲在几百里外的后方，连前线都不敢来，北边的李亚子是这样"亲征"的吗？听说他在安远军，每日只和身边美女、狎客玩耍作乐，消磨时光而已。我们有什么功劳，他全看不见，不知道，也不懂，那我们干吗还要出力不讨好地为他卖命？打过一仗，也算有交代了，还是回去吧！

虽然真相为何已不可能确知，但可以肯定，王衍的第一次"北伐"，没有起到徐家姐妹期待得到的效果。

但对王衍自身的感觉来说，这不重要。纵然这次北伐无功而返，也丝毫没有影响王衍一路观光游玩的兴致。王衍行至利州（今四川省广元市）时，一位名叫林思谔的官员赶来晋见。

林思谔是个官场新人，他知道一次成功的接待工作，往往是通往锦绣前程的捷径，像北边的段凝。此时，林思谔官拜阆州（今四川省阆中市）团练使，便借职务之便，替前蜀这个"老区"（王建真正起兵后为自己打下的第一块根据地就是阆州）的百姓诚恳请求：天子应该到阆州来看看，百姓都久盼天颜！

从利州回成都，一般是走陆路，过剑门关，可观高山栈道之险峻巍峨。如果去阆州，那合适走水路，顺嘉陵江而下，可赏沿河两岸之青翠幽谷。顺便提一句，阆州也是个风景优美的地方，具体可以看看许晴、方中信拍的经典音乐电视《阆中之恋》。

于是，王衍接受了这个让人愉快的提议。前蜀皇帝和他的侍从离开军队，换乘华丽的龙舟画舫，排成一支规模不小且白吃白拿的高消费船队，一路祸害沿途的驿站，奏着王衍新作的《水调银汉曲》，悠悠然玩向阆州。

十二月十五日，王衍一行到达阆州，正好赶上当地一户姓何的人家准备喜事，要嫁女儿。王衍听人说将出嫁的新娘很漂亮，特召来一看，不禁食指大动：这样的女孩儿不收到宫里不是浪费资源吗？

王衍马上把心动变成行动，下令将女孩儿征召入宫，另外赏给原未婚夫帛一百匹，算是强买他未婚妻的定价。

不承想，这位被抢走心上人的男子，面对无法抗拒的皇权施暴，悲恸欲绝，痛哭失声，第二天被人发现时，竟已气绝身亡。在下怀疑他是殉情自杀，用自己微贱的生命向这不公的世道抗议。

贞明七年（前蜀乾德三年，921年）正月初七，玩儿够的王衍才回到成都。他这次历时五个月的"北伐"，真正用于战斗的时间不超过半个月，还是在远离战场的地方遥控指挥，其余时间基本上是在观光旅游。原本由徐家姐妹编导的，本该是慷慨壮阔的史诗剧，硬是被主演王衍演绎成了风花雪月的言情剧。

王衍这次三心二意的初征，虽然由于敌人太弱，在战场上不能算败归，但完全坐实了前蜀各军头对新皇帝的猜测：他的确就是一个不会做实事，只知道享受人生，而且行事软弱，容易糊弄的纨绔小儿！这样的亲征，实在比不亲征还要糟糕。起码你不动手，别人不敢肯定你真的不行。重建王建时代的皇家声威，将兵权从各军头手中收回，重现中央集权的理想，就等下辈子再去实现吧！

虽然对新皇帝权威的蔑视，已在各军头的内心中生根发芽，但由于王建晚年清洗力度强大，他们中间已经不存在众望所归的领袖人物，其中位子最高的王宗弼也只是个极不得人心的二流人物。没人能领头，军方无法统一成一股力量来左右朝政。再加上王衍与徐家姐妹统治之时，王建留下的经济底子还不错，还足够繁荣，也确实给足了军方各头目好处。对大多数军方头目而言，比起发动一次后果不确定的政变，继续现在这样的舒心日子，也许是更好的选择。

于是，前蜀帝国保持了安定团结的假象，就像一个瘾君子，虽然身体机能正在被一点点破坏，但全身的感觉十分舒畅，在举国腐化、文恬武嬉中，浑浑噩噩地走向自己的终点。

不过，按历史经验，一个国家从统治阶层腐化到内部崩溃，可不是一蹴而就的事，至少得有个几十年。如果没有外力介入，王衍君臣的好日子本来还可以持续很长一段时间，但很不幸，前蜀帝国在经济上的富庶和在武备上的松懈，使它进入了正觉得钱不够花的李存勖的待捕猎榜单。而且在高季兴等人建议下，经过一番评估，前蜀跃居整个榜单的榜首。于是，前蜀灭亡的时间提前了。

李存勖灭后梁，后唐一统北方后，前蜀反应迟顿，在南方各大势力中，它是唯一没有主动遣使前往祝贺的。不过，前蜀不肯派人来洛阳，不妨碍李存勖派使节去成都，通知王衍：伪梁已灭，大唐中兴，逢此盛事，你们蜀地就没点儿表示吗？

前蜀这才派翰林学士欧阳彬出使洛阳，献上国书。在国书中，王衍放低了身价，没有使用皇帝头衔，开头问候语写的是"大蜀国主致书上大唐皇帝"。稍前，吴国给后唐的国书，开头问候语写的是"大吴国主致书上大唐皇帝"，除了国名有异，两者完全相同。但由于李存勖已经决定要先攻蜀，后取吴，故而先表扬吴国的国书"辞旨卑逊，有同笺表"，对前蜀国书却横挑鼻子竖挑眼，指责其"词理稍抗"，缺乏礼貌。

以如此无事生非的理由为借口，李存勖又派了一个更重要、更有能力的使臣入蜀。这一方面，是宣扬后唐的赫赫武威，对前蜀进行舆论攻势，通过炫耀唐军武功来瓦解蜀人已在衰退的战斗意志；另一方面，是要实地考察前蜀的国情，看看高季兴对蜀国的腐朽易取的鉴定究竟靠不靠谱。

李存勖派去的这位使臣，名叫李严，此时官居客省使（负责接待外国使臣，以及群臣朝见礼仪的官员）。李严本是幽州人，曾在刘守光的燕国当过刺史，其人博览群书，多才多艺，精于弓马，不过最拿手的还是嘴皮子，曾自比苏秦、张仪，把当一名超级说客作为自己的人生理想，是执行出使劝降任务的理想人选。

同光二年（924）四月，李严到达成都，王衍不敢怠慢，在成都朝堂接见了他。一见面，李严就毫不客气，摆出大国使臣的架子，当头便给了前蜀皇帝一个下马威，雄辩滔滔地发表了一番大论。

他先是痛斥朱温如何背德篡逆，而天下诸侯不顾自身本是唐臣，忘恩负义，皆从伪命。只有咱们大唐的"中兴皇帝"，不忍心让高祖、太宗创下的大业湮灭，所以奋发图强，决心要"戮鲸鲵""除虎兕"！然后经过十年对垒，无数次交锋，咱们皇帝不忍心让生灵涂炭，便精选死士发动奇袭。大军才过汶水，已绑缚王彦章于马前，刚至夷门（汴梁的古称），便斩杀朱友贞于楼上！段凝手握八万雄兵，不战而倒戈待罪，赵岩知道咱们皇帝应运而起，主动引颈就诛！可知大唐国威不可抗，煌煌天意不可违！现在，秦地、两浙、淮南、回纥都已向我大唐皇帝称臣，只有你们蜀地最不像话，与中原缺少联系。所以皇帝派我来成都，在唐蜀之间建立合理友好的宗藩关系！

听到李严这一席用友好包裹起来的威慑之语，蜀廷君臣大震。蜀国众臣中最有胆量的侍中王宗俦，密奏王衍称：听李严的话，明显对我蜀国不怀好意，请将他斩首以震慑唐人。王衍的胆子没这么肥，不敢如此胡来，不同意。

王衍随即命他宠信的第一号阉臣，身居枢密使的"大阉"宋光嗣，设宴款待李严，顺便从李严口中探一探后唐对蜀国是否真有什么不良企图。

到了酒席上，一阵推杯换盏，气氛被烘托到比较融洽的时候，宋光嗣才小心翼翼地问起：中原这几年的境况如何呀？

李严正愁没机会好好炫耀后唐国威，一听此言，一段半真半假的大话便脱口而出："我大唐皇帝在前年正大号于邺宫，大军从郓州到汴州，不到一旬便平定天下！后梁还有三十万大军，全部束手请降！于是，向东到茫茫大海，向西至甘州、凉州，向北震慑幽陵之地（上古时对河北省北部、京津一带的通称），向南越过闽地、五岭，四方万里，没有谁敢不向皇帝臣服！那些强大的诸侯，如已经营数代的淮南杨氏，在先朝时便已显赫的凤翔李公，都派儿子入侍，稽首称藩。至于荆湖、吴越这一类小邦，都忙着向朝廷输送贡赋，呈献珍奇，一天也不敢松懈。我大唐皇帝，对他们一方面怀之以德，一方面震之以威，这天下大势，将走向一统，看来是谁也阻止不了啦！"

宋光嗣被李严忽悠得一愣一愣的，但也不甘心在口头上被完全压制，便带着几分心虚，反驳说："荆湖、吴越的情况，我们不太清楚，但凤翔的李茂贞我们还是知道的。岐王曾是我蜀国的姻亲，但他为人反复无常，他的誓言能够相信吗？又听说如今契丹日益强盛，大国就不担心后顾之忧吗？"

李严嗤之以鼻，反问道："你觉得契丹的强盛，能和伪梁相比吗？"

宋光嗣的心更虚了，只好试探式地回答："好像差一点儿吧！"

"这不就对了，"李严笑道，"我大唐灭伪梁都如摧枯拉朽般容易，何况是还比不上伪梁的小小契丹呢？今大唐之兵遍布天下，随便发个一镇之众，就可以在旦夕之间灭了它！圣天子留着它不问，只是不想在偏远蛮荒之地穷兵黩武罢了！"

面对李严赤裸裸的外交威慑，接到宋光嗣回报的王衍，也不知道是不是想展示一下蜀国的富强，来对后唐实施反威慑，还是纯粹就是觉得独乐乐不如众乐乐，特意安排李严观赏自己创作的大型布景戏《采红莲队》。

《采红莲队》大量使用此时在中原非常昂贵且难买到的蜀锦做布景，场面极尽奢华。如用彩锦铺在楼阁上，做成"蓬莱仙山"，用绿色带状的丝绸制成围绕"仙山"的"水面"，在"水面"下边用风囊吹风，制造水纹波动的效果，在"水面"上有彩绸制成的彩舟、红莲、水兽，再加上焚烧香料产生的袅袅轻烟，让观者有一种置身仙境之感。

李严出使前蜀之前五百五十五年，是另一个大分裂期十六国时代，前秦派将军石越出使前燕，前燕太傅慕容评故意用最奢华的大排场来接待石越，以炫耀燕国的富庶。燕国大臣高泰当时就反对说："石越来访，为的可不是两国的长期友好，而是带着入侵的企图，要看看我国有没有可以利用的破绽。我们应该通过展示兵威，阻止他们的图谋。现在您不但不这么做，反而向他们表现我们有多么奢侈腐化，越发要被他们瞧不起了！"果然，第二年前秦便出兵灭掉了前燕。

王衍大概不知道这个典故，也没人提醒他，于是，他的奢侈成功地让后唐使节瞧不起他。五月，李严访问结束，王衍礼送他返回后唐。李严一到洛阳，李存勖接见了他，询问蜀国的具体情况。

李严先介绍了前蜀与中原相比堪称富庶的经济状况："我亲眼所见，咱们这里能买到的最好的蜀锦，还比不上王衍戏班子用来制作舞台布景的下角料！这是因为蜀国有法律规定，禁止将蜀地出产的上等丝绸销往中原，只有品质低劣的残次品才准许出口，蜀国人将这些出口到中原的残次品蔑称为'入草物'，觉得我大唐就是老少边穷地区，只配用劣等货。"

李存勖听罢，勃然大怒："货物入中国，居然叫什么'入草'！王衍以为他可以不当'入草人'吗？"

李严见机，趁热打铁，向李存勖进言说："王衍就是一个不懂事的轻浮少年罢了，行为荒唐放纵，对处理国事一点儿不用心，同时还疏远元老，亲近小人。他最重用的大臣，如王宗弼、宋光嗣等，都是只知道对上溜须拍马，对下作威作福，借助手中权力非法敛财，贪得无厌之人！其国内贤愚颠倒，赏罚紊乱，君臣上下，没有人关心国家安危，一心一意地把精力花在奢侈享受上，争相比赛谁更荒淫！依我看，像这样一个国家，只要大军一到，必然土崩瓦解，可以翘首以待！"有志于一统的李存勗听罢，更坚定了先从前蜀开刀的决心。

十大"贤臣"

再说成都方面，前蜀群臣对李严的来访产生了不同的反应。很多人虽然没有明说，但用后来的实际行动证明，他们已经对后唐强大的武力心怀恐惧，但也有强硬的主战派主张迎难而上，准备与唐军对抗。

宋光嗣之弟，宣徽北院使宋光葆，算是此时前蜀群臣中的主战人士。他上书王衍："很明显，晋王已经有了欺凌我国的野心，我们不能掉以轻心，应该马上选将练兵，进驻各沿边要塞。同时要积蓄粮草，整修战船，对即将发生的入侵严阵以待！"

王衍觉得有理，马上任命宋光葆为梓州观察使兼武德节度使，出镇东川，替换下自己那个只关心发财致富的舅舅徐延琼，负责对后唐的备战。宋光葆出镇东川后，调查了前方的实际情况，又上书王衍，提出一套以攻为守，先发制人的方案：

"请于嘉州（今四川省乐山市）沿江造战船五百艘，募水兵五千人，沿长江东下出三峡，臣同时率东川之师与之配合，水陆并进，攻向江陵。条件有利则进取，条件不利则退守峡口。东北沿边各军，要抢先占据险要，严防死守，先立于不败之地。另外从国内精选骁壮三万，奇袭凤翔、长安，如果运气好，可夺取关中，东据黄河、潼关之险而守。然后北招契丹，多许诺他们一些好处，让契丹兵南下，与我军呼应，夹攻后唐。如果运气不好，则重兵退守大散关，巩固我们的边防。这样做，即使不能成功，也可以事先打乱敌人的计划。"

这实在是一个胆大包天到了脱离实际的方案，要执行它，完全超出了前蜀帝国拥有的武力上限，理所当然没被前蜀朝廷接受。不过，这个方案的部分内容，还是被王衍或徐家姐妹认为是有价值的，于是，前蜀开始向靠近后唐的前线各藩镇增兵，加强防御。只不过这些措施后来并未收到明显效果。

宋光葆这个没有实施的方案，按理说本该高度保密，却不知通过什么渠道被泄露了，成为后来李存勖向前蜀兴师问罪的重要借口。这还不是最糟糕的，由宋光葆出任东川（武德）节度使这件事，引发的一系列微妙的连锁反应，对前蜀亡国影响更大。

宋光葆去东川，顶掉了徐延琼的节度使之位。蜀国太师徐延琼，虽然论能力，只是个一无所长的庸人，可要论亲疏，人家毕竟是皇帝的亲舅舅，太后的亲弟弟（也有记载说他是徐太后的哥哥），裙带之硬，在蜀中无人能及。这次为了备战，让徐延琼吃这么大一个哑巴亏，他姐和他外甥也觉得过意不去，要设法弥补一下。正好在徐延琼回成都后不久，发生了王宗俦试图串联王宗弼谋反的事件。虽然因为王宗弼拖延不作为，王宗俦谋反未遂，但徐家姐妹与王衍在事后得知他们离鬼门关曾经是如此之近，不由得吓出了一身冷汗。王宗弼这次不反，也不能保证下次不出事呀！可能还是亲兄弟更靠得住。

经过一番权衡，王衍下诏，任命徐延琼为京师内外马步都指挥使，掌管成都城内禁军的兵权，替换下王宗弼。六年前，高祖王建有过遗命：徐家姐妹的兄弟可以给予高官厚禄，但不允许他们掌兵。王衍这道诏书，可以说是公然打了先皇老爸的脸。

本来就从心眼儿里看不起王衍与徐家姐妹的众军头，自觉理直气壮，对此格外愤愤不平（结果，后来真到有事之时，徐延琼根本指挥不动应该听他指挥的哪怕一兵一卒）。被解除兵权的王宗弼嘴上没说什么，但以他的为人与后来的实践看，显然是怀恨在心，把此前徐家姐妹给他的多少好处忘了个精光，做好了恩将仇报的准备。

宋光葆当上节度使，还引得他的一位宦官同行红眼病发作。是呀，当个节度使多爽啊，比窝在宫里服侍人强多了，可以专制一方，还可以统率大军，在那里就能真正享受人上人的荣誉。这样的好事，凭什么只落到他宋光葆的头上呢？

宋光葆的这名有追求的同行，名叫王承休。王承休容貌俊秀，善于迎合主子。王承休能力低下，但依靠这些已足够让他得到花花公子王衍的赏识，官至宣徽北院使，成为前蜀此时有影响力的宦官之一。

当然，另有被写入史书的八卦记载说，平庸的王承休能够在前蜀宦官群中名列前茅，还与一则绯闻有关。

话说从唐代起，就有不少宦官公然娶妻，如高力士、李辅国、仇士良等。王承休也跟风娶了一个严姓美女为妻。不想，对美女一向来者不拒的王衍，发现自己的奴才竟然金屋藏娇，心中不平，与严氏勾搭上了。据说，王衍还赐给严氏一面铜镜，上面刻着赞美严氏的婉约小诗：

炼形神冶，莹质良工。

当眉写翠，对脸传红。

如珠出匣，似月停空。

绮窗绣幌，俱涵影中。

王承休毫不在意，反正他与严氏的夫妻关系本就有名无实，如果严氏能在皇帝耳旁多替他吹点儿枕头风，岂不是好事一件？不过，就算这些八卦传闻都是真的，严氏在王承休飞黄腾达过程中所起到的作用也是次要的。那么，王承休得到重用的关键在哪儿？

王衍是身处迷雾中的当局者，无法像后世的旁观者一样，知道王承休后来都经历了些什么事，能够充分了解这位宠宦的能力之低下。在后唐军队将末日审判送来之前，前蜀皇帝眼中王承休的形象，可能是一位精明能干的可大用的俊才。因为，在博取王衍的信任和恩宠方面，王承休有两个非常重要的帮手（不包括严氏）。

第一个帮手，是前文提过的，王衍身边的大文痞韩昭。韩昭与王承休的私交极好，结成朋党。在共同为王衍搜寻美女、良伶取乐之余，两人相互吹捧，经常在王衍面前盛赞对方的贤良能干，前蜀皇帝因此对这两位宠臣都留下了良好的印象。

王承休的第二个帮手安重霸，作用更为重要。

安重霸，本是代北云州（今山西省大同市）人氏，生性贪财好货，又狡诈多智，曾是一名晋军军官，隶属名将李嗣源的麾下，后来据说是因为犯了罪，叛逃到后梁，在后梁时间不久，不知什么原因又叛逃到前蜀。不过，结合后来发生的事，在下有些怀疑，安重霸可能就是晋军派到后梁的卧底，无奈到后梁后身份暴露，回晋国的道路又被阻断，才来到前蜀。

安重霸擅长骑射，被王建任命为亲军将领。王衍即位后，升他为简州（今四川省简阳市）刺史。安重霸到简州，听说当地有一个姓邓的富商擅长下围棋，就把此人召来，声称自己也喜欢下围棋，要与他对弈一局。对弈的规则是由安重霸定的，极不平等：为了不乱尊卑，邓富商没有资格与安刺史坐着下棋，每落一子，就被叫到西北院墙下站着，不能走，不能吃饭，等待安刺史落子。可恼的这安刺史还是个长考派，整整一天只下了十几手，把邓富商站得头晕眼花，手酸脚麻，饥肠辘辘，苦不堪言。折腾够了，才有人适时提醒邓富商：你难道以为刺史老爷真是爱下棋吗？于是第二天，邓富商主动献上十锭黄金，算是认输的彩头，才算躲过这下棋之苦。

安重霸的目标可不止于一个小小的刺史，他将敲诈百姓、贪污索贿所得，投资于官场，继续往上爬。往上爬，得有一个好的抓手，安重霸选中了与王衍亲近，又比较好糊弄的王承休，屈身事之，为他出谋划策，用自己的高智商，补足王承休的短板。从此，安重霸与王承休，恰如狈之居于狼背，默契配合，共同"进步"。

在安重霸的谋划下，王承休说服王衍：咱们不是要加强备战吗？但现有各军的高级将领多是先帝时代的旧人，对皇上您的旨意常常阳奉阴违，咱们就应该重新编组一支对皇上您绝对忠诚的新军，那样皇上在做自己想做的事时，就不用担心那些老头子的反对了。

王衍认为王承休想得很周到，就下旨在前蜀各军中抽选精锐士卒一万二千人，到成都会集，编成御前左右龙武军。这支军队被编成四十个"军"（前蜀独有的军队编制，每军可能为三百人，也许是历史上使用"军"这个建制的最小规模），因为是皇帝最亲密的军队，所以从装备到待遇，都要比前蜀其他军队优厚。这对于少数加入龙武军的军士而言，固然是个让人愉快的好消息，但对于大多数没有被选入龙武军的蜀军士兵来说，这种同工不同酬的做法，只让他们心中产生了不平衡的怨念，更加减少了他们对大蜀新天子原本就不算太多的忠诚。

皇帝亲军的指挥官，当然要避开那些倚老卖老，经常不听招呼的老军头，任用王衍最信任、最亲密的人。于是，不出安重霸所料，王承休被任命为龙武马步都指挥使，而他自己也顺利升任副手。

可是，将蜀国最精锐的军队，配属给一个阉宦和一个降将，真真是岂有此理！就算不用我们，也不能让这样两个人上啊！这样的安排，让蜀军众老将闻之哗然，内心多有不平。此事发生的时间，还在王衍用亲舅舅徐延琼代替名义哥哥王宗弼之前。因为这两件事，王衍将王建时代留下的老军头得罪了两遍。

再说后唐方面，很快便得知了前蜀在唐蜀沿边各要塞增兵备战的情况（从李存勖能够清楚获知宋光葆的上书内容来看，后唐在前蜀内部应该建有一个情报网，也许就来自安重霸），为了降低未来伐蜀战争的难度，在战略战术方面精明依旧的李存勖决定兵不厌诈，来一次以和议佐攻战，再派一个叫李彦稠的大臣为使，出访成都。

李彦稠于同光二年（924）九月初到达成都，到同年的十一月才返回，在前蜀停留的时间比李严还长（李严访蜀时间为同年的四月至五月）。

就在李彦稠动身返回后唐的十一月，前蜀朝廷认为他们与李彦稠的谈判非常成功，前蜀已经与后唐实现了和解，至少暂时不会有战争了。或是为了节省军费，或是为了证明前蜀方面和平的诚意，蜀军取消了备战计划，让前一段时间加派到边界各要塞的军队，纷纷班师回京。例如，从威武城撤回关宏业等二十四军，从武定、武兴两镇撤回刘潜等三十七军，从天雄撤回王承骞等二十九军，从金州撤回王承勋等七军。前蜀对后唐的防御准备，重新降到了较低的水平线上。

不过，作为后世的读史者，在下隐隐有一种感觉：相信李存勖的和好诚意，也急切盼望与后唐帝国实现睦邻友好的前蜀上层人物，更像是徐家姐妹，也许还有王宗弼等帝国元老，但不太像是皇帝王衍自己的意思。前蜀统治阶层，在如何面对后唐这个强邻的战略上出现分歧，使前蜀的外交政策也出现了自相矛盾的左右摇摆。

比如，在史书记载中，李彦稠离开前蜀的第二个月，在安重霸的教唆下，早就眼红宋光葆出镇东川的王承休，向王衍进言说："听说秦州多美女，请派我去那里挑选佳丽，呈献皇宫。"王衍大悦，当即任命王承休为天雄节度使，进封鲁国公，并让他带着御前左右龙武军的全部四十个军赴任秦州，充作牙兵。《十国春秋》为此事还加了一段评语："先是唐昭宗世宦官虽盛，未有建节一方者，宦者得为节度使，自承休始也。"

这段记载问题很多。首先，存在一个显而易见的错误。王承休在同光二年（924）十二月才出任天雄节度使，比同年五月就当上东川节度使的宋光葆足足晚了半年多，宦官当节度使根本不是"自承休始"。史书出现这种失误，仅仅是粗心大意，还是有别的原因？再仔细分析，不难发现更多在逻辑上不合情理的地方。

疑点一，王承休主动选择去秦州。天雄镇主要位于今甘肃省东南部，是前蜀境内经济最落后、环境最艰苦的藩镇之一，紧挨着强大的后唐，边防形势严峻，职业危险性极高。王承休如果仅仅是想享受当一方节帅的荣耀和威风，完全可以在内地给自己找一个更富庶、更安全的藩镇安身，何苦去虐待自己？

疑点二，如果王衍让王承休去秦州，只是为自己选美女，这样低强度任务应该用不到大量军队。为什么要将刚刚组建的龙武军四十个军全部派到秦州去呢？这样王衍身边不是又没有可靠的亲军了吗？而且，王衍向唐蜀边境地区增派军队的行动，明显与稍前前蜀为展示友好，大量撤军的做法相矛盾，不怕激化刚刚缓和的唐蜀关系（在前蜀众臣中这是普遍看法，虽然并不是真相）吗？

结合后续发生的一些事，在下感到，这些矛盾可以有一个更合理的解释：在王承休请求出镇天雄的理由中，去秦州找美女这件事可能有，但只是一部分原因，主要原因是，他劝说王衍逆其母以及多数大臣的意见，发动属于他的第二次北伐，创建让天下人刮目相看的功业！

王衍那少年的心被打动了，他不怕打仗，因为王承休的"大智大勇"给了他勇气；王承休也不怕打仗，因为安重霸那气定神闲的"运筹帷幄"给了他勇气；安重霸更不怕打仗，因为他可能是后唐派来的卧底，即使不是卧底，他对王衍也没有一丝忠诚负累，他早就准备出卖前蜀，来为自己在中原大国的荣华富贵铺路！

从王衍这个人此前的经历看，自从他开始记事起，前蜀陆陆续续与周边邻居岐国、大长和、荆南，发生过多次战争。但这些战争的规模不大，交战地域都在远离成都的边境，除了刘知俊那次，敌人从未深入蜀境，而且大多数交战最后都是前蜀打赢了。在这种记忆中长大的王衍，对战争的可怕大概缺少感性认识，对蜀国天险的可靠性容易估计过高。他有一次途经剑门关时，写下《题剑阁》一诗：

> 缓辔逾双剑，行行蹑石棱。
> 作千寻壁垒，为万祀依凭。
> 道德虽无取，江山粗可矜。

可见，王衍也知道自己道德无取，但还是认为前蜀的江山稳固，没太大危险。如果赢了，可以实现第一次北伐没能实现的抱负；输了，国家也没太大危险，自己又找到了王承休、安重霸这两位忠心耿耿的杰出将才，那干吗不试一把呢？

王承休和安重霸在大多数朝臣的反对与白眼中前往秦州上任去了，王衍开始了有些激动又有些忐忑不安的等待。在等待中，王衍更改了前蜀一批亲王的封号：原普王王宗仁改封卫王、雅王王宗辂改封幽王、褒王王宗纪改封赵王、荣王王宗智改封韩王，等等。这些亲王原来的封号多是蜀地的地名，新的封号却是中原出现过的国名，王衍改封的意思很明显。

然后，王衍宣布在新年开始时大赦天下，将年号由乾德改为咸康。咸者，全部也；康者，安乐也。这是意味着他要让全天下共享安乐吗？同时，王衍大量铸造"咸康元宝"铜钱，使这种铜钱成为铸期极短（不到一年，前蜀就亡国了），但存世量颇多的一种古钱。他认为自己的统治疆域将要扩大，所以增加货币发行量吗？

同光三年（前蜀咸康元年，925 年）的一天，王衍举行宴会，忽然举着酒杯愁眉不展。在一旁的宠臣顾在珣忙问："陛下何忧？"

王衍叹道："现在我们北边有后唐，南边有蛮诏（大长和国），我在位都这么久了，仍然不能吊民伐罪，拯救他们的百姓，所以很烦恼哇！"

顾在珣忙宽慰说："咱们朝廷里俱是贤臣，陛下有什么好担忧的呢？"

在座的有一个官居太子洗马的官员，名叫林罕，性情诙谐，喜欢写讽刺文章，听了这段君臣对话，回去后借着顾在珣的口吻，写下一篇奇文：

"说到让国家大兴土木建造宫殿，选拔军中骁勇之士护卫自己，手持斧钺，出镇大藩。又在远方修饰行宫，引诱皇上的车驾远出巡幸，挑衅强邻，制造祸端的，咱们有贤臣王承休在。

"说到摧挫英雄，吹扬佞媚，没有一点儿才智，却高居国家决策层的腹心，在嬉笑玩弄间取人性命，倚仗枢密大权屠戮私仇，让有功劳的人都被扫地出门，使政事无贿赂就办不成的，咱们有贤臣宋光嗣在。

"说到接受先皇的遗命嘱托，号称国家之栋梁，却既不肯为国事尽忠心，也不肯隐退保身名，放任一族人奢侈腐化，自己骄傲自满，只留下贪官污吏之业绩，再见不到社稷重臣之身影的，咱们有贤臣王宗弼在。

"说到让马屁之声响彻云霄，让正直言论销声匿迹，从规章制度中找到做坏事的依据，用巧妙的言辞修饰可耻的奸谋，围绕在君王左右，只凭三寸不烂之舌，就让国势倾危的，咱们有贤臣韩昭在。

"说到性情凶残狠毒，贪婪无耻，私下纵火烧坏军营，只为腾出空地给自己扩建豪宅，不顾众口喧嚣，民怨沸腾，还能心安理得犯众怒的，咱们有贤臣欧阳晃在。

"说到用酷毒手段坑害百姓，用官府权力欺行霸市，身为一郡之太守，辜负皇天之隆恩，将阳安（今四川省简阳市西北，时为简州治所）地界破坏得满目疮痍，却能在内廷蒙蔽君上，传扬美名的，咱们有贤臣田鲁俦在。

"说到身为君王的元舅，位居三公的高位，不思为国家谋划，一心为小家谋利，住宅之豪华已等同于皇家林苑，还贪得无厌地索求金银珠宝的，咱们有贤臣徐延琼在。

"说到出为一方镇守，入掌朝廷枢机，俨然国之栋梁，但从不发一句直言规劝君主，只会阿谀奉承，迎合上意的，咱们有贤臣景润澄在。

"说到搜求女色，取悦皇上，时时追求破格的恩典，贪得无厌地邀取皇上的宠爱，对皇上的咨询则敷衍了事，不学无术，既不忠诚，又不勤勉，为国家添加一个蛀虫的，咱们有贤臣严凝月在。

"说到高唱亡国之音，迎合奢侈的风气，用巫觋一类邪术糊弄陛下，让皇上走向桀、纣的昏聩，远离唐、虞的教化，还有贤臣我（指顾在珣）在。

"陛下您任用了这么多的贤臣来治理国家，用得着担心社稷不安吗？"

《十在文》是在前蜀灭亡前夕，由熟知其内情的臣子，对这个帝国统治阶层创作的一张全景速写图，将帝国上层的腐朽与堕落描绘得淋漓尽致。此文表明，包括大量的朝臣在内，众人已经对这个国家的前景不抱任何希望了。

这样的国家，不遇强敌，暂时没什么事，如遇强敌，恐怕不能指望有多少军队、将领、臣子，能豁出性命来保卫它，特别是当进犯的强敌能为这些人提供出路的时候。这一切，将很快得到证明。

《鉴诫录》没有记下林罕写作这篇奇文的准确时间，但从其内容很容易判断，应该是同光三年九月发生的事。因为到这个月，王承休才在安重霸的建议下，奏请王衍巡幸秦州。王承休才有了"命銮舆而远幸"，并且"为衅之端，为祸之源"的事迹，从而荣登林罕评选的"十大贤臣"之首，甚至排在宋光嗣的前边。

为什么？很显然，在以林罕为代表的相当一大批官员看来，以前蜀现有的国力军力，去挑衅强大的后唐，是典型的作死之举。但他们的少年天子好像被鬼迷住了心窍，不知为什么看不出这么浅显的道理，也不听众人的劝诫，甘心被王承休牵着鼻子，滑向唐蜀开战的深渊！

当然，这一切虽然是林罕和一大批前蜀朝臣的感觉，但不是王衍和其心腹的看法。

但是，当王衍看到这篇将他和他的重臣骂了个狗血喷头的奇文时，不但没有生气，反而笑得上气不接下气，连忙吩咐史官：快将此文编入国史，千万不要让这样的好文章失传了！不过，闻过喜则喜矣，王衍根本没有做出任何改变，尽管这个时候再想做任何改变已经来不及了。把王衍逗乐的是文中的幽默，至于文中的思想，王衍只把它看作小臣的无知与偏见。你们完全不知道朕正在下一盘怎样的大棋，朕很快就用事实来教育你们！

王承休于上年十二月到秦州上任，一到任便拆除了原节度使衙门，新建行宫，同时在民间征选女子教授歌舞。这些事都是王承休的老本行，他干起来轻车熟路。王衍本意是想北伐，但不能让他进军途中没有美女怡情悦性，那太难为咱们风流成性的少年天子了。

至于王承休在秦州有没有什么备战之举，史无明文，大概交给了安重霸去办，毕竟这样做才算专业对口。但安重霸根本就没有真要帮助前蜀，可能成效也不怎么显著。

但老天爷好像愿意帮前蜀一把。如前文所述，同光三年的上半年，后唐遭遇了严重旱灾，接下来的三个月，又是全境的大水灾。这些灾情虽重，可在短期内不会对后唐的军力造成太大影响，但它们给军事外行王承休和王衍带来了某种错觉：北伐扬威的机会到了！

为掩人耳目，避免众臣的强烈反对，王承休派人送来了《美人图》和《花草树木图》，展示秦州的人文之美与山川之秀，做出奏请王衍巡幸秦州，只是为了让皇帝旅游散心，不会引发唐蜀冲突的假象。王衍则将统领大军，以护卫巡游的名义，前往秦州。

但朝中众臣也不是这么好糊弄的，他们纷纷设法劝阻。论言辞恳切，林罕在《十在文》里的旁敲侧击还排不上号。重臣王宗弼也上书反对，估计他一介武夫的文采不好，奏疏让王衍直接扔在了地上。王衍母亲徐太后也表示反对，可王衍觉得自己已经长大，不愿总生活在母亲的阴影下，放弃这次证明自己的机会，再听不进母亲的劝告。

前文提过，曾经在科考时抨击朝政，被当政官员陷害，却得到王衍亲自营救且提拔的蒲禹卿，此时为报君主的知遇之恩，抱着必死决心，上了一篇长达两千多字的著名奏疏。在奏疏中，蒲禹卿提醒王衍："我们虽然与后唐刚刚缔结了友好盟约，但我方大军北上，岂能不引起他们的怀疑？"又警告说："昔日刘禅向邓艾投降，李势向桓温屈膝，都足以证明，仅据山河之险，是靠不住的！"蒲禹卿的上书可能并未送到王衍面前，到韩昭那里就被扣下了。韩昭对这个眼中钉说："我收下你的奏疏，等陛下西巡归来，自然会派狱吏一个字一个字地追究你的罪行！"

于是，谁也阻止不了王衍大军北上了。王衍不知道的是，与此同时，在数千里外，另外一支大军也已经从洛阳出发，正与他相向而来。

第二章

功成身死

王彦章　周德威　刘知远　石敬瑭

攻伐前蜀（上）

　　虽然蓄谋已久，但李存勖将唐蜀战争正式排上日程表的时间，其实比王衍还要晚一些。《五代会要》记载，同光三年（925）六月，李存勖下诏，向民间收购战马，当官员的可以保留一匹自乘，一匹之外，敢私自藏匿马匹者均要论罪处治。作者王溥在文下加注说，这就是李存勖为马上要开始的伐蜀战争做准备。不过除了伐蜀，在下觉得李存勖应该还有加强中央武力，限制民间私人武装的目的。

　　待准备工作渐渐完成，伐蜀之战已是箭在弦上。九月七日，李存勖召集各宰辅重臣，举行御前会议，讨论出兵的具体事宜。

　　第一个重要的议题，是由谁来担任大军的统帅。鉴于这次战争的重要性和预计难度，都远低于当年与后梁的战争，且中原受灾，人心不稳，北方又有越来越强大的契丹在虎视眈眈，李存勖肯定是不能亲征去钻大山的，主帅只能从众臣中挑选。

　　此时，在后唐众宦官中，资历排名第一的宣徽使李绍宏，大概因为物以类聚，正与威胜节度使李绍钦（段凝）私交甚好，关系极为亲密。也不知是不是想为自己这一派人争取兵权，他做了一次突破常识下限的虚假广告："李绍钦乃当今盖世之军事奇才，我看就算是孙武、吴起复生，也比不上他，他完全可以担当此次大任。"

　　而参会的郭崇韬想的是由自己去伐蜀，好建下大功，修复一下自己与李存勖之间，因罗贯等事件而伤痕累累的君臣关系。所以，就算李绍钦（段凝）真是什么军事天才，也不能让他去。更何况就他那两把破刷子，几年前咱们又不是没见识过。

　　于是，郭崇韬很不客气地扒下"李绍钦"这张马甲，一点儿面子也不给地反对说："段凝就是一个亡国败将而已，根本没什么本事，而且奸诈无耻，只擅长溜须拍马，绝对不能信任！"李存勖显然也觉得段凝太不靠谱，这个提案马上被否决了。

到会的多数人认为，无论是才能还是威望，担当伐蜀之任最合适的人选莫过于此时后唐军界第一人（不算李存勖）——蕃汉内外马步都总管李嗣源。郭崇韬自然也不能让这个提案通过，马上提出了一条非常有说服力的反对意见："如今契丹人的凶焰正嚣张，怎么能让李总管轻易离开河朔呢？"

否决了前两个提案后，郭崇韬顺势提出自己深思熟虑的第三个提案："魏王（李继岌）殿下虽是国家的储君，但从未立下什么大功，最好依照本朝先例，让殿下挂帅伐蜀，以便培养在军中的威望。"

话说自唐朝中期以后，就有一个约定俗成的习惯：任命皇子为天下兵马元帅，然后再任命一个副元帅担任实际上的总指挥。如在安史之乱时，肃宗李亨就任命皇子李豫即后来的唐代宗为大元帅，实际总指挥郭子仪当副元帅。前文也说过，昭宗李晔任命长子李裕为大元帅，朱温为副元帅，结果副元帅不满意，一句话就逼得昭宗将李裕撤掉，改任另一皇子李祚即后来的昭宣帝为大元帅。尽管都做到这一步了，朱温仍然没去抢那个大元帅的位子。所以，郭崇韬的建议，更关键的部分还是由谁来担任副元帅。

虽然是出于私心，但郭崇韬这个建议，站在李存勖的角度考虑，也是极为合理的，只是方案更重要的另一半，郭崇韬不能自己说，否则假公济私的色彩就太浓了，要等着李存勖将其补充完整。

果不其然，李存勖顺着郭崇韬的思路发话了："我的儿子还小，怎么能独自担当此任呢？得给他安排一个有能力的副手。"嗯，陛下圣虑极是！郭崇韬只负责点头，不发表意见。反正按道理来说，既然军界第一人不能去，自然就轮到自己这个军界第二人。只是这时候，不管你有多么想当毛遂，也一定不能自荐。李存勖停顿了片刻，还是说出了郭崇韬盼望的那句话："再没有比你更合适的人了。"

郭崇韬得偿所愿，到临出发前，又向李存勖推荐了两个和自己关系不错的老朋友："北都留守孟知祥为人忠信厚道，且多谋善断，此次出征如果拿下西川，那么可以镇守成都的节度使人选，我看再没有比他更合适的了；另外，邺都留守张宪，做事谨慎持重，且有胆有识，可召他入朝为相。"李存勖好像也同意了。

九月十日，李存勖正式向天下颁布伐蜀檄文，痛批王建辜负唐恩，王衍昏庸无道，还不知道自我反省，居然怀有"北顾秦川，东窥荆渚"的野心。宋光葆的计划就是铁证！所以自己虽然不喜欢战争，但也不得不仗义兴师，吊民伐罪！

不过，这些主要是套话，檄文中真正重要的内容是以下这一段：

"三川范围内，有以藩镇投降的人，即可授之为节度使；有以州郡投降的人，即可授之为刺史；有以镇、县投降的人，即可任命他为当地主守官员；有能见机行事，诛杀伪命节帅，以藩镇城池投降的，同样可以任命为节度使；除此之外，有率军五千人以上降者，授之以大郡；三千人以上降者，授之以次郡；一千人以上降者，授之以主将……大军此次出征，所要追究罪责者，只是僭窃大号的伪帝一人，所要拯救的，是蜀中的万千百姓！"

对于原本就不看好王衍的前景，对大蜀天子缺乏忠心的大多数蜀军将帅而言，檄文开出的这些归降条款，无疑是极具吸引力的。

在出兵的具体安排上，李存勖特任命爱子魏王李继岌为讨伐西川的总司令（西川四面行营都统），名义总领东北、东南两路伐蜀大军。

其中，东北路军是后唐讨伐军的主力，兵力据记载为六万人，将从洛阳出发，经关中，越秦岭，走陈仓古道南下，李继岌本人也在这一路。

虽然总司令亲至，但此路大军的实际总指挥当然还是郭崇韬，匡国节度使李令德为副，保义节度使李绍琛（康延孝）为先锋。另外还有西京留守张筠、感化节度使毛璋、静难节度使董璋等大将，以及客省使李严、工部尚书任圜、翰林学士李愚等文臣从征。大军所需的粮草辎重等后勤物资，则就近由凤翔节度使李继曮负责。

对这一路大军，有文章称："李继岌、郭崇韬统率的这六万大军，集中了后唐国内绝大部分精兵猛将。"在下认为，这种论断失之于草率，是值得商榷的。

关于这一点，可以从这六万大军的主要统兵将领来做分析。毕竟那时还是五代，北宋那种刻意斩断将领与士兵的联系，制造"兵不识将，将不识兵"的制度还没有形成，从将领的来历可大致推测其统领军队的源流。

挂名主帅李继岌，还是个初历戎行的纨绔少年，在军中既无经验，也无威望，性格还有些偏软弱。至于他是否遗传了祖与父两代的军事天赋，历史没有给他足够的机会，无法验证。但即使李继岌有成为名将的潜质（这个可能性看起来不大），在这次战争中也没什么用，故而他与这支军队的强弱没什么直接关系。

实际总指挥郭崇韬，足智多谋，在灭梁战争中有过卓越的表现，算得上当时的名将。不过郭崇韬此前主要是在李存勖身边出谋划策，独当一面的机会不多，虽有过节度使的头衔，但每次都是挂名不上任，缺少培养从属于自己的嫡系武力的机会。

副总指挥李令德，原名朱令德，是举河中之地背叛后梁，投靠李存勖的西平王李继麟（朱友谦）的儿子。史书有明确记载，李令德带来的军队，就是朱友谦从自己的河中军队中挑选出来，交给儿子的。在历史上，朱令德与朱友谦的河中军从未有过什么优异战绩，好像也就守城的能力还可以，但每次渡过难关都是靠李存勖发兵来救。无疑，在后唐军队的编制序列中，李令德算不上猛将，河中军也算不上精兵。

先锋李绍琛，即主动归附的后梁降将，在灭梁战争中起到过关键作用的康延孝，智勇皆有过人之处，配得上猛将之名。

西京留守张筠，是后梁的老将，原属感化军，朱温讨时溥收降过来的，在后梁灭亡后投降后唐。年轻时，张筠在战场上有过不错的表现，但要说他是位名将，略显过誉。李存勖伐蜀时，张筠年已老迈，已经很多年没上过战场了，将张筠所部列入"精兵猛将"的范畴，恐怕不妥。

感化节度使毛璋，也是后梁降将。毛璋原为梁将戴思远的部将，当初梁将刘鄩大败于故元城之际，尚在沧州的戴思远急忙率部南逃，让毛璋给他断后擦屁股。可毛璋不想当戴思远的替死鬼，就投降了李存勖。毛璋作战英勇，算得上一员战将，但在名将如云的后唐将领中并不突出。

静难节度使董璋，原后梁将领，在后梁临近灭亡前，在王彦章的帮助下曾攻陷泽州，杀死了忠于李存勖的裴约。后梁灭亡后，董璋也随大溜入朝归降。不知何故，李存勖待董璋很优厚，郭崇韬也十分赏识他。在伐蜀期间，凡有军机大事，郭崇韬都召他共商，亲厚在诸将之上，使一向看不起董璋的李绍琛（康延孝）十分不满。从董璋在历史上留下的实际战绩来，其为将虽骁勇敢战，但粗疏少谋，算不上什么良将。

凤翔节度使李继曮，前文提过，是岐王李茂贞的世子，一次出访洛阳就让他变成了李存勖的"粉丝"，在李茂贞死后主动归附后唐。从晚唐到五代初的历史来看，岐军只在刘知俊加入时，短暂地雄起过一阵子，刘知俊投蜀后又马上归于平庸，李继曮此人更是性格柔弱好文，找不到一点儿武夫气质，距离名将差了十万八千里。

由上面的简介可知，后唐伐蜀大军的主要将领中，除了李继岌和郭崇韬，都是后梁与岐国的降臣。算得上名将的，仅郭崇韬、康延孝二人，其他都很一般。从参战各将领的来历，以及在战前李存勖需要向民间征集的马匹来推断，这支军队大部分是由后梁与岐国降兵等骑兵较少的部队组成的，真正代表后唐军队精锐的河东、魏博等军，找不到可信的参战记录。既然多数是降兵，那么这支军队不但其精锐程度不宜估计过高，而且其对后唐王朝的忠诚度，也不大可能高于后唐军队的平均值。

而这次征蜀的东南路军，严格来说，根本就不是后唐军队。

当初高季兴朝见李存勖时，曾建议攻伐前蜀，现在到了兑现承诺的时候。李存勖顺势命高季兴率本镇人马沿长江逆流西上，进攻夔（今重庆市奉节县）、忠（今重庆市忠县）、万（今重庆市万州区）三州，牵制蜀军的行动。

为了给高季兴增加参战的积极性，李存勖还说了：只要攻下来，这三个州就划归荆南管辖。高季兴这一路军的数量不详，以南平王（李存勖在同光二年三月封高季兴为南平王）有限的实力推断，虽估计不会少于一万人，但应该也超不过三万人，只能当陪衬，主战场必然在北。

总之，即使将伐蜀的两路军队合并计算，也到不了十万人。这规模不算太小，但也不是特别大，因为战争不可能是单方面的事，这两支军队能否有效实现他们的战争目标，还要对照一下他们对手的实力。

据《前蜀后蜀史》估算，前蜀拥有的总兵力在二十万人左右。人数是后唐伐蜀军队两三倍之多，好像数量优势在蜀军一方，但这些军队是分散配置于前蜀各藩镇的，一旦摊开，每处地段的兵力都不是太多。结果，稍后的战争进程中，蜀军竟没有取得过哪怕一次对阵的兵力优势。

九月十八日，集结完毕的后唐伐蜀大军离开都城洛阳，分成李绍琛（康延孝）指挥的前锋（包括步兵一万人、骑兵三千人）和郭崇韬指挥的主力两拨，正式挥师西进。

巧的是，后唐军开拔后没几天，前蜀皇帝王衍也正统兵北上，应天雄节度使王承休的奏请，前往靠近唐蜀边界的蜀方重镇秦州。乍一看，好像是前蜀方面获知了唐军进犯的情报，王衍前往御敌。但我们已经知道，这两件事实际上并无关联。

王衍和大军到达汉州时，收到身处前蜀前方的武兴节度使王承捷的紧急奏报，说得到情报，后唐大军挥师西进，即将入侵！王衍看似毫不在意，哈哈一笑，喷出了一句大话："来得好，我正要向天下展示大蜀的武威呢！"

王衍继续北上，一路还与文人狎客韩昭、中书舍人王仁裕等人多次赋诗言志，抒发豪情。王衍这帮人平时作诗大多婉约，这几天的作品却异常雄壮。以下这一组联诗是大军在过白卫岭时的作品，由韩昭首作，王衍与王仁裕应和。

韩昭写的诗是：

> 吾王巡狩为安边，此去秦亭尚数千。
> 夜照路岐山店火，晓通消息戍瓶烟。
> 为云巫峡虽神女，跨凤秦楼是谪仙。
> 八骏似龙人似虎，何愁飞过大漫天。

王衍的诗更显雄心万丈：

> 先朝神武力开边，画断封疆四五千。
> 前望陇山屯剑戟，后凭巫峡锁烽烟。
> 轩王尚自亲平寇，嬴政徒劳爱学仙。
> 想到隗宫寻胜处，正应莺语暮青天。

王仁裕的和诗则堪称马屁与豪迈的完美结合：

> 龙旌飘飘指极边，到时犹更二三千。
> 登高晓蹋巉岩石，冒冷朝卫断续烟。
> 自学汉王开土宇，不同周穆好神仙。
> 秦民莫遣无恩及，大散关西别有天。

在王衍和其宠臣肆意放飞的想象力中，马似龙、人似虎的威武蜀军，已经飞越重重险阻，进据隗嚣的陇右故地，并将大蜀天子的恩泽施及秦地百姓。

然而，幸福的感觉常常是短暂的，很快，汹涌而来的后唐大军就会用骨感的现实，撕碎三位"临时豪放派"诗人的丰满理想。

十月初，后唐大军过凤翔，进抵宝鸡，远处，巍峨的秦岭已然在望，再向前行，过大散关，就要进入那号称"难于上青天"的蜀道了。

这时，在后唐讨伐军主力兵团总指挥郭崇韬的手下，有一个叫陈义的幕僚。他原是后梁奸臣张汉杰的门客，估计没参与过什么大战，不知是看着茫茫群山产生了畏难情绪，还是真的身体不适，他向郭崇韬请病假，请求留在当地治疗。

郭崇韬的另一个手下，同为后梁降臣，但名声要好得多的李愚，看不下去，愤然斥责说："陈义这个小人，从来都是看见利益就往前挤，见到危险就往后缩。而今大军即将进入险地，正是军心最易动摇之时，陈义竟敢顶风犯案，就应该斩首示众，以儆效尤！"

这番话一出，吓得陈乂再不敢说自己有病，唯唯而退。好在这话不是郭崇韬说的，陈乂算是保住一命。但无疑，陈乂的表现让郭崇韬看不起，李愚则得到了郭崇韬的器重。

后唐讨伐军确实遇到了一些困难，今年天灾严重，凤翔也是重灾区之一，藩库中存粮不足，几万大军进入其辖区，节度使李继曮虽竭尽全力筹措补给，大军的供应仍然很紧张。而且军队一旦进入秦岭，后勤运输的难度自然会倍增，如果蜀军能够坚守险要，让唐军屯兵于要隘之下，麻烦就更大了。难怪陈乂会"得病"。

郭崇韬率军进至大散关，以破釜沉舟的气势，指着前面的崇山峻岭对众将说："大军进入关口，如果不能破敌建功，谁也别指望还能回到这里来，其他退路是没有的，只能决一死战！我们的军粮的确不多了，但没关系，先打下凤州，吃他们的军粮！"

但在场众将，多是从后梁归降过来的，有过不少失败经历，自然不易对郭崇韬的冲天豪气产生共鸣，于是，他们纷纷强调客观困难，提出了稳健但保守的方案：巴蜀山多地险，大军不可轻率地长驱直入，最好是步步为营，谨慎前进，发现机会再进攻。"先为不可胜，以待敌之可胜。"这可是兵圣孙子的教诲啊！

郭崇韬早料到会这样，于是安排了与自己观点相同的李愚，来给众将做思想工作。李愚信心十足地说："巴蜀的百姓，早就受够那个昏君的荒淫统治，根本不愿为其所用，之前只是力不能抗，敢怒不敢言罢了。但现在突然大军压境，蜀地人心震恐之际，随之分崩瓦解。我军正该乘此良机，以风驰霆击之势，迅猛推进！如此蜀军必然被吓破胆，虽有重重天险，谁能为王衍防守？所以此时，我军只能速进，万不可迟缓拖延！"

正争论间，唐军先锋大将李绍琛（康延孝）派人送来捷报。原来唐军先锋一万三千人，进攻前蜀的威武城时，守将周彦祎派指挥使唐景思出战，不想唐景思一出城就直接率军投降了唐军。

值得注意的是，这个不经一战便倒戈投降的唐景思，并不是那种在史书上只露一次脸就消失无踪的小人物，他此后在中原历经后唐、后晋、后汉、后周诸朝，多建战功，有勇将之名，最后随周世宗柴荣征伐南唐，在濠州会战中奋勇当先，受伤不治。这样一个人，在替他的第一个大老板打工时，却放水如此厉害，显然不能简单地用怯懦畏战来解释。

连勇将唐景思都降了，周彦裡一看大势已去，也献城降唐。于是，这座由先帝王建精心修筑，储备非常丰富，有一万多名蜀军防守的坚固的要塞威武城，就一点儿也不威武地被唐军轻易夺取了！唐军在威武城缴获军粮二十万斛，大军缺粮的问题也被以这种想象不到的方式大大缓解。

郭崇韬看罢捷报，大喜过望：蜀军竟然能虚弱到这种程度，全让李愚说中了！他当着众将的面，夸奖李愚说："你对敌情的判断如此准确，我还有什么好担心的？"

在前方，李绍琛下令将俘虏的一万多名蜀军全部释放。显然，在这位有丰富实战经验的将军看来，这些被俘虏的蜀军已毫无战斗力可言，放回去并不会加强蜀军接下来的抵抗力，反而能将恐慌情绪像散播病毒一样扩散出去，瓦解其余蜀军的士气。

放走俘虏，李绍琛没有在威武城稍作停留，而是率军跟在这些散兵之后，向凤州（今陕西省凤县）推进。同时，与李绍琛同行的李严写了一封劝降信，派飞骑赶在大军之前先到凤州，送给前蜀的武兴节度使王承捷。

凤州虽然是前蜀武兴镇的总部所在地，但武兴镇的驻军多屯于威武城，凤州只有守兵八千人，原本士气就比较低落，得知威武城的败绩，以及唐军仁义的传言后，更加没什么斗志了。

在能查到的所有史料中，在下找不到王承捷此人的来历和此前的任何业绩，从他名列王家承字辈来看，有可能是王建某个义子的儿子，一个能力并不出众，只是靠父荫当上节帅的二代（虽然这并不绝对，如宦官王承休同样列名王家承字辈）。此刻，摆在平庸的王承捷面前有两条路，抵抗看来是条死路，而投降显然是条活路。于是，早就对王衍的领导失去信心的王承捷没有犹豫太久，便打开凤州城门，迎接唐军入城，然后献上武兴镇节度使，以及其管辖的凤、兴（今陕西省略阳县）、文（今甘肃省文县）、扶（今四川省九寨沟县）四州印信。李绍琛（康延孝）不战下凤州，得降兵八千人，获粮四十万斛！

捷报送到郭崇韬那里，郭崇韬大喜道："平蜀之战，必然成功！"然后，他马上以远征军统帅李继岌的名义，任命王承捷继续担任武兴节度使，给前蜀各地藩镇、守臣树立一个学习的榜样。

王承捷投降的第二天，王衍一行到达利州（今四川省广元市）。在这里，前蜀皇帝第一次见到了从威武城逃下来的败兵，他们衣甲不整，惊慌失措，口不择言，把即将杀来的唐军形容成天兵天将。

王衍大吃一惊，在他的印象里，北边的敌人即使南下，也应该在大散关、威武城一线就被挡住，然后开始旷日持久的拉锯，蜀军凭借险要，以逸待劳，等待反击的战机。谁能告诉我，这套熟悉的模式，怎么突然就不管用啦？怎么才一眨眼工夫，唐军就已经攻下了凤州！

这种"我来了，我看见了"，然后"我就胜利了"的敌人，王衍岂只是从未见过，完全是连想都没有想到过！他就像好龙的叶公，之前所有的踌躇满志，在真龙出现的那一刻，全部瓦解冰消，只剩下了震惊与恐惧！

王衍顾不得与韩昭等人炫耀文采，创作豪放诗了，他不再有之前的盲目自信，急忙召见随行的王宗弼、宋光嗣两位重臣，问他们事到如今该怎么办。

王宗弼、宋光嗣宽慰王衍说："不用担心，现在东川、山南等地的军队都还基本完整，陛下只要以大军扼守利州，唐军怎么敢孤军深入呢？"

王衍心下稍安，急命还在千里长路上缓缓而行以护驾的各军，迅速到利州集结，同时任命随驾的王宗勋、王宗俨、王宗昱（都是王建义子）三将为三招讨，从已到达利州的军队中抽出三万人，赶往利州北面的要隘三泉（三国时的阳平关）布防，作为利州的屏障。

然而，王衍调动的护驾各军，并没有因为敌情紧急而快起来，行动依旧迟缓，这是因为他们心里有气，各军纷纷相互传言说："龙武军的军饷、赏赐都比咱们高一倍多，有事的时候不见他们，现在却要我们去送死！"蜀军士气如此，未开战已经输了一大截。

再说，在一次会战中同时设置三名平起平坐、互不统属的指挥官，也是先帝王建常常上演的拿手好戏。王建这么做显然是为了内部安全，增加前线军队造反或哗变的难度，不过副作用也十分明显，没有了统一的指挥协调，军队的战斗力也就不能充分发挥，大大增加了打败仗的概率。王衍和他那位老狐狸父亲没什么相似之处，却偏偏学会了这种操作，而这轮操作的结果，将它的优点和缺点同时展露了出来。

十月二十二日，唐军前锋抵达兴州（今陕西省略阳县），虽然武兴节度使王承捷在降唐时已经代替兴州归顺了，但兴州守军没有完全遵从王长官的指令。指挥使程奉琏率五百人投降了，并且马上动手修复桥梁、栈道，迎接唐军开进。刺史王承鉴没有投降，却也不敢抵抗，带着剩下的守军弃城逃走。于是唐军在行进间占领兴州，郭崇韬随后任命唐景思为兴州刺史。

然后，唐军沿嘉陵江河道南下，于十月二十六日攻抵三泉。驻防三泉的三万名蜀军没有投降，也没有撤退，而是据守险要，鼓起勇气抵抗。于是，爆发了此次战争中第一场真正的战斗。很可能此时双方都没有想到的是，如果不算东南战线与高季兴的交战，这是此次战争中最后一场真正的战斗。

与他们对阵的唐军前锋大概有两万人（唐军前锋原有步兵一万人，骑兵三千人，再加上凤州、兴州等地收编的前蜀降兵）。尽管蜀军占据了兵力与地利的双重优势，但这次战斗还是很快就以一边倒的形势结束了。蜀军大败，折兵五千人，三泉失守，残兵败将又抛下十五万斛军粮给唐军，狼狈南逃。

攻伐前蜀（下）

在利州的前蜀皇帝王衍接到三泉战败的消息，大惊失色，此前稍稍平复的小心脏又剧烈颤动起来！他几乎是不假思索地就做出自己最后一组后果严重的错误决定：一、临阵脱逃；二、把防守利州的责任甩给老臣王宗弼；三、要求王宗弼将从三泉败下来的王宗勋等三招讨斩首（此三人尚未逃到利州）！

　　一个大军统帅，如何在最短的时间内，让自己威信扫地？答案不是唯一的，不过，在临敌之际，抛下军队独自逃跑，肯定是其中最快捷，最立竿见影的"好办法"。王衍此前在皇帝宝座上干的那一件件为世人诟病的荒唐事，已经把王建遗留的蜀帝余威消耗到接近临界点，他在前蜀国内以及军队内的威望都非常之低了。而他最后这一逃，又等于往只需一根稻草即可垮塌的骆驼背上，加上一副沉重的杠铃，结果已可知。

　　于是，在前蜀的硬实力完全崩溃之前，王衍本人的软实力信用卡就先被他自己刷爆了。在他逃跑之前，前蜀还有军队替他抵抗，虽有不少将领、官吏投降，但都是在大敌压境之时方降。等他从利州南逃那一刻起，再没有蜀军向北方来的敌人放过哪怕一箭，各地藩镇守臣更是顺着皇帝逃跑消息传扬的顺序，在唐军还远离辖区之时，便开启了望风而降的新模式。

　　主战最积极，甚至建议王衍要先发制人的东川节帅宋光葆，主动写信给郭崇韬谈判投降条件：只要大军不进入东川辖区，不来打我，我就率辖区州县归顺，如不答允，我将背城一战，报效国恩。

　　唐军已在破竹之势，郭崇韬欲灭蜀，当然要集中兵力直取成都，就算没有宋光葆的请求，也不大可能在此时分兵去取东川，所以这个条件几乎算不上条件，郭崇韬完全答应，回信安抚。于是，前蜀第一号主战派宋光葆，便献出东川所辖的梓、绵、剑、龙、普五州降唐。

　　与此同时，没有受到唐军直接威胁的前蜀武定节度使王承肇献洋、蓬、壁三州降唐，山南节度使王宗威献兴元、开、通、渠、潾五州降唐，阶州刺史王宗威献出阶州降唐。前蜀加速迈向最后的土崩瓦解。

　　在不愿打仗的前蜀各军纷纷溃败，各藩镇踊跃投降之际，王衍的王牌部队，从俸禄到装备都得到特别优待，应该还有一战之心的前蜀龙武军，此时又在秦州干什么呢？

　　其实，唐军在越过兴州的那一刻，秦州已经与前蜀本土隔离，消息暂时不通。不过，唐军深入蜀境，实际上已将自己薄弱的长长尾巴，暴露在了秦州蜀军的面前，前蜀的天雄节度使兼龙武军都指挥使王承休，虽然对军事比较外行，但还是隐隐感觉，这好像是一个战机。于是，王承休便与自己最信任的副手，军事专家安重霸商议："要不我们即刻率军从秦州东下，切断唐军的后路？"

在下不能确认安重霸真是后唐的卧底，但他做的很多事让他很像一个卧底。他马上反对说："不可，我军如果出击不胜，则大势去矣！何况您也不用担心，现在国家的精兵仍不下十万人，据守天下险固之地，唐军虽然悍勇，最多也就打到利州，怎么可能越得过剑门天险？不过，王公您身受天子厚恩，国家有危险时不能不前往赴难！这样吧，我随您一起带着军队走西边那条路回成都，参与对战。"

王承休一向对聪明的安重霸言听计从，这次也不例外，没有想想对不对，就全盘接受了。于是，后唐远征军面对的最后一个不确定的风险，在安重霸的三言两语之下便消解于无形。

在安重霸的安排下，一万二千名龙武军集结起来，起程开拔。秦州的地方士绅在城外摆下盛大的宴席，欢送王承休南归。就在宴席结束，王承休上马将行之时，安重霸突然变卦，跪倒在王承休的马前，慷慨激昂、忠肝义胆地道："国家当年可是倾尽全力才夺取这秦陇之地，我如果随王公一道还朝，那谁来守卫这片国土呢？王公您不妨先走，我安重霸愿一身留下，为国家保边守土！"

不知王承休当时是被安重霸的"大义凛然"感动，还是已经隐隐感觉到自己可能被卖了，总之，他没有懈怠于帮出卖自己的安重霸数钱的工作，将秦、成、阶三州的权力交给安重霸，然后带着龙武军一头扎进从甘东南到川西北的茫茫大山之中。

安重霸说的所谓秦州西边的那条路，大部分与三国时代邓艾灭蜀偷渡的阴平险道重叠，它通过的地域有相当长一段并不在前蜀的实控疆域之内，而在一些羌人部落的控制下。

六百多年过去，这条险道的基础设施没有明显变化，依旧荒凉穷困，险峻难行。这次行军与三国时那次有什么不同？第一，王承休的军事才能比名将邓艾差远了；第二，经过吐蕃帝国一度的统治与点化，这些羌人部落比他们三国时代的祖先更难缠了。

王承休带着这支前蜀最精锐的军队，穿行于穷山恶水之间，携带的军粮很快耗尽，无法得到补充，饥寒交迫中又不断受到羌人部落的突然袭击，士卒大批大批地冻死、饿死、战死。等到王承休带着半死的残兵好不容易走出羌人地区，进入四川盆地时，人数只剩下他们出发时的六分之一。王衍最重要也是唯一一支有可能仍然对他保持忠诚的王牌部队，就这样未经一战，被直接玩残了。

再说那位得到王衍特别提拔重用，也发誓要为国家保土的安重霸，在一脚将恩公王承休，以及一万多名龙武军将士踹进鬼门关之后，一转身就将天雄镇三州献出，投降了后唐。

在伐蜀的东北路军一路势如破竹之际，东南路军主帅南平王高季兴，也在李存勖的命令下，怀着趁火打劫，夺取三峡天险以巩固江陵西线边防的良好愿望，出兵攻蜀。

高季兴留下儿子高从诲守江陵，率南平水军溯江而上，进入三峡。按《资治通鉴》记载，高季兴的攻击目标是施州。

这条记载可能有误，施州位于今湖北省恩施市，地处偏远，根本就不在长江边上，而在长江一条不太有名的支流清江的上游，战略地位并不重要。清江上倒是也有一段峡谷被叫作"清江三峡"，但要用水军西上攻蜀，走长江才是宽阔的正道，走清江那就是钻狭窄的死胡同了。就算攻下了施州，也得把所有船抛下去爬大山。

如果蜀军不管本来就不怎么重要的施州，直接以水军顺长江而下，直取兵力空虚的江陵，那困在清江中的高季兴怎么办？史书此记载从逻辑上讲实在是不合理，南平军合理的进攻目标应该是夔州（今重庆市奉节县），由于不能确定真相如何，下文中的地理，在下估且用"马赛克"处理。

负责把守蜀地东大门的，是前蜀的镇江节度使兼峡路招讨使张武。张武出身蜀地土著，是个身长七尺，紫黑面庞的威武大汉，勇猛善战，早年便追随王建，积功为万州刺史。

二十一年前（904年），割据山南东道的忠义节度使赵匡凝欲与王建争夺川东，派水军逆长江而上入三峡，攻抵夔州，但被蜀军击退。这次事件过后，为加强川东防御，王建命张武在夔州以东的长江三峡上修筑永久性边防工程。张武在长江两岸建起木栅为营，用巨大铁链横断江面，连接两岸，号称"镇峡"。

十一年前（914年），高季兴（当时还叫高季昌）出动荆南水军进攻夔州，前蜀派功臣王先成迎敌，在镇峡要塞拉起铁链，使荆南战船进退不得，被打得大败，高季兴换乘小舟逃走。当时王先成的副手就是张武。

虽然张武与蜀军的大多数将领一样，对王衍没什么忠诚可言，只要条件合适随时可以跳槽。但很显然，张武心中"合适的条件"，肯定不会是自己昔日的手下败将高季兴能够开得起的，所以他没有像北边的同行那样遇敌而降，而是给予了南平军队迎头痛击。

南平军进入三峡，又遇上了蜀军的镇峡类型的防御工事（如果是长江三峡，那它应该就是镇峡。如果是清江三峡，那这种设施能在很短的时间迅速建成吗？如果能迅速建成，对付赵匡凝那次为何不用，还用得着王建特别下令，让张武未雨绸缪？）。十一年过去，面对当年的老对手，高季兴想了一个类似晋将李建及破贺瓌水堡的招数，挑选了一批敢死队员，乘坐小船，手持巨斧为先头，想让他们冒死砍断横江铁链，为大军开路。

但不是每个将军都能当李建及，有些事儿想起来已经不易，做起来更难。交战当日，突然猛刮东风，高季兴的战船收不住脚，一起撞向横江铁链。张武之前在铁链上加装了倒钩，木制的船只一撞上就会被钩住，动弹不得。两岸蜀军射出的箭矢，以及发石车抛射的石弹，像倾盆大雨般砸在高季兴的舰队上！

于是，十一年前的历史重演，南平军队又一次大败，高季兴又一次跳上小船逃生。伐蜀的东南路军，被蜀军粉碎。

不久，刚刚取得大胜的张武，便得到了蜀军在北线溃败，王衍临阵脱逃，一大批同僚投降后唐的消息。看起来，李存勖应该是一位愿意出价，也出得起价，而且似乎大有前途的新上司。于是，身为前蜀宿将的张武没有丝毫迟疑，立即派使节晋见李继岌，代表自己献出管辖的夔、忠、万三州，归降后唐。

回到主战线。留守利州（今四川省广元市）的王宗弼收到了郭崇韬的一封亲笔信。信上，郭崇韬帮他分析形势，指出前蜀的灭亡已不可避免，要想转祸为福，只有学习王承捷、宋光葆等人，及早投降。与此同时，由李绍琛（康延孝）率领的唐军前锋也即将攻抵利州，留给王宗弼选择的时间不多了。

尽一个前蜀臣子的忠贞之节，给王衍当替死鬼？怎么可能！当年王宗弼对老奸巨滑的义父王建都没几分忠心，不然也不会吃里扒外地私通顾彦晖，何况是对他根本看不入眼的小纨绔王衍，更不用说前不久王衍还夺了他的要职去安抚舅舅徐延琼。

那是不是就按照郭崇韬信上所言，尽快投降呢？王宗弼觉得也不妥。他如果现在投降，只有一个小小的利州城当晋见礼，新朝如果论功行赏，自己的官位恐怕还不如王承捷、宋光葆他们。自己在蜀国的资历、地位，原本可是远在这些人之上的啊！

没错，就算要投降，自己也应该选一个更好的时机。于是，王宗弼赶在唐军到达之前，弃城南逃。逃到白芳（今四川省金堂县东南）时，王宗弼被三泉败将王宗勋等三人追上，他灵机一动，想起当初出卖王宗俦的故技，便拿出王衍的诏书给他们看，并且煽情道："宋光嗣要我杀掉你们！可你们都是我的好兄弟，我宁可死也不能这么做呀！"

于是，王宗勋等三人对王宗弼的救命之恩感激涕零，四个大男人抱头痛哭。待情绪稍稍平复，王宗勋等三人决定唯王宗弼马首是瞻，大家团结一致，有仇报仇。

十一月七日，王衍逃回成都，朝中百官与后宫的嫔妃、宫女到城外七里亭相迎。惊魂未定的王衍，又拿出及时行乐的精神，表演了他游戏人生中的最后一幕喜剧，他让宫女排成回鹘队舞，以嘉年华游行的形式，喧嚣入城，仿佛前蜀依然处于承平之世。

王衍的承平幻境只维持了短短一天，因为到了第二天，王衍也不能再靠精神麻药来麻醉自己了，他登文明殿召集百官议事，涕泪交流，衣襟尽湿，只希望哪位大臣能出个主意，递给他一根救命稻草。但众臣只是陪着他流眼泪，却没有一个人为救亡图存出哪怕一个字的点子。他们的整体表现，还不如两年前朱友贞身边那帮亡国之臣。

在王衍与前蜀群臣的束手无策中，前蜀加速走向全面崩溃。十一月九日，唐军前锋抵达利州，抢修桔柏津浮桥。之前逃回阆州的前蜀昭武节度使林思谔闻讯，连忙派人赶到桔柏津，向唐军请降。

十一月十五日，唐军兵不血刃地突破了蜀地著名的天险剑门关，开进剑州。从这里到成都，已是四川盆地的千里沃野，大道宽阔，不再有险要可守了！

同一天，前蜀的武信节度使，也就是那位在前蜀诸亲王中，被认为比较贤明的嘉王王宗寿，也献出武信镇向唐军请降。

还是在同一天，王宗弼与王宗勋等三招讨带着逃回的大军，气势汹汹地返回成都。自然，他们回来的目的，不是护驾勤王，而是要向他们的皇帝兴师问罪，如果唐军的进军继续势不可当，那他们就尽可能将皇帝卖个好价钱。

在大军全副武装的严密护卫下，刚刚成为叛军首领的王宗弼登上大玄门，实际上已控制了全城。王衍和母亲徐太后又惊又怕，无奈，母亲只得带儿子一起同往大玄门，慰问王宗弼等人，希望看在他们当初待王宗弼不薄的情分上，不要撕破脸，给皇帝保留一点儿体面。

但王宗弼已经翻脸了，从此刻起，这对母子不再是自己的太后和皇帝，而只是自己手中的囚徒，以及自己投靠新朝的见面礼。对两件即将送出的礼物，显然没必要保持尊敬，只要看好，别弄丢就行了。所以见面之时，王宗弼盛气凌人，再无人臣之礼，随后又将徐太后和王衍都扣下。

第二天，前蜀的皇子、皇孙全部被抓捕，与徐家姐妹、皇帝王衍一起，被迁往西宫关押。王宗弼则宣布自己暂代西川兵马留后，临时接管了前蜀中央政府的权力。

在王宗弼占领成都，到皇室成员全体被捕，惨遭洗劫与凌虐的整个过程中，王衍的舅舅，从职务上说，总指挥成都各路军队的内外马步都指挥使徐延琼，没有为了姐姐和外甥进行过任何抵抗，估计他就算下过命令，也应该没人听吧？

于是，在后唐军队到达成都前的这几天，这座美丽的西南名城，仿佛成了让王宗弼放纵欲望、肆意横行的"免费自选商场"。

王宗弼首先想到的是派人占领宫库，然后一车接一车，不间断地将库里的财物尽数拿走，运往自己的私宅。王宗弼的儿子王承涓与父亲爱财不一样，他提剑进宫，肆无忌惮地从王衍的众嫔妃中挑选几个最漂亮的抢回家。

王宗弼父子这几天过得可谓如在天堂，但这种好日子显然不可能持续太久，因为唐军马上要到了。就在王宗弼宣布自己就任西川兵马留后的同一天，李绍琛（康延孝）率领的唐军前锋中的三千名骑兵，甩开那一万名步兵，一路猛冲，进抵距成都只有二百多里地的绵州（今四川省绵阳市）。

绵州的前蜀守军，要比此战中前蜀的大多数军队表现略微好，虽然他们也没有抵抗，但至少也没有投降，而是在唐军到达前跑路逃走了。不仅如此，他们在逃走前还烧毁了城中的仓库，破坏了通往成都的绵江浮桥，收走了船只，给唐军的继续推进制造了大麻烦。

【作者按：查《中国历史地图集》，当时从绵州到成都须渡过的河流中，并无"绵江"，倒是有一条河流叫"绵水"，为今天沱江的上游，但它位于鹿头关西南，也就是说，唐军必须先越过鹿头关，才能到达绵水，这显然与此处记载的绵江位置存在巨大矛盾，在下怀疑此处的"绵江"是涪江流经绵州那一段的俗称。】

虽然是冬季枯水期，但绵江的水深和流速仍比较可观，找不到足够的船只渡河，强渡风险极大。好像只能暂停进军，在这里开工重修浮桥了。

但善于长途奔袭的李绍琛不这么看，他对李严说："我们只是一支小小的孤军，深入敌方腹地，要想取胜，只能靠速战速决，在敌方震惊胆落之际，迅猛突进，只要有一百名骑兵冲过鹿头关（今四川省德阳市北），成都方面就只能忙着安排投降了！但如果我们逗留此地，等着修好浮桥再走，一定会拖延宝贵的数天时间。现在蜀军实力尚存，假如有能人指点王衍（他们尚不知王衍已成阶下囚），乘这几天调集重兵封锁鹿头关，以我们现有的微弱兵力，就不那么容易拿下了。一旦再拖延个十天或半个月，让人数还很多的蜀军，从惊弓之鸟的慌乱状态中恢复过来，此战的胜负就难说了！"

李严听懂了，李绍琛的意思很清楚：不管冒多大风险，唐军也必须马上渡过绵江，不能在绵州停留！

李严完全同意李绍琛的看法，于是二人骑上战马，亲自带头，引导三千名精骑浮水渡江。此时绵江的江水仍然湍急，处于能浮渡与不能浮渡的临界点上，不断有骑兵被水流冲倒、吞噬，剩下的人马更加奋勇向前。最后，李绍琛、李严和一千多名骑兵渡过了绵江，永留江底，再没能踏上对岸的骑兵同样有一千多人！

这次渡河，可能是在整个后唐伐蜀之战中，唐军损失最大的一次军事行动。尽管如此，李绍琛让蜀人不及反应的目的已经达到，仅仅这一千多人马的小小唐军，立即以破竹之势顺利占领鹿头关，第二天又不费吹灰之力进占汉州，距离成都只剩下九十五里的平坦大道！

唐军将至，此时成都的实际主人王宗弼，对此事的反应还是比较迅速的，他赶紧派人携带大量金银、马匹、牛肉、美酒送到汉州，去犒劳一路势如破竹的后唐大军（其实只有一千多人），顺便也乞请大军稍稍缓师。当然了，咱们没有不识时务，还妄想施缓兵之计，继续负隅顽抗的念头。请大军缓师，只是希望让威武的天兵休息休息，解解长途跋涉的辛劳，同时好好合计一下投降工作的方案。

王宗弼以王衍的名义，给李严写了一封信，请他来成都商议前蜀投降的细节，并称只要李严一到成都，王衍将立即投降。

看过信，李绍琛便在汉州停军休整，等待李继岌、郭崇韬的主力大军。李严则准备独自前往成都，有人很担心地提醒他："蜀人都知道你是最早向皇上提出伐蜀之策的人，现蜀国灭亡在即，蜀国君臣肯定恨你入骨！这时候他们请你去成都，你就不怕一去不回吗？"

李严大笑："你们也太看得起王衍君臣了，他们哪有这胆量啊！"

于是，李严高高兴兴来到成都，安抚即将投降的前蜀官民。进入成都城的那一刻，李严发现城墙上还有前蜀军队在做守城的准备，立即严令前来迎接的王宗弼，马上撤除所有守备。

李严到来前，王宗弼可以在成都一手遮天，但既然李严来了，那就是天大地大都没有大唐的使节大了。于是，守军全部撤下，前蜀的都城大开城门，举高双手，等待发落。

在王宗弼的安排下，李严进宫见到了失去人身自由的前蜀皇帝王衍、王氏宗族、后宫嫔妃，以及文武百官。又见到熟人，王衍和他身边的人涕泪交加，哭成了一片。接着，王衍引导李严去见自己的母亲徐太后，然后低声下气地哀求：我老母、妻子的性命，都托付给李公您了！

既然王宗弼的信上说，李严一到就投降，前蜀朝廷自然遵守，也不敢不遵守这个承诺。文采出众的翰林学士李昊负责起草降表，准备进献给李存勖，同平章事王锴负责起草降书，准备进献给李继岌。

在李昊等人撰写降表、降书之际，王宗弼则小心侍候着李严，在阿谀奉承中巧妙地洗刷自己，同时把黑锅甩给自己看着不顺眼的人。

王宗弼说，其实我们君臣在很早以前，就想着要归命于大国，为天下一统做贡献了。可这样利国利民的好事，就因为内枢密使宋光嗣、景润澄与宣徽使李周辂、欧阳晃等四个宦官迷惑幼主王衍，从中破坏，才劳烦天兵征讨。此四人实在罪不容赦。

指定了罪魁祸首之后，王宗弼"大义凛然"地砍下四个宦官的脑袋，装进木匣，让使节带上，进献给唐军的名义主帅李继岌。他顺便把这四个宦官的家抄了，钱财都搬到自己家去。

可能宫库已经被王宗弼搬得差不多了吧，所以这位成都的临时主宰，又将自己贪婪的眼睛转向前蜀朝中为数众多，和他一样腐败堕落的贪官污吏。要抓紧自己还能做主的最后几天时间，狠狠地发横财。

王衍身边的三大狎客之首韩昭，不知是钱没送够，还是此前在什么地方得罪过王宗弼，总之，王宗弼突然义正词严地指责他谄媚惑主，也是罪不容赦。于是韩昭立即被抓了起来，绑赴位于成都闹市中的金马坊，砍下人头，悬首示众。

王衍身边三大狎客中的另外两位——果州团练使潘在迎与嘉州刺史顾在珣，连忙倾家荡产来贿赂王宗弼，终于同罪不同罚，得以免死。

曾经顶掉王宗弼，当上内外马步都指挥使的前蜀国舅徐延琼，自然更加惊恐，赶紧抄了自己那奢华堪比皇宫的豪宅，金银珠宝打包，美貌姬妾上轿，全送到王宗弼府上。王宗弼大悦，也饶过了他一命。

大发横财的王宗弼并没有安全感，他知道能够主宰自己命运的人马上就要来到成都，那时会怎样还不知道。王宗弼只能暗暗祈祷，但愿李继岌和郭崇韬能像自己一样拿钱就办事。

十一月二十二日，李继岌、郭崇韬统领的唐军主力到达汉州以北的德阳县。听到这个消息，王宗弼急忙派儿子王承班，携带大批金银珠宝，以及从王衍宫里挑选的妃嫔、宫女，前往德阳，分别向李继岌与郭崇韬行贿。等李继岌、郭崇韬拿人手短的时候，王承班再充满诚意地咨询一下，既然檄文上说"有能见机行事，诛杀伪命节帅，以藩镇城池投降的，同样可以任命为节度使"，王宗弼擒拿伪主，以成都投降，如此巨功，是不是应该给个西川节度使之职呀？

然而，反馈非常让人不安。李继岌没提让不让王宗弼节镇西川，只是当头给王承班浇了一盆冷水："这些本来就已经是我家的东西，还用得着你送？"然后，让东西留下，人回去，叫你爹安排好出降仪式，别有太多的非分之想。

十一月二十七日，在李严的引导下，前蜀的皇帝、百官等离开成都，至城北五里的升迁桥迎降。遵照历代传下来的最耻辱的礼仪，前蜀皇帝王衍穿着白衣，口中衔着玉璧，牵着羊，用草绳绑住自己的脖子。王衍身后的百官则穿着丧服，光着脚，抬着棺材。所有人都在号啕大哭，等待着胜利者的发落。

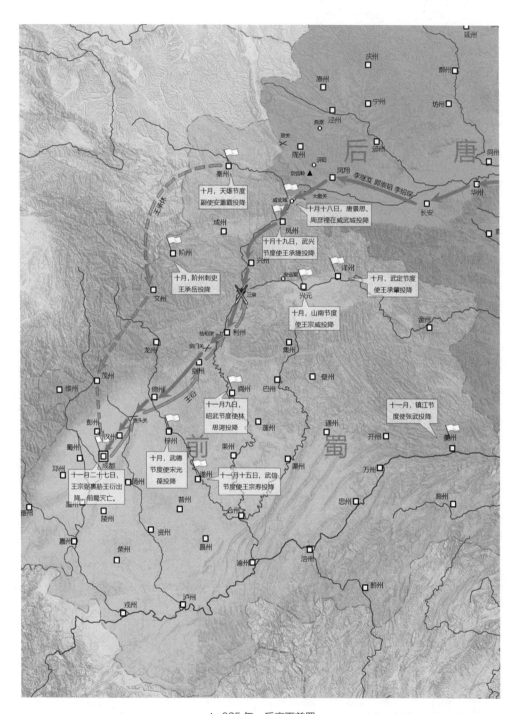

▲ 925年，后唐灭前蜀

按照传统受降仪式，李继岌接受玉璧，郭崇韬上前亲手解开王衍身上的绑绳，命人烧掉棺材，同时代表李存勖宣布赦免蜀国君臣的罪责，今后都安安心心做大唐的臣属就行了。

真是皇恩浩荡啊！能够追寻安乐公君臣的事迹，在新朝度过余生，也算是不幸中的大幸！于是，王衍君臣感激涕零，一起向着东北，也就是后唐都城洛阳的方向，叩拜谢恩。

这些天，王衍和一同出演了投降仪式的百官就像坐了一次惊险刺激的过山车。七十天前，唐军从洛阳出发，启动前蜀的灭亡倒计时；十二天前，王宗弼回来，将他们当作鱼肉，任意地凌辱宰割，他们只能怀着莫名的恐惧，等待自己莫测的命运。现在总算是一堆坏消息之后，迎来了第一个好消息，至少性命之忧没有了。但他们此时恐怕谁也没有想到，再过七十天，就连宣布赦免他们的那个人，都将成为自身难保的过河泥菩萨。而他们的生与死，只取决于数千里外一个人的一念之间……

前蜀，就这样成为"十国"名单中第一个被淘汰出局的国家。从王建称帝算起，前蜀帝国存在了十八年零两个月；从王建受封蜀王算起，蜀国存在了二十二年零三个月；从王建攻克成都，占据西川算起，王家势力存在了三十四年零三个月。

宗弼丧命

唐军于九月十八日从洛阳出发，到十一月二十八日进入成都，李存勖发动的这次只用了两个月多一点儿的伐蜀战争，不但取得了全胜，还刷新了攻灭蜀地政权用时最短的纪录。而且，如果不是李绍琛为了避免过分出风头，在汉州驻军八天，等待皇子李继岌来享受受降荣誉，这个时间原本还可以压缩到更短。（此前东汉灭成家用时一年零十一个月，曹魏灭蜀汉用时四个月，桓温灭成汉用时五个月，刘裕灭谯蜀用时八个月。）

现在战争结束，咱们不妨给它复复盘，看看这个奇迹般的军事成就，究竟是怎么被创造出来的。

126

是因为郭崇韬、李绍琛指挥英明，后唐军队英勇善战吗？这些因素确实都有那么一点儿，但显然并不是主要原因。

首先，前面已经分析过，李存勖用于伐蜀的军队其实多由后梁降军组成，是唐军中相对战斗力不那么突出的二流部队，连战马都是几个月前临时采买的。他们较之历史上那些平蜀的精锐之师，实在看不出有什么优势。更重要的是，在整个战争期间，前蜀军队几乎没有像样的抵抗，望风而逃已经属于表现优异的军队，更多的军队是在唐军到达前便争先恐后地投降。这样一来，除前锋李绍琛部还算打了一场小仗，郭崇韬和大部分伐蜀唐军，根本就没有机会展示他们的指挥艺术是否高超和战术技能是否娴熟。这次奇迹般的胜利，主要不是因为唐军打得太好，实在是因为蜀军打得太奇葩。

蜀军表现如此奇葩，是因为自身战斗力太弱吗？应该说，此时蜀军的平均战斗力低于唐军是没有疑问的，但差距恐怕不会大到连据险死守都没有还手之力的程度。这可以从张武轻松击败高季兴一役看出来：伐蜀的唐军多是由后梁降军组成，非唐军的一流部队，而高季兴也大量接收后梁降军，平均素质差距能大到哪里去？显然，与其说蜀军不堪与唐军一战，不如说他们是不愿与唐军一战。同一个张武，得知唐军入境，也远远地派人去投降了。

那前蜀灭亡的主因究竟是什么？其实从前文中，读者应该已经看出来了，王衍即位时的威望就不高，在位期间的所作所为，更是一次又一次地降低自己本已可怜的软实力，刷低了自己的威信，直到在利州临敌而逃时刷成了负数。前蜀整体性腐化的时间还不久，经济还可以，军民的日子还过得下去，虽然很少有人想造反，但他们早已不把王衍看成他们需要效忠的君主。前蜀的灭亡，其实与后梁的突然终结有一点儿相似之处，都是软约束力崩塌了。两相比较，前蜀崩塌得更彻底。

后唐在这次战争中，只付出了极微小的代价，获利却丰厚无比，将蜀地四十多个州府（如果算上向前蜀臣服，但由土司控制的羁縻州，则多达六十四个）、两百多个县收入囊中，接收降兵十三万人（后唐接收的前蜀降兵数量，各史书记载差异巨大。《旧五代史·庄宗纪》和《资治通鉴》均称"兵三万"，既然前蜀大部分军队都成建制投降了，三万人显然太少，与前蜀的体量不符；《新五代史·郭崇韬传》称"得兵三十万"，又显得过多；《册府元龟》所载的"十三万"相对合理），战马九千五百匹，兵器七百万件，粮食三百五十三万斛，钱一百九十二万贯，其余金银、绸缎等财物，数量多得难以统计。

对于正感到缺钱的李存勖来说，这无疑是一个巨大的利好消息，只是要把这些收入兑现进国库，还需要一段时间。

对于另外一些人来说，这就不是什么好消息了。前蜀灭亡的情报传到江陵时，不久前刚从三峡败归的南平王高季兴正在用餐。听了手下人的急报，高季兴吓得一哆嗦，连筷子都掉到了地上。随后，高季兴捶胸长叹："这是老夫的过错啊！"

高季兴怂恿李存勖伐蜀，是认为蜀军能够凭借天险与后唐打持久战，自己则可以趁火打劫，从前蜀身上多少捞点儿好处。但他真的不希望也没想到前蜀会灭亡。现在可好，荆南的西、北两面都被后唐占据，李存勖如果对江陵有意，灭蜀的唐军顺江而下，自己根本不可能挡得住。

还是谋士梁震表现得镇静，宽慰高季兴说："不用担心，李存勖得了蜀地，岂不是更加骄纵，他的大祸已近在眼前，没有机会对我们动手了。蜀国之亡，说不定反而是我们的福气呢！"

轻易灭蜀，接收到大量的财富与地盘之后，后唐内部因为对这些新利益分配的不公正、不均衡而矛盾加剧，确实出现了令人不安的苗头。

先锋李绍琛（康延孝）是这次灭蜀战争中，唐军表现突出，甚至可以说是唯一突出的将领。当然，这主要是因为蜀军表现太水，害得唐军其他将领，包括郭崇韬在内，都捞不到一次在战场上一显身手的机会。

但不管什么原因，李绍琛既然功居第一，到了论功行赏的时候，也理所当然地自认应当得到第一位的重赏。然而，掌握大权的郭崇韬明显对李绍琛的功绩视而不见，反而对李绍琛一向看不起，寸功未立的董璋欣赏有加，经常私自召见。看样子他会推荐董璋出任要职。

李绍琛怀疑董璋私下在郭崇韬面前说自己的坏话，才弄成这个样子，极其愤怒。于是，李绍琛仗着自己的军职高于董璋，找到董璋恐吓说："我有平蜀的大功，你有什么？你不过是人家屁股后边的一个小喽啰，竟敢在郭公面前进谗言害我！你以为我身为都将，不能用军法杀你吗？（此时李绍琛为行营马步军都指挥使，董璋为左厢虞候，编制上李绍琛管着董璋。）"

董璋没有被吓住，因为他有一条粗壮的大腿可抱。一回头，他就用一份小报告，将李绍琛如何滥用职权威胁自己的恶劣行为告诉了郭崇韬。

郭崇韬显然有意栽培董璋，让他加入自己的班底。那郭崇韬为什么不提拔能力、功绩都比董璋优秀的李绍琛，反而故意打压呢？大概是郭崇韬在李绍琛身上看到了自己的影子：这个人同自己一样有才干，好表现，喜欢揽权，喜欢自作主张。这样的人要是有机会升到高位，很可能是自己的劲敌，所以李绍琛活该倒霉。

不能让自己的新爪牙吃亏，于是，郭崇韬上书推荐董璋出任东川节度使，顶掉投降的宋光葆，同时解除董璋的左厢虞候之职，这样一来，董璋与李绍琛脱离了上下级关系，李绍琛就不再有权处罚董璋了。

李绍琛更加怒不可遏，他想不通：凭什么是他冒着白刃流箭，跋山涉水，穿越重重险阻，平灭前蜀，现在胜利的大餐摆上来，自己还没尝到荤腥，董璋就已甩开腮帮子享受？就算我得不到东川，也不能便宜你这小子！

李绍琛拉上毛璋，去找郭崇韬提反对意见："东川经济发达，地位重要，是一等一的大藩镇，节度使一职非董璋那样的平庸之辈能胜任。依我们看，只有像工部尚书任圜这样的文武全才，才是出镇东川的最佳人选。"可郭崇韬已经铁了心拉偏架，不但不接受，还怒斥李绍琛："你想要造反吗？我已经下过的命令，你也敢跑来指手画脚！"

就像自己提出合理建议，却被李存勖不讲道理地一顿狗血喷头，郭崇韬把自己受过的不公正对待，"无私"地用到了比自己官小的李绍琛身上。果然，李绍琛也不敢再争辩，只得战战兢兢，惶恐不安地退出。只是在内心，李绍琛对自己的境遇越发愤愤不平，对董璋恨得咬牙切齿。

如果说李绍琛的不满，一时对郭崇韬还没多大伤害，那么另外一些人的不满，就直接开启了郭崇韬生命的倒计时。

郭崇韬大概自认对皇后刘玉娘有恩，而刘玉娘是李继岌的生母，她当上皇后，李继岌才能名正言顺地成为李存勖的继承人。换言之，就是自己对李继岌也有恩。更别说这次，自己充当大管家，来帮助李继岌积累声望，好让他在将来能顺利接班。

据说有一次，郭崇韬私下里对李继岌说："大王您有朝一日登基为帝，切记，就是阉过的马都骑不得，更不要说那些阉过的宦官了！最好把他们统统换掉，用读书识理之人代替！"

郭崇韬这句狂言被李继岌身边一个叫吕知柔的宦官偷听了去。李继岌身边的三个宦官头目（监中军李从袭、典谒李廷安、吕知柔）不由得对郭崇韬恨得咬牙切齿。

这起泄密事件，不排除是李继岌故意的。李继岌的母亲刘玉娘有个缺点：记性不太好，对于别人给予的帮助很容易忘记。她压根儿就没把郭崇韬当作恩公，更不可能把这种并不存在的情绪传给儿子。不过刘玉娘也有一个突出的优点：记性特别好，对于谁得罪过自己，谁挡过自己的财路，总能过耳不忘。而郭崇韬此前支持罗贯，请求李存勖动用内库，阻挠宫廷开支等一系列"罪行"，早已让自己入了刘玉娘的"仇人排行榜"。作为刘玉娘之子，李继岌对郭崇韬的初始印象又能好到哪儿？

更关键的是，在灭蜀之后，喜欢专权的郭崇韬，习惯性地大操大揽，不自觉地在很多事情上得罪了这位小长官，使李继岌对郭崇韬的怨气也在急速增长。

原本在后梁灭亡后，郭崇韬就有过大量收受后梁降臣贿赂的不光彩历史。不过灭梁毕竟是由李存勖亲自主导，郭崇韬只是辅佐，他收受的贿赂数量只能算第二级别，最大的油水还是进了李存勖的腰包。

让前蜀降臣大感宽慰的是，郭崇韬的表现比两年前在汴梁有过之无不及，对巨额的贿赂统统来者不拒，欣然笑纳。在很短时间内，郭崇韬真正是数钱数到手抽筋，积累起数量惊人的私人财富。郭崇韬的儿子郭廷诲，还组织起车队，满载着金银珠宝，一车车送往遥远的洛阳宅地。

作为后世读史者，在下猜想郭崇韬有更迫切、更重要的图谋。

这得从王宗弼说起。王宗弼原本想凭借自己的"倒戈第一功"，以及行贿李继岌，来捞个西川节度使的要职。但结果大家都知道了，李继岌拿钱不办事，还说这些钱本来就是他家的。

李继岌的路子走不通，王宗弼改走郭崇韬的路子，带着大批金银往郭崇韬下榻的地方送。谁料郭崇韬只跟他打哈哈，他让王宗弼充满希望，但就是不给一句准话。

王宗弼不知道，不管之前后唐的伐蜀檄文上对降将的优待开出了如何动听的诺言，蜀地最重要的几个藩镇其实都是不会留给前蜀降臣的。早在唐军出征之前，郭崇韬就推荐自己的老朋友孟知祥当未来的西川节度使，王宗弼留镇成都的机会等于零。就像巴蜀的第二重镇东川，尽管节帅宋光葆也是率先投降，但没有保住自己的位子，他马上就被召往成都，东川节度使一职被后唐来的董璋顶替。

失去了原有地盘和权力的宋光葆，并没有与王宗弼同病相怜，相反，他愤怒地向郭崇韬控告王宗弼：捏造罪名，冤杀自己的兄长宋光嗣！郭崇韬公然受理了这起案件，虽然没有马上通知王宗弼去对质受审，但也让他惊惶不已，毕竟宋光嗣阻挠投降的罪名，确实来自王宗弼的甩锅大法。不过，此时最让王宗弼恐惧的事，还不是宋光葆要和他打官司。

话说在后唐远征军刚刚开进成都时，郭崇韬特别严肃军纪，使得大军入城，秋毫无犯，集市如常，显出一派仁义之师的高大形象。但就像几十年前黄巢大军入长安，后唐远征军在成都高大形象的保质期，同样只有几天，因为这些大兵很快发觉不对头，咱们吃大亏了！

前蜀的国家库府被没收归了公，然后统统要解送洛阳，缓解朝廷的资金短缺。同时，前蜀的降官踊跃捐财，但好处只归了郭崇韬等极少数上层长官，广大的远征士兵只是白辛苦一趟，基本上什么也没捞着！这都不说了，特别是眼睁睁看着成都繁华的市面，还不允许咱们自己动手，是可忍，孰不可忍!

于是，唐军军纪迅速败坏，一入夜，就有士兵擅自离开军营，到城中杀人放火，抢劫强奸，种种暴行大量涌现。与此同时，蜀地反抗唐军的民间武装也在各地蜂起，郭崇韬不得不派任圜、张筠领兵分路进剿，清除这些新出现的反唐武装。

但光靠武力不是治本之策，关键要减少唐军的暴行，缓和唐军与蜀人的矛盾。五代的大兵得不到赏赐，军纪是很难维持的。于是，郭崇韬勒令王宗弼拿出钱来犒赏大军。王宗弼叫苦不迭：我虽然前些日子发了点儿财，但孝敬李继岌和郭崇韬已经用去不少，现在节度使位子还不见影子，又要我拿钱来喂饱这几万大军的贪欲，这和抄了我的家还有什么区别？抄了家也不一定够哇!

心疼钱的王宗弼苦苦思索：自己究竟在什么地方得罪了郭崇韬，他怎么这么倒霉？突然，他灵机一动：可能是郭崇韬自己想当西川节度使，不好意思说出来吧？难怪送了这么多钱，一点儿用处也没有，反而招来怨恨，唉，我真是太笨了!

觉得找到症结所在的王宗弼马上串联了一批前蜀的降官，由他带头，联名晋见李继岌，情真意切地表示：郭崇韬恩及蜀地，蜀地百姓都感念其大德，希望朝廷能留下郭大人镇守成都，造福一方!

李继岌感到太突然了：这是怎么回事？他身边的宦官李从袭等人指点说："郭崇韬父子一向专权跋扈，不把大王放在眼里。现在竟暗中指使蜀人出面，推荐自己为西川节帅，其狼子野心，难以度测，大王您不能不早做防备啊!"

于是，很可能是在李从袭等人的谋划下，李继岌召见了郭崇韬，和颜悦色地对他说："皇上对您的倚重，如同巍巍高山，怎么舍得让您轻易离开朝堂？而且，将国家元老遗弃于边远蛮荒之地，这于情于理也都说不通!因此，让您留镇成都这件事，不是我能决定的，不如让这些蜀臣直接去洛阳，当面向皇上请愿如何？"

事先没有准备的郭崇韬，听到小长官这一番貌似亲热的谈话，才猛然反应过来：糟了，王宗弼给自己惹大麻烦了！

很明显，在李存勖这个强势皇帝的统治下，郭崇韬并不想冒着灭门的巨大危险，去尝试当第二个钟会。既然不能造反，那么当务之急，就是尽快在李继岌面前洗脱自己的嫌疑。

郭崇韬采用的办法很直接，就是砍掉王宗弼那颗自作聪明，给自己惹祸的脑袋，来证明自己的清白。十二月十日，也就是前蜀亡国后的第十三天，郭崇韬在请示了李继岌之后，将"倒戈功臣"王宗弼、王宗弼的儿子王承班，以及王宗弼的党羽王宗勋、王宗渥等人全部抓捕，押往闹市处斩，同时抄没他们的全部家产。在刑场一旁，贴有榜文公开宣示王宗弼等人的罪行："……大逆不道地废黜自己的君主，专横跋扈地杀害宫中内臣，盗取公私财物据为己有……实在是国家的元凶，不能不明正典刑！"

成都城里很多官吏、百姓都受过王宗弼的荼毒，对他恨之入骨，只因为他好像是占领军的红人，看起来与李继岌、郭崇韬都打得火热，才敢怒而不敢言。大家突然听说王宗弼被抓起来要砍头了，个个拍手称快，纷纷上街观看他受刑，有的还拎一把小刀做准备。等王宗弼的人头离开他的脖子，众人一拥而上，割取尸身上的肉片，放进嘴里狠咬来泄愤。没一会儿，王宗弼被切割干净，只剩一副骨架！

不过，郭崇韬虽然努力想洗脱自己在李存勖、李继岌父子眼中的嫌疑，但从后续发生的事情看，效果并不显著。更要命的是，郭崇韬已经与李从袭等宦官，以及李存勖身边小圈子中的多数人结仇，这些人都能够想到：如果不趁热打铁将郭崇韬扳倒，万一他回朝掌握了大权，后果将不堪设想！

王宗弼丧命后四天，前蜀的另一个大人物迎来了自己的末日。被"好朋友"安重霸忽悠，千辛万苦走了一段征程的前天雄节度使王承休，终于带着勤王的残兵败将来到成都。虽然他见机不妙，赶紧投降，但实在是太晚了，黄花菜都已凉透。

李继岌亲自审问他："你身居大镇，手握重兵，为什么不出兵抵抗？"

王承休惶恐地答道："畏惧大王您的神武！"

李继岌说："是吗？那你为什么不投降？"

王承休又答："王师不曾进入我的辖区。"

李继岌不想留他，便又提出一个带陷阱的问题："你带着多少人进入羌人地区？"

王承休答："一万二千人。"

李继岌又问："那现在回来的还剩多少？"

王承休答："二千人。"

李继岌说："既然如此，现在该到你为那一万人偿命的时候了！"

崇韬碎首

虽然王宗弼民愤极大，王承休也并非无辜，但在短短几天内，后唐占领军连斩重量级降臣的行为，还是让王衍宗族，以及为数众多的前蜀官员心生忐忑。李继岌和郭崇韬还会不会兑现之前在檄文中为前蜀降人开出的优待条件？现在看来，已经不那么让人放心了。

好在一个月后，李存勖派了一个名叫向延嗣的宦官担任使臣，来到成都，传达他的几份诏书。

在给前蜀降人的诏书中，李存勖宣布：前蜀四品及以上的文武官员，各降一级，等待重新安排职务。五品及以下的官员，除了有特殊才能，或门第高者外，即刻免职，遣散回家。率先投降有功者，予以奖励，至于具体操作，由郭崇韬全权负责。

李存勖又专门给王衍下了一道诏书，信誓旦旦地道："你尽管放心入朝，当享受裂土分封的待遇，我是绝对不会乘人之危、落井下石的。天上的日月星辰可以做证，我没有一个字骗你！"

在软禁中忍受了多日煎熬的王衍，捧着李存勖的诏书，喜极而泣："我总算还可以当安乐公（蜀汉后主刘禅亡国后的封爵）。"

向延嗣带来的诏书并不只针对前蜀降人，还有一道更重要的命令，是发给郭崇韬的：既然前蜀已亡，战争结束，那么郭崇韬应该率伐蜀大军班师回朝。特别是要将在前蜀缴获的财物清点上报，尽快送到洛阳。

李存勖此时对钱财如此看重，也是事出有因。后唐帝国经过同光三年（925）上半年的大旱灾和下半年的严重水灾，中原各州县秋收严重减产，有的地方甚至绝收，这样一来，国库的主要支柱农业税就很难足额征收。就算有孔谦这样一流的"剪羊毛"高手担任租庸使，也无法改变无毛可剪的困境。

稍后，很多地方发生了严重饥荒，大量贫苦农夫为了求生和躲避租税，背井离乡，踏上艰难的逃荒路途。在这种情况下，国家本应减免税赋，赈济灾民，奈何在前两年经济稍微宽裕时，大量盈余的财富都进了李存勖及其身边人的私囊，并没有成为国库的储备。于是，等灾情一起，失去有效税收补充的国库支出不减，很快被耗尽。首都洛阳因为聚集了太多的非农业人口，情况尤其严重，连当地驻军的军饷都发不出，更没有余力去管什么难民了。

孔谦只好离开自己的衙门，天天跑到城外上东门码头，等待各州开来的粮船，每到一船都立即卸货发放，减去所有中间环节，但大量军人家庭还是揭不开锅了。很多军人被迫靠典当妻子、卖儿卖女来渡过难关。那些因年纪大而卖不出去的军人家属，则成群结队到郊外采挖野菜，很多人就因饥寒死在了道上。

吃不饱穿不暖的军队当然会人心不稳，李存勖也很担忧，数次召集大臣商议应对财政危机的办法。

吏部尚书李琪认为应该先保民，后保军，他上书说："上古三代盛世时都是量入为出，你先确定有多少收入，再决定养多少兵，所以即使遇上水旱灾情，也不会有发不出饷的匮乏情况。而近代以来，不管年景丰歉，都是向农民征重税来养兵，动不动就财用不足。我认为，从来就不会有农家富足而军人贫穷，或者农家贫穷而军人富足的情况，故而让农家过上好日子，才是解决军饷问题的治本之策。现在要直接削减农业税固然有困难，但至少也应该取消'折纳''纽配'等加重农民负担的税外苛政，让农民能喘一口气，稍得休息，一切才会慢慢好起来。"

李琪说的显然是一段冠冕堂皇且毫无可操作性的废话，人家都已经癌细胞扩散，躺倒在手术台上了，你开出的治疗方案还是加强锻炼、合理膳食！哪里来得及？麻烦先抢救过来再说！

只是李琪的话听起来很正义，也不好直接说不行，于是李存勖吩咐让有关部门研究研究，之后便不再有下文。

李存勖自己倒是想了一个效能比较有限，但至少可以马上见效的办法：让后唐的中央政府暂时离开洛阳，搬到灾情相对轻一些，同时水道航运也更便利的汴梁去。

不过马上有谏官提出反对意见："与其到处搬家，不如厉行节俭，勒勒裤腰带也就熬过去了。现在杨家的吴国还割据南方，是我们的潜在大敌，不能将我们财用匮乏、军粮不足的弱点暴露给他们知道。"

李存勖听了，觉得也有道理，于是这个方案也作罢。那就先让士兵、百姓忍一忍吧，反正再怎么困难，也不用皇帝亲自去勒裤腰带。实际上，即使在财政最困难时，李存勖也没稍稍收敛大手大脚的习惯，仍时常带着皇后嫔妃、侍卫亲军，组成一队庞大豪华的队伍，出城游玩狩猎。皇家猎队所过之处，向民间强征粮物。民间对大唐皇帝的怨愤之情自然高涨。

不过，当远征军轻松灭亡前蜀的消息传来，李存勖大喜：终于有钱填充财政窟窿了，只是郭崇韬还在磨蹭什么，还不赶快把蜀地的钱粮解送来京？

但携带着李存勖迫切希望的向延嗣，一到成都郊外就吃了一枚软钉子：郭崇韬没有早早出城来迎接。向延嗣很不高兴，自己身为天子之使，郭崇韬不来，就不是不给自己面子，而是不给自己带着的圣旨面子，也就是不给皇上面子！

向延嗣与讨厌宦官的郭崇韬之间，彼此本没什么好感，郭崇韬的一举一动，他自然都会在心里往最恶劣的方向解读。反过来，郭崇韬对向延嗣的看法也是一样的。于是，他们真正见面时，气氛更加不融洽。

向延嗣问："灭蜀一个多月了，郭公为什么还在拖延，不肯班师？"

郭崇韬没好气地告诉他："你们远在三千里外，哪里知道蜀地有多乱？

大军根本就离不开！"

　　郭崇韬说的是实情。当时出现了很多反唐武装，其中最大的两支分别由原前蜀的戎州（今四川省宜宾市）刺史萧怀武和眉州（今四川省眉山市）刺史鲜于皇为首，活动于成都以南。

　　但这种话显然说服不了向延嗣，特别是在与郭崇韬的见面不欢而散后，他又与自己在李继岌身边的几位有共同语言的同行会面。李继岌身边的第一号宦官李从袭义愤填膺地道："魏王可是当今太子，主上也还圣体康健，万寿无疆，郭崇韬就已经敢如此专权跋扈，不把魏王放在眼里！我听说郭崇韬的儿子郭廷诲，每天带着大批卫士，和军中骁将、蜀地豪杰举行宴会，动不动指天发誓，收买人心。最近据说他还想让郭崇韬推举他当西川节帅，说什么'蜀地富饶，父亲大人应该早早筹划'。这都安的什么心啊？"

　　说完这段半真半假的谗言，李从袭重重地叹了一口气，与几位同行一起泪如雨下："现在蜀地的军队将领，全是郭氏一党！可怜魏王殿下身居虎口，一旦有变，我们连埋骨之地都不知道在哪儿！"

　　突然间得到如此多的弹药，向延嗣决定趁热打铁，扳倒郭崇韬，完成宦官同人的夙愿。于是，向延嗣在办完传诏的使命后，一刻也没有停留，迅速动身返回洛阳，将他在成都听到的，关于郭崇韬的全部负面消息，添油加醋地先上报给和他们一样痛恨郭崇韬的皇后。先取得刘玉娘的明确支持，再向皇帝报告，以增大成功概率。

　　刘玉娘马上跑到李存勖的面前又哭又闹：不得了啦！咱们的儿子马上要让郭崇韬给害死了！你还不赶快想想办法！

　　然后，向延嗣被召了上来，他完全证实了皇后所言不虚，郭崇韬在蜀地居心叵测，指使蜀人拥戴他为蜀帅，魏王殿下孤立无援，万分危险！陛下要再不当机立断，恐怕就来不及了！

　　尽管皇后与向延嗣将蜀地的形势描述得千钧一发，但大唐皇帝的反应并没有他们期待的那样强烈。李存勖很清楚，刘玉娘与他身边的宦官、伶人大多都讨厌郭崇韬，从来就没说郭崇韬什么好话，那么他们说郭崇韬坏话，也就得打点儿折扣。当务之急，是要郭崇韬把蜀地的财富送来救急，其他事稍后再做调查。

聪明的向延嗣好像早就想到这种情况，胸有成竹地送上前蜀国库的清点账簿。前蜀国库在灭亡前几天已经被王宗弼狠狠地洗劫过，里面大量的资产被王宗弼和他的同党私有化了，剩下的物资肯定不是特别多。果然，急等着钱用的李存勗看过账簿，大失所望，问道："人人都说蜀地富饶，金银珠宝不计其数，怎么国库里才这么一丁点儿东西？"

向延嗣就等着这句话，于是答道："我听说是这么回事，前蜀亡国时，其国库财宝都让郭崇韬父子贪没了。光是郭崇韬拿到的，就有黄金一万余两，白银四十余万两，钱百万贯，名马一千余匹，其余古玩字画什么的估计价值也不比上述东西少！这还没有算上他儿子郭廷海拿的！郭家父子既然把大部分钱财都私吞了，献给皇上的自然就没多少了。"

听完此言，李存勗真的震怒了，因为向延嗣这段话有账簿做铁证，不容辩驳！

这时，李存勗的姐夫，原北都留守孟知祥正被召到洛阳，准备前往成都就任西川节度使。李存勗特意为他送行，怒气难平地吩咐道："听说郭崇韬已经有了二心，你到成都，替我把他除掉！"

孟知祥吃了一惊，首先他是郭崇韬的老朋友，不太相信郭崇韬真有异心。其次就算不考虑双方的交情，带着几个人去数千里外诛杀一个大军统帅，如果郭崇韬真有异志，这个任务几乎不可能完成；如果郭崇韬并无二心，那么杀他的后果会有多严重，将难以预料……

略一思索，孟知祥提议说："郭崇韬是国家的元勋功臣，说他有异心的传言恐怕不一定真实。还是等微臣到蜀地详细了解情况，如果郭崇韬没有不轨之举，就让他正常回朝。"李存勗觉得孟知祥的考虑更周全，便同意了他的建议。

孟知祥离开后不久，李存勗突然又想到：虽然自己的姐夫素有忠厚之名，但他与郭崇韬素来友善，让他去拿郭崇韬，也存在包庇纵容的可能性，需要再派一个人去平衡一下。于是李存勗又命另一个宦官马彦珪为使前往成都。马彦珪的表面任务是催促郭崇韬班师，同时还有一个见机行事的秘密任务：如果郭崇韬奉旨班师则一切如常，如果郭崇韬接到诏书后，仍借故拖延，有跋扈情形，着马彦珪与李继岌一起设谋，除掉这个不忠之臣！

作为向延嗣的同党，马彦珪对这道模棱两可的密诏并不满意：这次为了扳倒郭崇韬，李从袭、向延嗣等宦官同人把能做的事都做绝了，已经没有了回旋的余地！如果到了成都，郭崇韬真的奉诏班师，咱们宦官集团还能掩耳盗铃，当作什么事都没发生过？郭崇韬了解情况后能不报复吗？不行，必须拿到一道不由分说将郭崇韬处决的诏书！

马彦珪马上晋见刘皇后求助，说道："我听向延嗣说，蜀地的情形已经万分危急，大祸的发生也许就在旦夕之间！生死之际，成败的关键，往往间不容发，怎能来得及到三千里外请旨呢？"

刘玉娘深以为然，再次劝说皇帝丈夫一定要杀掉郭崇韬。李存勖知道皇后也与郭崇韬有怨，说话当然带有倾向性，而且事关重大，不能轻率决定，于是说："现在听到的只是一些传闻，实际情况还没有搞清楚之前，怎么能轻易杀戮重臣？"

刘玉娘明白了：这次丈夫看来不会轻易顺从自己。好吧，既然你不作为，那就我来干！

原来，在后唐同光朝形成了一个独特的习惯，有三位最高领导可以向四方合法地发号施令。除了李存勖的诏书，一个是李存勖的母亲曹太后，发布的命令称为"诰命"，还有一个就是皇后刘玉娘，发布的命令称为"教令"。现在曹太后已死，能够代替诏书的就只剩刘皇后的教令。

刘玉娘立刻行使了自己这项权力，下教令给马彦珪，命儿子李继岌在接令后，立即设法处决郭崇韬！从制度上说，皇后的教令，并没有权力处死郭崇韬这一级的重臣，不过规则既然都是人定的，当然也是可以由人来打破的，特别是对于刘玉娘这种习惯性不守规矩的人来说，更算不上是什么阻碍。

这时，孟知祥一行人才走到石壕（今河南省新安县西）驿站，停下来留宿过夜。一百多年前，诗圣杜甫在这里写下过一首名诗："暮投石壕村，有吏夜捉人……"正巧，孟知祥这一晚上的感受，与当年的杜工部颇有几分相似，是暮投石壕村，有吏夜敲门。等孟知祥打开门一看，竟然是宦官使臣马彦珪。

原来，一拿到皇后的教令，马彦珪为了不让郭崇韬活得太久，立即动身，快马加鞭，一路狂奔而来，只用一天工夫就追上了孟知祥。带着疲惫与兴奋的神情，马彦珪告诉孟知祥：皇后已经下令杀掉郭崇韬，为了稳定蜀地局势，你要尽快赶到成都上任！

然后，马彦珪没有等待孟知祥一行人，抢先离去。看着昏暗夜色中马彦珪远去的背影，孟知祥禁不住一声叹息："看来大乱就要开始了！"

实际上，在李存勖不断派人催促伐蜀大军尽快班师的同时，郭崇韬也正为唐军能及早平息各支反唐武装，从蜀地抽身做着努力。

大概是没收王宗弼等人的家产后，补足了赏金的缺口，唐军的军纪有所好转，烧杀抢掠的事少了，避免了过度激怒蜀人。

为了防止反唐武装获得更多支持，进一步壮大，郭崇韬和儿子郭廷诲屡次宴请招待蜀地豪杰，与这些人联络感情，缓和矛盾。只是不知郭崇韬有没有想到，在李从袭、向延嗣等人的攻讦中，他的这一手正好成为他意图割据蜀地的罪证。

也许是这些措施起到了作用，至同光三年底，唐军在镇压蜀地反唐武装的战斗中取得重大进展，两个主要头目萧怀武和鲜于晃均被唐军击斩，蜀中乱局趋于平息。唐军班师的条件总算渐渐满足了。

于是，郭崇韬请李继岌下令，让凤翔节度使李继曮与客省使李严等，于同光四年（926）正月初三，先率本部人马押送前蜀的亡国之君王衍、王氏宗族、宫人妃嫔，还有降唐的文武官员及他们的家属、仆役，共计数千人前往洛阳，举行献俘仪式。

至于伐蜀大军，由于人数更多，又分派到各州县平灭反唐武装，重新集合需要时间，所以又稍稍耽搁了几天，到正月初六方完成班师准备。同时，郭崇韬让任圜暂代成都留守，等待孟知祥到任。计划于第二天，也就是正月初七，大军正式班师。

但就在正月初六这一天，一路风尘仆仆的马彦珪赶到了成都。马彦珪手里拿着两份旨意，很显然，如果按照李存勖的诏书行事，那就没他什么事了，因为没等他催促，郭崇韬已经要班师了。于是马彦珪毫不犹豫地压下李存勖的诏书，取出刘玉娘的教令，出示给李继岌过目。

李继岌看过教令，觉得不妥，父皇还活着呢，母后又没有垂帘听政，她下这种命令显然是越权。于是李继岌对马彦珪等人说："大军马上就要出发，郭崇韬又没有什么不轨的举动，我们怎么能无缘无故做这种忘恩背义的事？何况皇上并没有诏书，仅仅凭借皇后的教令，就诛杀大军统帅，在程序上也不合法！"

马彦珪、李从袭等人有点傻眼了：小主子怎么横插一杠子？这好大一只鸭子，他们几个辛辛苦苦地宰杀、拔毛、煮熟、再端上桌，居然还有飞走的可能性！对他们来说，此刻真如向延嗣所说，到了"成败之机，间不容发"的时候。到底会是郭崇韬死，还是他们死？不能不拼了！

李从袭等急中生智，团团哭倒在李继岌面前，说出了一条让小主子无法拒绝的威胁："我们为执行教令，已经在做准备，机密很可能已经有所泄露，万一这件事传进郭崇韬的耳朵，中途发生变化，那殿下和我们就谁都活不了啦！"

天生高贵的少年被镇住了，一股寒意瞬间灌满全身，他猛然反应过来：眼前几个宦官说得没错，这潜在的巨大危险是实实在在的！不管郭崇韬以往和现在的表现如何忠诚，也不可能指望正手握重兵的他，在得知"君要臣死"之后，还会老老实实地遵守"臣不得不死"的教条。很多时候，已经犯下的错误，不得不用更大的错误来弥补。

正月初七一早，李从袭来到原前蜀天策府，郭崇韬的住处，称魏王李继岌有要事与郭公相商。郭崇韬毫不怀疑，就带着这次随同出征的两个儿子郭廷诲、郭廷信前往原前蜀东宫，李继岌的住处。

到了东宫，李继岌身边一个叫李环的卫士给郭崇韬指路：魏王殿下正在楼上等您呢！好吧，郭崇韬欣然走上楼梯，突然，脑后一声闷响，他在感受到极短暂的剧痛后，便再也没有任何感觉，因为他的头颅，已经让李环用铁挝（一种击打类兵器，类似铁锤）砸碎！

曾经为李存勖平定天下，贡献过最多智慧的一个大脑，此刻化成点点红白相间的脑浆，四散飞溅，死状惨不忍睹！伏下的卫士一拥而出，郭廷诲与郭廷信也无法逃脱，瞬间毙命，父子三人，同赴黄泉！

李继岌和他身边的人大概没有想到，他们为了自己安全的做法，其实适得其反。他们砸碎的远不止一颗郭崇韬的头颅，更是一个巨大的潘多拉盒子上的最后一道封印！现在，盒子被他们不负责任地打开了，里面早已蓄满的破坏性能量即将喷薄而出！所有参与促成郭崇韬死亡的人，都将在新一轮巨大的灾难中被碾得粉身碎骨，无一幸免……

杀掉了郭崇韬，宦官界的跑腿马彦珪没有稍事休息，马上又起程奔往洛阳，要将这个好消息尽快上报。烂摊子则留给了李继岌。不管怎么说，大军班师在即，把在军中威望很高的实际总指挥杀了，得赶快想办法善后。考虑一下，怎么向将士证明郭崇韬是罪有应得，杀他合理合法。如何让将士不因为郭崇韬的突然被害而心生恐惧，甚至引发兵变？

李继岌感到对这类需要玩弄笔杆子的说服工作没有把握，便召掌书记李崧来处理此事。

李崧是未来有些重要的人物，他本是深州饶阳县（今属河北省，当时属于成德镇）人，生于小官宦之家，自幼聪明过人，有学霸气质，十多岁时写的文章，让周围的人看了，都觉得是个天才。李崧的父亲怕把儿子埋没了，找了同族中一个最有学问的堂兄给他当老师，并介绍说："大丑（是的，李崧父亲就给儿子取了这么一个天怒人怨的小名）这孩子生来骨格清奇（莫非这就是他叫'大丑'的原因），将来应该大有前途，就仰仗兄长您多多教诲激励了。"

李存勖称帝后，让儿子李继岌遥领成德节度使，借此契机，李崧作为成德方面推荐的人才进入李继岌幕府，任参军从事。之后，他因出众的文才和敢于毛遂自荐的精神，得到卢质、冯道的称赞，这个职场新人马上顶掉了幕中前辈，成为魏王府第一号幕僚，李继岌的奏疏、文告，基本上都由李崧代笔。

回到此时，李崧了解到刚刚发生的事，不由得倒吸一口凉气：小祖宗啊，这么大的事，你就只听那些家伙们乱嚷嚷？多少也该征求一下我们的意见啊！李崧顿足道："现在大军远在京城三千里外，没有皇上的诏书，便擅自诛杀大将，殿下您怎么能做这么危险的事？就不能忍一忍，到洛阳再说吗？"

李继岌表现出他缺少主见的一面，听了李崧的话，又有些后悔了："你说得也对，可现在反悔也来不及了。"

李崧马上召来几个最亲信的书吏一起上楼，又把梯子撤了，几个人在楼上临时赶工，伪造了一份像模像样的假诏书，盖上李崧用蜡仿制的假中书省印（另一种说法是李崧将李继岌的都统印倒过来盖，冒充中书省印，感觉不太合理）。这样一来，杀郭崇韬就变成李存勖圣旨的决定，至少在程序上说得过去，可以稍稍平息士卒的不安。

好在这六万大军是由数镇降兵拼凑而成，并不是李从袭口中的"郭氏之党"，郭崇韬发财的时候，可没怎么照顾大家，众人多有怨气。等郭崇韬被杀，将校士卒震惊的人不少，但为他伤心或抱不平的人不多。郭崇韬的幕僚班子树倒猢狲散，人人怕祸及自身，大多逃走躲了起来。只有一个叫张砺的掌书记不避嫌疑，来到前蜀东宫，找到郭崇韬丧命的地方哭悼。这一幕正好让来见李继岌的任圜看到，他认为张砺有节义，不是墙头草，便收入自己幕下。

任圜来到李继岌驻地，是因为李继岌打算让他代替郭崇韬处理军务。但任圜原本是要留守成都，等待孟知祥的，人事一调整，班师日期只能再次向后推迟，没法子，这也是为了求稳，不出乱子。

直到正月十一日，能干的新任西川节度使孟知祥到达成都，他马上安抚军民，犒赏将士，蜀地人心稍为安定，被一拖再拖的班师才总算可以施行了。六万远征军中的少部分人被留在蜀地，大部分人起程北上。他们的回程没有李继岌期望的顺利，新的波折，不久又将到来。不过那些事儿稍后再提，先来看其他地方正在发生的事儿。

第四章

运去英雄不自由

王彦章　　周德威　　刘知远　　石敬瑭

族灭友谦

也许是因为洛阳到成都之间的地理距离过于遥远，消息传递太慢，使郭崇韬在大祸临头之前，对自己危险的处境反应十分迟钝。但在离洛阳不太远的河中，另一位金书铁券获得者李继麟（朱友谦），对自己和郭崇韬正在恶化的生存环境，认识要清醒得多。

李继麟的麻烦，开始于"礼尚往来"，即李存勖身边得宠的伶人、宦官把想要的礼单开出来，送到河中，李继麟负责把上边的内容转化成相应的实物，再送回洛阳去。最初，李继麟对李存勖身边那群心腹的索贿工作还是比较配合的，他们一张嘴，这边就掏钱。但谁让河中距离洛阳太近，伶人、宦官无论谁出京公干，往往顺便去河中打打秋风，一拨接一拨，宛如滔滔江水，连绵不绝。尤其是掌握着监督诸臣之权的情报官员景进，更是把河中当成了可无限透支的提款机，三天两头派人前往光顾。

没过太久，李继麟就开始心疼自己的钱了，更何况，不管是爵位、官职，还是对国家的功绩和享受的荣誉，自己都比李存勖身边那班伶人、宦官只高不低，好像也没理由怕他们啊？

于是，自以为得罪伶人、宦官也没什么了不起的李继麟，不肯继续充当提款机，面对景进的勒索卡要，他说："河中这地方，土地瘠薄，百姓贫困，虽然你们的要求很合理，但我这里实在是没钱了！"景进很愤怒：这么大一个河中盐池摆在那儿，天天冒银子，还对我们说没有钱！是在侮辱我们的智商吗？

李继麟似乎是帝国最有权势的人之一：他是后唐的西平王，受赐金书铁券，身为富庶的河中节度使，儿子李令德是武信节度使，李令锡是忠武节度使，还有六个儿子和七个部将在各地任刺史，组成了一个庞大的地方势力网。但是，在同光一朝，中央力量是彻底压倒地方的，而在中央，与皇帝李存勖的亲密程度决定了力量的大小，在这方面，李继麟完全没有资格同自己比高下。让地方势力逐步消融，让藩镇军队逐步中央化，是李存勖从未明说，但一直在做的事。在此前提下，李继麟的地方势力网越大，只能让他越容易成为李存勖下一步清理半独立藩镇的靶子！

因此，在李存勖面前打李继麟的小报告，甚至栽赃诬陷，是一件投皇帝所好、风险很低的事儿！

在伐蜀远征军从洛阳出发时，李继麟积极响应诏书，在河中阅兵，然后挑选精锐交给儿子李令德，准备会合大军一同出征。景进一听到消息，立即在李存勖耳边造谣说："李继麟听说魏王殿下的大军西进，以为是要对他动武，所以集结军队，准备顽抗！"

可是，随后李令德带着精选的河中军加入远征行列，让景进的预言没有变成现实，但他也没有因诽谤重臣而受到任何指责。事实证明，攻击李继麟的风险确实很低。

稍后，景进又找到了新的攻击角度，无中生有，火力全开："难怪李继麟肯让儿子带兵参加远征军，原来他与郭崇韬已在私下结成死党！郭崇韬在蜀地敢如此飞扬跋扈，就是仗着与河中的里应外合！"

李继麟在洛阳是有耳目的，听到这些消息后，非常惶恐。须知三人成虎，谎言重复千遍，在听众耳朵里也许就成了真相。怎么才能躲过景进那帮人的不断陷害呢？

无疑，有"朱简""朱友谦"两个曾用名的李继麟，绝不是什么忠义之士，但他也不敢造李存勖的反，不管从他与李存勖之间的军事才华比较来看，还是从河中一隅与整个后唐帝国实力对比来看，造反都像是一件百分之百的自杀行为！

也许，还有别的办法。李继麟想起当年他与朱友珪翻脸，招致后梁大军的讨伐，他向当时还与自己是长期敌人的李存勖求救，结果李存勖马上亲率大军来援，大破梁军，解下河中之危。随后自己亲往李存勖军营，并留宿了一晚，以示诚心，双方嫌隙全消。那次的成功经验，难道不值得借鉴吗？

思来想去，李继麟打算亲自去洛阳觐见李存勖，为自己也为郭崇韬喊冤。这个想法一提出来，就有部将反对说："王爷您有大功于国，河中距洛阳又不远，有什么事，真相不难搞清，所以不用将那群小人散布流言的事太放在心上。您只要行得直、坐得正，干好职责内的事，那些没有事实依据的谗言自然会销声匿迹。但千万不能轻易去洛阳！"

显然，这个不知名的部将的前几句话是在宽老大的心，当不得真，最后一句才是重点。根本不相信谗言会自动消失的李继麟，认为什么都不做，等于坐以待毙，不如拼一把，至少还能把希望寄托在天子的圣明上。故而李继麟不接受部将的意见，他说："郭崇韬的功劳比我大多了，都还被那些小人的谗言陷害，何况是我呢？如今情势危急，我只有面见天子，披肝沥胆，陈明事实，让那些造谣的小人获罪，才能转危为安。"

同光四年（926）正月初六，李继麟离开河中，前往洛阳，为了自己和郭崇韬的安危做最后一搏，宛如一条大鱼，离开了自己的池塘，蹦上了别人的刀俎。

从前文可知，就在这一天，马彦珪带着刘玉娘的教令到达成都，而郭崇韬被害就是第二天一早的事。就算如李继麟希望的那样，他能成功说服李存勖，以当时通信和交通条件，也完全来不及了，何况他的希望原本就不切实际。

李继麟主动放弃自己有限的抵抗力，主动来洛阳辩冤，很可能还有一个他没有说出口的原因：有人给他做了榜样。

比李继麟入京早一个月，还活着的后唐第一号元老功臣，原本受命在北境防御契丹的蕃汉内外马步总管李嗣源，来到洛阳朝见李存勖。这相当于用敞开胸膛、高举双手的姿势，来向皇帝表明自己没有二心。

李嗣源被李存勖猜忌的历史，要比郭崇韬和李继麟都早得多，胡柳陂会战、兴唐府细铠、李从珂被贬，此三事尚让人记忆犹新，郭崇韬还落井下石，这一切都让老将李嗣源日日如坐针毡，苦思避祸之策。

不过，李嗣源有一个让另外两位金书铁券获得者都比不了的强项：李

148

存勖身边最得宠的宦官，和郭崇韬结仇的那个李绍宏，在发达之前得到过李嗣源的恩惠，此人还算知恩图报，常常在李存勖旁边为李嗣源说好话，使他躲过不少灾祸。

李嗣源到洛阳朝见，也许就是李绍宏促成的。虽然李嗣源一到洛阳，基本上就被强制退休了，兵权被剥夺了，不能随意离开，但此举至少让李存勖对自己这位名义上的兄长放下心来，他看上去不再有什么危险。反正李嗣源已经一大把年纪（59岁，超过了当时人的平均寿命），就此安度晚年也是可以接受的。

再说李继麟来到洛阳，最初的几天，气氛似乎还是比较融洽的。由于记载缺失，我们不知道李继麟是否见到了李存勖，是否揭发了景进等人的谣言，以及景进又是怎样应付对头入京这一突发情况的。我们知道的是另一件事：同病相怜的李嗣源在自己的住所设宴招待了李继麟，洛阳城中的很多头面人物都参加了这次宴会，如李存勖的几个亲弟弟，唯一还留在李存勖心腹圈子内的高级将领李绍荣（元行钦）等。李继麟在宴会中的席位，甚至排在永王李存霸（李存勖最大的弟弟）之上。显然，此时李继麟还没有被排斥，李存勖还没有显出要拉偏架处罚他的样子。

但是，到正月二十一日，一切发生了天翻地覆的巨变，因为这一天，"飞毛腿"马彦珪回到洛阳。据《旧唐书·地理志》记载，当时从成都到洛阳的路程长三千二百一十六里，中间还要翻越重重大山，渡过条条大河，很多地段崎岖难行。马彦珪只用十四天就跑完这段长途，平均每天狂奔二百三十里，不知累倒了多少匹驿马。如此急不可耐，就为了将郭崇韬已被干掉的"好消息"及时回报京城。

无法确切知道，在得知郭崇韬被杀那一刻，李存勖的内心究竟掀起了怎样的巨浪。无疑，即使对于威压天下的后唐皇帝来说，郭崇韬的生死也不是一件可以等闲视之的小事，他不可能保持淡定。

李存勖第一时间下诏公布郭崇韬的滔天罪行。并且，从这一刻起，李存勖显然已经感受到了时局的危险性：郭崇韬的死，会让不知多少人觉得，在他的统治下不再有平安活下去的安全感。人不畏死时，以死惧之就没用了，这样的人随时可能成为引爆大乱的火星。对于这些潜在的危险分子，要一一识别是来不及了，那就宁可错杀，不可错放。但是，杀的人越多，拉的仇恨就越多，感到自身难保，愿意铤而走险的人就会成倍增加。更加不安的李存勖，就只能用杀更多的人来应对。于是，李存勖对与郭崇韬有过关系的人，启动的疯狂大清洗，就如飞驰下坡时脚刹失灵的跑车，开始了不受控制的狂飙。

这次震惊朝野的大清洗，是李存勖发起的第一次，也是最后一次。因为他已经没有进行第二次的机会。

第一批受害者，自然是没有随郭崇韬一起出征蜀地的另外三个儿子：当时在洛阳的郭廷说、在魏州的郭廷让、在太原的郭廷议。他们各自闭门家中坐，不经意间已祸从天上来。郭崇韬的儿子被杀光了，不过郭廷诲和郭廷让在死时各有一个幼子经人营救获免，算是没有绝后。

紧接着，有宦官检举：郭崇韬的女婿，同时也是李存勖的亲弟弟睦王李存义，得知郭崇韬死后，与手下将领聚在一起喝闷酒，席间痛哭流涕，公然说自己的岳父无罪。不仅如此，李存义据说还与一个叫杨千郎的妖道交往甚密，不知道想干什么。

得到密报的李存勖也不问青红皂白，立即将李存义逮捕，随即斩首。他是皇帝的亲弟弟，故而没有株连亲属，但下一个受害者就没这般好运气了。

原先李继麟和郭崇韬是没多少交集的，但被景进用谗言做锁链，拴成了一根绳上的两只蚂蚱。李继麟上书辩诬，也就不可避免地要替郭崇韬说话，现在，这些全都成了李继麟与郭崇韬相互勾结的"如山铁证"。

景进赶紧抓住这个机会，踢出要人命的临门一脚。他向李存勖捏造说："刚刚接到河中方面送来的急报，现已证实，李继麟曾与郭崇韬私下密谋，要联手造反。郭崇韬死，他仍不死心，又与李存义密商反叛的事。"

正月二十三日夜，李存勖那家奴出身，与景进同为情报人员，后来转入军职的常败将军朱守殷，带兵突然包围了李继麟在洛阳的住所，把他从卧室里揪出来，然后将这位大唐的王爷像驱赶猪羊一般，赶到徽安门（洛阳城北正门）外，就着漆黑的夜色，砍下了那颗死不瞑目的头颅。

头颅的名字，不再是李继麟，而是朱友谦，因为李存勖已经下诏：背负国恩的反贼，没有资格再享受皇家赐名，他和他的家族都恢复在伪梁时的朱姓原名。光杀人是不够的，诛心工作也得马上跟上。

光杀朱友谦一人就够了吗？当然不可能。所有可能为朱友谦报仇，或会为朱友谦的死而怀恨在心的人，都在李存勖决定处决朱友谦那一刻，自动加入清洗名单。有点麻烦的是，朱友谦长期专制一方，富贵的时间已久，其家族成员和门生故吏的数量比政坛暴发户郭崇韬要多得多，且已分散在全国各地，要全部杀掉，有可能扰动四方。

但李存勖马上派出一拨拨使节，前往各地传达杀人的旨意。

被派往朱家大本营河中的是曾生擒王彦章，以勇名震天下的猛将李绍奇（夏鲁奇）。河中没有发生反抗，朱友谦的妻子张夫人，带着朱府上下男女老幼共二百余口人前来面见李绍奇。张夫人大义凛然地道："我们朱家人该死，但请分清楚姓名，不要连累了外人。"于是，朱家的奴仆、婢女百余人得以放生。

在即将受刑之时，张夫人拿出朱友谦受赐的金书铁券，对监斩的李绍奇说："这是皇帝去年（《资治通鉴》原文记载如此，应为前年）的赏赐，我一介妇人，没有见识，不知道上面都写了些什么东西！"

虽然忠直的硬汉满面羞愧，为主君的不义而深感耻辱，但这什么也改变不了，皇上的圣旨还是得执行，朱家一百多人身首异处，史称："冤酷之声，行路流涕。"

除了河中，成都的魏王李继岌收到父皇的命令，暂缓班师，先就近到遂州处斩武信节度使朱令德；郑州刺史王思同接到命令，赶到许州斩杀了忠武节度使朱令锡；在各州担任刺史的原朱友谦部将，计有史武、薛敬容、周唐殷、杨师太、王景、来仁、白奉国等，此时突然被宣布与朱友谦"同谋作恶"，于是七人都被灭族。

至于朱友谦还有几个在各州担任刺史的儿子，由于史料不完整，他们大多数的结局没有记载，但情形不难推测：连朱友谦的部将都要被灭族，朱友谦的儿子们怎么可能逃得过？

据现在的记载来看，不论郭崇韬的儿子，李存勖的弟弟，朱友谦的家人、儿子，还是朱友谦的部将，这些人尽管很多担任着节度使、刺史，好像手里也有一定的地盘和军队，但他们在面对君主举起的屠刀时，全部都是束手待毙，没有一个聚众反抗甚至连夜逃亡。

李存勖的一轮大屠杀过后，首先发作的是军中最底层的士兵。

中原鼎沸

且说两位金书铁券的获得者郭崇韬、朱友谦在极短时间内相继惨遭灭门，天下惊诧。后唐朝廷的公信力已经很低，大多数人只是听说郭崇韬、朱友谦被杀了，却没弄明白他们为什么被杀，也不相信官方文告上那些显而易见的谎言，于是，在这巨大的模糊空间之内，各种"揭露内幕"的谣言仿佛长了翅膀似的迅速传遍四方。

当时有一个流传最广的谣言，说郭崇韬有了二心，想割据蜀地自立为王，并且杀害了皇储李继岌，所以皇上才要杀他满门。

前文说过，朱友谦当刺史的几个儿子结局大多无记载，但有一个例外。朱友谦之子朱建徽正担任澶州（属于魏博镇管辖）刺史，李存勖为了不让他逃脱，急下一道密令给邺都（就是魏州），让他们马上派人迅速赶到澶州，处决朱建徽。

再说不久前，因为调太原留守孟知祥前往成都坐镇的关系，李存勖对中原几处重镇的留守官员进行了调整。原邺都留守张宪调往太原，邺都留守一职由王正言接替。但王正言在后唐高官中，是出了名的能力低下，李存勖显然对他并不放心，于是又派了一位名叫史彦琼的唱戏朋友担任邺都监军，实际上架空了正长官王正言。

这次的秘密指令，李存勖就是交给史彦琼来执行的，连一个字也没有通知王正言。虽说王正言没什么本事，主打业务是混日子，可人家好歹是魏博地区的最高长官，知会一声也行吧？只能说到了关键时刻，李存勖对伶人的信任度太高了。但是，这样的操作会引发怎样的严重后果，实在让人没有想到。

史彦琼在接到命令的当夜，便乘快马急奔而出。由于城门已经关闭，史彦琼大发官威，喝令城门官开门，然后一溜烟直往西南方而去。

正处多事之秋，城门官感觉非常不安，急忙去报告留守长官王正言。王正言当然什么也不知道，于是，魏博地区很快生出了另一个谣言：当朝皇后刘玉娘，因为儿子被杀了，便不讲道理地把怨恨发泄到丈夫李存勖身上，已将这位当今天子弑杀！急召史彦琼，是刘皇后要与他商议杀死皇帝后怎么善后。

刘玉娘是魏州成安县人，魏博就是她的故乡，但这并没有让魏博人对这位当朝皇后有任何好感。她的父老乡亲，会轻易地放飞联想：那个可以不认至亲，鞭打生父的刘玉娘，自然也能毫不留情地杀掉宠她、爱她，对她恩重如山的皇帝丈夫。

很多人一听到这个未经证实且明显不太合理的传言，马上就深信不疑。这大概说明了两个问题：一、人们在感觉上愿意相信那个公认的坏女人可以肆无忌惮地干出任何伤天害理的罪行，甚至包括一刀砍断自己荣华富贵的源泉；二、很多人在不敢说出口的潜意识里，希望李存勖快点死掉。

李存勖、刘玉娘夫妇这几年干的那些事，使远离朝堂的人很愿意相信并传播他们的坏消息：天啊，当今皇上和皇上的继承人都被杀了，看来天下大乱，是不可避免了！

于是，在魏博镇，以至整个后唐帝国的上上下下，因对李存勖统治数年间种种倒行逆施的怨恨而积蓄满盈的负面势能，终于找到了一个宣泄的薄弱环节。惊天巨变，悄然而至！

话说在一年前，为了防备契丹进犯，李存勖征调了一批魏博军队前往卢龙戍边。这支魏博军由指挥使杨仁晸带队，驻防于瓦桥关，事先说好，为期一年，到时轮换。

一年很快到期，杨仁晸带着归心似箭的士卒回返魏州，一切原本还算正常，但他们走到贝州（今河北省清河县）时，接到了新命令：就地驻扎，未经允许，不得擅自返回魏州。士卒怨声大起："这叫什么道理？凭什么不准我们回家？"

道理当然是有的，只是不能对这些大兵说。此时的魏州城，虽然挑着后唐帝国三都之一的邺都名号，但经历了去年的大灾，现在驻兵少，钱粮也少。

李存勖的后唐中央大概也感觉到危险了。自中唐以来，魏博军人就养成善于造反，也经常造反的传统，在灭梁之后，魏博军功高赏薄不说，甚至被抢走一千多名家眷，军心早就不安定，已经是一个火药桶。此次这批魏博军在北境当了一年苦差，按惯例，回来是应该得到相应奖赏的，可邺都当地一时拿不出这笔赏钱来安抚他们，所以他们的风险系数正在显而易见地上升。

如果这些早已对现实非常不满的士兵，这次回到魏州仍然只能领到白条，他们的失望情绪可想而知。再加上郭崇韬、朱友谦刚被族灭，在军队中引发了恐慌情绪，这些军队很有可能闹事，弄不好会惹出大规模兵变。

怎么办？一时没有釜底抽薪的好办法，那就先扬汤止沸吧！推迟这支魏博军回镇的日子，虽然这一步并不能解决问题，但至少可以暂时减小风险，为下一步设法解决问题赢得一些时间。但因为有些李存勖没有想到，也不可能预先想到的重大变数加入，这一切将完全失控。

直到郭、朱二人被杀前，后唐内部仍能保持大体上的稳定，没有藩镇敢抗命，也没有发生过大的兵变。虽然后唐举国上下，大多数人的合法利益，都在李存勖不断膨胀的权欲侵害下步步后退，损失惨重，但只要还没被逼到死路上，人还能"赖活着"，一般人是不敢冒险去反抗李存勖的。李存勖的负面分虽在茁壮成长，但当年积攒下的正面分高得吓人，远非梁末帝、蜀后主可比。李存勖在十多年征战中赢得了战神般的赫赫威名，使太多的人觉得，反抗李存勖，就等于选择去死。

这一点，可以从朱友谦这个典型案例上看出来。当年在后梁的朱友谦，可是完全不把朱友珪、朱友贞两位皇帝的圣旨当回事：就算我抗命，你能奈我何？但面对李存勖征他的兵，身边小人不断向他索贿，说他的坏话，朱友谦的表现却非常软弱，先是积极配合，逆来顺受，后来感觉承受不了，也只敢亲自到李存勖面前喊冤，直到临死的那一刻也不敢反抗。

但现在，随着郭崇韬、朱友谦以及他们的家人，乃至亲信，纷纷无罪被杀，很多担心在下一轮兔死狗烹中被烹或招致株连的人感到：如果反不反抗都是一死，那么还有什么理由不反抗？同样是死，至少不用死得那么窝窝囊囊。

而在魏博，造反的初始条件又可以说是加倍成熟，因为在这里，李存勖"死"掉了！"死人"是不再有威慑力的，不管他生前多么让人恐惧。

回到贝州，且说杨仁晸带队的这支魏博军中，有个由士兵自发组成的小团伙，团伙老大名叫皇甫晖，是一名骁勇的魏州军卒。因为回不了家，领不到奖金，皇甫晖心情烦闷，就去赌博消遣。可是那一天，皇甫晖的手气比他的心情还要糟糕，几把樗蒲扔出去之后，把还没领到的薪水都输了个干干净净！

当天晚上，刚刚变成"大负翁"的皇甫晖，听到李存勖已死的流言，找来他的团伙老二赵进商量。他们都觉得这苦日子实在过不下去了，不如乘此机会玩把大的，像很多牙兵前辈那样制造一个新节度使，到时候要什么有什么。

两个天不怕地不怕的大兵一拍即合，马上叫上团伙兄弟，再煽动一批士兵，连夜闯进都将杨仁晸的卧室，把杨仁晸从床上架了起来。

然后，皇甫晖代表兵变士卒，对着惊恐不已的杨长官，发泄胸中的不平："我们这些人，十多年来甲不离身，每天都是在为国家抛头洒血！我们历经百战，总算帮助皇上并吞了天下，皇上却无视我们的功绩，不让我们享受天子恩泽不说，还把我们当成了潜在的反贼，处处猜忌防备。就拿这次远戍边境来说，咱们整整一年远离家乡，好容易期满待归，到离家只有几步路的地方，却不准走了，连家人也不得相见。我们犯了什么罪，招谁惹谁啦？"

然后，皇甫晖话风一转，鼓动说："如今听说皇后已经把皇上给弑杀，京城已经大乱，没人能管我们，众将士就想请将军带我们回去，与家人团聚。"

杨仁晸听明白了,这些士兵是要逼他当造反头领,等今后天塌下来时由他这个高个子去顶。造反头领通常不是什么好差事,更何况杨仁晸还是个"智者",并不相信李存勖已死的谣言。于是杨仁晸忙劝说这些情绪激动的士兵:"你们的打算太不靠谱啦!如今英明之主在上,天下合为一家,从驾的精兵不下百万,又刚刚平定了巴蜀,威名震撼中外。想造反,就算你们不想活了,就不替家里的妻儿老小考虑吗?"

身为高级军官的杨仁晸,肯定是有妻有儿的,但皇甫晖、赵进和那帮大头兵兄弟就不好说了。古人因为没有一夫一妻的限制,上等人占有了过多的交配资源,下等人打光棍的比例比现在高得多。而且,也不知道他们中间有没有去年那次大规模妻女失踪案的受害者,在那些人看来,杨长官的话更像是讥讽。于是,皇甫晖、赵进等人根本不接受这种不在同一维度的鸡同鸭讲,他们围着杨仁晸拔刀出鞘,威胁道:"三军积攒的怨气、怒气已满,都要造反。你要顺从军心则罢了,如果不接受,就不要怪我们不讲礼仪了!"

杨仁晸害怕担当反叛的罪名,还想拖延一下时间:"我不是不知道大家心里有怨,但大丈夫举事,总得想个万全之策吧?"

皇甫晖和赵进都不是很有耐心的人,而且他们也看出来了,杨仁晸显然不会当他们的领路人,而是铁了心要做绊脚石。既然如此,乱兵便说到做到,手起刀落,让这位总想着万全之策的杨仁晸,落了个万万不全。

虽然杀了杨仁晸,但小兵皇甫晖和赵进的身份实在太低,充当头领缺乏号召力,仍然需要找个有点地位的人出来当头儿。不过这也不算太难,军中还有不少可以充当备胎的军官呢!

皇甫晖等人马上又劫持了一个没能留下姓名的小校,胁迫他当头儿。这个小校与杨仁晸一样,不肯答应参加造反,于是乱兵又高效率地砍掉了这位一号备胎的脑袋,再去捉拿二号备胎。

被皇甫晖等人看中的二号备胎,名叫赵在礼,他本是涿州(今河北省涿州市,不属于魏博)人,曾先后在燕国、后梁、后唐任职,资历不浅,但履历比较平庸,从未有过什么卓越表现。以后来的记载看,赵在礼此人

156

最突出的特点，一是贪财，二是胆小，没发现有什么值得一提的优点。不过这些都没关系，在兵变发生时，赵在礼的职务是能指挥五百人的效节指挥使，有拉出来当头儿的资格了。

当天晚上，本已睡下的赵在礼听见外面人声嘈杂，意识到可能发生了兵变，连忙披上衣服，连腰带都来不及系上，打着赤脚就往外逃。大门已经走不通了，赵在礼跑到后院，欲翻墙逃命，但才翻过一半，皇甫晖带人冲进后院，一把抓住赵在礼的脚，一下将他从墙上拽了下来。

皇甫晖一抬手，刚刚摔了的赵在礼，就看见杨仁晸和一号备胎那两颗血淋淋的人头，当即被吓跑了二魂六魄。皇甫晖一看恐吓效果不错，就很贴心地为赵长官出了一道选择题：您是打算留下来当我们的头领，还是让我们送您去和他俩做伴儿？不用紧张，可以自由选择。

赵在礼没来得及犹豫，甚至可能都没有来得及思考，就在求生本能的驱使下，急忙高喊："我可以，我可以当你们的头儿！"于是，乱兵欢呼，赵将军带咱们造反啦！士卒纷纷冲出军营，在贝州城内大肆抢劫纵火，将他们被压制已久的愤怒和欲望，向着无辜者尽情发泄。第二天一早，皇甫晖、赵进等拥着新帅赵在礼，离开贝州，沿着大运河南下，经临清、永济、馆陶，一路抢掠，直奔邺都（魏州）而来。

二月五日，贝州兵变的消息传至魏州，有守城之责的都巡检使孙铎非常着急，因为他手下的人基本上都赤手空拳，乱兵若至，根本没法抵挡。当然这也是按规矩办事，非战争时期，兵器盔甲大都存放在仓库内，没有高级领导的批示是不能拿出来的。

孙铎只好赶紧向上级领导请求打开仓库，让他的人能够领到武器，准备战斗。这个上级领导不是成事不足的王正言，因为王长官说了也不算。在魏州城里能够说一不二的，还得数那个脸难看、事难办的史监军，孙铎虽然不情愿，也只好去求他。

史彦琼知道，城里的军士大都不喜欢他，他也不喜欢这些舞枪弄棒的武夫，因此，当听完孙铎的请求，他露出一脸的不信任：现在就发放兵器？这家伙该不是想跟着贝州那伙人一起造反吧？于是，败事有余的史监军很有逻辑地拒绝了孙铎的请求："按照探马的报告，叛军昨天才走到临清，临清距邺都一百五十里，按'师行日五十里'计算，至少得到明天晚上才能到达。你今天就要求发放兵器，想干什么呀？"

孙铎只好向史彦琼科普说："贝州叛军现在干的事儿叫作造反，是在玩命，怎么可能用您视察的速度慢慢赶路？他们肯定会尽最大努力，昼夜兼程地行军，抢在我们完成守城准备之前发动攻击！"

然后，孙铎提出一个可以尽量保证史彦琼安全的作战方案："请仆射大人率众守于城上，我募劲兵一千人出城埋伏于王莽河，乘他们一路远来无备，来一次迎头痛击，先打掉他们的锐气，再击溃他们就比较容易。如果让他们一直挺进到城下，城里难保不会有奸人愿意做他们的内应，那时胜负就不好说了。"

史彦琼更加确信自己的推断正确：还不需要武器的时候，就花言巧语讨要武器，这个孙铎一定有二心！于是，自以为明察秋毫的史彦琼拒绝了孙铎的提议："就算乱兵来了，守住城就可以，何必一定要出战？"魏州就此错过了宝贵的备战时间。

事实证明，史监军的第一个推断是错的。当天深夜，叛军的先头就一路急行军，来到魏州城下，比史彦琼的预测提前了整整一天。而且，叛军完全没有休息的意思，而是不怕疲劳，立即发起对北门的突击。

史彦琼当时正好带兵驻守于北门的城楼，按说这应该算是重点防御地段了，但谁知一听到城外叛军的声音，根本没有发生战斗，史彦琼带的兵就跑了个精光。他们应该也不是不能打，可能是一听来的人全是哥儿们，谁还听那个可恶的史监军摆布？孙铎的预言得到了证实，叛军轻松入城，史彦琼单骑逃往洛阳。

史监军的第二个推断也是错的。孙铎没有背叛，他在史长官逃走之后，仍带着少量靠得住的军队与叛军展开巷战，但寡不敌众，战至二月六日早晨，孙铎见败局已无可挽回，先奔回家，背着老母从水门潜逃出城，幸免于难。

魏州城内大乱，虽然叛军的家就在这里，但皇甫晖等叛军头目并不因为是窝边草就忌口，照样乘乱大发横财。

据说，皇甫晖冲进一民家，问他们姓什么。民家答："姓国。"皇甫晖说："好，我正要破国！"于是这家人被杀光。随后，他又冲进一民家，同样问姓什么。那家答："姓万。"皇甫晖便道："好，我杀万家人足矣！"于是这家人又被杀光！

差不多就在孙铎护着老母逃命，皇甫晖挥着屠刀发财的时候，魏州城内理论上的最高长官王正言正在发脾气。虽然没什么有分量的实际工作，但王正言还是养成了兢兢业业上下班。在昨天那并不宁静的夜晚睡了一个好觉之后，这天一早，精神饱满的王正言又准时到自己的衙门坐堂。来到留守府的公堂，王正言惊讶地发现，自己竟然是整个衙门里面唯一一个准时上班的人，其余从书吏到衙役，一个人都见不着。王正言震怒了：什么时候考勤松弛到这种程度？看来不狠抓一下工作纪律是不行了！嗯，凡是今天迟到的人都扣发一个月俸禄！不，太轻了，至少扣发两个月的！

王正言正独自一人大发官威，突见他的家人急忙跑进衙门，喘着粗气对他说："叛军已经进了城，正在街上杀人放火，所有官员都跑了，您还在这儿喊谁啊？"王正言这才大吃一惊："我怎么一点儿也不知道哇？"

虽然比手下人慢了半拍，王正言总算做出了正常人的反应，先是奔到马厩找马，但哪里还有马呀？早都让人骑走了！他徒步奔出留守府大门，准备逃命。但王正言运气不好，刚一出门，就撞上正欲占领留守府的叛军名誉首领赵在礼，无路可逃了。王正言急忙跪下，向赵在礼叩头求饶。

赵在礼自己也是傀偏，此时想的是如何找台阶受招安，于是也向王正言下跪叩头，安慰他说："尚书大人您德高望重，千万不要委屈自己。我其实也蒙受国家大恩，与您还共过事，这次事件，实在是将士思家欲归，仓促之间被众人逼迫，不会伤害您的。"

王正言暂时成了人质，当天，叛军拥戴赵在礼为魏博留后，赵在礼则提拔兵变头目皇甫晖为都虞候（都虞候是掌管军纪的官）、赵进为斩斫使，魏博的临时自治政府就此成立，天下大势也开始一发不可收拾！

二月九日，史彦琼逃到洛阳，将贝州兵变以及魏州失守的事，报告给他的老票友李存勖。稍后，太原留守张宪也向洛阳方面通报了相同的情况。原来，张宪虽然前不久由魏州调任太原，可是他的家属仍留在魏州，赵在礼为了谋求招安，希望张宪能从中调解，便命人善待张宪家小，并遣人将这个消息告知张宪。但张宪决心要做李存勖的忠臣，当亲人的生命与忠义的信念相冲突时，亲人是可以牺牲的。于是张宪连信封都不拆开，直接将魏州来的使节斩首，誓与叛军不共戴天。

接到报告的李存勖，估计此时还没把这件事看得太严重，毕竟只是一镇的部分小兵造反，只要没有强藩重臣响应，几只毛毛虫应该不至于掀起大浪。李存勖便咨询了一下刚刚接替郭崇韬担任枢密使的李绍宏：你看谁合适挂帅出征，平定魏州的叛军啊？

李公公是拿钱办事的贪官，一有机会就弹起他几个月被批过的老调：李绍钦（段凝）用兵如神，只要交给他办理，皇上就可以静候捷音了！

战场高手李存勖，对手下败将段凝的将才不可能有太高的评价，但从平定魏州叛乱这个角度看，他也许不失为一个合适的人选。

后唐军队大致分为晋系旧部和与梁系为主的梁岐蜀降兵这两大部分。现在造反的魏博兵，显然属于在李存勖称帝前已追随他，与梁军恶战多年的晋系旧部。如果派一个在晋系旧部中有威望的大将（这类人已所剩无几，仍然得到他信任的一个也没有）出征，就要担心他与叛军相呼应的危险。而且这次平叛因为强弱悬殊，难度估计不会太大，那么主帅的将才就不太重要了，重要的是他能让人放心使用，造反的风险小。

李绍钦只是一个靠拍马贿赂升到高位的常败降将，在晋系旧部中可以说毫无影响力。而在后梁降将中，痛恨他的人也比比皆是，因此他在梁系降兵中的影响力也不是太高，仅仅与李存勖心腹小圈子中的宦官、伶人交往较深，看起来符合不易造反，用着放心的安全原则。于是，这次李存勖批准了李绍宏的提议，并让李绍钦尽快拟一份作战计划献上来。

但等李绍钦把拟好的作战计划呈上，李存勖发现他挑选的随同出征的将领，全都是当年他在后梁时的心腹、同党，这立即又引起了后唐皇帝的警惕：我愿意用你，就是看中了你缺少党羽，可现在你连兵权都还没有拿到手，就打算着培植党羽，那我要你何用？

于是，李存勖立即撤销了对李绍钦的任命，准备再换一个将领。就制度而言，本不该干预朝政的皇后刘玉娘，又一次发挥了她对丈夫的强大影响力，推荐说："魏州几个毛贼作乱这种小事，用不着劳动大将，我看交给绍荣去办，马上就可以将他们摆平。"

李绍荣，就是昔日刘守光手下的心腹猛将元行钦。自加入李存勖的亲军将领后，他不但骁勇善战，在战场中救过李存勖的命，而且八面玲珑，很善于讨好上级，与伶人、宦官、后宫搞好关系，因此混得风生水起。

比如有一次，李存勖在宫中设宴招待群臣，发现李绍荣不在身边，礼仪官员忙解释：按规定，要使相（节度使兼任同平章事，有宰相之名，无宰相之实即为使相）这一级才能入内殿就席，李绍荣只是节度使，级别还不够。于是李存勖在整个宴会上都很不高兴，第二天立即给李绍荣加上同平章事的职衔。

又如数月前，李绍荣的妻子死了，李存勖在一个私密场合特别亲热地关照说："你打算娶谁家的姑娘续弦啊？我帮你说媒、出财礼哦！"不想李存勖这说者不一定有心，一旁作陪的听者刘玉娘顿时有意。

那些天刘皇后正好有一件烦心事，李存勖又当爸爸了，新生儿的母亲是一个宫女。虽然刘玉娘仍然是李存勖最宠爱的女人，但面对数千美女环绕中的李存勖，她还是做不到专宠。刘玉娘感到了潜在威胁，她知道即使是绝代佳人，容颜也必然会随着岁月流逝而逐渐贬值，所以要尽可能将皇帝身边所有美丽的危险扼杀于萌芽状态。于是，刘玉娘指着那个不久前生下小皇子的"危险"分子说："皇上您既然如此爱惜绍荣，就把她赐给绍荣吧！"

李存勖被这一记突然袭击打蒙了，啊了一声，没说同意，也没说不同意。刘玉娘立即叫李绍荣谢恩，让人用小轿将那宫女抬出宫。事毕，李绍荣得到一个漂亮老婆，与皇室交情更深。刘玉娘拔除了一个潜在对手，更加意气风发。至于李存勖，虽然丢了个小老婆，生了两天闷气，但很快与刘玉娘欢好如初，结局可谓皆大欢喜。

由这些事可见，李绍荣与皇帝、皇后的私交都极好，这使他成为同光年间，唯一一直留在李存勖心腹小圈子内的武将。在这个时候，李绍荣也算能让李存勖放心的极少数高级将领之一。

李存勖下令由归德节度使李绍荣为北面行营招讨使，史彦琼为监军，先率两千名骑兵赶至魏博，劝说叛军投降，如果不降，再以武力剿灭。同时也下诏抽调各镇军队赶赴邺都，加入李绍荣指挥的讨伐军行列。

然而，没等李绍荣集结好军队，开到邺都，皇甫晖兵变产生了效应，河北各镇、各州县，纷纷向朝廷奏报，都称发生了兵变或暴动，告急的使者在路上前后相继，数量多到难以统计。在这批河北的跟风队伍中，闹得比较大的有两处。

第一个地方在邢州（今河北省邢台市，安国镇总部），那里有个叫赵太的士卒，乘着本地节度使长期不在任，煽动起数百人发动兵变，一举拿下邢州城。得手之后的小兵赵太，没有小兵皇甫晖谦虚，也不找个头面人物出来当傀儡，直接自称安国留后，为了一时痛快，自己蹦上了靶心的位置。李存勖得知此事，赶紧命令担任过李嗣源副手的武宁节度使李绍真（霍彦威）出兵讨伐邢州。

这里解释一下，兵变前的安国节度使是李存勖的七弟——雅王李存纪。当时李存勖将好几个弟弟都加了节度使的头衔，估计打算用皇族逐步取代武人的地方势力。不过鉴于历史上分封制度的后遗症，李存勖又不真的让弟弟们去上任，每个皇弟节度使都只是在洛阳遥领，坐吃俸禄。邢州兵变后，李存勖意识到在天下不安之时节镇无帅潜藏的危险，决定让弟弟们去各自藩镇上任，帮助自己稳定局势。不过从事后看，显然为时已晚。

另一个地方在沧州。义昌节度使安元信受命发动本部人马，南下邺都与李绍荣会师，共同讨伐魏博叛军。结果等安元信一走，沧州发生兵变，经过一段记载不详的较量，一个叫王景戡的初级军官宣布他平定了兵变，使义昌镇重获平安。

但接下来，王景戡不顾安长官还在南边作战，也不管朝廷态度如何，就马上自己给自己"论功行赏"，宣布就任义昌留后，变相驱逐了安元信。

他干的事儿在本质上和皇甫晖、赵太他们没多大区别。但因为沧州事变的顺序排在后面，朝廷一时抽不出兵力再发动一次讨伐，再加上王景戡表面态度比较恭顺，李存勖只得忍下一口气，暂时默认了义昌镇的改变。

河北各镇只是重灾区，河北之外的很多地方也同样不平静，造反的浪潮甚至波及天子脚下的洛阳城中。

前文说过，后梁帝国的禁军分为传统的天子六军与新设的侍卫亲军两大系统，而且作为新生事物的侍卫亲军要强于天子六军。到李存勖建立后唐，这一趋势更加明显，隶属侍卫亲军的军队越来越多，藩号越来越繁杂，不可能再一视同仁，所属各军逐渐也有了内外之分，亲疏之别。

这其中，有一支侍卫亲军非常引人注目。它创建于梁晋恶战期间，李存勖特意挑选了各军中骁勇善战的有功将士，抽出来编成一支数量不多的精锐的亲军部队，藩号称"从马直"。从马直下设四个指挥，当时一个指挥约管辖五百名兵（但战争期间不满编的情况极常见），总兵力估计在两千人左右。"从马"大概的意思是，他们是护驾在李存勖身边的一支骑兵部队，"直"的含意可能是直辖或当值。在下知道的是，从此，大量亲军部队都以"某某直"命名，成为一种风气。

可就是这样一支嫡系王牌部队也出事了。有一个叫王温的士卒仿效皇甫晖，组织了一个五人的小团伙准备煽动兵变，袭杀了一名军使（可能此人同杨仁晸一样不肯当头领）。不过，王温等人闹事的地方毕竟是国都洛阳，不是天高皇帝远的贝州，他们也就没有皇甫晖的好运气，还没抓第二名军官，他们就被赶来镇压的军队擒获斩首。这件事听起来虽有惊，但无险，好像不值一提。确实，这不算大事，真正把事情闹大的，是李存勖处理不当而弄出来的续集。

事后调查，王温等五人是从马直指挥使郭从谦的手下，李存勖见到报告后非常生气。原来，这郭从谦曾有一个艺名叫郭门高，也是得到李存勖宠爱的伶人朋友之一。梁晋德胜会战期间，李存勖招募勇士参战，郭从谦自告奋勇，脱下戏服，换上军服，冲击敌阵，得胜而归。李存勖大喜，毕竟这种戏里戏外都能当英雄的伶人朋友不多，想不发达都难。于是郭从谦被编入从马直，先任军使，再升至指挥使。

转行成军人的郭从谦也很重视钻营，借同姓之仪，拜当时正得势的郭崇韬为叔父，然后又拜郭崇韬的女婿、皇弟李存乂为义父。甭管这辈分乱不乱，反正郭从谦在皇帝之外又找了两条粗腿当靠山，一时前程似锦。只是，郭从谦猜中了前边，没猜中结局，他怎么也没想到，两大靠山会突然间同时崩塌，这让他惶惶如惊弓之鸟。

李存勖对郭从谦始终有所偏爱，并不想将他加入清洗名单，只是觉得：别人不让我省心倒也罢了，你郭从谦可是我的人，怎么也不好好约束部下，让他们添乱呢？

于是，李存勖把郭从谦找来，狠狠吓唬了他一番："你过去辜负我的大恩，跑去巴结郭崇韬、李存乂，现在又让王温作乱，你还想干什么？"

李存勖大概以为这么一吓唬，郭从谦会加倍小心做事，可实际上，这一句话让郭从谦吓得魂飞魄散，自以为已身陷绝境，离被株连不远了！

回到从马直驻地，在悲愤与恐惧夹击之下的郭从谦已有二心，他悄悄对手下将士说："皇上因为王温的事，已经信不过咱们啦！只是因为马上要打仗，暂时缓一缓，一旦邺都的叛军被平定，咱们的死期就到！兄弟们家里还有什么值钱的东西，赶快拿出来卖掉，然后该吃的吃，该喝的喝，抓紧最后几天享受享受，反正大家都活不长了！"

郭从谦这段话如果是四年前说的，可能会被义愤填膺的从马直亲兵痛打一顿；如果是一年前说的，可能也没几个人信；但是现在大家都相信了。

那个受众人拥戴，行事光明磊落，待将士如手足的晋王殿下，早不知消失到哪里去了！那个在夹寨、在柏乡、在德胜、在胡柳陂，在一个个血与火的战场上，身先士卒，冲锋陷阵，自带主角光环的大英雄，仿佛已成为遥远的幻影。如今坐在龙椅上的，只是一个让亲军将士曾经感觉很熟悉的陌生人。这个陌生人不讲信义、不念功劳、翻脸无情，可以随心所欲将很多无辜的人治罪屠杀，株连九族！是的，如果他想株连我们，那也一点儿不让人意外！

不管是贝州、邢州、沧州，还是洛阳，这些在中原大地上燃起的火星中，带头闹事的还都只是下层军人，暂时没有重量级人物参与。但在遥远的巴蜀，第一个由大佬级人物掀起的叛乱已经打响。

康延孝之乱

蜀地叛乱的主角是伐蜀先锋李绍琛，还是叫他康延孝吧，反正他很快就要失去皇家赐名，恢复原名了。

原本由于董璋的事，康延孝与郭崇韬是有不小矛盾的，所以当他得知郭崇韬被杀，虽然有些吃惊，但更多的还是幸灾乐祸。康延孝特意去见董璋，带着几分快意地恐吓说："没想到吧？郭崇韬死了！今后你还打算到谁的面前去告我的刁状？"

董璋又惊又怕，连连认错，请求原谅。康延孝出了一口恶气，心情舒服多了，也就没把董璋怎么样。但接下来发生的事，就让康延孝没法舒服了。

前文说过，郭崇韬先死，然后李存义、朱友谦被郭崇韬牵连，更多的人又被朱友谦牵连，一道道杀人的诏令发往后唐全境，其中就有一份是发往蜀中的，李存勖命李继岌处决朱友谦之子，当时坐镇遂州（今四川省遂宁市）的武信节度使朱令德。

李继岌接到这份诏书时，正在班师北返途中。唐军是分批行动的，先头李继曮押送前蜀君臣已出秦岭，李继岌带着主力中军刚走到剑州西南的武连，而康延孝带的后卫部队一万二千人才走到绵州东北的魏城。

李继岌与他身边的人认为，要杀一个在任节度使毕竟不是一件小事，派一个使节单枪匹马去遂州传旨恐怕不顶用，虽然让大军折回蜀中显得不必要，但还是得派一个手里有兵的大将去执行诏令才稳妥。商议之后，李继岌绕过康延孝，传令给东川节度使董璋，命他去遂州杀朱令德。

此事让康延孝大吃一惊，一是惊于朱家父子无端受株连，二是惊于不信任自己的上司，原来不止是一个郭崇韬。

稍后，杀掉朱令德的董璋前去晋见李继岌报告缴令，途中要经过康延孝的大营，非常不礼貌地连声招呼都不打，好像避瘟疫似的直接从大营一旁穿过。

当然董璋这么做还是有道理的。数月前朱友谦（当时还叫李继麟）交给儿子朱令德（当时叫李令德）带队参与伐蜀的河中军队，现在大多隶属康延孝的后卫部队（这可能就是李继岌不让康延孝去杀朱令德的原因）。这些人都对朱家满门被杀愤恨难平，这个时候，凶手之一董璋如进了康延孝大营，那还不是自找没趣？弄不好被人捅一刀，闹个竖着进去，横着出来，也不是不可能的。

但康延孝的愤怒和恐惧不会因为这种"合理性"而降低。康延孝招集手下将领聚餐唱闷酒。等喝到半醉，康延孝一声长叹，对众将说了一段以前不要紧，现在犯大忌的大话："国家南破大梁，西平巴蜀，其中运筹帷幄，决断大计之功，当以郭公为首！效汗马之劳，冲锋陷阵，力摧强敌的人，舍我其谁？而说到弃暗投明，促成天下霸业的，当以西平王为第一！"

然后，康延孝抓起酒杯，一饮而尽，言出泪洒，激昂悲怆，长歌当哭："现在，郭公与西平王都没有罪，却惨遭灭族！等回到洛阳，下一个受死的人肯定是我，冤啊！悠悠苍天，我该怎么办？"

受此鼓励，原本还敢怒不敢言的河中军人不再压抑情绪，几个将领在大营门口聚众哭号，向康延孝请愿："西平王有什么罪，凭什么被满门屠杀？连河中出来的部将都纷纷连坐！我们这些人要是回去，必然和史武他们死在一起！我们绝不能回去！"

军营内群情激愤，走到剑州（今四川省剑阁县），康延孝不知出于什么考虑，最后一次派人向已经进入利州（今四川省广元市）境的李继岌报告说：河中将士号哭不止，很可能马上就会发生兵变！

二月十日，皇甫晖兵变后的第六天，康延孝率部在剑州举兵反叛。但他统领的部队并不都是义愤填膺的河中军，其余军队还没有反心，他们家在中原，想的是如何回去，而不是留在蜀地造反，牵连远方的家人。尽管康延孝在造反前做了充分的鼓动工作，所部一万二千人还是只有八千人追随他造反，另外三分之一的人当时就跑散了，留下的人也不完全可靠。

造反之后，康延孝一边率大部分兵力南返，一边派人北上去破坏桔柏津浮桥，企图阻止李继岌的中军主力回师。他还派人向巴蜀各地发布文告，宣称自己接到诏书，就任西川节度使兼三川制置使，代替孟知祥安抚蜀地。与此同时，康延孝大量招募蜀人扩充自己的军队，据说他的兵力很快从八千人增到了五万人，不过，这些临时招募的新兵，素质和可靠性都比较差。

二月十二日，李继岌接到桔柏津守臣的急报，说是收到康延孝的指令，命斩断浮桥，但守臣不敢执行，特来报告。李继岌这才知道康延孝已反，急命将军梁汉颙率军抢先控制桔柏津浮桥，然后连夜召来任圜，任命他为招讨副使，会同梁汉颙、宦官李廷安等率精锐七千人南返，追击康延孝。

二月十四日，任圜率军来到剑门关。不知道是康延孝仓促间没有派兵在这里布防，还是他留在这里的人对他的造反没有信心（估计后者可能性更大），这道防卫蜀地最重要的天险被任圜的军队一击即破，平叛部队毫无阻碍地再次进入四川盆地。

此时，康延孝叛军表面气势还不错，但前有孟知祥，后有任圜，都是不好对付的劲敌，叛军表面数量在膨胀，有效的战斗力却在下降，实际形势并不乐观。

在任圜拿下剑门关的同一天，李绍荣（元行钦）率领的第一批讨伐军两千余人来到魏州城下。至南门外，李绍荣先礼后兵，命人将李存勖的劝降诏书送上城。

赵在礼对前景毫无信心，见到劝降诏书，感觉就像抓到救命稻草，忙派人送出酒肉犒劳讨伐军，同时自己与皇甫晖、赵进等登上城楼，向李绍荣下拜，并谢罪讨好道："将士们只是因为思念家乡，擅自返回，并没有别的意思。相公（李绍荣有使相头衔，故称'相公'）您如果能向皇上奏明情况，免我们一死，我们怎么敢不改过自新？"

说完，赵在礼又把诏书交给左右传阅：看见了吧，只要赶紧放下武器，接受招安，我们都还能活命！

谁知就在这时，此前在魏州飞扬跋扈，搞得我恨人人、人人恨我的监军史彦琼，也来到了城楼下。他自恃有身后的大军，手指着城头，亮出多年唱戏练就的好嗓门，先深吸一口，气沉丹田，破口大骂："你们这群狗贼，等城破之日，全部碎尸万段！"

皇甫晖根本不想投降，何况以他主谋的身份，投降了多半也活不了，退一万步说，就算不追究造反之罪，难道回头去当大兵？见此情景，皇甫晖煽动众人："看看史监军的口气，我们就算投降，皇上也不会赦免我们！"于是，乱兵情绪又被鼓动起来，鼓噪着将诏书撕得粉碎，紧闭城门，亮出武器，准备抵抗。

突来的变故使李绍荣没法不战而屈人之兵了，只得下令攻城。但首批讨伐军兵力不足，第一次攻击轻易被击败，李绍荣只好先收兵退往澶州，准备等待后续各镇兵马到达，再集中优势兵力攻城。

李存勖得到叛军撕诏书，首战失利的报告，勃然大怒，仿佛替史彦琼背书似的，对自己生活战斗过多年的第一个首都，发下凶狠的诅咒："等攻破魏州那一天，里边一个活人都不留！"然后，李存勖下令各镇加派兵马，支援李绍荣。

八天后，得到各镇增援的李绍荣，再次率军进至魏州城下，开始攻城。但不知道李绍荣是因为没有帅才，指挥笨拙，还是因为没有威信，指挥失灵，整个攻城战打得非常糟糕，组织协调能力极差。

二月二十三日，裨将杨重霸率数百名敢死队成功爬上城头，本来已是胜利在望，但不知出了什么幺蛾子，竟然没有一支后续部队跟上来扩大战果。皇甫晖等人抓紧时机，猛烈反击，杨重霸与数百名勇士全部阵亡，攻城再次受挫。

这次规模不大，但很难看的败仗狠狠地打了李绍荣的脸，使其以往善战的名声扫地，看来此人就是个一勇之夫。此时各地呼应魏州叛乱，大大小小的兵变、暴动越来越多，如果不能尽快把这只出头鸟打掉，局势可能全面失控。

此时的都城洛阳并不缺少戍卫的禁军，但国库中缺少给军队发饷用的钱粮，军心浮动厉害。忧心忡忡的李存勖连续派使节西上，催促李继岌赶快带着伐蜀之师，以及从蜀地缴获的金帛回来，以解燃眉之急。但他得到的回报是康延孝造反了，伐蜀之师一时回不来。

李存勖真的急了：如果暂时不能用蜀地的钱粮稳定军心，那就要马上干掉魏州的叛军，杀一儆百，阻止其余的军队再生二心。可是，这个李绍荣怎么专门在关键时候掉链子？打个魏州都久攻不克（实际上，李绍荣二月十四日才到魏州，初攻不克，休兵七日待援，二十二日复攻，二十三日攻城失利，整个行动才十天，真正作战才三天，对魏州这样的坚城来说，用时并不久。只是人在焦急之时，对时间的感觉与平常不一样），看来得换人！

李存勖召群臣商议，准备亲征魏州。但此言一出，两个宰相（豆卢革、韦说）和两个枢密使（李绍宏、张居翰）都表示反对，他们认为，京师洛阳是天下根本，在此四方不安之际，天子如果轻易离开洛阳，潜在的危险难以估量。

李存勖解释说："不是我喜欢亲征，而是当朝诸将之中找不到合适的人啊！"然而，宰相和枢密使们却不这么认为。

身处帝国核心的这四位重臣中，宰相豆卢革、韦说都是凭借士族门第升到高位的平庸之辈，平日不求有功，但求无过，没什么远见卓识。枢密使张居翰是与张承业同辈的唐末老宦官，秉性良善，谨慎小心，被郭崇韬推荐做自己的陪衬。四人中真正有野心、好表现的只有枢密使李绍宏。因此，四人的意见很可能是李绍宏在私下串联时定了调，其他三人附和。

那么李绍宏是什么意见？前面说过，当时与李绍宏交情不错的高级将领主要有两人：一个是行贿与拍马屁功夫精湛的李绍钦（段凝），另一个是早年曾经对他有恩的李嗣源。李绍钦是被皇帝否定过的人选，不提也罢，但身经百战，建下无数战功的老将李嗣源不就在洛阳吗？怎么能说没人呢？

于是，宰相和枢密使一起推荐："蕃汉马步总管李嗣源，身为陛下的宗室之臣，创业以来，历经百战，攻无不克，战无不胜，威名震动夷夏！在臣等看来，如果让他挂帅出征，邺都的小寇必能轻松摆平。"

听到李嗣源的名字，李存勖迟疑了，这个人现在能不能用，他的心里真的没底。从能力上讲，李嗣源肯定没问题，但问题是：他可靠吗？

不久前，三个金书铁券获得者中的两个相继被诛杀满门，是个人都会联想到是不是该轮到剩下的那一个了。李存勖也不放心，特别派了负责监视李嗣源在京一举一动的朱守殷去探探口风。

朱守殷在私下与李嗣源会面，装作好心地建议说："令公您功高震主，留在洛阳恐怕不安全，要不向皇上申请回镇州（李嗣源此时遥领成德节度使），离开这个是非之地？"

李嗣源无奈地叹道："我一颗赤心，不曾愧对天地。至于将来是福是祸，那都是命里注定，又怎么可能避得开？"

从这番话和几十年来的忠勇表现看，李嗣源不像是一个会造反的人。但在这人心浮动之时，一旦让李嗣源离开洛阳这个大笼子，脱离自己的掌控，以他在军队中的巨大声望，他无疑将是整个天下最有造反能力的人。

能不能相信李嗣源的操守？李存勖犹豫再三，不能决断。面对众人的推荐，李存勖很不坚定地找了一个牵强的理由，勉强回绝说："我不忍心让李总管一把年纪，还要受鞍马劳顿之苦，还是让他留守京城吧！"但是，几位宰相、枢密使众口一词："以臣等看来，要征讨邺都叛匪，再没有比李嗣源更合适的人了！"李存勖不答，会议没能做出决定，不了了之。

稍后，李存勖的名义岳父、齐王张全义的一份密奏，终于促使李存勖结束了犹豫。张全义的密奏上说："河朔正值多事之秋，时间拖得越久，祸乱必然越深，最好让总管出征，尽快粉碎叛军。如果还让李绍荣挂帅，平叛不知要拖到什么时候！"

张全义是七十四岁的垂暮老翁，不可能再有什么野心，又是李存勖统治秩序下的既得利益者，与李存勖、刘玉娘夫妇关系密切，而与李嗣源没什么值得一提的交情。显然，他的出发点应该只是为了维持现状，认为让李嗣源出马能最快平息叛乱。既然如此，李存勖决定赌一把，选择相信张全义的判断。

二月二十七日，李存勖终于下令，让李嗣源前往魏州，代替李绍荣，指挥平叛。

不过，为防备万一，李存勖仍然留了一些后手。此前李嗣源已经过了几个月的退休生活，兵权被剥夺了一段时间，与长期合作的老部下大多暂时脱离了关系。在出征魏州之时，李嗣源长期统领的五千名亲军仍被留在成德，李存勖配属给他的军队，有部分是包括从马直在内的他的亲军。也许在李存勖看来，让李嗣源以一个光杆司令之身空降到自己的亲卫禁军中担任指挥，就算有了异心，他身边也全是自己的皇家亲军，不可能跟着造反，风险自然就可以降到最低了。如果我们不知道后来发生的事，仅从帝王权谋角度看，这应该是个好主意。

话说就在李嗣源离开洛阳，向魏州进发期间，正在向成都挺进的康延孝叛军碰巧截住一位李存勖派往成都传达圣旨的宦官。这位名叫崔延琛的宦官很机灵，见情形不妙，当即捏造了一段谎话来哄骗康延孝："我来是奉诏召孟知祥回洛阳的，如果您不急着进军，等孟知祥一走，蜀地可不战而下。"

不知道为什么，那一刻的康延孝似乎被鬼迷了心窍，智商大跳水，竟然放走了崔延琛，并减慢了行军的速度。崔延琛赶至成都，向孟知祥通报康延孝叛军的虚实。此前，孟知祥已加强了成都的防御，环城挖掘了壕沟，沿壕沟竖起木栅，并已集结了四万大军（可能多数是来自前蜀的降兵）备战。现在，知道叛军多而不精，孟知祥决定挑选精锐，主动出击，给康延孝一个下马威。

此时，康延孝叛军主力正驻军于汉州（今四川省广汉市），李继岌任命的讨伐军主将任圜，在会合了董璋率领的东川军后，也追至汉州。

不久前哭悼过郭崇韬的掌书记张砺，向任圜献计：康延孝自视当世名将，看不起您是文官出身，没打过仗，很容易轻敌，可以先设下埋伏，再以弱兵出战，诈败引诱他中伏。

任圜认为这办法可行，便有意让康延孝最痛恨的董璋打先锋，率老弱出击，向康延孝挑战。一见到董璋出马，康延孝就像看见红布的公牛，一股热血直冲脑门，智商好像瞬间又被降低了两成，亲自披甲上马，挥师而上，向着仇人不管不顾地杀过去。

于是，康延孝很自然地中了埋伏，很自然地大败亏输，好容易冲出包围，又撞上孟知祥派来的军队，被痛扁了一顿。康延孝临时拉起来的乌合之众被斩杀数千人，溃散逃走的又比掉脑袋的更多，他只得率残部逃回汉州，闭城固守。

但汉州并不是一座坚城，它甚至没有城墙，也没有护城河，防御工事只有一道木栅栏。城外，任圜、董璋、孟知祥三路军队的数万之众，将木栅栏围得水泄不通。

李存勖伐蜀仅动用了五万军队，头一批李继暤部已北归，中军主力李继岌部的大部分还停留在剑门关以北，后卫部队大多又随康延孝造了反，故而这些围城军队应以前蜀降兵为主。前蜀降兵加入后唐军队编制的时间还很短，对李存勖苛待将士的种种行径还没什么感觉，反而不像中原各镇的军队那样对李存勖政权已充满仇恨，军心思变，人人欲反。因此，康延孝虽身为大将，却没有小校赵在礼和小兵皇甫晖那样的好运气，他的失败已成定局，只是时间问题了。

比康延孝运气更背的，是自封的安国留后赵太。三月一日，招讨副使李绍真（霍彦威）在会合了成德来的援兵之后，攻陷了邢州，生擒了赵太，安国镇的兵变被平定。

值得一提的是，在讨伐赵太时加入李绍真指挥序列的成德援兵五千人，很可能就是由横冲都发展而来的李嗣源亲兵。此时在这支军队中，有两个在后来很重要的人物。

先说第一个——安重诲。他是当年被李克用派去救援朱瑄、朱瑾兄弟而战死的勇将安福迁的儿子。作为河东集团的烈士后代，安重诲很早便投身军旅，追随李嗣源征战四方，等李嗣源升任安国节度使，安重诲就任中门使，之后不论李嗣源调任何镇，安重诲都是他的中门使。

读者应该还记得吧？李存勖称帝之前，还在兼任河东、魏博、卢龙三镇节度使之时，他的中门使叫郭崇韬。是的，安重诲在李嗣源心腹班子中的地位，正与郭崇韬在李存勖班子的地位相同。在历史上，安重诲就像郭

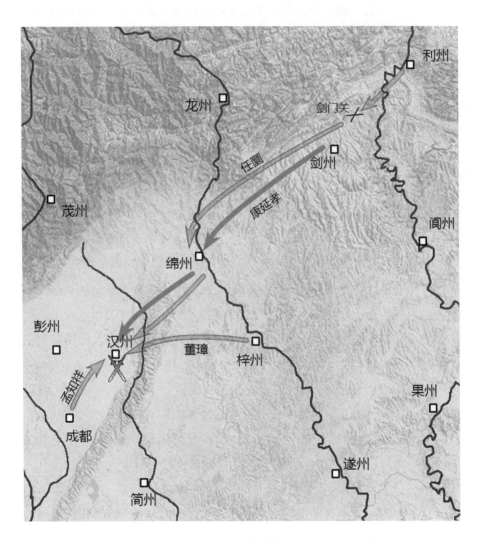

▲ 926 年，康延孝之乱

崇韬的翻版，两人的相似之处还有很多。来日方长，以后再述。

第二个重要人物，则是李嗣源的女婿，在胡柳陂会战时已经露过一次脸的石敬瑭。石敬瑭在李嗣源的心腹中，大约位列第三，排在李从珂、安重诲之后，不过，他对未来历史的影响力会大大超过前面两位同僚，也超过他的岳父李嗣源。

回到正题。再说平定邢州之后，李绍真（霍彦威）便率所部南下，参与对魏博叛军的讨伐。三月四日，李绍真到达魏州城外，下令将邢州兵变的头目赵太等人押到城下，在城上叛军能够看清楚的距离内斩首示众：瞧见没？这就是造反的下场！

但这是一次比较失败的心理战，以皇甫晖为首的亡命徒知道失败就活不了，更加坚定了死守顽抗的决心。

两天后，讨伐魏州的新任主帅李嗣源，也从洛阳来到魏州城外。此时，他率领的军队中，除了李存勖拨给他的皇家亲军，还有了少量从其他州县赶来会合的军队。如李嗣源以前的心腹部将之一，已升任绛州（今山西省新绛县）刺史的高行周。这使李嗣源身边有了一支人数不多，但相对比较可靠的亲兵卫队。

城内的叛军见到李嗣源来了，不断会集的讨伐军兵力，较之城内叛军已占据极大优势，不出意外，他们的末日就要来临了！心急如焚的赵在礼又一次送出牛羊犒师，并登上城楼向李嗣源谢罪，请求宽赦。但由于实际兵权被皇甫晖掌握，赵在礼没法投降，李嗣源也没有马上进攻。

不过，赵在礼的处境并不像他自己以为的那样糟糕，因为有种不正常，甚至有些诡异的气氛正弥漫于城外。三路讨伐军并没有合并起来统一指挥，仍然分成了三支，仿佛他们不是同一战线的战友，而是相互戒备的潜在敌人。最早到达魏州的李绍荣（元行钦）部设大营于城南；最晚到来的李嗣源部，设大营于城西南，距离李绍荣部不远；李绍真部则设大营于城西北，与李嗣源大营遥遥相对。为了方便叙述，下文将这三大支讨伐军营地分别称为：南大营、西南大营、西北大营。

李嗣源之叛

李绍荣对于自己的位子被当过自己义父的李嗣源取代，显然是不太高兴，但出于礼节，还是来到李嗣源所在的西南大营，拜见了一下新主帅。

谁知就在两人见面行礼之时，发生了意外，下拜的李绍荣突然脱口喊出了一段全是敏感词的短句："万岁，万岁，万万岁！"说不清楚李绍荣是在李存勖面前喊习惯了一时口误，还是他本来就别有用心，此举让在场众人大惊失色。

虽然在最初，"万岁"只是一个祝福长寿的吉祥词，但从唐中后期开始，它已经渐渐演变成一个专有名词，只能用作皇帝的尊称。如今李存勖又没有亲征，哪来的万岁？不要命了！第一次听到有人喊自己"万岁"，李嗣源也慌了，急忙阻止，勉强把此事糊弄过去，当作什么也没有发生过。

不过，李绍荣这个言者当时究竟有没有其他用心，在下不知，但在下知道，在场的听者中肯定有人起了意。是呀，当今天子不善待我等，当今天子又不是真的李唐皇室后裔，他可以从节度使升到皇帝，难道别人就不行？再说得直白点儿，在将士眼中，对咱们行宽厚、讲信义的李总管就很好哇！

让长途而来的军队休整两天后，见叛军没有降意，李嗣源下令，全军在三月九日拂晓时，对魏州发起突袭，争取克城制胜。命令传出，有的人睡不着了，比如这次受命跟随李嗣源出征的从马直官兵。

十几天前，他们的长官郭从谦私下对他们说过：他们的剩余寿命，取决于魏博的叛军何时被打败，只要赵在礼、皇甫晖完蛋了，那么皇上就要清除从马直了！虽然是谣言，但大家都信了，所以现在进攻魏州，对他们来说已经不是一道正常的军令，更像是开启他们死亡倒计时的判决书！

他们可是一群身经百战，彪悍善战的汉子，难道会坐等诛杀，不做反抗？答案当然是否！

三月八日深夜，由从马直军士张破败带头，李存勖派来的皇家亲军首先发起兵变，然后一呼百应，迅速波及整个李嗣源所在的西南大营！叛军高声欢呼着,尽情发泄长久以来积蓄的不满,砍杀那些不肯参与造反的长官、军士,纵火烧营,再从四面冲向李嗣源的中军大帐,欲拿下这个最有价值的天下第一号首领备胎。

与此同时,从记载推断,兵变迅速漫延到西北大营,叛军以比西南大营更快的速度控制了西北大营,并挟持了大营主将李绍真。但是,兵变没有波及南大营的李绍荣部。

这是这次兵变中最让人感到蹊跷的地方。西南大营从马直造反的理由虽然出自谣言,但非常合理,相信了郭长官的话的他们,确实已经不得不反。而西北大营的李绍真部,前几天才刚刚攻下邢州,擒斩赵太,是李存勖派出的各路讨伐军中作战最积极、表现最忠诚的一支,为什么突然间造反的积极性也如此高呢?如果讨伐各军早就想反,只等着有人带头,那么南大营的李绍荣部为什么又能控制局面呢?

综合一些零星的迹象,在下猜测,西北大营之所以沦陷得比西南大营还快,可能是因为李绍真本人对李存勖心存不满,而与叛军准备拥立的首领李嗣源关系良好,所以同情甚至有可能参与了兵变。因为再过一个多月,李绍真将第一个带头请求去掉李存勖给他们这一大堆"绍字辈"的赐名,恢复自己的原名霍彦威。所以从现在起,在下就用霍彦威这个代表了他本人意愿的原名来称呼他。

霍彦威与李嗣源的交情并不久。同光二年初,李嗣源被调任北面招讨使,防御契丹,霍彦威则被任命为招讨副使,协助李嗣源。那时,同在李嗣源手下,有位河东老将安元信,他认为霍彦威不过是一个降将,从未为后唐立过功,位子居然比自己还高一点儿,他非常不满。于是,他经常当着很多人的面羞辱霍彦威,说:你们这些伪梁的将军为何那么差劲,一见大军就吓得投降?言罢,他哈哈大笑。

身在屋檐下,后梁降将的身份让霍彦威不敢还口,只得默默忍受这些老河东将领的嘲笑。不想李嗣源看见这一幕,很严肃地对安元信说:"兴衰成败本由天定,和我们这些人有多大关系?想当年氏叔琮围攻太原的时候,你不也同样被吓得够呛?如今是国家应运而兴,使我们沾光得享富贵，哪里值得我们沾沾自喜，居功自傲？"安元信听了，十分惭愧，当众道歉，此后再也没有嘲弄过霍彦威。

也许就是从那一刻开始，在霍彦威心底，李嗣源不再仅仅是当过自己上司的人，而是值得自己一生追随的忠厚长者。要知道，霍彦威对于另一个同样当过自己上司的人，可是恨之入骨。

回到当时，面对突如其来的巨变，没有心理准备的老将李嗣源几乎来不及思考，只能率着可能是高行周给他带来的少量亲卫队拼命抵抗，但显然挡不住叛军的万众一心，战斗距离中军大帐越来越近。如果不是叛军认为李嗣源作为军中第一元老的威望无以伦比，其拥戴价值无人能及，李嗣源恐怕抵挡不了那样久。

李存勖原先的精心布置，是打算万一李嗣源造反，皇家亲军也不会和李嗣源一条心。可以说，他成功了一半。

激战间，李嗣源得知只有李绍荣的南大营还没有发生兵变，急派勇士乘乱突围至南大营，要李绍荣出兵与自己呼应，内外夹击，平定主营的兵变。一个勇士派出去，不见动静！两个出去，不见动静！三个、四个、五个……一直看不到李绍荣有任何反应。李嗣源再派将军张虔钊，最后连亲卫队的王牌、曾经在战场上救过李绍荣的高行周都派了出去，但还是没能从李绍荣那里要来一兵一卒的援军。

是不是这些人没能到达南大营呢？不是，只是他们一见到李绍荣，就被扣押下来，别说援兵，连他们都走不了。当然，李绍荣不发兵的理由也很充分：现在情况混乱，究竟发生了什么事还没有弄清楚，万一是李嗣源造反，自导自演这么一幕，引诱自己去中计，怎么办？所以，李绍荣紧闭营门，以不变应万变，坐视最后一个可能平息兵变的机会一去不返。

不过，下结论前还是要看一看，李绍荣的猜测会不会是真的。魏州兵变有没有可能是李嗣源自导自演的阴谋？毕竟在之后的历史中，发生了不止一次由领军大帅自导自演的兵变。

关于这一点，在下认为可以从两个方面来分析魏州兵变与后来发生的澶州兵变、陈桥兵变的差异。

首先，澶州兵变发生时，兵变军人是郭威长期统领的军队，上上下下都是郭威的人。陈桥兵变也与此大同小异，不但兵变军人是赵匡胤带出来的，连后方守卫京城的人都多是赵匡胤安排的内应。但魏州兵变与此截然不同，发动兵变的军队是皇帝李存勖的亲军，之前在洛阳如惊弓之鸟的李嗣源，被空降到这支军队当主帅才十一天，他既没有时间，恐怕也没有胆量挖皇帝的墙脚吧？

其次，当魏州西南大营的乱兵冲向中军大帐，要拥戴李嗣源为首领时，李嗣源带领亲卫队进行了武力反抗，最终亲卫队死伤惨重。而在二十四年后的澶州，三十四年后的陈桥驿，面对蜂拥前来拥戴自己当首领的兵变军人时，郭威和赵匡胤不管表现得如何千不肯万不肯，可都没有进行武力反抗。大家演演戏可以，但一件本来皆大欢喜的事，要让亲卫士兵用流血甚至送命来演戏，可能吗？

因此，基本可以判定，李嗣源不是魏州兵变的幕后主使，他只是像赵在礼在贝州时一样身不由己。

由于李绍荣坚决不发兵，等三月九日的朝阳从地平线上露出半边脸时，西南大营的战斗已临近终结，叛乱的皇家禁军基本上控制了大营，李嗣源的亲卫死伤过半，败局已定。

打是打不过了，李嗣源干脆放弃了无谓的武力抵抗，让亲卫放下武器，自己走到叛乱军士的面前，仗着几十年来在军队中攒下的威望，用因疲惫而嘶哑的声音呵斥道："你们究竟想干什么？"

由张破败等兵变首领带头，叛乱军士七嘴八舌，群情激愤，倾泄出他们积压已久的愤懑与怒火："将士们追随皇上十余年，出生入死，历经百战，才终于帮助皇上夺得天下。可谁知皇上成功之后，却忘记了将士们的功劳，有功不见赏，有过必重罚，为了立威，将士稍有小错便说要杀。像贝州兵变那些魏博军士，他们只不过是思念亲人，想回家而已，皇上竟然也不肯宽容，还下旨说等城破之后，就要将他们全部杀光！再说我们从马直，只不过前些天有几个兄弟闹事，皇上就打算等打完这一仗，也要把我们杀光。我们本来不想造反，但我们更不想就这样冤死！"

李嗣源也震惊了，乱兵所言，有些他知道确是事实，有些他不知道，却也不敢断定就是谣言。在乱兵提出的理由面前，劝说他们不要作乱，要恪守忠义的言辞，全都是那样苍白无力。

张破败等人接着说："大营中各军将士都商量好了，我们要与城里的赵在礼联合自救，打退其他各路讨伐军，让主上继续在河南当他的皇帝，令公您在河北当我们的皇帝！您只要答应，我们一切都听您的。"

至少从李嗣源的父亲那一辈起，他们家就是李存勖爷爷的亲随家臣。李嗣源本人更是追随李克用、李存勖父子长达几十年，从一个十多岁的英武少年，到须发染霜的花甲老将，每一战都不惧生死，从来都是尽心竭力，忠心耿耿。在这一天到来之前，他可能从来没有想过自己有朝一日，居然会被迫走上曾经让自己唾弃的叛臣之路。

巨大的反差，让被叛军围在中间的李嗣源一时还无法接受，他声泪俱下地劝说叛军不要造反，但他的话已经毫无说服力，没有一个人肯听从。李嗣源无奈地说道："既然我的话你们谁也不听，我管不了你们，那你们想干什么就干什么吧，我自己回京城。"

在张破败等人看来，他们起事成败的关键，就在于能否将李嗣源推为他们的首领，岂能让这张王牌轻易离开？于是，如同一个月前，贝州城中出现过的那一幕，乱兵抽出战刀，将李嗣源紧紧围住，威逼加利诱道："令公您打算到哪里去？您要是不当河北的皇帝，必然有别人抢先。当断不断，到时后悔也来不及！而且我们都是些粗人，不知道什么尊卑贵贱，您如果一定要离开，万一发生什么不测的事，可怪不得我们！"

不久前，李嗣源曾对朱守殷说过："我一颗赤心，不曾愧对天地！"在下相信，那时他的这句话确实出自肺腑。但是，只要李嗣源的生命还没结束，就还没到能盖棺论定的时候。等到人生的最后一刻，他是否还能将这句话毫无愧疚地讲出来？现在，就看李嗣源能不能将此刻变成自己人生的最后一刻！

生存，还是毁灭？这是个问题。一辈子都是英雄的李嗣源，在这一刻犹豫了。李嗣源没有硬闯出去，乱兵也没有真拿刀往他身上招呼。

正僵持间，有两个本应在西北大营的重要人物突然出现在李嗣源的面前，他们就是这次讨伐邺都叛军的另一副招讨霍彦威和前文提到的李嗣源心腹安重诲。这两个人乍一看好像也被乱兵挟持了，但又有些不像，乱兵给他们让开一条路，让他们走到李嗣源的身边。

霍彦威、安重诲悄悄地踩了一下李嗣源的脚，对他耳语说："事情已万分紧急，千万不能和乱兵对着干，只有先假装答应他们的请求，随机应变，还可能有转机。"

一句话唤醒了深藏心底的求生欲，找到了让自己合理存在的台阶，李嗣源那并不坚决的为忠义而成仁的信念颓然倒下……

于是，李嗣源勉强答应，表示接受叛军的拥戴。叛军顿时欢声雷动，由张破败领头，众人簇拥着或者说裹挟着李嗣源、霍彦威等人，向着魏州西门开进。

但张破败万万没想到，由他们发起的一派大好的形势，会发生骤变，怪只怪联系工作没做到位。守在城上的皇甫晖不知道城外发生了什么事，他只看见一支军队向着城门挺进，没想到他们是来会师的，还以为他们是来会战的。

骁勇敢战的皇甫晖毫不迟疑，主动开门出击，要给来犯之军一个迎头痛击。走在最前头的张破败见城门被打开，还以为欢迎他们。仅一个照面，没有防备的张破败就被皇甫晖斩于马下！

造了反的皇帝亲军好像同时失去了坚强的组织性和纪律性，突然看到带头大哥阵亡，顿时没了主心骨，瞬间作了鸟兽散。混乱中，李嗣源因为被众兵环绕，目标太大，刚脱离城外叛军的挟持，又被城内的叛军控制，裹挟入城。

这时，邺都叛军的名义首领赵在礼这才大致弄清发生了什么事，又见李嗣源已经进入城中，不禁大喜：终于有个最高的高个子上了贼船，今后天塌下来有别人顶着，自己看来真有可能平安渡过这次大难了！

赵在礼不敢怠慢，忙率城中将校迎接李嗣源。见到李嗣源，赵在礼倒头便拜，满含热泪（大概是喜极而泣），请罪道："让令公受委屈了，这都是我们的错！不过今后令公您怎么说，我们就怎么做，不敢不唯命是听！”

李嗣源还没有完全走出自己的道德围城，没想好究竟要不要造反。而且，像李嗣源这样的人，即使决定要造反，也不能当个提线木偶，在这些乱兵的操纵下造反吧？所以当务之急，是设法恢复自由，回到自己能够控制的军队中。

李嗣源决定忽悠赵在礼：“既然你们愿意拥戴我做大事，那做大事需要的军队自然越多越好，光靠城里这点儿兵力是远远不够的。好在城外还有很多散兵，就由我出去把他们召集起来吧！”李嗣源是此时后唐军队中大神级的偶像，大神说的话，在“粉丝”赵在礼眼中句句在理，他连连点头：好，好，那就按大神说的办。于是，他们放李嗣源出城。

另外一个重要人物霍彦威怎么样了？史书的记载在这里出现了分歧。

《旧五代史》和《资治通鉴》说，在张破败惨遭破败之后，他也同李嗣源一起，被城中叛军挟持进城（如果他第一次被乱兵挟持有可能是装的，那么这次应该就不是了），并遇上了皇甫晖。

凶悍的皇甫晖根本不像赵在礼这么好说话。此时，城外讨伐军原先设下的三座大营之中，李嗣源统领的西南大营各军已完全溃散；李绍荣的南大营各军也是人去营空，据说是全军南逃到澶州（今河南省内黄县）去了；唯独霍彦威的西北大营中，还有一支成建制的精锐部队。皇甫晖觉得把霍彦威放回去可能有危险，想把他杀了。霍彦威忙口吐莲花，连番忽悠，再加上赵在礼的面子，他终于也和李嗣源一起被放了出来。

而在《新五代史》中则说，皇甫晖出击之时，霍彦威见机脱离乱兵的裹挟，奔回西北大营。西北大营的各军也大多四散，唯有曾经是李嗣源亲军的那五千名成德军保持完整。霍彦威就带着这支军队，等待城中的消息。

再说这一事件中的另一个重要人物李绍荣，他在兵变发生之时坚决不作为，错过了唯一有可能平息兵变的机会。等得知李嗣源进了魏州城，甭管他是怎么进去的，李绍荣都深感自己料事如神，开始了积极作为：一方面率南大营军队南撤，与魏州叛军脱离接触；另一方面赶紧上书李存勖，以部分事实为依据，说李嗣源包藏祸心，已经进魏州与叛军合谋造反！

史书上说李嗣源在洛阳时，就有很多小人不断向皇帝打他的小报告，但没有提到具体有谁。从魏州兵变的前后来看，李绍荣可能是其中之一，因为他的这一套连招实在算得上非常有力的终极必杀技：先用一句莫名其妙的"万岁"引燃浮动的军心，事变发生时放任烈火燎原，等拿到李嗣源造反的"铁证"后立即抽身走人，然后先下手为强向朝廷报告，完全斩断了李嗣源回来的可能性。除非李嗣源愿意用一死来自证清白（其实即使那样，也不一定能证明得了清白，反而可能连累和他相关的很多人），否则留给老将军的唯一选项，就真的只能是反叛了！如果稍后李存勖的王朝不是出乎大多数人意料地这么快失败，把对手变成叛逆的李绍荣就胜了。

回到魏州城外，等李嗣源出得城来，身边亲卫已不足百人，而且连兵器都没有（可能他们在李嗣源答应向叛军屈服时被缴了械）。好在西北大营中那五千名成德亲军，在得知追随多年的老帅出来后，立即赶来护卫，李嗣源身边才算有了一支可靠的军队。

李嗣源召集还留在这里的众将领，商量下一步该怎么办。诸军已散，继续攻打魏州显然是不可能的了，李嗣源流着泪对众人道："我明天就回成德，然后上表待罪，要接受怎样的处罚，但凭主上治裁。"

回成德避祸，这是朱守殷不久前给李嗣源的建议。不过那时的李嗣源就是洛阳城里的笼中鸟，根本不可能飞回自己的窝，但现在不同，李嗣源已经离开了笼子，这个方案也就变得好像有可行性了。

但霍彦威与安重诲表示反对，他们说："回成德不是什么好办法。您身为三军统帅，不幸被叛军劫持，李绍荣却见危不救，不战而退，他回去后肯定要把所有罪责都裁到您头上，好洗刷自己。您如果回镇州，不就成了'据地邀君'，正好坐实了那些小人的谗言吗？不如咱们昼夜兼程，赶快回到洛阳，面见天子，也许还可以明辨是非。"

霍彦威与安重诲的话可谓堂堂正正，但如果真照此不打折扣地执行，肯定是比回成德更糟糕的选项。朱友谦没有做过任何与反叛相关的事，亲至洛阳，面见天子，自证清白，结果不但自己被灭门，连几个心腹部将都被牵连灭门。而李嗣源现在已经与叛军有了说不清道不明的联系，纵然顺利见到天子，李存勖还有可能耐着性子听你解释，并且相信你的解释？

以霍彦威与安重诲的智商来看，他们不可能连这点儿浅显的道理都想不明白。更何况李嗣源如果回洛阳送死，他们不可能没事，必然也是被牵连的对象。因此，霍彦威与安重诲的真实意图，并不能从他们话语的字面意思去理解。

李嗣源说了一句艰难的话："好吧！"于是，魏州城外这支小小的军队，掉头西南，向着洛阳的方向前进……

实际上，李嗣源虽然在口头上说"好吧"，但从稍后的记载看，他们这一行人根本就没有"昼夜兼程"地赶往洛阳，只是向西走到相州（今河南省安阳市），就停下来好几天没有再行动。至于停下来的原因，似乎是李绍荣率领军队从澶州移到卫州，封锁了黄河上的渡口，堵住了从相州去洛阳的道路。但在一马平川的华北大平原，哪儿有绕不过去的险要？李嗣源如果一定要去洛阳，不是非走卫州不可。

不仅如此，李嗣源选择经相州去洛阳这条道路的目的，本身就不够单纯。当时，后唐帝国在境内设置了三个官方牧马场，用于放牧军马，分别位于太原、代州、相州。李嗣源一到相州，掌管相州牧马场的小马坊使康福，就主动献出马场内的数千匹战马，归附李嗣源。骑兵出身的李嗣源，可以将他的那支军队统统编组成骑兵了。但他们并没有因为机动能力提高了，便绕开卫州，前往洛阳。显然，李嗣源虽然不识字，但智商一点儿也不低，他必然听懂了霍彦威与安重诲的弦外之音，只是大家心照不宣，共同维护着那层薄薄的窗户纸。

李嗣源在取得相州的战马后，一连数天，他并没有为推翻李存勖的统治做出什么实际行动，只是让人写了很多份奏疏，遣人送往洛阳，向李存勖解释情况，表达忠心。只不过，李嗣源派出的一拨拨信使，全部被严防死守的李绍荣在中途截住，没有一封奏疏送到李存勖的面前。

很难猜测那段时间李嗣源究竟是怎么想的，他或许还想再观察一下天下大势会如何演变，或许还在坚守忠义，留名青史，在顺应军心与成为叛臣之间难以抉择。毕竟在当时人看来，两者都有极大可能是死路一条，或许就如薛定谔的那只猫，正处在反与不反之间的叠加态。

与此同时，天下大势越来越清晰，越来越迅猛地向着李存勖政权的全面崩溃奔驰而去。

之前，李存勖为加强对天下各藩镇的控制，恢复了唐朝向各镇派遣自己信得过的宦官（也有伶人，如魏博的史彦琼）担任监军的制度。通常来讲，由于利益冲突，这些中央来的监军，与当地军人集团的关系大多不好。在李存勖的政权强有力之时，各镇军人只能忍耐，有怒也不敢言。但现在天下已乱，于是，原先积累潜藏的矛盾开始全面爆发。这种冲突的结果，往往是失去中央有力支持的监军输给当地军人集团，使各藩镇纷纷脱离了李存勖中央政府的控制。一度靠武力征服强化的中央集权，遭遇地方势力的强烈反弹。

如原王镕部将平卢节度使符习，原先率本镇兵马前往魏州，准备加入李嗣源的讨伐军。途中得知魏州兵变，符习忙掉头准备返回平卢。谁知平卢监军宦官杨希望想乘机驱逐符习，派兵迎击返程的符习，符习进退无路，只好再掉头去投奔李嗣源。但杨公公也没能高兴太久，被他认为可以信任的青州指挥使王公俨发动兵变，控制青州，斩杀杨希望。

在安州（今湖北省安陆市），安义节度使孔勍与监军宦官杨继源相互算计，最终还是孔勍棋高一着，杀掉了中央派来的杨继源。

在徐州，武宁监军宦官（史书未记其姓名）得知本镇节度使霍彦威已伙同李嗣源一起反叛（李绍荣说的），便掀起大清洗，准备杀光霍彦威留在徐州的心腹。但这个计划才一实施便激起了徐州军人的全面反抗，由将军淳于晏带头，武宁军人斩杀了本镇监军宦官，自任留后。

后唐中央的处境随之越来越糟糕。河北叛乱，各藩叛离，使物流受阻，掌管财粮税赋的孔谦虽竭尽全力，也做不好这道无米之炊。后唐首都洛阳原本就存在的粮荒问题加速恶化。驻守京城的禁军士卒无法领到足额的粮饷，忍饥挨饿，而士兵的家属开始不断饿死。

为填补巨额亏空，孔谦请李存勖下令，在京畿地区提前征收下半年的

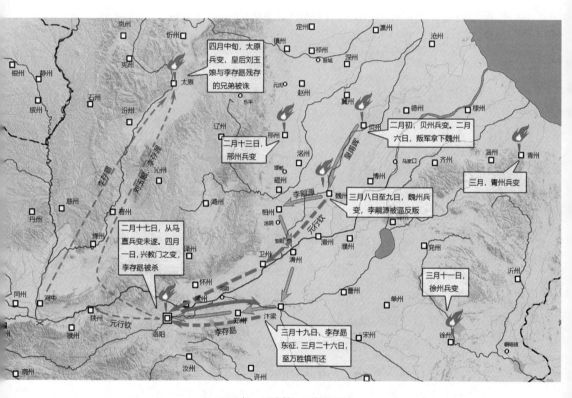

▲ 926 年，后唐第一王朝的崩溃

税负。可在大灾之年，百姓手里本来就没有积蓄，他们需要的是救济，不是掠夺，于是不管孔谦如何严令催讨，不管税吏如何如狼似虎，税也没收上来多少，反使京畿之民备受其害。洛阳处处能见到走投无路的平民号哭于途，无数的悲哀与悲愤笼罩着帝都。

尽管路有冻死骨，李存勖夫妇及其心腹小圈子的人，由于之前积攒下的巨额财富，仍能享受朱门酒肉臭的奢侈生活。一城之内，反差强烈，让军心格外不服，于是人人思变，谣言四起。

万胜镇之返

宰相豆卢革、韦说察觉到形势严峻，便率文武百官联名上表，劝说李存勖："如今，国库已然一空，发不出军饷，很多皇家禁军的将士已经困难到养不活自己的父母、妻儿，如果再不救济，难保不发生新的兵变！好在宫中内库的储藏还比较丰富，请陛下发放内库金帛，让禁军将士能够渡过眼前的难关，救他们的父母、妻儿不死！等灾年过去，政府有了正常收入，原先从内库散出去的钱财，自然还会回到内库。"

李存勖还是相对好说话的：既然你们说得有道理，那好吧，就照此办。但还没等李存勖把口头承诺变成圣旨，就被一名女性打断了。

前文说过，此时后唐的皇家内库被分成各自独立核算的两个部分，一部分归皇帝李存勖所有，另一部分的产权所有人是皇后刘玉娘。由于李存勖平日大手大脚，挥霍无度，对身边人又很慷慨，随到随赏，所以属于皇帝的那部分内库也没多少余钱。真正拥有丰满的钱袋子的，是只管收钱不负责花钱的刘皇后。

刘玉娘最近的心情不太好，因为她的干爹张全义死了。侍奉了四个朝代（大齐、大唐、后梁、后唐）八位君主（黄巢、李儇、李晔、李柷、朱温、朱友珪、朱友贞、李存勖）的张全义，在听闻李绍荣的奏报，说他推荐的平叛主帅李嗣源竟然与叛军联合造反后，惊恐过度，一下子病倒了。想到张家可能像李存义、朱友谦那样遭到株连，绝望的张全义选择了绝食，于魏州兵变后第七天在洛阳去世，享年七十四岁。张全义此人，有仁爱之心，无忠贞之节，对强者委曲求全，没有一点儿骨气，对弱者既多所提携，也党同伐异，排斥过异己，坑害过贤良。他一生行过大善，也做过大恶，虽富贵极于朝臣，但一直谨慎小心，俭朴自持。功过相抵，他算是一位打了折扣的好人。

虽然刘玉娘与她的干爹张全义之间，不大可能存在什么父女之情，但张全义死了，无疑减少了刘玉娘的财路，对爱财如命的皇后来说，的确是一个噩耗。更让这位高贵的美妇悲痛的是，屋漏偏逢连夜雨，她早听到风声，大臣这次联名上表有可能是冲着自己的钱袋子来的。警惕性很高的刘玉娘不敢大意，亲自躲到屏风后偷听前厅的会议内容。

好嘛，果然不出所料，这些大臣竟然把竹杠敲到天子头上。更糟糕的是，皇帝老公看样子已经向他们的无理要求屈服，再不勇敢地站出来，就要轮到自己大放血了。

只见极有勇气也极有主见的刘玉娘从屏风后走出，板着玉脸，义正词严地驳斥了大臣的建议："我们夫妇能君临天下，将士的征战固然有一定功劳，但说到最根本的原因，还是天命所归！既然天数都已经注定，几个造反的小毛贼还能翻得了天？"

这下轮到大臣无话可说了。谁敢说天命这玩意儿是骗人的，皇上您君临天下不是老天爷注定的？针对皇家内库的第一次劝捐行动以失败告终。

等大臣退下来之后，不知是他们之中哪个聪明的家伙出了主意：不就是见招拆招嘛，皇后以天命为理由一毛不拔，咱们就也以天命为理由劝皇上拔她的毛，看她还有什么话好说？

于是，豆卢革、韦说再次求见李存勖于便殿，这次他们带来了新的撒手锏：司天监最新的观星报告。这份报告上说："最近观察天象，发现有客星（突然出现的星星，多来自超新星爆发、彗星、流星、极光等现象）侵犯天库星座，应该散发库府之财来化解灾异。同时有流星飞向天棓星，这是御前将动刀兵的征兆，不可不防！"

通过不说人话说鬼话，刘玉娘设下的天命理论防线终于被突破了，但大臣们没想到她还有奇招。片刻后，刘玉娘让人从后宫搬来一个梳妆台、三个银盆，还有三个年幼的小皇子，然后气鼓鼓地对两位宰相说："外边的人以为宫里堆满了金银财宝，其实全是谣传。各地诸侯进贡来的财物，随手都用来赏赐了，现在还剩下的就只有这些了。你们就把他们卖了，用得来的钱犒赏三军吧！"

在刘玉娘大发雌威的呵斥声与小皇子们惊恐的哭闹声中，代表群臣的豆卢革、韦说两位宰相大惊失色。如果说拿出一个梳妆台和三个银盆还只是装穷，那搬出三个小皇子就是赤裸裸地威胁和耍赖了！而且谁也不敢查抄皇宫，来验证皇后说的是真是假，没有办法，只能认输。两位宰相连连告罪，仓皇退出，第二次劝捐行动又以失败告终。

就这样，刘玉娘充分发挥自己的"聪明才智"，与大臣们进行了两轮激烈的争斗，终于在自己的"钱袋子保卫战"中大获全胜！只是刘玉娘可能没有想到，她这次"辉煌胜利"的战果保质期会有多么短暂。

这时，李绍荣已退守黄河边上的卫州（今河南省卫辉市，如今因黄河改道，已经远离卫辉），派人抢先截断了黄河上的各个渡口，不过重点不在于防守，而是要抓拿李嗣源派出的信使，坚决阻止李嗣源与李存勖联系。

虽然没有收到李嗣源的自白奏疏，但这时的李存勖并没有完全相信李绍荣对李嗣源的指控，或者说，他在内心深深地希望李嗣源谋反的消息只是误传。因为四面八方都传来了坏消息，李存勖不再有昔日的自信与自负。他的帝国还能不能禁得起李嗣源反叛的重击？他自己的心里也没底了。

只要消息还没有证实，那就还没有绝望，李存勖决定做最后一次努力。万一能将李嗣源争取回来，似乎一切都还有救。此时，李嗣源的长子李从审，正在李存勖的亲军中担任金枪指挥使，李存勖将他召来，对他说："我深知你父亲是个忠厚之人，相信他不会有异心，我现在就让你去你父亲那里，告诉他，我一直信任他，让他放心回来，不要有什么顾虑。"

于是，李从审受命前往相州，劝说李嗣源回朝。但他才走到卫州，就被拦住了。李绍荣为了自己对李嗣源的指控不被推翻，公然违抗李存勖的圣旨，将李从审抓了起来，准备杀掉。

李从审抗辩说："你既然不相信我父亲，也不允许我到父亲那里传话，那至少应该允许我回京护卫天子。"李绍荣这才同意将他放回洛阳。

李存勖见李从审回来，知道他未能完成使命，也只能长叹一声。李存勖没有追究李绍荣的责任，毕竟现在四方不安，天下将乱，李绍荣是极少数还让他信得过的高级将领，他不敢再轻易自断臂膀。那就安抚一下李从审吧，李存勖给他赐名"李继璟"，视同义子。

与此同时，在相州方面，由于所有送出的奏章一直得不到皇帝李存勖的任何回应，李嗣源心中的犹豫就像一根被一片片切走的香肠，越来越少。终于，量变引发了质变，李嗣源的第三号心腹，女婿石敬瑭见时机成熟，率先捅破了窗户纸。

"历来干大事，都是成于果决，败于犹豫！这世上哪有上将与叛军进入贼城，还能平安回去不被秋后算账的道理？"这段话的意思很清楚：快点醒悟吧，除了造反，你已经没其他路可选！

造反，当务之急该干什么呢？石敬瑭又建议："汴梁连接黄河与汴河，南通淮、泗，北接滑、魏，是控制天下的要点，请交给我三百名骑兵将其袭占。如果得手，您就率大军跟进，这样一来，才有安全可言。"

另一个叫康义诚的军官更是直白，对李嗣源说："主上昏庸无道，全国军民早已怨愤难平。您顺从众心则生，坚守臣节则必死！"

生还是死，李嗣源没有再犹豫，迈出了最终的一步。他叫来安重诲，让他起草文书，传檄天下诸藩镇，让他们各自集结军队，向自己靠拢。从理论上讲，以李嗣源现有的职务而言，他当然没有权力私自调动天下各藩镇的军队，有这个权力的人只能是李存勖。所以这一刻，李嗣源再无回头余地，正式地造了自己名义兄弟的反，站在未来皇帝的角度，向天下各藩镇、各地军队发出呼吁：你们现在开始选边站队吧，是愿意跟随我，还是继续忠于李存勖？

以前对李存勖各种做法敢怒不敢言的各镇军人，现在终于找到了一个有足够分量，能够代表他们意愿的新首领。于是，他们在接到李嗣源的檄文后纷纷响应，势如钱塘江涌起的大潮、珠穆朗玛峰的雪崩、"通古斯卡"

的巨爆，呼啸而来，席卷天下！

被李存勖发配到石门戍边的李从珂，在得知义父起兵的消息后，义无反顾地率先响应。他叫上身边的数百名勇士：走，今后是为咱们的老帅打天下了！然后，这支数百人的小队骑兵，策马疾驰，向南奔去。

他们的南面是镇州，后唐的真定府。李嗣源原本家在太原，由于请求调李从珂去太原任职的申请失败后，身为成德节度使的李嗣源就把自己的妻儿（李从珂、李从审除外）搬到了自己的驻地镇州。在李嗣源传檄天下后，成德的监军宦官打算将李嗣源的家眷逮捕。但这种粗活监军老爷不可能亲自动手，城中负责抓人的是虞候王建立。

王建立是代北出生的老军人，一向以执法严酷著称，昔日曾因为不惧权贵，处罚李存勖身边扰民的心腹女官，惹得李存勖大怒，得到李嗣源救助才幸免于难。此刻，王建立觉得正是他报恩的时候，立刻鼓动士兵，冲击府衙，先动手杀掉了监军宦官，保得李嗣源家人平安。然后，王建立与李从珂会合，集结军队，一同南下投奔李嗣源。

同时，驻守瓦桥关（今河北省雄县）的齐州防御使李绍虔（原后梁降将王晏球）、贝州刺史李绍英（原名房知温，在魏博兵变时降晋的梁军将领）、驻守奉化军（今河北省保定市清苑区）的右厢马军都指挥使安审通（河东老将安金全的侄子）、滞留于河南的平卢节度使符习等（据说还有深受李存勖宠爱的泰宁节度使李绍钦，就是段凝，也加入了李嗣源的阵营，但这条记载与其他记载有逻辑矛盾，可能有误），也纷纷用脚投票，加入李嗣源的叛军阵营。其余暂时没有动作的节帅、刺史，大多首鼠两端，坐观成败。

三月十七日，随着李嗣源传檄天下，各藩镇军马纷纷响应的消息传到洛阳，局势已经明朗：这几天李存勖想设法避免的情况没有成功，李嗣源的反叛已经不再是嫌疑，而成了正在发生的事实。

当然，对李存勖来说，这些天也不是完全没有好消息。三月九日，在遥远的蜀地，任圜、孟知祥等攻陷了汉州，擒获了叛将康延孝，蜀地的叛乱算是被平定了，李继岌的远征军也得以带着朝廷紧缺的钱粮，重新上路，回返洛阳。但看他们回返的路程，不出意外，肯定会晚于李嗣源叛军南下的进程，缓不济急了！

李存勖再也无法保持镇定，现在看来，除了自己亲征，其他人不可能是李嗣源的对手。但以现在京城驻军极度低迷的士气来看，即使自己出师亲征，恐怕也将凶多吉少。于是，李存勖顾不得平时烧香少，开始临时抱佛脚，下令遍赏各军。

当然，国库里是没有这笔钱的，所以李存勖将属于自己的那部分内库基本掏空，李存勖心腹小圈子的核心成员，如枢密使李绍宏、供奉内使景进等人也捐出大量金银绢帛，只有刘玉娘不为所动。

这个时候才想起遍赏各军（而不是像这几年常干的那样，哪支军队运气好陪李存勖去打猎，哪支就得赏），显得太功利，也太晚了。这就有点像夏天送暖炉，冬天送风扇，已经是一件出力不讨好的事了。果然，士兵们背着皇帝的赏赐，却几乎没有人领情，他们边走边怒气冲冲地咒骂："我们的妻子儿女都已经饿死了，现在赏这些东西还有什么用？"

三月十八日，李绍荣从卫州回到洛阳，向李存勖报告前方情况："邺都的叛军已经南下占领了博州（今山东省聊城市），看来他们打算从那里南渡黄河，进入郓州、汴梁，估计只有陛下亲征关东，才能降服他们。"于是，李存勖下旨，准备出师。

景进突然想到一件事，向李存勖提出建议："现在魏王（李继岌）还没有回来，蜀地康延孝的叛乱刚刚被平定，西南的局势还相当不稳定。而王衍的宗族、党羽数量十分庞大，如果他们得知陛下您亲征离开洛阳，万一有什么不轨的企图就危险了！不如防患于未然，在可能的变乱发生前，将他们全部解决！"

李存勖也顾不得给自己的诚信记录再添污点，马上拟了一份简短的诏书：王衍一行，并从杀戮！然后盖上印，送到枢密院。

那一天，在枢密院执班的枢密使，是长久以来都没什么存在感的老宦官张居翰。张居翰看过诏书，确认他的皇帝确实已经杀红眼之后，这个大半辈子都谨小慎微的老好人，做了一件他这辈子最大胆的事：将诏书中"王衍一行"的"行"字涂掉，改成"王衍一家"，再交给前去传旨的宦官向延嗣。

由"行"字改为"家"不可能不留下痕迹，但以陷害郭崇韬成名的向延嗣并没有质疑诏书的真实性。于是，由于张居翰的善心，以及向延嗣没有阻挠，随同王衍一道被押解而来的前蜀百官、仆役随从等一千多人得以躲过一场大难。

向延嗣到达长安的秦川驿，与王衍一行相遇，立刻执行诏书，王氏宗族一百余人尽数就戮。

二十七岁的王衍，没有在自己的最后一刻留下只言片语，不知他是吓蒙了，还是认命了。但他的生母徐太后则悲愤难平，在临死之时发下诅咒说："我的儿子献出一国给你，仍逃不过族诛！李存勖，你忘记曾经对日月星辰发过誓，说要保我们一家的平安富贵？你这样背信弃义，我知道你一定不会有好下场的！"

同徐太后一样愤慨的，还有王衍的忠臣，正直敢言的右补阙蒲禹卿。亲见对自己有知遇之恩的王衍被杀，蒲禹卿大恸不止，当天晚上逃亡而去，不知所终，只在秦川驿的大门上留下了一首抗议诗：

> 我王衔璧远称臣，何事全家并杀身？
> 汉舍子婴名尚在，魏封刘禅事独新。
> 非干大国浑无识，都是中原未有人！
> 独向长安尽惆怅，力微何路报君亲？

稍后，蜀僧远公和尚在得知王氏一族的结局，感伤莫名，写下《伤废国》一诗悼念：

> 乐极悲来数有涯，歌声才歇便兴嗟。
> 牵羊废主寻倾国，指鹿奸臣尽丧家。
> 丹禁夜凉空锁月，后庭春老谩开花。
> 两朝帝业都成梦，陵树苍苍噪暮鸦。

【作者按：王衍一族被杀的具体时间，在《旧五代史》与《资治通鉴》中无记载，《新五代史》说是四月，《十国春秋》说是"四月己丑"（四月三日），如果这个日期准确，徐太后发下的其实是一个迟到的诅咒，她不知道，他们母子走上黄泉路的时间，实际上比李存勖还晚了两天。】

三月十九日，李存勖命李绍荣为先锋，率皇家禁军两万五千人从洛阳出发，开始他的最后一次御驾亲征。一路上，禁军中那些曾经与李嗣源有交情的人纷纷找机会逃走，去投奔东边的叛军队伍。越往前走，军队人数越少。有的人在逃走之前，悄悄来找李继璟，劝他一起走，说再晚可能就来不及了。

但李继璟不知是已下定决心要当李存勖的忠臣，还是认为以自己的特殊身份根本不可能走得了，拒绝了所有劝说，坚持留在李存勖身边。

这时，一向自信的后唐皇帝完全没想到，这才几年没有带兵打仗，自己在军队中的威信已经降到如此之低。还没有见到叛军，这支曾经追随他出生入死、荣辱与共，一起战胜过重重困难，一起创造过辉煌奇迹的精锐之师，就已经在渐渐解体了！李存勖不敢靠处死几个逃兵来杀一儆百，因为在如今这种状态下，杀戮极可能引爆新的兵变。但对逃兵睁一眼闭一眼，只能使军队逃亡情况越加严重！

李存勖不敢想象，当这支军队真正与李嗣源的叛军面对面时，还有没有一战的能力？忧虑万分的后唐皇帝看见随侍身旁的李继璟，像一个挣扎中的溺水者看见一根漂浮的稻草，也许自己还能将最后希望寄托在李嗣源明显已经靠不住的忠义之上。

李存勖对李继璟说："你还是去见你父亲吧！"

李继璟泪流满脸，指天发誓："我誓死忠于皇上，如果皇上您还信不过我，那我愿意现在就死在您面前！"

李存勖连忙阻止了他："我不是信不过你，而是现在只有你，还有可能劝说你父亲回心转意，挽救国家，拜托了！"

于是，李继璟带着李存勖的嘱托，再次上路……

李继璟加速前行，自然与大军先锋李绍荣相遇。不知道李绍荣有没有察觉，他为了坑害李嗣源进行的操作，有可能要玩砸了。但既然做到这一步，再回头去向李嗣源示好显然是不可能了，只能一条道走到黑。于是，李绍荣根本不管李继璟是不是肩负着李存勖的使命，马上把这个对头的儿子抓起来，当场处死。

两支军队继续接近，对比越来越鲜明，李存勖的人越走越少，李嗣源的军队却由于一路上不断有新人加入而越走越多。三月二十五日，李嗣源的军队到达黄河边上的白皋渡口，正好遇上几艘山东向洛阳运送绢帛的大船，李嗣源马上把这些船只截留下来，将船上的绢帛赏赐给士兵，船则用来帮助大军渡河。随后，李嗣源大军进入滑州，直趋胙城。三百名快骑在石敬瑭的带领下，向着百里外的汴梁疾驰而去。

话说石敬瑭建议抢先占据汴梁，并且自告奋勇当先锋的原因，除了汴梁城具有重要的经济、战略地位，可能也包含着一份私心：李嗣源的三女儿，也就是他的妻子李氏夫人，不知什么原因正住在汴梁城内。她如果有什么闪失，对石敬瑭的打击可不仅仅是感情上的。

此时，汴梁城中的最高长官，是高季兴和董璋在朱友让家当奴仆时的老同事，"三姓家奴"孔循（曾用名"朱某某""赵殷衡"，曾协助蒋玄晖帮朱温篡唐，又向朱温进谗言杀蒋玄晖的那位老兄）。眼看李存勖和李嗣源的军队都在向汴梁推进，而且距离都已不太远，这让孔循的内心极为纠结：应该把骰子扔到哪一边呢？要是扔错了，很可能就将万劫不复。

纠结来纠结去，孔循决定两头都下注。他派出两拨使节，一拨往西走，去迎接李存勖，一拨往北走，去迎接李嗣源。两拨使节所携带的仪仗完全相同。做完这件事，稍稍松了一口气的孔循，对手下众官员说："就这样吧，谁先到，我们就开门迎接谁。"

原义武军出身的曹州刺史西方邺，因受命参与平叛，正好带兵驻扎于汴梁，听见孔循的话，非常愤怒，斥责说："主上灭亡梁朝的时候，对你有不杀之恩，现在你怎么能背叛主上，去向李总管献城呢？"

孔循不回答，两人不欢而散。西方邺突然想起来：李嗣源不是有个女儿在城中吗？好，现在就把她抓来杀了，让城里的其他军队断了向李嗣源投降的念头。但西方邺能想到的事，孔循当然也想到了，他抢先一步将李氏夫人接到自己家里藏起来，使西方邺的计划落空。

没等西方邺弄清李嗣源的女儿是怎么失踪的，石敬瑭率领的三百名轻骑已冲到汴梁城北的封丘门。虽然李嗣源的这支小小前锋兵力微弱，正常情况下根本不足以攻陷汴梁这样的坚城，但由于孔循统领下的大部分汴梁守军根本就没有抵抗，直接开门迎降，汴梁便被石敬瑭轻松夺取。顺便，石敬瑭还救回了自己的妻子，救回自己飞黄腾达的最大保障。

孤独的西方邺抵抗无果，带五百名部下开西门出逃，去投奔正在赶来的李存勖（这是《新五代史》《旧五代史》的记载，《资治通鉴》则称西方邺在汴梁向石敬瑭投降，疑误）。

西方邺的选择当然很不典型，更多的人与他恰恰相反。如在汴州北面的王村寨，由指挥使潘环驻守，寨内储存着大量粮草。李存勖抢先派出使节去慰问潘环，希望得到这批粮草以供军需，不想潘环马上向李嗣源投降，并献出粮草。

李存勖的军队走到荥泽以东（大致在今郑州市北面）时，特别招来了龙骧指挥使姚彦温，亲切地对他说："你和你的部下都是汴州人（这样看来，姚彦温可能是后梁降将，其部可能就出自后梁龙骧军），现在大军马上要进入汴州境内，我想让你当先锋，如果让其他军队当先锋，可能会骚扰你们的家乡。"然后，他重赏了姚彦温和他的三千名士卒，让各军稍缓，由姚彦温部先走。

结果姚彦温一到汴梁，立即率部向刚刚入城的李嗣源投降，并且讨好说："京城方面的情况已经糟透了，皇上被元行钦（李绍荣）谗言迷惑，大势已去，不能再替他做事了！"

李嗣源对姚彦温没什么好感，训斥说："这是你自己不忠，怎么还能说这么忤逆的话？"随后，他剥夺了姚彦温的兵权。

三月二十六日，也就是李嗣源进入汴梁的同一天，李存勖的军队前进到距离汴梁大约七十里的万胜镇，见到了赶来投奔的西方邺。稍后，李存勖得知孔循、潘环、姚彦温等尽皆背叛，李嗣源已经进入汴梁，不禁大惊失色。无奈中，李存勖登上一处高岗，向着汴梁方向望了一眼，无限哀伤，喟然长叹："我大事不济了！"

李存勖只得下令全军班师。因为这支队伍出征数日，未遇一敌，没有伤亡，也没有断粮，但人数已经由两万五千人减少到一万五千人！这些军队要真与李嗣源相遇，说必败无疑还是轻的，八成都要倒戈投降。

回师途中，李存勖极力鼓舞士气，沿路巡视各军。每遇到手持武器的士兵，后唐皇帝都会毫无架子地向他们发布好消息："刚刚接到报告，魏王又从西川运来了金银五十万贯，等回到京城，统统赏给你们！"

然而，李存勖看见的仍然是一张张冷冰冰的脸。有大胆的士兵干脆回答说："陛下的赏赐来得太晚了，不会再有人感激圣恩。"

李存勖愣住了，顷刻间已是泪流满面。稍后，他吩咐负责内库出纳的宦官张容哥："还有什么东西，都拿出来，赏给大家！"张容哥答："没有了，都已经发完了。"一旁的士兵勃然大怒："让咱们皇上丢失江山的，就是你们这些被阉过的贱货！"士兵抽出刀来要杀他，幸得旁人劝解，他才逃出一命。

暂逃一命的张容哥对同行宦官哭诉说："明明是皇后一毛不拔，外人却把过错推到我们头上。一旦形势有变，我们必然被碎尸万段，我不能等到那一天再死！"然后，乘人不备，张容哥投河自尽。

三月二十八日，李存勖回师到达洛阳城东郊的石桥，命人摆下酒宴，招待从征众将。李存勖历来喜欢摆酒宴，找一大群人陪着吃吃喝喝是他重要的人生乐趣。不过，平时的酒宴都是欢声笑语，这一次却大不相同。

李存勖看着众将，痛哭流涕，过了半天，才稍稍控制住情绪，用几乎是哀求的语气，对众将哭诉说："你们自从追随我以来，咱们一直是有福同享，有难共当。我今天落难至此，你们之中难道就没有人愿意设法来救救我吗？"

一百多位将领一时语塞，为首的李绍荣站出来泣奏："臣本来只是一个小人物，蒙陛下厚恩，才位极将相。在这危难之时，我不能立功报主，虽一死也无法抵消我的罪责！陛下您就看着吧，我一定杀身成仁，报效国恩！"言罢，李绍荣仿效曹操割发代首，拿刀斩断头发，誓言效忠。

见李绍荣带头，其余一百多位将领也纷纷效法，割下自己的头发，哭着表示一定会誓死效忠。整个宴席之上，哭声响成了一片。

见大家表现出忠贞，李存勖稍稍安心，起程回到洛阳。正好在同一天，征蜀大军的第一支返程部队，西京留守张筠所部，也回到洛阳，洛阳城内的形势看起来稍稍有所好转。

兴教门之变

三月三十日，枢密使李绍宏，宰相豆卢革、韦说等向李存勖奏报说："据报，叛军前锋石敬瑭部已经逼近汜水关（著名的虎牢关，在洛阳城东面汜水向北注入黄河处），不过好在魏王的征蜀大军也快要回来了。陛下最好出师控制汜水险要，让叛军不得深入，只要等伐蜀之师回来，那一切还有转机。"李存勖也觉得这样做最好，于是，下令集结各军，于第二日早晨出师汜水关。

四月一日清晨，李存勖还在皇宫中吃早餐，受命跟随他前往汜水关御敌的皇家禁军，正在向两个指定地点集合，准备出发。禁卫骑兵的集合地点在宣仁门（洛阳皇城东面城门，与上东门相对）外，负责人是朱守殷；禁军步兵的集合地点在五凤门（洛阳皇宫的正南大门，亦称应天门）外，负责人不详。

这时，李存勖手下最精锐的一支近卫骑兵部队，也就是早有反心的从马直士卒，从武库领到武器之后，并没有按照命令前往宣仁门外集合，而是在郭从谦的策划串联下，准备抓住这个机会造反，计划目标非常大胆：直取皇帝李存勖的项上人头，拥戴郭从谦的义父睦王李存乂为新皇帝！

这里有读者可能会奇怪：李存乂不是早就死了吗？不错，李存乂已死，但与杀郭崇韬和朱友谦的高调大株连不同，李存勖将这个弟弟秘密处决于宫中，宫外的人暂时还不知道这件事，以为他只是被软禁了。

郭从谦和他的从马直将士，就带着这个绝对不可能成功的目标，在赶往宣仁门外集合点的途中发动了兵变，冲向宫城的南门兴教门（洛阳宫城南面城墙设了三道城门，正中一道为"应天门"，又叫"五凤门"，偏东一道为"兴教门"，又叫"明德门"，偏西一道为"光政门"，又叫"长乐门"），准备从这里杀进宫去。

可兴教门西边不远处就是宫城正门五凤门，准备出征的步兵部队正在那里集结，郭从谦就在大军的眼皮子底下造反，不是作死吗？

以往可能是，现在真不是。虽然近在咫尺，但五凤门外集结的禁军没有一支赶来勤王，相反，倒是有两支身穿黄甲，番号不明的禁军鼓噪起来，呐喊着加入从马直叛军行列，一起冲击兴教门。其余禁军步兵虽然没有参加叛乱，但也自行散走，乘乱冲入洛阳的市集街巷，开始大抢特抢。

听到南面传来的喊杀声，李存勖情知不妙，急忙扔下筷子，急召身边诸将、各位亲王，以及宫中的护卫骑兵奔往出事地点。叛军刚刚撞开兴教门，冲入宫城，就与李存勖的队伍迎头相撞。

看着冲来的叛军，李存勖又怒又惊。他们每一个都是自己以为最忠诚、最可信赖的亲军。他们中间有多少人，甚至是自己亲自挑选，一个一个从各军中提拔出来的勇士。我与他们多少次一起征战，多少次一起狩猎？对他们的要求，我多少次有求必应？外边的军队有怨言倒也罢了，他们凭什么也背叛我？难道我待他们还不够好吗？难道全天下人都要背叛我吗？

悲愤至极的李存勖发出了一声长啸，在夹寨、在柏乡、在胡柳陂时，那个神挡杀神，佛挡杀佛，英勇无畏的战神之魂仿佛又重新回到李存勖体内。只不过，当年许多护卫在他身旁的身影，现在出现在他的对面。尽管如此，经过一番激烈的恶斗，李存勖率左右卫士将叛军杀退，将他们赶出了兴教门。

但战斗并没有结束，李存勖登上城楼，指挥卫士与叛军对射。叛军见强攻不进，转而纵火烧门，同时用大量绳钩钩住城头，攀城而上。激战中，李存勖得知宣仁门外朱守殷统领的骑兵部队还保持平静，没有出乱子，不由得略感欣慰：到底还是与自己一起玩大的家奴，忠诚度总是比外人要高一些。李存勖赶紧派一名宦官奔宣仁门外，向朱守殷传旨，要他率军火速赶到兴教门参战，平灭叛军。

一见到圣旨，朱守殷果然"火速"行动了起来，只不过他带着兵马不是向南奔兴教门，而是向北出洛阳城，来到北郊的邙山脚下，找了一片茂密的树林，让全军停下休息。

朱守殷可能最初没弄清楚发生了什么事，一时不知所措，等他见到传旨的宦官，知道了居然是从马直等亲军造反，便做出了最后的判断：自己从小侍候大的亚子少爷，已经丧尽军心，这次估计是死定了！谁也救不了他，自己带着这些兵赶去兴教门，他们会不会临阵倒戈加入叛军行列，那真是谁也说不准。不过，要救自己的话，还有机会。

于是，朱守殷完全不担心李存勖如果成功翻盘怎么办，从容自若地选择了对自己最安全的生存方案。

朱守殷自己暂时安全了，但他的做法无异于补刀，给了李存勖致命一击。听说连朱守殷都背叛了，还在李存勖身边的将军们也基本上认定李存勖就要完蛋了。他们中的绝大多数人，忘记了三天前在石桥的断发盟誓，纷纷弃甲逃生。反正叛军要杀的人是李存勖，不是他们，也许只要远离李存勖，他们就安全了吧？

只有十几个军官没有逃，他们保持着忠诚，护卫在李存勖身边，拼死战斗。其中有三个人在史书中留下了名字。

其一是二十八岁的散员都指挥使李彦卿。李彦卿是一代名将李存审的第四子，不久将恢复祖姓，改名符彦卿，并在以后的历史中大放光彩。

其二是十六岁的禁军小校王全斌。王全斌也出身军人世家，父为岢岚军使，十二岁时以人质身份来到李存勖身边，颇得李存勖看重，将他编入亲军。关于他未来的故事，也还很长。

还有三十七岁的宿卫军校何福进。何福进是生于太原的河东旧人，自小入行伍，追随李存勖屡经战阵，不过在这一天之前，从未进入过史书的视线。他的大部分事迹，也在此之后。

是的，你们没看错，在石桥盟誓的众将中，地位最高，官职最大，最得李存勖宠信，这些日子在表忠心的秀场上总是名列第一的李绍荣，不在其中。尽管他对今天这一幕灾难的到来，负有相当大的责任，但这个最应该留在这里的人，还是抛下自己的主君跑路了。

以李存勖身边还剩下的那点儿微薄力量，不可能再阻挡叛军的进攻。尽管李存勖像一只绝望的雄狮，带着李彦卿、王全斌等人拼死苦斗，使叛军死伤数百人，但还是被叛军攻上并占领了兴教门。李存勖沿着宫城城墙且战且走，突然，一箭射来，李存勖应弦而倒，战神的传说就此终结！

混乱中，一个负责饲养皇家猎鹰的侍从，名叫善友（不知道是真名是艺名，还是因为他在李存勖最后一刻的表现而得到的绰号，也不知道他究竟是宦官还是伶人），在李彦卿、王全斌、何福进等忠勇之士的断后掩护下，搀扶着李存勖退出战场。退到宫中一处叫绛霄殿的殿廊之下时，李存勖伤重，再也走不动了，他一狠心，拔出箭头，顿时血流如注。

失血带来了脱水，躺在廊下的李存勖，比伤口的疼痛更强烈的感觉是胸口发闷，口干难耐。曾经无敌于天下的霸者，此刻只能无力地发出一些不连贯的短句：皇后呢？我渴……

善友急奔到后宫，还好，他找到了刘皇后，哭诉了皇帝受伤的情况和最后的请求。刘玉娘正在抓紧皇帝老公用生命换来的最后一点儿时间，收拾细软，准备逃命。如果不是舍不得这些身外物，想尽量多带一些再走，刘玉娘不一定还留在宫内。你说，这么紧张的时候，谁有闲工夫去看那死鬼？难道他还能像以前一样，继续给我荣华富贵吗？

于是，忙碌的刘玉娘没有浪费自己的宝贵时间，只是有点不耐烦地让人送一罐酪浆过去。酪浆是一种用牛羊乳做成的饮料，按中医的说法，人在受到严重外伤时，可以喝水，但千万不能喝酪浆，否则会加重伤势，甚至加速死亡。

身经百战，亲眼见过无数伤亡的李存勖，不大可能会不知道，生活于后宫中的刘玉娘倒是不一定。如果刘玉娘不知道这一点，那只是一个无情之人的无心之失；如果她知道这一点，那只用无情来形容都太温柔敦厚了：你都要死了，别来连累别人！

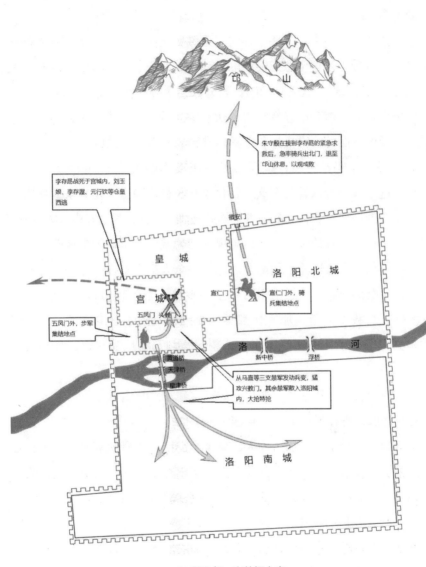

朱守殷在接到李存勖的紧急求救后，急率骑兵出北门，退至邙山休息，以观成败

李存勖战死于宫城内，刘玉娘、李存渥、元行钦等仓皇西逃

五凤门外，步军集结地点

从马直等三支禁军发动兵变，猛攻兴教门。其余禁军散入洛阳城内，大抢特抢

邙 山

洛 阳 北 城

皇 城

宫 城

微安门

宣仁门

宣仁门外，骑兵集结地点

五凤门 兴教门

洛 河

新中桥 浮桥

洛阳桥
天津桥
星津桥

洛 阳 南 城

▲ 926 年，兴教门之变

如果酪浆送到的时候，李存勖还有意识，他心里流出的血，恐怕会比伤口处更多。

也可能李存勖更幸运一些，那时已是弥留之际，再也听不清身边善友的哭喊，再也看不清这个悲惨喧闹的世界，只有心头一丝微弱的意念在默默自问：这是怎么啦？这是真的吗？我怎么会落得如此下场？

恍恍惚惚间，李存勖好像觉得，所有的痛苦都消失了，不知何时已置身高处，看着下面的纷纷扰扰和那具仿佛已经与自己无关的躯壳。

我要回去了吗？忽然，他听到了一声爽朗的大笑："我老了，再过二十年，这个孩子可以替我在这里打仗了！"循声望去，是父亲李克用慈爱的目光。再仔细看看，这个场景是如此熟悉，如此亲切，好多故人都在。叔父李克宁在，正直的张承业在，忠勇的周德威在，坚韧的李嗣昭在，善战的李存审在，竟然连郭崇韬都在。他们每个人都笼罩在安详与幸福的光芒之下，脸上都洋溢着灿烂明媚的笑容，像是在迎接自己归来。

太好了！我就知道，那一切都不是真的！我刚才只是睡了一觉，现在才是真正醒来了。一切都还充满希望，一切都将从头开始，我不会再犯错了……

人生四十载，宛然如梦。如梦，如梦，残月落花烟重……

片刻之后，李存勖逝世，享年四十一。

李彦卿、王全斌、何福进等人，见李存勖已死，只能痛哭一阵，也各自逃生去了。最后，只剩下忠仆善友搬来了李存勖生前心爱的乐器，覆盖在李存勖的尸身之上，引火点燃，让它们陪伴着心爱的主人，一起在熊熊的红莲之炎中踏上往生之途。

不过，李存勖注定不会孤独，在很短的时间内，会有很多人与他相会于黄泉道上。这其中，既有被他下令处决的王衍一族和叛将康延孝，更有他的亲人和他心腹小圈子的各位主要成员。

皇后刘玉娘听说李存勖已死，急忙将已收拾好的部分财宝拴到马鞍上，叫上李存勖的弟弟申王李存渥，由李绍荣拉来七百名骑兵保护，一起突出皇宫，一路西逃。

在洛阳城中李存勖还有三个弟弟，其中通王李存确、雅王李存纪，同时逃出皇宫，躲到洛阳南郊的群山中避祸。李存勖的诸子李继潼、李继嵩、李继蟾、李继峣等经人营救，剃掉头发，化装成小和尚出逃。

郭从谦自然没有找到李存乂，叛军的目标只剩下打劫发财。

城外的朱守殷听说李存勖死了，很庆幸。接下来他的第一件大事是发国难财，命部队立即挥师回城，然后乘乱开进皇宫，挑选了几十名美貌宫女，满载着刘玉娘来不及带走的金银珠宝，打包带回私宅。他的第二件大事，是向新主人表忠心，急派使节东下迎接李嗣源："京城已经大乱，到处是乱兵烧杀抢掠，为非作歹。只有您来主持大局，才能拯救国家。"

李嗣源此时已过了汜水关，行至罂子谷，得知李存勖被杀，他最大的道德难题被解决了。不知道李嗣源此时的心情究竟怎样：是大感庆幸，还是隐隐有些失落？当然，他在众人面前，表现出了一个合格的政治人物该有的素质：悲痛万分，泪流满面。

李嗣源言不由衷地对众将道："主上一向深得军心，不想受一群奸邪小人蒙蔽，竟落得如此大祸！现在主上已逝，我还能去投靠谁呢？"

李嗣源当然不会去投靠谁，而是按朱守殷说的，入京主持大局。四月三日，李嗣源进入洛阳，制止了乱兵的抢掠，京城恢复秩序。然后，在朱守殷、李绍宏、豆卢革、韦说等文武百官的反复恳请之下，宣布监国。原先在魏州城外从马直兵变时，李嗣源手下有一个叫侯益的军官乘乱逃走，奔回洛阳，向李存勖告变。此时见变了天，侯益自缚双手，与曾经在汴梁抗拒李嗣源军队的西方邺一起，到李嗣源面前请罪。李嗣源夸奖他们二人忠诚，全都赦罪，官复原职。此事传出，京城人心稍稍安定。

但实际上并不是没人被杀。很快，通王李存确与雅王李存纪藏匿的地点被人发现，安重诲与霍彦威商量说："殿下既然已经监国，前朝诸亲王的问题应该尽早解决，以便统一人心。殿下一向有仁厚的好名声，这点儿糙活咱们可以做，就别去为难他了。"于是，霍彦威派出刺客，将两位亲王刺杀于农家。李嗣源得知此事，虽然表现得很难过，也狠狠责备了安重诲、霍彦威一番，但没有任何处分。李存勖在京的另一个弟弟薛王李存礼下落不明，其他如李继潼等人，有的史书说不知所终，也有的史书说辗转逃到蜀地，为孟知祥所收留。

再说刘玉娘一行人原本准备先逃到河中，投奔担任河中节度使的永王李存霸，之后等待李继岌的伐蜀之师。但计划永远没有变化快，他们在半途就跑散，各奔东西了。

李绍荣走到平陆时，随从骑兵几乎跑光，结果这员猛将筋疲力尽，被当地乡兵抓住，打断双腿，押送回洛阳。

愤怒的李嗣源亲自审问他："我什么地方对不起你，你为什么要杀我的儿子？"

李绍荣瞪着眼睛反问："先帝什么地方对不起你？"

李绍荣此话听起来义正词严，其实是强词夺理。李存勖对不起的人太多了，要不然也不会有那样的结局。另外，他杀李继璟本身就是在抗旨，根本不是出于什么忠心。李嗣源没有和他废话，下令将他处斩。斩首当日，犯由牌上的名字不再是"李绍荣"，而是"元行钦"，时为四月十二日。

刘玉娘和李存渥也没有去成河中，而是改道去了太原。他们这样做，大概是因为大厦已倾，李存霸已经镇不住朱友谦的河中旧部，弃城逃走了。《资治通鉴》记载，刘玉娘在逃亡的路上，与小叔李存渥勾搭成奸。

刘玉娘和李存渥比元行钦幸运，成功到达了太原老家。然而，尽管太原是李克用父子发迹的大本营，太原留守张宪又是此时极少数仍然忠于李存勖家族的地方大员，但这里依然不能成为他们的容身之地。

之前，李存勖对河东老家的安排是四权分立：留守张宪只掌管行政权，北都巡检李彦超（李存审的长子，李彦卿的大哥）掌管兵权，监军宦官吕公公监督军队调动，郑公公监督物资收发。出于常情，这四位大领导的关系很不融洽，尤其是李彦超与两位监军宦官之间芥蒂极深。

在刘玉娘他们到太原之前，李彦超已向张宪进言，说天下大势都已倒向李总管，咱们不能太落后，也和大家一样上书拥戴总管为皇帝吧？张宪叹息道："我不过是一个平平常常的书生，从无军功而置身高位，以一介布衣到身披金紫，这一切全都来自先帝的恩典，怎能忍心背弃旧主，苟且偷生？真要无可挽回，我以身殉国便罢！"

稍后，永王李存霸狼狈逃至太原，他从河中出发时还有从骑一千余人，到太原时已成光杆司令。在这里，史书记载出现了分歧。

一种说法是，李存霸（也有记载说是李存渥，或李存勖另一个堂兄弟李存沼）串通吕公公和郑公公，想发动兵变，杀掉张宪和李彦超，重新在河东立足。结果李彦超先下手为强，抢在他们之前动手，将他们全部杀掉。张宪无法控制局势，被迫出逃到忻州。

以当时的形势，李存霸（或李存渥、李存沼）与两名监军宦官计划的成功率应是无限接近于零。另一种说法可能更可信，李存霸被李彦超的军队扣押，他剃掉头发，披上袈裟，向李彦超请求出家为僧，从此不问世事。李彦超本想把李存霸交给李嗣源处置，但手下士兵情绪激动，不能容许李存勖的弟弟活下去，一拥而上将李存霸斩首。李彦超一看军心如此，干脆一不做，二不休，顺势也把那两名监军宦官拉来给李存霸陪葬。

等李存渥逃到太原，已经成为太原唯一大领导的李彦超拒不接纳，他只好继续北逃。行至岚谷（今山西省岢岚县）时，李存渥最后的几个手下觉得，继续跟着这位落魄王爷跑，只能当陪葬，还不如换一个对大家都有好处的选项。于是众人杀掉了李存渥，让他不用再担惊受怕地承受逃亡之苦。

刘玉娘没有和李存渥一起逃，她把随身携带的钱财捐给一家佛寺，然后在寺里出家为尼。但是，没做什么恶事的李存霸想出家避祸都难逃一死，罪行累累的她怎么可能逃得掉呢？监国李嗣源派来了使臣，就在寺院中赐刘玉娘自尽。不知道这个害人无数的蛇蝎美人在自己丧命的那一刻，可曾想起过那些被她伤害的人，想起过被女儿鞭打得伤痕累累的老父，想起过看着酪浆奄奄一息的丈夫。她后悔过吗？

稍后，李存勖的最后一个忠臣张宪被押解回太原，以弃城失守的欲加之罪，与小儿子张凝一起，被赐死于太原千佛院，时为四月二十四日。

当然，在李存勖死后，李存勖家族还剩下的力量中，最有实力的不是逃亡中的刘玉娘，也不是李存霸、李存渥两位皇弟，而是正在返程中，由李继岌统率的伐蜀之师。早在四月五日，李继岌就接到了洛阳兵变，父皇身死的噩耗，当时，他和他的军团刚刚走到长安之西约百里的兴平。

从未经历过真正大风大浪的少年，被这些消息吓坏了。虽然在就任监国之前，李嗣源对前来拥戴他的朱守殷说得无比忠义："好好巡视宫内宫外，别出乱子，准备迎接魏王的大驾。还有淑妃和德妃（李存勖原先的正妻韩氏与次妻伊氏）尚在宫中，对她们的供奉一定要优厚，不失礼数。等把先帝安葬完毕，魏王回来继了位，国家有了新主，我自当回到北方，去为国家守卫边疆。"但是很显然，此时已经没有任何人还会傻到把李嗣源这段话当真。所以李继岌不敢再往东走，而是本能地下令大军掉头向西，打算退往凤翔自保。

李继岌这个慌慌张张的决定，使暂时还在观望的各镇军民更加确信，李存勖家族肯定是彻底完蛋了，该做什么样的选择，已经毫无悬念。也许刘玉娘、李存霸、李存渥等人没能与李继岌会合，甚至无法在河中立足而被迫逃向太原送死，多多少少都与李继岌此次操作有一定关系。

在实际操作上，李嗣源没有放松对李继岌军团的防备，他马上派能征善战的义子李从珂出镇河中，顶替已经逃亡的李存霸，堵住李继岌前往太原的通道，又派一个叫李冲的心腹出任华州（今陕西省渭南市华州区）都监，挡在伐蜀军回来的大路上，名义上是去迎接李继岌。

与此同时，李继岌对手下这支军队的号令，似乎也不那么管用了，军队内部的任圜、李崧、张砺等士人，又与李从袭、李廷安、吕知柔等宦官势同水火，只差没有火并。李继岌命大军返回凤翔，军队的行动却异常拖拉，好几天时间才从兴平退到武功，行军竟不足百里。

杀害郭崇韬的主谋之一宦官李从袭见情形不对，向李继岌建议说："现在是福是祸已经不可预测，我看退不如进，大王您最好急速号令三军东进，击破洛阳的叛贼，或许还能解除大难。"比起士人，李继岌好像更信任宦官，何况事已至此，也只好把死马当活马医，最后赌一把。李继岌于是接受了李从袭的建议，让军队又一次掉头，开向长安。

大军勉强进到渭水，长安的守臣已归顺李嗣源，事先砍断了渭水上的浮桥，李继岌一时找不到足够的渡船，便命军士游水渡河。这道不近人情的命令成为压倒骆驼的最后一根稻草，伐蜀大军顿时自溃。混乱中，军士开始追杀平日愤恨的人，吕知柔等几个宦官生死不明。惊慌的李继岌与李从袭为躲避乱兵，好容易渡河到达南岸，左右已经没几个人了。

眼见众叛亲离，末日已至，李从袭拜别李继岌，对小主子说："大势已去，大福不会再来，殿下最好还是自己了断吧！"李继岌这才发现，自己已经被信任的奴才们带到了绝路。他还不想死，却已经非死不可。少年悲从中来，不停地走来走去，长吁短叹，涕泗交流，就是下不了狠手自杀。最后实在没有办法，李继岌叫来数月前替自己杀死郭崇韬的忠仆李环，让他用绳子将自己勒杀。

李继岌的死，标志着李克用系的后唐第一王朝完全终结。稍后，任圜重新收拾了溃散的军队，率全军投降了李嗣源，又配合李冲杀掉了李从袭等宦官。又过了几天，确认李继岌的死讯后，李嗣源在洛阳由监国进位为皇帝，改年号为天成。

尽管李嗣源拒绝了后梁降臣霍彦威、孔循的建议，没有更改后唐的国号，但天下在实质上已经改朝换代，进入李嗣源系的后唐第二王朝。从同光元年（923）四月，李存勖在魏州称帝算起，后唐第一王朝仅存在了三年整；从唐乾宁二年（895）十二月，李克用受封晋王算起，李克用一系统治晋与后唐的时间为三十一年零四个月；从唐中和三年（883）七月，李克用上任河东节度使算起，李克用家族叱咤北国共四十二年零九个月。

天成元年七月，也就是李存勖丧命三个月后，李嗣源追谥故主为"光圣神闵孝皇帝"，庙号"庄宗"，并将他烧焦的遗骸安葬于雍陵，地点位于今洛阳市新安县西沃乡下坂峪村败仗沟内。

李存勖死后一千零六十五年，在距离雍陵不太远的黄河小浪底，一个大型水利工程开工兴建。数年后，一个面积达 272.3 平方千米的大型水库出现在黄河中游，上涨的河水漫过了败仗沟。李存勖的长眠之地，从此被万顷波涛覆盖，帝陵的痕迹湮没于历史的长河之中。

第五章

烟锁黄龙

王彦章　周德威　刘知远　石敬瑭

契丹东征

李存勖的败亡，是五代史上一次极重要的转折点。以前，就算在河朔风气比较浓厚的藩镇，底层大兵一时不爽串联起来，换个节度使的事是常有的，但换皇帝，下层士兵从来就没敢想过。皇帝那个在传说中遥远而崇高的职位，在受到封建神权思想毒害的底层小兵意识中，还是一种比较神圣的东西，是由至高无上的老天爷选择的。即使像唐末僖宗李儇、昭宗李晔那种硬实力已微不足道的落魄天子，左右他们的也先是距离皇帝比较近的宫里公公，然后某些大军阀跟着尝了尝鲜。至于底层小兵，如果没有大人物带头，他们自身从来没有产生过那种换皇帝的念想。

就在李存勖倒台前不足两个月，造反的魏博兵也是先听说他们的皇帝死了，才敢大着胆子按老传统换换节度使。在李存勖倒台前不足一个月，各地造反已风起云涌，造反最活跃、最坚决的从马直士卒，也只敢请求李嗣源在河北当他们的皇帝，让李存勖继续在河南当皇帝，没敢说要把李存勖干掉。但时势的发展之猛烈，超出了此前所有人的预期，英武过人，百战百胜，功业超过僖宗、昭宗万倍的庄宗皇帝，竟然这么容易被干掉了！

这个骇人的事实让后唐的广大士兵恍然大悟：原来什么君权神授、天命所归，统统都是假的，我们一怒，连李存勖这样看起来无比强大的君主都能轻易倒下。那我们面对皇权还有什么好害怕的？今后哪个皇帝待我们不好，我们就用对付李存勖的方法对付他。

随着这种思想深入军心，五代皇帝的安全系数大大降低，要想安稳做完皇帝，难度大幅度提升了。如果说李存勖当皇帝时身处的环境是一个加油站，那今后几十年五代皇帝身处的环境，就是一个正在被山火逼近的加油站。首先要面对这个烫手山芋的，就是对这一新局面的形成也负有一定责任的新皇帝李嗣源。

在经历了一番让自己都头晕目眩的天翻地覆之后，李嗣源登上了那个在两个月前，他还想都不敢想的至高之位。曾经天下无敌的李存勖为何会在顷刻间败得如此干净彻底？自己又该怎样避免遭遇同样的结局？这无疑是李嗣源此时最忧心的问题。

李嗣源首先想到的，是杀一些让李存勖大失人心的心腹小圈子成员。那些人中谁最招人恨呢？当然是负责收重税、刮地皮，夺人钱财来讨好李存勖的孔谦了。于是李嗣源下诏，租庸使孔谦奸佞谄媚，重敛民财，克扣薪饷，穷困军民，论罪当斩。

连同孔谦的脑袋一起没的，还有他制定的那些能在短期内增加政府收入的各种收税办法，以及租庸使这个职务和其统领的行政机构。租庸使的职权重新被分割回盐铁、户部、度支三个部门，由宰相协调办理。

见孔谦被处理，自恃在李嗣源夺位过程中立下大功的后梁降臣霍彦威，也想乘势宰两个他早就恨之入骨，估计李嗣源也同样讨厌的公认人渣。于是，霍彦威甚至都没有请示，就把威胜节度使李绍钦（段凝）和太子少保李绍冲（温韬）给抓了起来，准备来个就地正法。

李嗣源的另一个大功臣安重海得知后赶来，制止了霍彦威："段凝、温韬罪过再大，那也是发生在以前后梁朝的事，与本朝无关。如今主上刚刚克服艰难，平息内乱，最大的期望是国家能够恢复安定，而不是让霍公你有机会报私仇。"

李嗣源得知此事，很赞赏安重海的做法。虽然他确实不喜欢段凝和温韬，但生杀予夺之权当出自天子，岂能让臣下自专？这件事成了李嗣源这两位功臣境遇的分水岭。安重海巩固了自己李嗣源第一心腹的地位，在今后数年的朝廷中权势显赫；霍彦威在表面虽仍受厚待，但李嗣源很快就将他外放出中央，就任平卢节度使去了。

至于李绍钦和李绍冲，当然不会就此没事。李嗣源虽然下令将他们从大牢中放出，但剥夺了他们的赐名，恢复其原名段凝、温韬，并且革去一切官职，抄没家产，放逐回乡。又过了一年，等他们的人脉和影响力差不多消耗殆尽，李嗣源又是一纸诏令，将两人一并赐死。

李存勖另一个激起较大反弹的举措，是派遣了大批宦官或伶人到各藩镇担任监军。在李存勖败亡的最后阶段，这些监军很多都遭到藩镇军人势力的反杀。李嗣源是被各地军人势力推到前台的军选皇帝，不论其得位的合法性，还是对各地藩镇的控制力，都远远低于巅峰期的李存勖。在此前提下，李嗣源对各藩镇自然不能也无力采用前任那种全面打压，强化控制的政策，只能承认皇权的退让，撤销了后唐境内所有藩镇的监军。

李存勖时代深感受气的各藩镇军人开始扬眉吐气，大量的宦官（可能也包含一部分伶人）因此四散逃亡，有的躲进深山老林中避难，有的剃光头发躲进寺院，还有相当一部分遭到捕杀。由李存勖仿效唐朝重建的宦官势力，差不多又遭到一次灭顶之灾。

打击了李存勖的心腹集团，那接下来的事，自然就是给当初受这些人迫害的人昭雪了。李嗣源下令将郭崇韬父子的遗体送回雁门故乡安葬，又恢复了朱友谦的官爵，将两人被没收充公的家产，全部发还给他们还活着的亲属。陷害郭崇韬的李从袭等人已经被杀，向延嗣在传旨处决了康延孝之后，史书上再也找不到这个人的记载。除了向延嗣，还有陷害朱友谦的景进，引爆皇甫晖兵变的史彦琼，也一样在史书中下落不明，但按常理推测，他们应该不大可能逃得掉。

在恶有恶报的同时，善也总算有了善报。有两个重要宦官幸免于难。一个是更一字而救千人的前枢密使张居翰，这位谨慎而善良的老人在李嗣源进入洛阳后，辞去了所有的职务，归老乡里，于两年后在长安病逝，享年七十一岁。另一个是刚刚恢复原姓的马绍宏（李绍宏），他因为在李嗣源受猜忌期间多次出言相救，李嗣源感其恩德，让他出任枢密使，接替辞职的张居翰。不过，从此之后，马绍宏在史书上就没什么事迹了，显然比起另一个枢密使安重诲，他只是用来凑数的。李存勖的心腹伶人中名声最好的敬新磨也未受太大牵连，仍然出没于洛阳的宫廷。

李存勖的失败，还有一个很直接的因素，就是洛阳周边地区的经济崩溃，使驻京禁军发不出军饷。这其中既有同光三年大天灾的原因，也有李存勖的心腹小圈子平时侵占了太多的社会资源，挥霍过度的成分。

与前任的最后阶段比起来，李嗣源登基时国家的财政状况有所好转。首先，任圜带着伐蜀远征军回到洛阳，同时带来了前蜀的大批钱粮物资；其次，原李存勖心腹小圈子的成员大部分遭到清洗，没收他们的家产也可以用于填补亏空。不过，光靠这些不会时时有的意外之财，李嗣源觉得不稳妥，大半生都生活俭朴的老将，决定要削减那些不太必要的开支。

早在四月八日，李嗣源就任监国进入兴圣宫，明显将成为下一任皇帝时，主管宫廷事务的宣徽使（史书未载姓名，但当时任宣徽使的人应是与李嗣源交好的马绍宏）马上跟进，从李存勖的宫女中精挑了数百名年轻貌美的进献给李嗣源。

不承想，李嗣源提出了一个问题："要她们来这里干什么？"

宣徽使答道："宫里事务繁多，需要有人处理。"

李嗣源便"合情合理"地提出疑问："要处理宫里的事务，应该熟悉过去的规则典故，才知道该怎么具体操作。这些女孩儿这么年轻，她们怎么可能清楚？"

接着，李嗣源顺势下令，宫女中只留下少量年纪大的旧人，所有年轻的宫女，都允许她们的家属亲人来接她们回家。一时找不到家人的，任由她们的意愿或去或留。另外，从前蜀皇宫俘获来的宫女，也依照此例一并办理。

四月二十日，李嗣源离开兴圣宫进入宫城，穿着丧服在李存勖的灵柩前登基称帝。二十八日，将年号由"同光"改为"天成"，大赦天下，顺便正式改组皇宫机构：李嗣源的皇宫共留下宫女一百名、宦官三十名、教坊伶人一百名、鹰坊二十名、御厨五十名，合计编制三百名，其余宫中多余的机构和数千人员都予以解散，安排他们离开。经过这番处理，李嗣源的宫廷规模缩小到只有李存勖时代的几十分之一，极大减少了宫中用度。

在李嗣源放宫女回家的过程中，还发生过一件此时看起来无关紧要的小事。

有一个姓柴的宫中嫔御，准备随来京的父母返回其故乡邢州，不想途中遇上大雨，只好在一家小客栈留宿了几天。这天，年轻的柴姑娘突然看见一个穿着破烂，却身材魁伟、气宇不凡，特别符合她审美观的年轻男子从客栈门口路过。她一下子被这个仅有一面之缘的男子打动了芳心，忙向客栈老板打听："刚才从门口过去的那个男子是谁啊？"客栈老板倒也认识，答道："那个人啊，从马直（是的，就是那个把李存勖挑下马的从马直）里的一个小军官，叫什么'郭雀儿'。"

大胆的柴姑娘马上断定，这就是自己一直在等待的那个人，她马上禀明父母，自己要留下来，嫁给那个人。她的父母起初不愿意，说：以你的才貌，又是从宫里出来的，就算要找个节度使当丈夫，也是有可能的呀，怎么能便宜那个穷小子呢？但柴姑娘很坚决，认定这个人绝不能错过，什么"父母之命，媒妁之言"，统统靠边站。她将自己在宫中积攒下的财物分了一半给父母，另一半留作嫁妆，然后找到那位让她一见钟情的小军官，就在小客栈中与他结成了夫妇。

在下特别提一下这个爱情小故事，当然不是因为它的浪漫，而是因为这门婚事深刻影响了一个在此事中并未出场的人，间接改变了一个身在数百里外的五岁男孩儿未来的人生轨迹。

从马直小军官"郭雀儿"喜结良缘之后不久，同样姓郭的从马直最高长官正走向自己生命的尽头。

李嗣源一纸命令，任命原从马直指挥使郭从谦为景州（今河北省东光县）刺史，解除军职，使他脱离和从马直官兵的联系。随后，一道密旨送到景州，以弑君之罪将手里已经没兵的郭从谦处死，并夷其族。至于从马直等造过反的庄宗诸亲军，李嗣源在保障其待遇的前提下，逐渐打乱并一步步撤销编制，编入由河东老将安元信统领的捧圣军和由心腹王清统领的严卫军等新组建的禁军单位。

很显然，尽管郭从谦是将李嗣源拥上皇位的推手之一，但李嗣源很清楚，郭从谦不是自己人，他想拥戴的人也不是自己，他活着就会削弱自己继承后唐的合法性，也是个让自己每个晚上都睡不好的潜在威胁。

但是，让年老的新皇帝睡不好觉的潜在威胁远不止一个郭从谦，而是遍布天下，有些李嗣源敢于出手除掉，有些则让李嗣源颇费踌躇。

如当年五月，李嗣源调魏博节度使赵在礼出任义成节度使。赵在礼公然抗命，说军心动荡，都不愿他离开，最终让李嗣源撤了诏令。但在私下里，自己也是傀儡的赵在礼秘密上书，说明情况：皇甫晖和赵进都还在，我想走也走不了呀！

稍后，李嗣源升皇甫晖为陈州（今河南省周口市淮阳区）刺史，升赵进为贝州（今河北省清河县）刺史，用加官晋爵的名义将这个造反核心分割开来，然后才将赵在礼调到沧州当节度使。即使如此，李嗣源并没有像诛杀郭从谦那样，杀掉这三人中的任何一个。

同时，来自北方的威胁也明显加重了。说来，大家有一段时间没听说契丹人南下侵扰了，他们的大首领阿保机从来不是一个喜欢和平共处的好邻居。按说中原出了这么大的乱子，他怎么能忍这么久没来趁火打劫？

原来，他这段时间分身乏术。就在唐军入蜀，王衍出降之时，阿保机也集结了麾下的契丹军马，又号令臣服于他的吐蕃、党项、室韦各部，据说还有新罗军队（此时的朝鲜半岛正处于后三国时代，其中新罗王朝已缩到半岛东南一隅，后百济在半岛西南，唯一与契丹、渤海相邻的是王氏高丽）也来加盟，组成了一支号称人数有三十万的庞大联军，对契丹人世代的宿敌渤海国发起灭国之战。

渤海国是由粟末部靺鞨人（后来女真人的祖先）于武周年间在东北建立的国家。靺鞨粟末部，原本臣服于高句丽，在唐灭高句丽后举部降唐，被迁到营州安置，与契丹人相邻而居。

最早，契丹人与靺鞨人不但是邻居，也真是一根绳上的蚂蚱。武周年间，契丹首领李尽忠、孙万荣起兵造反，靺鞨人跟着起哄，也树起了反旗。武周的大当家武老太太一看这两伙人合在一起不好对付，就设法分化之，她先赦免靺鞨人，封他们的首领乞四比羽为许国公，乞乞仲象为震国公，再集中力量收拾契丹人。于是靺鞨人就没管老朋友契丹人的死活，任由他们与周军拼命。

等拿下契丹，将孙万荣的首级悬于洛阳之后，武老太太翻脸不认人，要追究靺鞨人的罪责，靺鞨人只好东逃。武周故意派契丹降将李楷固率契丹降兵追击叛逃的靺鞨人。契丹降兵连连得手，击斩了乞四比羽，乞乞仲象也在逃亡中病死。但靺鞨人没有倒下，乞乞仲象的儿子大祚荣（从大祚荣开始这个家族就姓"大"了，不知道以前姓什么）率部在天门岭绝地反击，大败追击的契丹人，李楷固仅以身免。随后得胜的大祚荣宣布建立震国，自立为震国王。数年后，震国与恢复李氏正统的唐朝重新修好，受唐册封为渤海郡王，改国号为渤海。而倒霉的契丹依旧匍匐于唐朝脚下，与渤海国的仇恨越积越深。

不过有仇也没办法，遭到重创之后的契丹打不过人家。渤海国盛时疆域广大，号称"海东盛国"，拥有五京（五个一级行政区）、十五府、六十二州、一百三十余县，地跨今天的中、俄、朝三国，面积总计约六十万平方千米。这个面积与后梁帝国的实控区域差不多，当然开发程度要差远了，只有约三百万人口，即使如此，也比契丹人的地盘发达很多。

两百多年过去，随着阿保机的崛起，契丹人建国了。兴起之初的契丹国，如初升之朝阳，从上到下生机勃勃，充满了闯劲，充满了扩张欲。与此同时，立国已久的渤海则暮气沉沉，统治集团逐渐腐化，文恬武嬉，早已不复当年之勇。虽然此时两国的有效面积差不多，论人口数量可能渤海还要多一些，但论军事实力已经拉开了代差。

第十五代渤海君主，后被追谥为渤海哀王的大諲撰，恰好与阿保机同一年登上各自国家的最高领导岗位。近在咫尺，大諲撰亲眼见证了阿保机的扩张历程和世仇契丹人的强势崛起，但他没有太大警觉，并未做出明显的备战举动。他只是依照旧制，先后向中原的后梁、后唐两朝称臣纳贡，还时不时与契丹发生点儿边界摩擦。这位渤海哀王好像觉得，有中原王朝罩着，渤海国就没有太大危险。

将渤海的命运寄托于中原，这也不能算完全错。本来作为汉文化的资深"粉丝"，甚至给自己起名"刘亿"的阿保机，最希望征服的区域正是富庶得让他一直向往的中原。阿保机将主攻目标对准中原，确实让渤海国又多了几年苟安的太平日子。但在遭受了幽州、望都两次重挫之后，阿保机清醒过来，中原至少目前不是一块好啃的骨头，那就只能理智一些，换个主攻目标，先易后难。于是，阿保机贪婪的眼睛就盯上了契丹人的老冤家渤海国。

契丹联军这次一出动，便是排山倒海之势。大军经木叶山，沿着西拉木伦河至西辽河一线推进，迅速包围了渤海国的西部重镇扶馀城（一说今吉林省农安县，一说今吉林省四平市）。扶馀城虽然号称重镇，也驻扎了重兵，但渤海承平日久，它的城防技术水平，与此时征战不休的中原比起来，显然差了不止一个档次。阿保机让联军中最善于攻城的汉军打先锋，由汉将赵思温带领，开始猛攻扶馀城。

赵思温，字文美，原是刘仁恭、刘守光的旧部，号称"少果锐，膂力兼人"。李存勖灭燕时，他为周德威所擒，投降了晋军。据说在与后梁大将刘鄩的交战中，赵思温立下了战功，因功被授予平州刺史。但他很不满卢龙节度使周德威对卢龙旧将的打压，等后来阿保机南下进犯卢龙之时，他主动献城投降，又成了契丹军队中的汉人将领。

在经历过中原大战洗礼的赵思温看来，扶馀城就是纸糊的，他带敢死队率先登城，只用了三天就攻陷这座渤海国的军事重镇，斩杀了渤海守将。

据说，拿下这个渤海国的大城之后，阿保机想马上将这笔收入变现，立即下令开始清点户口，核定税收。这时，他的长子耶律倍提出异议说：渤海人本来就对我们心怀芥蒂，现在刚刚拿下一座城，就马上刮地皮，那只能让我们在渤海人眼中的侵略者成色更加纯粹。而他们越把我们当成侵略者，就越容易引发反抗，刚打下来的地方也就越难安定。我们这次出师，目标可是要彻底征服渤海，并不是抢一把就走哇！不如乘着破竹之势，大军直扑忽汗城（渤海国首都，又名龙泉府，今黑龙江省宁安市渤海镇），一定能把渤海灭掉。等那时候，他们没了反抗的主心骨，再讨论如何安排新占领区的善后工作，不是更合适吗？

阿保机见自己最欣赏的长子有如此见识，大为高兴，当即从善如流，予以采纳。不过，这件事似乎还有另一种可能性，它也许是阿保机私下安排好的，目的就是向天下人展示耶律倍的政治素养，为这个大儿子将来顺利接班铺路。

因为此时契丹帝国内部正有一股不易察觉的强劲暗流在悄悄涌动。阿保机已经五十四岁了，达到了当时人的平均寿命，原本清晰的继承人问题，却正在变得晦暗不明。尽管阿保机在称帝之初，就已经立了同样是汉文化"粉丝"的耶律倍为太子，但很显然，讨厌汉文化的皇后述律平不喜欢这个长子（尽管也是她生的），一直谋划用老二耶律德光将他顶掉。再不济的话，换老三耶律李胡也行。

有一则很有名的传说。某一年的冬天，天很冷，阿保机想试试自己这三个嫡子的做事能力，就让他们出去捡拾柴火回来生火取暖。最先回来的是老二耶律德光，他不管干柴湿柴，背了一大捆回来；第二个回来的是老大耶律倍，他只挑选能点火的干柴，整整齐齐地捆扎好带回来；第三个回来的是老三耶律李胡，小儿子嫌累，一边捡一边丢，几乎是两手空空回到家。阿保机看了这个结果，评论说，老大做事聪明，老二做事踏实，老三不成器，就做不了事。综合评估，老大还是最让他心仪的。

述律平没有给自己三个儿子留下评语，但她用后来的实际行动证明，老二不错，老三她也可以接受，唯独老大不行。对于支配欲极强的述律平来说，这个儿子太不像自己，又不够听话。

述律平的地位不是阿保机恩赐的，她有自己的部民和军队，因此她的意愿阿保机无法忽视。在她的推动下，阿保机任命自己的次子耶律德光为天下兵马大元帅。耶律德光凭借此职务，好多次代替父亲阿保机统领大军出征，与后唐、诸部交战，从而在实权和业绩上都压倒了太子耶律倍。

这让阿保机有些不安。这次阿保机出征渤海，皇后、太子、天下兵马大元帅全都随行，除了看到此时的渤海国软弱可欺，是个趁你病要你命的好时机，阿保机极可能还有一个很大的图谋，就是当着妻子与老二的面儿，帮助长子耶律倍获取威望，打造班底，积累治国经验，暗示他们：我的继承人已经确定，你们最好不要有非分之想！

烟锁黄龙

再说得知契丹大举进犯，扶馀城已被攻克后，渤海王大諲撰很是震惊。此时渤海国虽然从地图上看仍是一个庞然大物，但国势已衰，中央动员能力有限。大諲撰临阵磨枪，既不快也不光，只拼凑出三万人马，交给老相（不太像人名，可能是渤海国的老宰相）统领，西上抵御号称有三十万人的契丹大联军。虽然那个"三十万"估计含有不小的水分，但比老相这三万名渤海军多很多应该没有疑问。

这自然成了一场没有悬念的会战。老相所率的渤海军主力，东出长岭府，行至今吉林省辉南县至海龙镇一带，与阿保机大军的一万名前锋相遇，契丹皇后述律平的弟弟阿古只率先突阵，契丹联军的前锋甚至都还没有用上本方的数量优势，就凭借着质量优势将三万名渤海军打得溃不成军，全线败退。

击溃老相后，阿保机觉得机不可失，便命长子耶律倍、次子耶律德光、南府宰相耶律苏、北院夷离堇耶律斜涅赤、北院夷离堇耶律迭里等，挑选精锐轻骑，分路向着渤海国都疾进。目的是用迅猛的速度制造出契丹大军势不可当的声势，让大諲撰没有机会重新集结各地军队。契丹铁骑在渤海国内如入无人之境，数日内奔驰千余里，于正月初十（郭崇韬被杀后的第三天）一举包围了忽汗城。

看见几乎是从天而降的契丹大军，末代渤海王十分恐慌，很快便失去了抵抗的信心。在都城被围的第五天，大諲撰穿着素服，举着幡，牵着羊，带着三百多名文武官员出城，向阿保机请降。

阿保机对渤海王的识趣很满意，接受了投降，然后派近侍康末怛等十三人进城解除守军的武装。这康末怛也是一位归顺契丹的汉臣，有文章称，他是辽初三大汉臣"二韩一康"（指韩知古、韩延徽、康默记，卢文进和赵思温没能上榜）中，契丹皇都的总设计师康默记的族弟。

然而，让阿保机没想到的是，城内的渤海守军并不都像他们的君主那样"缺钙"。不是契丹人的康末怛进城后，仗着"当孙子"的资格老，摆出一副征服者的骄傲姿态，激怒了本已愤恨不平的守军。于是兵变爆发了，康末怛等十三名近侍全数被杀，受降变成了受死。

兵变士兵还挟持了大谞撰，害得这位刚刚走过一遍投降程序的渤海王只好反悔，向士兵宣布：咱们不降了，和契丹人干到底！

阿保机没想到，煮熟的鸭子居然还能在自己眼皮子底下扑棱翅膀，大为震怒：要让你飞了，我就不姓刘！于是，他一声令下，契丹大军立即从东、南、西三面对忽汗城发起总攻。

其中，负责主攻忽汗城东面的，正是汉将康默记。大概因为杀弟之仇不共戴天，康默记在此战中表现尤其神勇，率先拿下东门，杀入城中，渤海守军的抵抗迅速瓦解，已经延续了二百二十八年的渤海大氏王朝，还是无可奈何地走到了尽头。这一天是正月二十日，朱友谦被诛杀前三天。

靺鞨人建立的第一个国家就这样没了，最后一战的表现几乎可以说是不堪一击。不过，他们并没有完全倒下，他们极有韧性，未来会改名女真，再改名满洲，迎来他们的第二次、第三次建国，而且一次比一次威猛。

与大多数亡国之君一样，大谞撰舍不得死，只好厚着脸皮再次请罪于阿保机的马前。阿保机没有杀掉这位亡国之君，只是将他和他的王妃一并押送回契丹，加以软禁。胜利的契丹皇帝还别出心裁地给这对夫妇赐了名，大谞撰改名为"乌鲁古"，王妃改名为"阿里只"。这乌鲁古和阿里只原本是两匹马的名字，这次出征，阿保机和他的皇后述律平，就是分别骑着乌鲁古和阿里只，把"乌鲁古"和"阿里只"抓回来的。

虽然灭掉了渤海国的中央政府，但由于渤海人与契丹人长久以来不对付，以及为耶律倍培养班底的考虑，阿保机决定在形式上暂时不将新征服的渤海国领土并入契丹帝国，而是扶植一个各方面看起来都很不正常的奇怪国家。

这个新国家的名字叫作"东丹"，也就是东契丹国的意思，原渤海首都忽汗城改名为天福城，仍是东丹国的首都，原渤海国的全境，换个牌子就变成了东丹国的领土。这不是个小国，论面积，论人口，东丹国几乎与此时的契丹帝国不相上下。东丹君主称作"人皇王"，由契丹皇太子耶律倍兼任。东丹的领导班子，既有作为征服者的契丹重臣，也大量留用原渤海国的旧臣，将他们搭配在一起使用，尽力营造一种契丹与渤海今后就是一家人的假象。

比如，东丹国左相由阿保机的三弟，创制契丹文字的迭剌担任，左次相则是原渤海国司徒大素贤；东丹国右相，由前不久契丹军队的手下败将老相担任，右次相则为阿保机的堂弟耶律羽之。

从正式规定上看，阿保机给予了东丹国高度自治的权力。"人皇王"耶律倍在东丹国内，可以自由地任免东丹的文武百官，独立自主地制定东丹国的内政外交政策，只要每年向契丹进贡细布五万匹、粗布十万匹、马一千匹。

阿保机甚至允许东丹国自建年号（耶律倍很没创意挑了一个，在之前历史上被用过好多次的"甘露"作为自己的年号。这个年号用的时间还比较长，直到五十七年后，辽朝取消东丹国，正式将其合并为止），而不用使用契丹帝国的"天显"纪年。如果仅从这些表面条文看，东丹甚至都不太像是契丹的属国，而仿佛是未来澶渊之盟后，宋与辽那样的兄弟国家。

可以说，自古分封，就没有过像阿保机封耶律倍这样慷慨的大手笔。阿保机就不怕这么做，会重演自古以来封君过强，导致尾大不掉，甚至酿成内乱的风险吗？

在下猜想，阿保机之所以建立这样一个东丹国，可能是因为他压根儿没把这个举动当作一次分封。耶律倍仍然保留着契丹皇太子的身份，等自己百年后，东丹王继承契丹皇位，契丹和东丹自然就合并了，不存在分裂的问题。

而阿保机让太子拥有如此大权力的目的，是因为他信得过这个儿子，却不敢完全相信自己的妻子。万一自己先死，自己选择的继承人如果没有相应的实力，能不能战胜述律平可能的阻挠而顺利接班，他心里没底。现在看起来，自己的这一切布置都还比较顺利，一桩心事总算可以放下了。

不过请注意，以上这些很大程度上还只是阿保机的计划，计划能否如期变成现实，还要看时势会如何变化。

时势的演变并没有像阿保机期待的那样完美。渤海毕竟已经立国两百多年，将它一举灭掉不是太难，但要将它真正消化掉可就不是这么容易的事了。契丹军队只是一刀斩断了它的神经中枢，攻占了扶馀城和忽汗城两处重镇，原渤海国，现东丹国的大部分疆域，契丹军队还来不及进驻。于是，很多渤海军民明知亡国，也不肯老老实实投降当契丹的顺民，而是纷纷起兵反抗，甚至有多个地区拥立了大氏皇族，掀起了波及渤海全境的"抗契战争"。

渤海余党首先起兵的反抗中心在长岭府（今吉林省桦甸市南），他们阻断了从扶馀到天福城之间的大道，使契丹与东丹之间的物资与信使往来不再安全。阿保机对这股渤海余党的活动很重视，马上命两位重量级汉臣康默记和韩延徽统兵进讨。康、韩二将迅速进军，包围了长岭府，但谁也没有想到，渤海人在长岭府的抵抗，比之前的扶馀城和忽汗城要顽强得多，契丹军围城数月而不下，甚至让阿保机没能活着等到康默记克城的捷报。

长岭府战事激烈，安边府（今俄罗斯滨海边疆区奥尔加市）、郑颉府（今黑龙江省哈尔滨市阿城区一带）、定理府（今俄罗斯滨海边疆区尼古拉耶夫斯克古城）的渤海军民又起兵反抗，不承认东丹国的统治。各路反叛军据说拥立了大𬤇撰的一个弟弟（姓名失载，可能是族弟），想要重建渤海国。

局势迟迟稳定不下来，这让阿保机有些烦躁，契丹皇帝马上命他的五弟安端率军讨伐安边、郑颉、定理等三府的渤海余党。

安端的讨伐初看起来比较顺利，很快三座府城均被拿下，有两名叛军头目被擒送天福城，公开斩首。但实际上，三府的渤海余党并没有被打垮，只是退出了城市，钻进长白山打游击，要想真正消灭他们，还任重道远。

结果安端的军队一离开，渤海余党又从山里出来，再次攻陷了定理府城。与此同时，南海府（今朝鲜平安南道孟山郡）又发生反叛，大𬤇撰的一个儿子大光显逃出契丹人的控制，成为南方渤海余党的精神领袖。

就像南边的后唐灭前蜀后的情况一样，纷纷而起的反抗浪潮使契丹大军无法按计划班师，阿保机为东丹国制定的各项制度，以及授予耶律倍的各项权力，自然也就无法真正落到实处。

就在这一轮轮反抗与平叛的较量中，时间来到了天成元年（在契丹是天赞五年）的四月。这个月的第一天，李存勖丧命于绛霄殿。第三天，李嗣源进入洛阳。第二十天，李嗣源登基称帝，成为后唐新主。中原大乱的消息总算传至天福城，让历来对中原垂涎三尺的阿保机有些后悔不迭。

由于距离遥远，阿保机并不能及时了解中原的大乱究竟发展到什么程度，但凭着直觉，阿保机感到应该马上班师回契丹：如果不乘着后唐内乱的机会试试中原可不可取，契丹皇帝会抱憾终生。

但现实是，此时东丹国境内遍布反契丹的武装，远远没有安定下来，契丹大军又怎么能轻易离开呢？

在此情形下，不知道是出于述律平的建议，还是阿保机自己的主意，契丹皇帝做出了一个重要的，如果他死后有知可能会追悔莫及的决定：自己率部分契丹军队，押送着渤海王族先班师回契丹；留下天下兵马大元帅耶律德光，让他统领留在东丹的契丹军队，等帮助他哥耶律倍平定东丹各地的叛乱后，再返回契丹。

这其实也就意味着：在"野火烧不尽，春风吹又生"的渤海余党被基本平定之前，在东丹国境内握有最强兵权的人，不会是"人皇王"耶律倍。如果在这段时间内阿保机发生什么意外，实际掌控不了东丹的耶律倍，将无法抗拒来自母亲与弟弟的压力。

由于路途不安宁，阿保机班师回家的路走得和李继岌一样慢，六月间方行至慎州（今地不详，唐朝在今河北省涿州市西北设过一个慎州，但此地此时尚在后唐境内，且《旧五代史》记载，后唐使臣姚坤先到契丹大本营西楼，听说阿保机尚在渤海，又"崎岖万里"赶至慎州，所以阿保机到达的慎州，不可能是河北省涿州市那个慎州，而有可能尚在原渤海疆域内），在这里他遇到了李嗣源派来告哀的使臣姚坤。

阿保机和述律平在帐中接见了姚坤。还不等姚坤说话，阿保机先行提问："听说你们汉土，现在河南、河北各有一个天子，果然如此吗？"

姚坤答道："河南的天子，已在今年四月一日的洛阳军变中驾崩，我就是为此来向贵国告哀的。河北天子本是总管令公，先前因为魏州军乱，先帝命令公统兵讨伐，可又赶上内乱，将士离心，眼见京城无主，全国上下一致恳请令公出来主持社稷。如今，令公已经顺天意，应人心，登上帝位了。"

阿保机听到这里，突然大哭起来："我与河东的老晋王曾义结兄弟，所以河南的天子，我一直把他当成自己亲儿子看待。这次听说我儿有难，我赶紧调集了五万大军，准备亲赴洛阳去救他，无奈却让渤海的事耽搁了时间，害得我儿遭逢此难。我儿死得好冤！"

阿保机号啕了一会儿，开始对着姚坤发难："你们的新皇帝既然听说洛阳变乱，为什么不赶快回去救援？"

姚坤答："不是不去救，实在是因为事发突然，路途又遥远，等赶到已经来不及了。"

阿保机怒道："就算我儿已死，他留下的家业由谁继承，也该和我这个长辈商量商量，李总管岂能自立为帝？"

姚坤正色道："吾皇统领兵马二十年，位至大总管，麾下精兵三十万，深孚众望。当是时，万众一心，都要拥戴总管为帝，如果不顺从众意则大祸立至。所以不是我们不想通知您，实在是天意民心不可违！"

阿保机身旁有人（《资治通鉴》说这个人是耶律突欲，即耶律倍，应误）搬出《春秋左氏传》的典故质问道："仅仅因为人家的牛踩了你的田，就把人家的牛抢走，这样做合适吗？"

姚坤以其人之道还治其人之身，坦然对道："应天顺人的大道，岂能拿匹夫小事做比？就像以前贵国的痕德堇可汗过世时，天皇帝您也不姓遥辇，并非老可汗的亲族，却继承了可汗之位，难道靠的不是天意眷顾，万民拥戴，而是自己强抢来的吗？"

这句话正中阿保机的软肋，总不能为了否定李嗣源称帝的合法性，就把自己的合法性也否定了吧？阿保机愣了一会儿，突然脸色一变，多云转晴，不再为"我儿"鸣冤叫屈了，反而数落起"我儿"的罪过："是呀，这么说也很有道理，我儿遭逢此难，也是自作自受。我听说他有宫女两千人，乐官一千人（阿保机听到的数字不准确，其实仅宫女就超过三千人），整日放鹰走狗，沉溺于酒色，不在意民间疾苦，又任用小人，弄得天下皆怒……"

在抨击完"我儿"的罪行，又感叹两句自己要如何引以为戒后，阿保机的谈话终于进入实质性内容："我和我儿虽是世交，其实关系也没那么好，彼此打过不少仗。不过，我和你们的新天子倒是无冤无仇（这么快把幽州之战给忘啦），正好重建双方的睦邻友好关系。这样吧，你们只要将黄河以北的地方让给我，我愿与你们永结盟好，今后再也不南犯！"

这种毫不讲理的狮子大张嘴，姚坤当然不可能答应，推辞道："我不过一介使臣，没有割地的权力！"强取不成，阿保机大发淫威，蛮不讲理地将这位后唐来的外交使臣扣押，关入牢房。

姚坤被囚禁了十余天之后，阿保机大概觉得后唐使臣的意志已经受到一定打击，可能会服软了，于是又一次接见了他，貌似很体贴地说："这几天我也想过了，黄河以北地方毕竟太大，要你们做出这样的决定确实也有些困难。这样吧，咱们各退一步，只要把成德、义武、卢龙三镇让给我就行了！"说完，阿保机很有诚意地命人递给姚坤纸笔，让他在这份由契丹单方面拟定的条约上签字。

面对契丹皇帝的无耻讹诈，姚坤也很硬气，誓死不签。阿保机大怒，作势要杀掉姚坤，经臣下劝谏（《资治通鉴》称劝谏人为韩延徽，但此时韩延徽应该与康默记一道，正在围攻长岭府，疑误）才没动手，再次将姚坤囚禁。

由于姚坤的骨气，阿保机没能得逞，但话说回来，就算姚坤是个软骨头，真在割地的条约文书上签了字，那份条约也绝对不可能得到李嗣源的承认，更不可能得到执行。阿保机如此肆无忌惮地刷新外交谈判的道德下限，好像意义并不大，可能只是为将来的南犯制造一个牵强的借口。

在姚坤被扣押期间，阿保机也在其他方面获得了情报，这些情报使契丹皇帝越来越沮丧。中原的现状，看来与姚坤所言出入不大，后唐这次权力更替，虽然是在血与火的激烈碰撞中实现的，但持续的时间出人意料地短促，没有陷入四分五裂或长期混战。而且新上台的宿将李嗣源，阿保机也颇为了解，在军事方面，这是一个很不好对付的硬手。

阿保机只得无限惋惜地在心里叹了一口气：这次看来是没戏了，等下次吧！既然放弃了立即南犯的计划，阿保机也就不再急着回去了，他在慎州停下来，打算等次子耶律德光平定南海、定理二府的渤海余党，与自己会师后再回去。

谁知等到七月初，仍不见耶律德光回来，阿保机派人查问，原来在拿下南海、定理之后，铁利府（今黑龙江省依兰县）又发生了反叛，大元帅耶律德光又统领大军赶去平叛。阿保机开始隐隐感到有些不对头，耶律德光每取一地，自然都会重新安排自己的人驻守，他是否要借此一点点架空他的哥哥东丹王？

阿保机下令，让耶律德光攻下铁利府后，不要再耽搁，马上赶来与自己会合。然而，没等这道命令得到执行，七月十六日，又发生了一件让人震惊的消息：阿保机安排辅佐耶律倍的首席重臣，东丹左相迭剌，突然暴亡！关于阿保机这位三弟的死因，《辽史》无明确记载，但《渤海国史话》说他是遇刺身亡，《契丹人》则直接推测他是被述律平派人刺杀的。

阿保机感到东丹的形势显然越来越让人担忧了，于是命人押送大諲撰等一行人回契丹，自己统领军队准备重回天福城（姚坤也被羁押着与阿保机的大军一同行动）。七月二十五日，阿保机行至扶馀城，在这里据说他突发了重病，只能停下来暂驻于行宫。

然后，据《辽史》记载，当天夜里，有一颗流星落在阿保机的大帐前。按照古人的观念，这通常预示着一个大人物即将离开人世。数日后（按《旧五代史》的说法是"天成元年七月二十七日"，即公元927年8月27日；按《辽史》的说法是"辛巳平旦"，八月三日的日出之前，即公元927年9月1日），有人看见扶馀城的子城之上，紫黑色的雾气遮天蔽日，中间仿佛有一条黄龙从天而降，钻入行宫中，后又跃出，腾空而起，直冲云霄，长达一里。然后，契丹帝国的历史上最重要的君主阿保机就去世了。

稍后，契丹帝国为了纪念自己的开国之主，在扶馀城为黄龙接引升天而去，便将扶馀行宫改为"升天殿"，扶馀城则改名为"黄龙府"。是的，就是后世岳武穆口中"直捣黄龙，与诸君痛饮耳"的那个黄龙府。

关于阿保机的死因，几部正史的说法没有出入，都称他是病死的，《旧五代史》还给出了一个具体的病因——伤寒。然而，如果仔细考察阿保机死亡前后的诸多细节，又会发现他的死充满了太多蹊跷之处，着实让人生疑。

首先是据《辽史》记载，阿保机曾经预测过自己的死亡。后唐同光二年的某一天，阿保机召集"皇后、皇太子、大元帅，及二宰相、诸部头"等一大堆契丹帝国的头面人物，先向他们夸耀了一番，自己是如何优秀，什么万载一遇，秉承天意，建国征伐，创下无数丰功伟绩等。然后他又说，像我这样的非凡之人，生死早由天意注定，不是凡人能改变的，具体时间则是"三年之后，岁在丙戌，时值初秋，必有归处"。现在，他兑现了。

据此，有些学者认为阿保机有可能是死于自杀，目的是迎合此时在契丹人中很流行的摩尼教信仰，将自己塑造成摩尼教经典中三位一体的拯救之神，为自己的家族世袭契丹帝位制造神圣性，借助神力彻底压制契丹政治传统中的"民主选举"制度。不过，君主自杀，通常都是在遭到重大挫折，已经走投无路时被迫做出的选择。比如朱友珪、朱友贞两兄弟，李从珂、朱由检、完颜守绪等人，但他们选择死，并不是因为不想活了，而是末日已近在眼前，想赖活着都已经不可求，不如早几个钟头自己了断，还可以少受些耻辱，落个好死。

阿保机虽然在渤海故地出现了一些小麻烦，但不妨碍他的势力正节节胜利，如日中天。阿保机死前不久还在同时策划好几件大事：稳定东丹国，保障耶律倍的继承权，压迫中原割地，甚至在有机会时大举南犯。总之，他雄心勃勃，正盘算着进取，哪像一个想死的人？

不过，在零和博弈中，一个人及其阵营的成功，也就是其他人和其他阵营的失败。虽然阿保机不可能想死，但在当时希望他快点儿死的大有人在，既有契丹帝国外部的力量，如遍布东丹国境内的渤海余党，更有内部的，甚至是阿保机身边的反对势力。就拿黄龙府的典故来说吧，如果它不是为了神化阿保机而彻底捏造的谎言，那我们想象一下当时的场景，是不是更像失火，更像是阿保机的行宫遭到了一次上源驿式的袭击，浓烟滚滚，火光冲天？

当然，这种想象放飞得太远，不严谨。我们不妨暂时放下疑问，来看看在阿保机死亡前后，契丹帝国内部发生的那些蹊跷的事件，然后再去推导当时有可能发生了什么。

契丹易主

阿保机死后第二天，皇后述律平马上宣布自己临时称制，暂时代理阿保机生前的权力，然后派人通知大元帅耶律德光与东丹王耶律倍回来奔丧。这里之所以把老二的名字放在老大之前，是因为述律平故意先通知自己的次子，后通知自己的长子。

结果，八月十八日耶律德光先到黄龙府，八月二十一日耶律倍亦至，述律平看好的老二比老大早三天到达。

不过，述律平并没有利用这个时间差强立耶律德光为帝，她和次子是否利用这三天的时间差布了什么局，在现有的史书记载中找不到一点儿蛛丝马迹，只能从侧面猜测。反正两个儿子都叩拜了父皇的灵柩，在世人面前极尽哀伤。

按照中原王朝的惯例，既然正牌的皇位继承人已经到了，国不可一日无君，那让耶律倍在先皇的灵柩前继位，就应该是一件顺理成章的事。

然而，耶律倍的头是叩了，接下来应该发生的正常事，却很不正常地见不到一点儿影子。契丹国依然由临时称制的皇后述律平说了算，在记载中，包括皇位的第一顺位继承人耶律倍，与第二顺位继承人耶律德光在内，契丹帝国所有的头面人物，好像都得了集体健忘症，没有一个人提出让新皇帝登基这个迫切需要解决的问题！这与那三天时间的布局不会没有一点儿关系。

228

　　鉴于契丹帝国仍保有一定部落联盟的残余，强势如述律平也不能做到彻底的为所欲为，但她起码是暂时压制住了契丹国内的不同派系，强行维持自己的最高权威，无人敢公开质疑。而且在此后整整一年零三个月的时间内，契丹帝国都没有皇帝，最高权威一直是皇太后述律平。在中国历史诸朝中，正统继承人就在中央，一切看起来都正常的情况下，还出现如此漫长的"空位"时期，极为罕见。

　　在述律平临朝称制的一年多时间内，契丹帝国都发生了些什么事呢？

　　比耶律德光还早五天，康默记、韩延徽总算是攻下了长岭府，赶到黄龙府向阿保机复命。自然，阿保机已经听不到这份捷报，听取汇报的是述律平。在这两位汉臣中，韩延徽早先曾得到过述律平的推荐，和新的最高领导之间算是有些交情，但康默记应该是支持耶律倍的，与述律平的关系似乎就不是特别融洽，不收拾收拾你良心都过不去。

　　正好，你康默记不是擅长工程吗（契丹的第一个都城皇都，又称上京、临潢府，就是由康默记主持修建的）？那么给大行皇帝营建陵墓这件事，就交给你负责了。于是，康默记稍后被派往祖州（今内蒙古自治区巴林左旗石房子村，据说阿保机的四代祖先均出生于此，故定名为祖州），为阿保机修筑"祖陵"，从而暂时切断他与军队和其他大臣的联系。

　　前文提到，阿保机在临死前没有返回契丹，而是重回扶馀城，其中一个重要原因，是他派去辅佐耶律倍的东丹左相迭剌突然死亡，东丹的局势让他担忧。为了填补迭剌留下的空缺，阿保机当时又任命四弟寅底石为东丹国守太师，去帮助耶律倍稳定局面。然而，寅底石没能到达天福城，在半路突然身亡，死因不明。

　　又过了十几天，九月八日，契丹的南府宰相，阿保机最小也是对大哥最忠心的弟弟耶律苏突然死亡，死因还是不明。

　　回顾一下。阿保机兄弟一共六人，其中老二剌葛先背叛大哥投李存勖，后背叛李存勖投后梁，在梁亡时为李存勖所杀。剩下的五个兄弟中，老三迭剌在本年七月十六日死亡，老大阿保机在七月二十七日（或八月三日）驾崩，老四寅底石在八月某日丧命，老六耶律苏在九月八日也死亡，仅剩老五安端幸免。四个兄弟在不到两个月的时间内，就仿佛约好似的，扎堆升天，而且大多死得不明不白，巧合的可能性应该非常小吧？如果这些事件不是巧合，那么阿保机等四兄弟多半不会是正常死亡，而应该是死于某个巨大的阴谋，只不过因为年代久远，谋杀者又在事后把谋杀痕迹清洗得非常干净，没有留下可以指向凶手的明显证据，一切都只能是猜测。

在这一轮诡异的死亡浪潮中，被吞没的远不止阿保机和他的几个兄弟，还有不少别的重量级人物，比如南院夷离堇耶律迭里。耶律迭里是阿保机的堂侄，自小得到阿保机的特别照顾，近乎他的养子，他也感恩图报，对堂叔忠心耿耿，长大后陆续出任惕隐、大宗正，直至南院夷离堇，是契丹宗室中比较有分量的人物。

耶律迭里的死亡原因倒是比较清楚，就是被述律平诛杀的。这年十一月，返回契丹的述律平找耶律迭里来议事，咨询他对新君人选的意见。耶律迭里是个直肠子，觉得先帝已经立耶律倍为太子，太子就是没有争议的天然继承人，且太子已经成人，智商没问题，也已经回到朝中，所有执行正常程序的条件都已具备，还有什么意见需要讨论的吗？

述律平见这大侄子不开窍，不知道顺着自己的意思说话，便对他进行了细致耐心的"教育"。耶律迭里被拿下，遭到严刑拷打，也不知打断了多少根鞭子。被折磨得奄奄一息的耶律迭里还是忠于自己的堂叔，不肯向堂婶低头。那就没办法了，既然天堂有路你不走，地狱无门你偏要投，述律平就将地狱的大门打开，帮助他成仁。《辽史》记载，与耶律迭里同期成仁的，还有耶律匹鲁等一批宗室大臣，支持耶律倍的势力集团遭到了大清洗。

对于不太听话的异己分子，述律平也不是非杀不可，还是要做多方面考虑，比如阿保机的另外一对重要堂侄。阿保机的堂叔，曾经当过世里家族首领的蒲古只有三个孙子：老大叫耶律铎臻，为人足智多谋，经常给堂叔阿保机献计，属于阿保机很器重的谋士；老二叫耶律古，已死，所以不说也罢；老三叫耶律突吕不，英勇善战，是大元帅耶律德光征战四方的左右手之一，多立战功。大概在述律平看来，这对兄弟应该是属于自己阵营的人。

谁知在阿保机死后，耶律铎臻见述律平临朝称制，久久不肯让新君继位，颇为不满，可能说了些述律平不爱听的话。述律平大怒，立即下令，把耶律铎臻抓了起来。当然，没有杀，也没有像对付耶律迭里那样往死里打，毕竟他的弟弟耶律突吕不是老二最重要的手下，还是要留点儿余地。

不过，向来没什么好脾气的述律平气愤难平，也不能就这么算了，她命人打造了一副铁枷，把耶律铎臻给锁了起来，并放出狠话说：只要铁枷一天不烂，耶律铎臻就给我一直待在大牢里别想出来！

耶律突吕不见大哥飞来横祸，又吃惊又愤怒，忍不住在私下发发牢骚。不想又有人告密，让述律平知道了。虽然述律平不想对老二的亲信开刀，但要放任不管，自己的威信何在？于是，她又派人警告耶律突吕不，口头威胁让耶律突吕不大惊，他竟弃职逃走，躲到民间藏了起来。直到后来耶律德光继位，宣布赦免这位老部下，他才重新回朝。

感受到阿保机死后，契丹帝国内部政坛险恶的，还有契丹的平卢节度使，当年杀死李存勖之弟李存矩而投靠契丹的晋军叛将卢文进。卢文进看得出，述律平不喜欢自己，越想越心惊胆寒。述律平一怒，让自己变成死的人的话，怎么办？但要回后唐，又不知道还能不能回得去。李嗣源发现这个契机，秘密派遣使者到平州（今河北省卢龙县，契丹的卢龙镇总部），劝说卢文进："你虽然和先帝有仇，但现在中原已经换了新主，和你毫无过节，如果你愿意回来，当今天子是举手欢迎的！"

得到李嗣源的承诺，卢文进决心已定。后唐天成元年（926）十月十七日，卢文进设计杀掉了契丹监军，举平州反正归唐，卢龙的东大门重新回到中原王朝手中。可惜这次对失地的收复是短暂的，到天成三年（928）春，契丹军队再次进犯平州，李嗣源则因为中原多次发生兵变，不敢轻易从各镇调军队援救平州。卢文进无奈，只得率平州军民共十余万人南奔，后被李嗣源任命为滑州节度使。至于平州之地，则再次沦陷于契丹，终五代，中原王朝再也没有将其收复！

天成二年（927）八月，开挖于木叶山中，由康默记主持兴建的"祖陵"算是完工了，契丹太祖阿保机的灵柩即将下葬。述律平这时对耶律铎臻兄弟的气也基本上消了，于是下令将耶律铎臻放出来，准备让他参加丧葬大典。想不到耶律铎臻一点儿也不领情，在被释放那一刻，居然还讥讽说："这铁枷不是还没烂吗？放早了吧？"

述律平听到这话，本已消去的怒气又暗暗涌了上来。

阿保机的葬礼如期举行，众大臣哭得死去活来，其中自然有表演的成分，但肯定也不乏真情：现在看起来，先帝比先帝的妻子仁慈多了，那个时代至少大家不用天天担惊受怕。

表情同样悲伤的述律平突然对哭泣中的众臣发问："你们一定很想念先帝吧？"按常规思维，咱们既然身为忠臣，怎么能不想念先帝呢？在这个时候如果回答"不想"，那含意通常就不是不想先帝，而是不想看见明天的太阳。更何况比起现在，过去的日子确实更让人怀念呢！于是众大臣几乎是不假思索，脱口而出："当然想，怎么可能不想呢？"

但众臣万万没想到，述律平对这套答案有另外的评分标准。只见契丹的摄政太后入情入理地接口道："是呀，我想先帝在下面也一定非常想念你们！不如你们现在就下去找先帝吧，让先帝高兴高兴，而你们也可以免去思念之苦了。"

然后不容分说，述律平的亲卫属珊军拥了进来，将她选好的目标一一拿下，再弄死给阿保机陪葬！按《资治通鉴》的说法，述律平玩弄这种清洗手法不止一次，先后被殉葬的宗亲、大臣多达百人以上，可惜具体名单没有记载。按今天史家的推测，至少有两个重臣在清洗中被害，另外有两个人虽然被套了进去，但又死里逃生。

被害的两个重臣中，一个是耶律铎臻，他的一句讥讽让述律平再也没有放过他的可能。另一个是康默记，他替阿保机修筑陵墓，但估计在此期间被述律平剥夺了兵权，于是陵墓修好了，自己也被埋了进去！

第一个没死成的人，是中原的前义武节度使，北平王王处直的儿子王郁。当年，王处直为救张文礼，派王郁向契丹帝国求救，结果阿保机去了，却让李存勖打败了，王处直自己也让干儿子王都篡了位。王郁与从定州逃出来的弟弟王威从此就留在了契丹，他直接从属于耶律倍，显然不在述律平的亲信之列。到阿保机的葬礼之时，王郁的妻子（可能是李克用之女，李存勖的姐妹）一看情势不对，跪倒在述律平面前放声大哭，哀求放了自己的丈夫，之后自己夫妇愿意南回中原，绝不给太后添乱。

述律平就命人把王郁拉过来，欲擒故纵地问他：你想回中原吗？如果想回去的话，我可以放你们夫妇回去。王郁知道，这是自己的最后一次机会，要说错一句话就必死无疑！于是他无比真诚地答道："臣本来是唐主的妹夫，现在连唐主都让人害死了，臣夫妇哪里还回得去？如今天大地大也没有太后大，我只愿用下半辈子侍奉太后，为您尽犬马之劳！"述律平很满意，赦免了他，还当众夸奖说："汉人之中，只有王郎最为忠孝！"

而第二个没死成的人，是之前在进攻渤海的扶馀城之战中立下战功的汉将赵思温。在述律平最后一次故技重施时，赵思温被拿下，但他反抗激烈，坚决不肯去死。述律平就对赵思温说："你在扶馀城作战受伤时，先帝亲自为你调药疗伤，对你恩重如山，你怎么不想念先帝呢？"赵思温豁出去了，直接对述律平道："要说先帝最想念的人，哪里轮得到我们？肯定是太后您啊！太后如果下去陪伴先帝的话，那我马上跟着去！"

不想述律平不怒不恼，心平气和地说："其实我早就想下去陪他了，无奈孩子们还太小（此时耶律倍二十八岁，耶律德光二十五岁，这还叫'太小'），我一时还离不开。不过，是应该送点儿东西去陪他了。"然后，述律平比"割发代首"的曹孟德狠多了，挥刀斩断了自己的一只手！

如果按照常理推测，述律平既然对自己都可以这么狠，那么胆敢挤对她的赵思温应该是死定了，死得不能再死才对！然而，诡异的是，连述律平的手都去地下陪伴阿保机了，赵思温硬就是没去，述律平也到此为止，再没有用"想不想先帝"这种理由来杀人。更有甚者，等稍后耶律德光继位，赵思温就"以功擢检校太保、保静节度使"。这就奇怪了，难道逼述律平砍手也算是功劳吗？

还别说，这真有可能是功劳。有一个细节可能说明了赵思温得以不死的真正原因。当年他叛晋投契丹，请降的目标，是大元帅耶律德光。所以赵思温应该是耶律德光的心腹之一，或者说是述律平阵营的人。赵思温很可能是被述律平选中，来配合她演一出戏的人。之所以选中赵思温，大概是因为：一、赵思温是自己人，比较放心；二、赵思温是汉人，可以借他安抚契丹帝国人数众多的汉臣；三、赵思温是勇将，曾得到过阿保机的特别嘉奖，能够借他安抚先帝功臣。

述律平在这一轮大清洗中杀人太多，让还活着的大臣惊恐万状，惶惶不可终日，生怕什么时候大难也会落在自己头上。这种恐怖状态其实是不能长期保持的，弓拉得太满就可能绷断，人要被逼到绝境，什么事都有可能做出来。所以等述律平把她想清洗的目标清洗得差不多时，需要做一件让人们印象深刻的事，结束杀戮，既让剩下的，她本来就没打算杀的大臣放下心来，安心工作；也让被杀的大臣家属无话可说，毕竟连太后都那样了，你们还想怎样？

实际上，述律平也充分利用自己的断腕，让这一行为的价值实现了最大化。不久，她在自己砍手的地方兴建"义节寺"，寺中修了一座"断腕楼"，并且竖起石碑，详细记载此事，歌颂自己的义烈贞节，以永传后世（不过现在这座寺院，连同整个辽上京，都只剩下难以辨别的残迹）。

再说契丹帝国的合法太子耶律倍，随着那些与自己交好的宗亲、大臣一个个人头落地，越来越接近孤家寡人的他，也越来越心惊胆寒。他仍然是太子，但不能继位；他仍然是东丹王，但回不了东丹；先是叔叔们挨个儿上西天，然后又死了耶律迭里，现在连康默记、耶律铎臻都被逼殉葬！如果自己再不知趣，不主动迎合母亲，那母老虎一毒起来，未必不食子！

于是，等阿保机的灵柩葬入木叶山，大势已去的耶律倍也正式向母亲和弟弟投降，主动向母亲上书道："天下兵马大元帅不但是先皇的爱子，而且不论功勋、德望，皆当世无双，中外之人都将天下大治的希望寄托在大元帅身上，应该让大元帅继承大统！"

看着大儿子服软，述律平很满意，不过这还不够，要让所有的大臣都认输，心服口服地接受自己的安排，那才是真正的彻底的胜利！

为了达到这个全胜的目标，述律平决定拾起早被阿保机扔进废纸篓的契丹传统，举行一次由全体大臣参加的"民主选举"。

一天，述律平召集群臣、宗室、各部族长等，让长子耶律倍和次子耶律德光都骑着马，立于大帐之前。然后，述律平仿佛很为难似的对众人说："这两个儿子，我都非常喜爱，让谁继位都觉得亏欠了另一个，所以始终拿不定主意。这样吧，就由你们来决定，你们支持谁当皇帝，就上前抓住谁的马缰绳。最后看谁马前的人多，就由谁来当皇帝。"

在场众人最近见识了太多老同事的死亡和逃亡，听着述律平那真诚的语气，都知道这位凶悍嗜杀的太后的潜台词是：你们谁想去和耶律迭里、耶律铎臻、康默记他们做伴，就尽管站到耶律倍的马前去吧！

众人想了想，康默记他们现在待的地方，虽然无痛无苦无烦恼，但能晚点儿去还是晚点儿去吧！于是，众人的选择惊人一致，他们争先恐后地奔到耶律德光的马前，热烈拥戴大元帅为新主。而耶律倍的马前，一个人都没有。在这次全票对零票的"民主选举"之后，耶律德光正式继位成为契丹的第二任皇帝，历史上称为辽太宗。太后述律平在名义上归政，但仍然掌握着相当大的权力，基本上太后指东，皇帝不敢往西。

耶律倍也总算被放还东丹国，继续当"人皇王"，但东丹国已经不是他来时的东丹国。首先是迁都了，东丹首府由距契丹皇都两千里外的天福城，搬到了千余里外的东平府（后改称"南京"，契丹得到燕云十六州后又改称"东京"，即今辽宁省辽阳市。值得注意的是，辽阳并不属于原渤海国的疆域，东丹国的管辖范围可能已大幅度调整，但在下没找到相应资料），离上帝远了，离母亲和弟弟近了。另外，据说为了保护人哥的安全，贴心的弟弟耶律德光亲自挑选了一挑武士，充当耶律倍的护卫，挤走"人皇王"原先那些不够专业的卫兵。这样一来，耶律倍有没有更安全不好说，但述律平与耶律德光的心里，肯定觉得安全多了！

耶律德光继位三年后，契丹帝国在皇位传承方面又出台了重大举措。在太后述律平的压力下，孝子耶律德光被迫立自己的三弟，老妈最喜欢的小儿子耶律李胡为皇太弟，同时把自己以前的职务"天下兵马大元帅"也给了这个弟弟。这样一来，那位朝野公认能力低下的凶残纨绔也凌驾于大哥耶律倍之上。将来不出意外，他还将接手原本应该属于耶律倍的至尊之位。

处于半软禁状态下的耶律倍感到了极度的愤慨与绝望：让给老二倒也罢了，老三算什么东西？他也配！耶律倍决定出走，离开母亲和弟弟给他安排的大牢笼。他找了个借口，要去渤海（真正的那个渤海，不是国名）边钓鱼，然后乘身边的卫兵不注意，乘船渡海，奔往大海的彼岸。他临走前还在海边的一块木牌上留下了一首诗，抒发自己的愤慨：

> 小山压大山，大山全无力。
> 羞见故乡人，从此投外国。

在下第一次读到这首"诗"时，惊呆了。这就是《辽史》中那位"聪敏好学""工辽汉文章"的耶律倍的作品吗？可能他的原诗本是用契丹文写的，翻译成中文，成了现在这样的三流打油诗？

诗写得不怎么样，但里面有个词写得很清楚，就当时而言，后唐与契丹彼此就是"外国"（如杨吴、前蜀等，在中原王朝看来是"僭伪"，也就是地方伪政权）。

耶律倍一行渡过渤海海峡，最终在登州（今山东省烟台市蓬莱区）上岸，投奔后唐，那时已是天成五年（930）的十一月，李嗣源当皇帝的时间已经超过李存勖了。

敌国的前皇位继承人投奔，这是给了本方一张在与契丹博弈时可以打出去的王牌，当然是一件大好事。李嗣源大喜，以天子仪卫迎接耶律倍来洛阳，并赐名"东丹慕华"（姓东丹，名慕华），授职怀化节度使（空头官职，怀化镇设在瑞州，今江西省高安市，当时还是吴国的地盘）。稍后又赐姓"李"，改名李赞华，改任虔州节度使（还是虚职，虔州也在江西省，也在吴国境内）。不过也就如此了，在此后的牌局中，后唐帝国一直揣着这张大牌没有用，直到六年后他变成一张无用的死牌为止。

就这样，契丹帝国内部，没有后唐剧烈，但持续时间更长的权力更替斗争，终以耶律倍一派的几乎全败而暂告一段落。之所以说"几乎"，是因为此时谁都想不到，他们未来还有翻盘的机会。因此，契丹帝国自兴起以来那惊人的扩张速度，在这几年内略有减缓。不过，除了劝说卢文进反正，李嗣源并没有抓住这几年的战略缓冲期南征或北伐，像前任一样快速扩大后唐的疆域，为天下重归一统做出努力。连契丹军队反攻平州，他都没有派兵去救援。

第六章

树欲静而风不止

王彦章　周德威　刘知远　石敬瑭

南平挑衅

对于李嗣源这样一位在战场上摸爬滚打了大半辈子的马上天子来说，对外和平，当然不是因为怯战。毕竟李存勖轻松灭掉前蜀，接着自己也亡国的教训还历历在目，更何况李嗣源自身皇权的合法性还要远远弱于李存勖，对后唐国内的统治能力，大大低于大乱开始前的李存勖政权。李嗣源对外不是不愿强硬，确实是不能也不敢强硬，后唐国内的局势不可能给他有前任一样多的犯错机会。

李嗣源是庄宗末年天下大乱的受益者，但亲身经历其间的他，深知这其中生死一线，最后的成功是有多么侥幸。他不能指望自己会一直侥幸下去，如果不能尽快让天下恢复安定，那持续混乱的局势，同样极有可能将他那远比李存勖脆弱的权力根基顷刻摧毁。

于是，李嗣源的治国理念，与之前的李存勖时代相比，出现了近乎一百八十度的大转折。李存勖的政策是积极的、扩张性的，追求扩大版图、一统天下，同时让自身的皇权无限膨胀。而李嗣源的政策是内敛的、收缩性的，尽可能保持现有（也不排除在条件有利时小规模扩张），与民休息，同时警惕自己的权力欲，向藩镇势力、军人集团做出有限退让，缓和皇权与他们的矛盾，一切以维稳为第一要务。

然而，天下之势并不如李嗣源所愿，一直有各种各样的乱子，挑战着他所希望实现的安定。

比如雄踞成都的西川节度使孟知祥，就是一个让李嗣源很不安的潜在威胁。孟知祥是李克用的侄女婿、李存勖的堂妹夫，与上一任天子关系密切，且素有贤名、知人善任。另有传说，李存勖失踪的几个儿子，很有可能是逃到孟知祥那里去了。光是这些情况，已经让人很不安，更要命的是，除了个人能力，孟知祥同时有了非常雄厚的实力，有钱有粮有军队。

在平灭康延孝之乱时，孟知祥就拥有骑兵三千人，步兵两万四千人，军力已经不弱。在得知李存勖死后，孟知祥马上占有了前蜀的武库，得到武器盔甲二十万套，然后放开手脚大扩军。他增设左右冲山等步军三十营，编制兵力两万六千人，沿长江增设左右飞棹等水军六营，编制兵力六千人，并提拔了李仁罕、赵廷隐、张知业等人为大将，分别统领。至此，西川镇步、骑、水三军齐全，拥兵共计五万九千人，接近当初伐蜀的总兵力。

当初，为了解决中原大灾使李存勖政权面临的困难，李继岌和郭崇韬除了搜刮前蜀国库，还向蜀中富民摊派，强令他们捐资助饷，得到了大量的金银、绢帛，总计折钱约五百万贯。这笔钱部分犒赏军队，部分输送中原，还剩下两百万贯留在成都，成了支撑孟知祥扩军的小金库。任圜一度接替被杀的郭崇韬掌管蜀中事务，深知内情，回到洛阳，就将这个情况告知了李嗣源。

李嗣源一想，要强削西川已经扩充的兵力，容易撕破脸，不如来个釜底抽薪，拿走孟知祥的钱袋子。孟知祥没了钱，自然也就没法维持这么多的兵力了。于是，李嗣源任命太仆卿赵季良为三川都制置转运使，负责将蜀中多余的钱物转运中原，其中第一个重点项目就是孟知祥手中的那两百万贯。

赵季良，就是当初那位反问李存勖"殿下打算什么时候平定河南"的魏博总录。他长期从事税收工作，是个有见识、有能力的财政官员。碰巧赵季良与孟知祥也有交情，是老相识，由他负责办这件事，可能阻力会小一点儿吧？

没想到事关钱财，老朋友的面子也不管用了。赵季良带着李嗣源的诏书来到成都，孟知祥闻知，大怒："前蜀的库府，是以前王家人留下的，可以运往中原。但西川百姓缴纳的税负，是用来养活十万名镇兵的，一文钱也别想拿走！"

当然，老朋友的面子在拿人钱财以外的方面，还是很有用的。孟知祥直接劝赵季良留下来帮自己谋大事，别回去了。赵季良竟然同意了，于是，孟知祥保荐赵季良为西川节度副使，当自己的副手。后来，《十国春秋》为后蜀开国功臣立传，赵季良位列第一。

好了，弄巧成拙，钱没收回，还赔了一个赵季良，这让李嗣源对西川的情况更加不安，便问计于头号谋士，时任枢密使的安重诲：对孟知祥应该怎么办？

安重诲认为，蜀中虽有大大小小九个藩镇，但论实力，当以西川为第一，东川为第二，其余七镇皆不足道。所以西川孟知祥如有反意，那么最直接的办法，就是扶植东川的董璋与他对抗，让两镇在蜀中形成力量平衡，朝廷凌驾于其上，那么就谁也不敢轻易造反了。为了这个目的，安重诲仿佛睁眼瞎似的，在李嗣源面前夸奖董璋生性忠义，可以托付大事。

话虽如此说，安重诲还是安排董璋的儿子董光业为宫苑使，在洛阳皇宫任职。董璋真要有什么不轨举动，董光业就是人质。

曾劝降王衍，为灭前蜀立下大功的泗州防御使李严，也看出李嗣源的忧虑。他认为自己与孟知祥交情深厚，又通晓蜀地情况，便自告奋勇，愿前往成都担任西川监军，确保孟知祥就算想反也反不了。

仿效前唐，在各藩镇遍设监军，是李存勖的做法。李嗣源继位后，为了讨好拥护他上台的诸藩镇，已经将这些监军全部撤销了。不过西川的情况显然比较特殊，那就特事特办，李嗣源欣然批准了李严的请求，任命他为西川监军，去成都当一枚安全阀。

李严的母亲听说儿子揽了这么一项危险的差事，非常担心，劝告他说："你以前首先提出灭蜀的计划，蜀地人已对你恨之入骨，现在你还主动去成都，是想给蜀人一个报仇的机会吗？"

李严一听这话，很耳熟哇！前蜀灭亡前几天，自己主动去成都劝降王衍，军中同行很多人也认为自己去不得，蜀人恨自己，一定会杀自己云云。可事实证明，那纯粹就是杞人忧天，王衍、王宗弼看见自己时，一直讨好巴结。何况这次要去见的，还是曾经救过自己的老朋友孟知祥呢！（十多年前，李存勖想让李严给爱子李继岌当老师，李严不愿意，触怒了李存勖，差点儿被杀，经孟知祥劝解才躲过一劫）因此，李严这次也认为母亲是危言耸听，一笑置之，欣然上路。他没有来得及好好想一想：孟知祥是王衍、王宗弼之流能比的吗？

李严不知道，孟知祥听说他要来成都当监军，完全没产生"有朋自远方来，不亦乐乎"的感觉。如今所有藩镇的监军都撤销了，偏偏要给成都派监军，这是不怀好意哇！成都下属官员也纷纷向孟知祥提议：上书皇帝，就说西川拒绝监军。孟知祥说："何必弄那么大动静，我自会处理。"然后，他还是派使节去迎接李严。

使节迎接李严的途中，总部位于遂州（今四川省遂宁市）的武信节度使李绍文死了，孟知祥马上宣布：自己接到过先帝李存勖的密诏，可以在蜀地便宜行事！然后，孟知祥遵照那份天知道从哪里冒出来的"先帝密诏"，命部将李敬周赶往遂州接管军政权力，然后再上书李嗣源：李敬周已经是武信留后了，朝廷不会不批准让他转正吧？

这是对李嗣源无言的示威，也是对李严的一种隐隐的警告：在蜀地，可不是朝廷说了算的！但可能是孟知祥的手法过于烧脑了，李严完全没有看明白。李严来到成都，孟知祥命大量军队全副武装，摆开阵势，让李严从两侧面带杀气的铁甲武士中穿行而过，希望这个老朋友能有所领悟，最好自己知难而退。

谁知道李严的理解竟与孟知祥的暗示差了千万里，一点儿不害怕不说，还很高兴：要不是至交老友特别重视，怎么能享受如此高的礼遇呢？李严大大方方地进了城，以一位称职监军的敬业精神，开始了新工作。

接下来，孟知祥耐心地等了几天，每次见面都是和颜悦色，以礼相待，仿佛两人的友谊还在。但实际上，孟知祥的怒气槽已经渐渐养满，见李严仍没有一点儿主动离开的样子，那好吧，既然你不仁，就别怪我不义了。

李严带着副手丁知俊，又一次来与孟知祥会面议事。孟知祥突然换了一副表情，冷冷地问道："以前，你奉命出使王衍，回去后建议先帝出兵伐蜀，先帝听了你的话，结果一场战争打下来，让生灵涂炭，两国共亡。你现在又来成都，你知道蜀地的百姓有多害怕吗？现在天下各藩镇都已废除了监军，偏偏你要跑到西川来当监军。你能告诉我是为什么吗？"

李严这才发现气氛不对，大惊失色，急忙跪下，请求看在老朋友的分儿上，给自己留条活路。孟知祥向他一作揖，叹道："我是想饶了你，奈何众怒难犯！"话音刚落，卫士涌出，将李严拿下斩首。看见上司顷刻间死于非命，丁知俊吓得魂不附体，双腿颤抖，几乎站不起来。孟知祥语气平和地对他说："以前李严出使王衍时，你就是他的副手，也算他的老朋友了，就帮我把他埋了吧……"

杀了朝廷派来的监军，孟知祥上书李嗣源，随意给死人捏造了一个罪名："李严假传圣旨，谎称陛下召我入朝，由他来接任西川节度使。他还擅自许给士兵重赏，想收买军心，图谋不轨。我当机立断，已经将这个乱臣贼子处决了！"

李严被杀，很快在蜀地引起了连锁反应。原本朝廷派内八座使杨令芝到成都公干，他走到鹿头关时闻知李严丧命，赶紧掉转马头，飞奔而回。李嗣源有一个老部下朱弘昭，因为与安重诲关系不太好，经常被安重诲打发到外地任职。在李严出任西川监军的同时，他也正好被派到东川董璋身边，任节度副使。两个人官职虽然不一样，但李嗣源希望朱弘昭起到的作用，与李严是差不多的。所以朱弘昭在听说成都发生的事情后，也是心惊胆战：号称"忠厚长者"的孟知祥可以杀李严，那"生性忠义"的董璋同样可以杀自己！朱弘昭忙上下活动，设法让旁人劝董璋放自己回洛阳汇报工作，才仓皇逃离梓州（今四川省三台县，东川总部所在地）。

而李嗣源得知这一严重事件后的反应，堪称绥靖政策的典范：急忙派客省使李仁矩前往西川，好好抚慰孟知祥，朝廷是非常信任你的，李严罪有应得，你千万不要因为杀了个监军，就对朝廷的诚意有什么误解啊……

总之，李严替朝廷做事，落得个死了也白死。想想在李存勖当政的绝大多数时候（在大乱开启后的最后几个月不算），只有藩镇千方百计地讨好朝廷，哪有朝廷给藩镇赔笑脸？

不过，李嗣源之所以对孟知祥软弱到如此程度，既不是因为他年纪大了"缺钙"，也不仅仅是因为新政府合法性不足，实力有限，而是在其他地方出现了更严重的麻烦。

原来，早在天成元年（926）六月，也就是李嗣源登上帝位仅仅两个月，荆南节度使、南平王高季兴便上书新天子，请求将位于长江三峡的夔（今重庆市奉节县）、忠（今重庆市忠县）、万（今重庆市万州区）三州划给荆南。理由正当：第一，夔、忠、万三州在唐朝时原本就是荆南镇的辖地，后被伪蜀王建抢走了，现在伪蜀已灭，理应拨乱反正；第二，灭蜀前李存勖答应过将三州还给荆南，在灭蜀之战中，高季兴也是出了兵的，没功劳也有苦劳，也该兑现先帝的承诺，论功行赏了吧？

为了避免高季兴闹事，在南方生出新乱子，李嗣源接受当时宰相豆卢革、韦说的建议，同意了南平王的请求，不过他附加了一个条件：夔、忠、万三州的刺史仍由后唐朝廷任命，南平王不能插手。

高季兴接到李嗣源的诏书后很不高兴。愤慨之下，高季兴觉得李嗣源靠逼死李存勖，非法夺位，后唐内部反对他的人应该还很多，正是自己扩张的良机。

准备了半年之后，乘着夔州刺史潘炕（与前蜀前宰相潘炕同名同姓）去职，新刺史西方邺尚未到任，高季兴集结军队，突袭占领这座名义上归自己管辖的军事重镇，并且对后唐朝廷派驻于此的军队大开杀戒。

拿下天险夔州之后，高季兴毫不松懈，马上派军队逆江而上，进入四川盆地，又夺取了李嗣源许给他的忠、万两州。至此，高季兴的实控地盘增加到七个州府（江陵、归、峡、复、夔、忠、万），虽然也没有大到哪去，但已经是五代南平国势力的顶峰。

既然已经从后唐帝国虎口夺食，同李嗣源撕破脸估计是难以避免的事，高季兴索性完全放开手脚，做事不再有什么顾忌。

当时后唐有一批从蜀地收来的财物，价值约四十万贯，由押牙韩琪押送，欲走长江水路出川，再送往洛阳。高季兴夺取川东三州之时，这支财宝护送队刚刚进入三峡。高季兴就派人在西陵峡截住了这支队伍，把财宝全部抢走，将韩琪等人全部杀了灭口。

这起恶性大案发生后，后唐中央派人到江陵调查，高季兴回答："韩琪他们的船只是进三峡之后消失的，三峡上下茫茫千里，多的是险滩急流。

如果想知道船翻人亡的具体原因，应该去问长江的江神，我怎么能知道？"

强抢三州，强夺朝廷财物，两件事一起发作，气得李嗣源七窍生烟。高季兴的实力远远不如孟知祥，都敢对朝廷蹬鼻子上脸。如果对如此程度的严重冒犯还姑息纵容，朝廷就再没什么威信来号令天下了。

李嗣源于是下诏，剥夺高季兴的一切官爵，贬为庶民，同时部署军队发动他当上皇帝以来的第一次大规模军事行动：任命山南东道节度使刘训为南面招讨使，忠武节度使夏鲁奇为副，统军四万人南下进攻江陵；任命东川节度使董璋为东南面招讨使，未上任的新任夔州刺史西方邺为副，率数量不详的巴蜀之兵沿长江东下，收复夔、忠、万三州。

对于小小的荆南来说，这两路大军如果能充分发挥战斗力，可以算是牛刀杀鸡了，毕竟之前李存勖灭前蜀的主力部队也才六万人。但尽管如此，李嗣源好像并不完全放心，还想借用湖南的力量开辟讨伐荆南的第三战场。

李嗣源的一份诏书送到潭州（今湖南省长沙市），传令给楚王马殷，请求楚军北上会攻江陵，同时为后唐讨伐军提供部分粮草。马殷不喜欢高季兴，但有这么一个弱邻当北面屏障，隔开强大的中原王朝，对楚国来说其实也不是坏事。不过后唐不是能轻易得罪的，所以马殷决定做做样子，只是派大将许德勋率军进驻岳州（今湖南省岳阳市），摆出一副即将北进的架势。

天成二年（927）四月，刘训、夏鲁奇所率的讨伐军主力，一路没受到太大抵抗，直接进抵江陵城下。但江陵城经过高季兴特别加固，已经是一个很坚实的军事要塞，高季兴避免野战，闭战坚守，讨伐军没有能力将其轻易拿下，战事陷入相持。这时，长江中游暑气逼人，地势低矮的江陵一带多日大雨。糟糕的天气使蚊虫滋生，城下的讨伐军大营内疫病流行，连主帅刘训都病倒了。不仅如此，李嗣源发动的这次讨伐虽然声势不小，准备却非常不充分，很快就出现了军粮短缺的问题，大军又病又饿，士气低落，作战自然也不力。

后唐军队在江陵前线的表现没有一丝亮点。李嗣源决定派高季兴的老同事，升任枢密副使的倒戈将军孔循前往前线督战。李嗣源给孔循的指导思想是这样的：如果能取胜便好好打，如果一时没有取胜的把握，就利用孔循与高季兴的老交情，劝说高季兴低一下头，认一下错，给国家留点儿面子，国家也保留他在江陵的统治，体面地结束战争。总之，战争还没打几天，李嗣源就存了敲退堂鼓的打算，与李存勖时代那个强大自信，不打则已，打谁都要揍死的后唐形成鲜明对比。

孔循来到前线，先是发动一轮对江陵的猛攻，不出意外，高季兴的防守固若磐石，唐军白白损失兵力，没有任何进展。于是，他改派人进城游说高季兴：只要承认错误，重新上表称臣，给天子一个台阶下，大军就可以撤走，并且保你永镇江陵，如何？

高季兴见唐军的表现不过如此，嗓门也大了起来，不同意，据说用词语气都非常傲慢，让后唐天子下不了台。没办法，战争只能继续打下去。

缺粮的问题依然困扰着唐军，李嗣源担忧前线，又看出楚军行动不积极，便派人以赐马殷鞍马、玉带的名义，催促楚国：暂不出兵也罢，但要马上为刘训大军制作军服一万套，并输送军粮应急。

虽然楚国的主要任务由作战变成了后勤，楚王马殷对李嗣源安排的新工作依旧拖拖拉拉，不肯用心办理，只是派中军使史光宪前往洛阳朝贡，顺便向后唐皇帝解释楚国的难处：什么地瘠民贫，国小力弱，还要东抗强吴，所以不是不配合，实在力有不逮之类。

马殷派使团本想推卸责任，万万没想到，这次出使产生了意外后果。

李嗣源接见史光宪后，回赐马殷骏马十四、美女二人，让使团带回。史光宪途经荆南界内时，竟然让南平军队劫了，史光宪等人被扣押，李嗣源送来的骏马、美女被高季兴"笑纳"了。这下子马殷真的火大了。

高季兴到处抢东西的目的之一，可能是递投名状，交保护费。与后唐决裂后，小小的南平国不可能独自求生，必须另找一条大腿来抱，于是南平使节带着刚刚抢来的东西，乘舟东下，前往吴国称臣。

此时吴国的内政已经交给徐知诰，军事、外交大权仍在权臣徐温掌控下，徐温对高季兴的主动投靠兴趣不大，发表政见说："治理国家要重视实利，不能醉心于虚名。高氏向后唐称臣已经好几年了，突然叛唐投我，名不正言不顺。而且江陵距离洛阳并不遥远，唐军步骑轻易可至，我们的水师战船要逆江而上，却十分困难。如果接受高氏的臣服，我们就有了保护他们的义务，一旦到了紧急时刻，我们无力救援，只会白白折损国家的威信。"

于是吴国皇帝杨溥遵照徐温的意见，只接受高季兴的礼物，不接受高季兴的称臣，反而建议南平王应该保持忠贞，继续做好后唐的臣属。真不知道高季兴得到吴国的答复时会做何感想。

与此同时，另一路唐军的表现倒还不错。这一方面是西南面招讨副使西方邺指挥作战很积极，毕竟他的主要职务是夔州刺史，拿不下夔州就没法上任；另一方面大概高季兴刚刚取得夔、忠、万三州，对这三州的统治还不稳固。于是西方邺率水师沿江而下，在三峡大败南平水师，后援被切断的夔、忠、万三州守军迅速投降。高季兴处心积虑大半年才抢到手的三州，还没焐热，又还了回去。

为表彰西线副帅西方邺的功绩，后唐以夔、忠、万三州设宁江镇，以西方邺为宁江节度使。不过西方邺并没有因为升职而工作更积极，他拿到了需要的东西，就没继续进军吃力不讨好地去啃江陵城那块硬骨头。

因为就在稍前，啃硬骨头坏了牙的东线主帅刘训，先是被李嗣源贬为檀州（今北京市密云区）刺史，未上任又改流放濮州（今山东省鄄城县），山南东道节度使一职由与李嗣源关系更亲密的老将安元信接任。显然，这与赏罚分明的大原则是有距离的，更像是李嗣源、安重诲在有意找机会清理那些不十分可靠，又有可能清理掉的大员（孟知祥那类清理不掉的没办法）。因为此时正被安重诲引为心腹，实际已接手刘训指挥权的孔循就什么事没有，还得到了一个显赫的新职位——东都留守。

比刘训更倒霉的，是两位之前已经让安重诲排挤成司户参军（相当于市民政局长）的前宰相豆卢革和韦说，为追究当初将夔、忠、万三州划给高季兴的责任，两人被赐自尽。

在这一番操作后，后唐对高季兴的讨伐实际上暂停了，夏鲁奇率东线讨伐军后撤，退到襄阳。李嗣源只是加封马殷为楚国王，希望借用楚军对高季兴保持压力。高季兴见情况有所好转，派人致书夏鲁奇，试探能不能与后唐恢复宗藩关系，结果被李嗣源拒绝，命夏鲁奇不得接受高季兴的书信。这相当于提醒高季兴：我只是暂时不打你，咱们的账还没完呢！

那为什么暂时不打了呢？除了初战不利，更重要的是后唐内部让李嗣源感到存在安全风险的地方太多了，有不少比高季兴的威胁更近、更急迫。比如此时的宣武节度使，以前李存勖心腹中的心腹，却在最后关头出卖主子的朱守殷，就是让新皇帝放心不下的潜在威胁之一。

因为依照当时的局势，朱守殷理所当然会有二心：先帝任命的两个宰相被杀了！先帝的妹夫任圜，尽管平安带回伐蜀之师与蜀地的钱粮，为新朝立下大功，但在担任了短短一年的宰相后，也被贬为磁州刺史。不久前，连刘训都被革职流放了。种种迹象表明，李嗣源和安重诲正在有计划、先易后难地清除那些与李存勖关系密切的人。像朱守殷这样极招人恨的先帝心腹，自然会想到下一个就是自己了吧？

十月初，李嗣源突然离开洛阳，宣称要巡幸汴梁。当时有风声说，李嗣源此举是打算亲征杨吴。这种说法也许是李嗣源、安重诲放出的烟幕，怎么看都不像是真的。所以民间又出现另一种说法，李嗣源将仿效汉高祖诈游云梦擒韩信的故事，拿掉朱守殷。

朱守殷毫不怀疑，李嗣源的目标肯定是自己。于是在部下孙晟的建议下，朱守殷马上集结军队，登城守卫，拒绝皇帝来访。十月九日，李嗣源抵达荥阳，听说朱守殷正在备战，便派宣徽使范延光先行前往汴梁，向朱守殷解释慰问，争取消除他的戒备。范延光则认为，朱守殷已经不可能回头，没必要再做这些假动作了，说："如果不尽早发动奇袭，每拖一刻，汴梁的城防都会坚固一分。不如让我带五百名骑兵，打他个措手不及！"

李嗣源同意了。朱守殷的判断果然是准确的，但他能否因此救得了自己呢？当天傍晚，范延光率轻骑出发，一夜疾驰二百里，第二天天还没亮，就奔到了汴梁城下。但很不巧，范延光的骑兵正好与朱守殷的一支巡逻队相遇，奇袭没有成功。朱守殷大惊，不敢出战，急忙闭城固守。

稍后，石敬瑭率一支军队赶到城外，支援范延光，合兵将朱守殷困在城中，朱守殷想逃也来不及了。十月十一日，李嗣源亲至汴梁城下，开始攻城。朱守殷本无将略，军事履历败多胜少，在军队中毫无威望，担任情报官员迫害众人，以及身为李存勖心腹却又在最关键的时刻背叛李存勖等一连串经历，让他的名声极差。他虽然身在重镇，但与孟知祥是不能类比的。更何况，这次来征讨的还是李嗣源本人。

于是，还没怎么交战，城上军民便纷纷缒城而下，向天子投降，朱守殷根本拦都拦不住。汴梁城显然不可能守住了，朱守殷干脆放弃徒劳的抵抗奔回家，先砍死一家老小，再吩咐左右把自己的脑袋一并砍下。在限制孟知祥的势力无果，对高季兴的讨伐不成功之后，李嗣源总算成功捏爆了一个软柿子，清除了一个距离京城很近的潜在威胁。

就在这次军事行动期间，随李嗣源一道出征的安重诲向皇帝李嗣源建议说："现在国内局势不稳，皇上又离开都城，要防止对朝廷不满的失意政客乘机起事。比如磁州刺史任圜，就不用再留着了吧！"

按照一般记载，任圜之前就是因为与安重诲产生矛盾，被排挤出朝廷的。而两人的矛盾，源于任圜太能干，让安重诲相形见绌。安重诲的人生目标与郭崇韬差不多，都是辅佐知心主公，得以一人之下，万人之上。

开始时，这个目标看起来触手可及。李嗣源刚当上皇帝，就发现皇帝不是好干的，自己大半辈子都在战场上，从来没学习过如何当皇帝。面对大量的公文、奏疏，以及将以他名义下发的诏书时，皇帝一个字也看不懂！这种睁眼瞎的状态，如何了解天下的情况？又如何知道诏书写得是否符合自己的意思，有没有人作弊？李嗣源必须要有一个可以让他绝对信任的人，来当他的眼睛。

这个充当皇帝眼睛的人当然就是安重诲了。起码安重诲觉得，舍我其谁。虽然安重诲的文化水平不高，但多年充当李嗣源的中门使的经历，使他很快升任枢密使，走上了郭崇韬曾经走过的路。依靠对内外信息的自然垄断，安重诲在很大程度上左右了李嗣源的执政方针。

可没过多久，任圜回来了，还是带着军队、带着大量钱粮来入股的。

一回到洛阳，任圜就被任命为工部尚书、同平章事、兼判三司，同时掌握了行政权和财政权，其职务权力完全可以同安重海分庭抗礼。

看起来，李嗣源虽然与安重海是老交情，但也没有打算完全依靠安重海，还是要多方提拔人才，要知道论文化、论才干，任圜其实都在安重海之上。不过，这件事还有另一种可能性：李嗣源此时厚待身为李存勖妹夫的任圜，只是为了暂时安抚人心，并非真的信任任圜或看中任圜的治国才能。毕竟，李嗣源虽然缺文化，却一点儿也不缺看尽沧桑的人生阅历。

平灭王都

但至少任圜将李嗣源一时的器重看作知遇之恩，一入相便丝毫不避嫌疑，大刀阔斧地干起来，史称其"拣拔贤俊，杜绝幸门"，数月间，任圜让朝政稍稍走上正轨，朝中吃闲饭的人少了，办实事的人多了，但任圜因此得罪的人也多了，尤其让此时李嗣源手下的第一红人安重海格外不爽。

人事安排，从来都是最容易招致朋党非议的，虽然任圜有没有朋党意愿不好说，但安重海是肯定要发展朋党的，不攻击任圜，焉能为自己的行为提供正当性？比如，安重海将孔循提拔为枢密使，然后又通过孔循的推荐，让原后梁宰相郑珏（那位当初在后梁灭亡前夕，建议朱友贞献出传国玉玺以纾解大祸的大臣）又当上后唐的宰相。

不过，豆卢革和韦说两位宰相被罢免，还需要再找一个人补缺，任圜觉得剩下这个名额应该由自己来推荐，不能再找个不靠谱的人了。任圜打算推荐的宰相人选，是曾上书李存勖，呼吁保民应先于保军的李琪，为此他先与各部门，包括安重海打好了招呼，各方都同意了。但没想到正式上朝，没等任圜开口，安重海不守信用，抢先推荐了绰号"没字碑"的礼部尚书崔协入相。

崔协出身仕宦名门清河崔氏，拥有这个绰号的原因，不是他想碰瓷武则天，而是他从小不爱学习，虽是书香世家，文化水平却和安重海差不多，在做官期间因不学无术闹了很多笑话。任圜急了，坚决反对崔协入相，语气越来越硬，给出的理由让很多人听了不舒服："我已经没什么文化了，怎么能再让一个没文化的人进中书？岂不是让天下人看轻我们这届朝廷！"

其实在这一届后唐中央政府的核心圈内，任圜已经是最有文化的那个，最没文化的还在最上边坐着呢！李嗣源虽以为人宽厚著称，也不代表人家没有自尊心的嘛！安重诲则召出孔循，孔循当着众朝臣的面怒斥："天下事一也是任圜说了算，二也是任圜说了算，任圜算什么东西？"内容虽然有点颠倒黑白，但也算为不满任圜的众人狠狠出了口恶气。

不久，任圜被贬，满腔抱负化为飞灰；李琪遭池鱼之殃，心灰意懒，告老还乡，数年后死于家中；崔协成功入相，但他没福，一年后暴病身亡。

这时，安重诲又提起任圜的事，要乘这个曾与自己争权的对手掉井里的好机会，再扔块大石头。李嗣源竟然就同意了，安重诲起草了诏书，直接诬陷任圜与朱守殷勾结，意欲谋反，故赐其自尽。平常负责给诏书修改润色的端明殿学士赵凤（当年刘守奇那位心腹）大惊，流着泪进谏安重诲："任圜是众所周知的忠义之士，怎么可能谋反？安公您为私怨滥杀好人，如何能治理好国家？"但是，赵凤的反对没用。首先，安重诲不可能放弃唾手可得的胜利。其次，要杀任圜并不仅仅是安重诲的意思。朝廷使者到达磁州，任圜招集全家老小，与他们畅饮诀别，而后从容受死。

李嗣源、安重诲一系列清除与前朝关系密切的人物，以及重建中央集权的行动，自然会引起境内各藩镇势力的警惕。继朱守殷之后，对此忐忑不安的是李存勖的儿女亲家，长期保持半独立状态的义武节度使王都。

自女婿（李继岌）死后，王都很担心遭遇池鱼之殃。从之后发生的那些事看起来，这个担心正在越来越接近现实。豆卢革和韦说两个老宰相完蛋了，名声坏的朱守殷和名声好的任圜也同样跑不掉。孟知祥没事，是因为他实力强大，王都可没有同样的本钱来保护自己。

当时后唐为了防备契丹，时常在义武镇东面的卢龙镇调派军队，而这些军队的调动往来，常常要途经义武镇的辖区。看着朝廷的军队在自己的地盘上来来往往，本就心虚的王都备感不安：这不就是"三十六计"中的第一计"瞒天过海"吗？把阴谋隐藏在日常惯例中，哪一天突然来个假道伐虢，自己可能就脑袋搬家了。

为此，每次中央军从义武过境，王都都要全程戒备，如临大敌。一个地方政府对中央政府如此不友好，使双方关系进一步恶化。

忧心忡忡的王都向手下问计：要怎么做才能躲过大祸？王都的第一号铁杆心腹，当初帮他设计推翻义父王处直的和昭训认为：光靠咱们义武一镇，肯定是没法对抗朝廷的，可以学习上一个唐朝那些藩镇的成功经验，与其他藩镇私下串联，缔结盟约，组团对抗朝廷。

王都认为这个办法值得一试，他首先向东面邻居，实力雄厚的卢龙节度使赵德钧伸出了橄榄枝，请求让双方的子女联姻，结为亲家。要说这王都的脑洞真不是一般的大，他难道不知道赵德钧已经有了一个远比他更显赫的儿女亲家？

关于赵德钧的亲生子女，相关史书中没有留下任何记载，可能就是没有。因为他有一个非常重要的备受宠爱的养子。很难想象一个大人物的亲生子女默默无闻，他把所有关爱都放到与自己没有血缘关系的养子身上。

赵德钧的养子名叫赵延寿，他的亲生父亲本名刘邟，在后梁初年任蓨县县令。后来在一次战争中，刘守文的军队攻陷蓨县，身为刘守文部将的赵行实（赵德钧）俘虏了刘邟美丽的妻子种氏夫人以及种夫人所生的儿子。美人当前，赵行实当即强娶了种夫人，并将她的儿子纳为养子，改名赵延寿（史书中出现过一个与赵延寿关系密切的人叫赵延昭，可能是其兄弟，赵德钧的养子可能不止一个）。

少年赵延寿继承了其母的良好基因，生得眉清目秀、冰肌玉骨，宛若美少女。除了过人的外貌和嫁接的豪门出身，年轻的赵延寿还通武略，善诗文，好宾客。时任蕃汉总管的李嗣源倚仗自己军界元老的身份，将自己宠爱的小女儿（后加封兴平公主）嫁给赵延寿。李嗣源称帝后，赵延寿成为驸马都尉、汝州刺史，前程似锦。他的养父赵德钧也就成了后唐的皇亲国戚，出镇大藩，统领重兵，地位十分显赫。

而现在，前朝皇亲想与本朝皇亲套近乎？怎么可能！王都极可能步朱守殷后尘的迹象已十分明显，除非赵德钧的脑袋让驴踢了，否则绝不会背弃强大的老亲家李嗣源，转而和弱小的预备亲家王都站一道。那天，赵德钧对王都满怀诚意的示好没什么反应。

王都选中的第二个结盟目标，是成德节度使王建立（李嗣源最忠诚的老部下之一，当初魏州兵变发生后，他在镇州先发制人，干掉李存勖派来的监军，护住了李嗣源的家眷）。王都做出这个决定，大概是因为他听说，王建立虽然是李嗣源的旧人，却与朝中正得势的安重诲关系不好。

此前，安重诲为了打击有可能与自己争宠的王建立，不惜制造谣言捕风捉影，硬说王建立在私下与王都有勾结，可能心怀不轨。

瞧瞧，你不想反，人家都要逼你反。任圜就是这么死的，那不如真的和我团结一心，合力自救。而且你也姓王，我也姓王（王都其实原姓刘），一笔写不出两个王字，就让我们结为义兄弟吧！

王都的判断又错了，他可能并不十分清楚那件事的后续发展。当时，遭到诬陷的王建立非常愤怒，上书李嗣源，请求入朝辩冤。正巧，李嗣源与安重诲的友谊小船正遇上第一次风暴，王建立的请求顺利得到了批准。

那么李嗣源与他的眼睛安重诲之间，究竟出了什么幺蛾子呢？这有点说来话长。从本质上讲，要怪就怪安重诲的权力欲太强，在斗倒任圜之后，还想把手伸得更广、更长，甚至一定程度上把皇帝架空了，这么做迟早会与并非虚君的李嗣源发生冲突。但如果从细节着眼，这次风暴的导火线，竟然是从李嗣源一次加强君臣互信的尝试开始的。

天成三年（928），李嗣源的三儿子李从厚十四岁了，今天十四岁只能算个半大孩子，但在平均寿命只有三四十岁的古人眼里，已经可以成家立业，娶妻生子了。李嗣源打算让他迎娶安重诲的女儿，也将这个意思透露给了安重诲。安重诲自然挺高兴，免不了向自己的心腹朋友炫耀炫耀，显示一下皇帝和自己非同一般的交情。

不想经安重诲一手提拔，被他视作左右手的孔循听到后，当即给安重诲浇了一盆冷水："您现在身居枢密高位，已经得罪了不少人，不宜再与皇子结亲，否则会招致更多人嫉恨的。须知亢龙有悔，过犹不及，明智的人应该懂得进退。"安重诲听了这话，细细思量，觉得很有道理，于是压住自己的欲望，婉拒了李嗣源，也给李嗣源心里留下了第一丝阴影：不愿和我结亲，是什么意思？

更让安重诲没想到的是，孔循阻止这门婚事，并非出于对他这位恩公的爱护，而是想一步一步地取恩公而代之。孔循悄悄派人结交此时李嗣源最宠爱的德妃王氏，让她在李嗣源耳边吹吹枕头风，将自己的女儿推销给皇子李从厚。

这位德妃王氏是个值得说一说的人物。她本是邠州（今陕西省彬州市）一个卖饼人家的女儿，天生丽质，姿容绝美，故而得到了一个比本名响亮百倍的绰号——"花见羞"，后人将她评为"五代第一美女"。

花见羞在十多岁时，在洛阳嫁给了五十多岁的后梁将领刘鄩，可惜婚后不久，刘鄩便去世。虽然刘鄩极可能是被朱友贞下令谋杀的，但毕竟没有论罪抄家，他死后留下的丰厚遗产，很大部分由花见羞继承，昔日的小家碧玉变成了一个风华绝世的富有寡妇。

后梁亡国后，李嗣源随李存勖来到洛阳，正好他的正妻夏夫人死了（夏夫人是李嗣源次子李从荣、三子李从厚之母，李从珂的生母魏氏更早前就已去世），虽然将做过夏夫人侍女的曹夫人扶正，但不是十分满意，还想再续一房。对于这种私人的需求，与李嗣源关系最铁的老朋友安重诲当然是责无旁贷，他四处帮忙打听合适的对象，得知城中有个"财貌双全"的花见羞，便亲自做媒，撮合两人的婚事。于是，仍旧年轻貌美的刘鄩遗孀又嫁给了同样五十多岁的李嗣源，进而在不经意间登上人生的巅峰。

虽然同样出身在下层的小商贩之家，花见羞却与后唐宫廷的大美女刘玉娘在性格与为人方面截然不同。

首先，花见羞不贪财，自嫁入李嗣源家后，李嗣源的左右及子女，不论谁有困难，她都会拿出自己的私房钱接济，很快，李嗣源身边的人都对这位新来的夫人有了好感。

其次，花见羞不忌妒，性格温柔谦让。李嗣源化家为国，成了新皇帝之后，要立一个皇后。排位在先的曹夫人自知李嗣源更宠爱年轻貌美的花见羞，便主动相让："我身体不好，经常生病，又喜欢安静，不想管事，还是妹妹来替我当这个皇后吧！"但花见羞也谦让："皇后是与天子匹配的国母，只有姐姐依序当立，别人岂能僭越？"于是，曹夫人成了皇后，花见羞成了德妃（后又进一位，改为淑妃），她对曹皇后始终毕恭毕敬，两人的关系十分融洽。

以上种种原因，使李嗣源对花见羞极为宠爱，她虽无皇后之名，却成为事实上的后宫之主。受到孔循的委托后，花见羞觉得这是件好事，虽然安重海对她有恩，但拒绝联姻是安重海自己的选择，怪不到别人头上，而且孔循的女儿也确有贤名。她就劝说李嗣源，成全了这桩婚事。

安重海得到消息，这才恍然大悟：敢情姓孔这家伙把自己卖了！安重海勃然大怒，马上反击，利用手中权力免除了孔循的枢密使与同平章事之职，赶出朝廷，外放到许州当忠武节度使。从理论上说，孔循的官位原本已与安重海相当，但安重海想把他撵走就能轻易撵走。李嗣源刚刚与臣下定了一门亲事，就发现亲家公被赶跑了，开始对安重海的跋扈感到不满。

正好，此前雄武（驻地在秦州，今甘肃省秦安县）节度使华温琪入京朝见，主动请求调任朝廷，让朝廷另派人去接管雄武镇。李嗣源很高兴，想将华温琪树立为听朝廷话的藩镇榜样，就对安重海说："华温琪是咱们从前的老友（华温琪是李存勖入汴梁后才归降的后梁老将，不知道什么时候与李嗣源有交情），你应该设法给他安排个好职务。"安重海不喜欢华温琪，一口否决："最近没有空缺！"李嗣源不死心，每隔几天就提醒安重海一次：你打算把华温琪安排在哪里呀？

到了这个时候，安重海正为孔循的事憋了一肚子气，李嗣源又向他提起华温琪的事，忍不住对着皇帝发怒道："我早说过多次了，没有空缺！如果实在要安置华温琪，那就把我的枢密使让给他好了！"

李嗣源也第一次对安重海动怒了："那也不是不可以！"

安重海愣住了，李嗣源居然也会对自己发火！两人没有再吵下去，彼此不欢而散。这次争吵发生不久，华温琪得到消息：自己不知什么时候把安重海给得罪了！他不敢指望李嗣源会为了自己和安重海决裂，安重海的小肚鸡肠那是出了名的，所以为避免被报复，华温琪吓得几个月不敢离开家门。

正在这个时候，王建立来到洛阳辩冤，在觐见李嗣源时指责安重诲专权跋扈、援引朋党、排斥异己、造谣中伤等种种罪行。被火上浇油的李嗣源震怒，马上又召见了安重诲，对他说："我给你一个藩镇，去好好休息吧，你枢密使的职位，由王建立代替！"

安重诲在心里似乎一直只把李嗣源当作自己的铁哥儿们，而不是高高在上、君临天下的皇帝。因此他听到这席话，不但不惊恐告罪，反而格外不服气，反问道："我侍奉了陛下几十年，一路披荆斩棘，历尽多少艰难！待到陛下龙飞九五，我又受命执掌机要，天下总算获得几年的大致安定。可现在，陛下却要把我赶走，我就想知道，我到底犯了什么罪？"气头上的李嗣源不想回答，站起来转身走进后殿。

如果按照一般的历史场景，安重诲如此顶撞一位实权皇帝，就等着倒大霉吧！然而，至少在此时，安重诲与华温琪的判断竟然是比较准确的。刚回到后殿，李嗣源就有些后悔了，宣徽使朱弘昭（还记得他吧？曾被派去东川监督董璋，听闻李严被杀又吓得逃回来）看出李嗣源其实仍舍不下与安重诲的几十年友情，就试探着进言道："陛下平日将安重诲当作左右手，何必为了一点儿小事就把他赶走呢？是不是应该再好好考虑一下？"

于是，李嗣源又把安重诲召回，两个老朋友互诉情谊，禁不住感动流泪。李嗣源之前说过的话不算数了，而安重诲也不再找王建立、华温琪的麻烦，君臣间仿佛又回到了上下相安的和谐状态。

之后，李嗣源曾问赵凤（那位力劝安重诲不可以杀任圜的赵凤）："帝王赐与大臣金书铁券，有什么意义？"

赵凤答："那是天子向功臣立誓，保证其子子孙孙长享富贵。"

李嗣源禁不住长叹："先帝在位之时，得到过这项赏赐的只有三个人，郭崇韬、朱友谦不久就被满门诛杀！我虽侥幸逃得一命，但距离被杀也仅差毫发。为什么意愿和实际会相差得这么远呢？"

赵凤想了想，答道："只要帝王心中存有大信，其实没必要将它刻在金石之上。"

也许在李嗣源与安重海互诉友情之时，这位相对来说比较宽厚的皇帝就是这么想的吧！但是，来日方长，心中的信念是否就一定比刻在铁券上的牢固，就让我们慢慢看下去。

却说王都的使者找到了王建立，表达了秘密结盟反抗李嗣源的意愿。王建立一口答应下来，然后等使者一走，马上将此事秘密上报给李嗣源：王都可能要造反了，陛下要做好平叛的准备！

王都认为可以争取的第三个潜在盟友，是帮助李嗣源夺位的两大功臣之一，平卢节度使霍彦威。可能王都认为，李嗣源登基后不久，功劳与安重海相等的霍彦威就被排挤出朝廷，到青州（今山东省青州市，平卢总部）去对付地头蛇王公俨，一定会很不满意吧？

原来，在李存勖末年的天下大乱中，平卢将领王公俨杀了监军宦官杨希望，又拒绝原节度使符习回来，发动部下上书拥护自己当节度使，一心想割据平卢。李嗣源认为王公俨根基尚浅，不想让他开个坏头，便不同意。在正常的人事调动无果后，李嗣源任命霍彦威为平卢节度使，准备出兵讨伐王公俨。要撞上南墙了，王公俨害怕了，这才弃职逃走。但霍彦威也不知道是不是被挤出朝廷后心情不好，要找人出气，派人追斩王公俨不说，入青州后还对王公俨的同党进行大清洗，杀了不少人。

一些仇恨的种子就此被种下。当时王公俨被株连的手下中有个文职官员韩叔嗣，他的儿子叫韩熙载，同光四年进士，是位颇有志向的年轻才俊。为躲避这次大难，韩熙载在好友李谷的帮助下逃离后唐，奔往吴国。走到两国交界的正阳关，两位好友痛饮一番，准备分手道别。

借着几分醉意，韩熙载对李谷说："将来吴国如果任命我为宰相，当统率大军，长驱北上，以定中原！"李谷也不示弱，笑道："如果中原任命我为宰相，那平定吴国，易如探囊取物！"自此两个年轻人一南一北，开始各自的人生历程，关于他们未来的故事，要很久后才会提到。

回到正题，霍彦威对安重海有没有恨意不好说，但认为霍彦威会为此加入自己的阵营，去造李嗣源的反，那王都显然是想多了。除了赵德钧、

258

王建立、霍彦威，王都拉赞助的目标还有忠武节度使房知温、安义节度使毛璋、西川节度使孟知祥、东川节度使董璋等，其中孟知祥和董璋是有心割据之人，但他们远在蜀地，很难给王都实质性帮助（话说回来了，大概正因为在蜀地，天高皇帝远，他们才有心也有能力割据）。

王都最后一个企图拉拢的目标，是归德节度使王晏球（恢复祖姓的原后梁降将杜晏球）。虽然都姓了王，但王晏球非常不给王都面子，直接把定州来的密使喷了回去。王都恼了，又派人贿赂王晏球的手下，企图让他的手下兵变，干掉王晏球，不过也没有成功，反而触碰了王晏球的底线。

天成三年（928）四月，王晏球正式将王都谋反之事奏报朝廷，请求出兵讨伐。虽然后唐对高季兴的战争还没有正式结束，但李嗣源还是决定动手，下诏罢去王都的一切官职，任命王晏球为北面招讨使，抽调河北、河南各藩镇军队讨伐王都。四月底，讨伐军包围定州。

等战事真的打起来，王都之前拉的赞助，包括遥远的孟知祥在内，没有一个出兵响应。王都发现大事不好，只得心一横，派人潜出边界，紧急向契丹求救。当年王都能够兵变上位，就是借口义父王处直勾结契丹，没想到仅仅过去七年，他也走上勾结契丹的路了。

刚登上大位不久的耶律德光接到了王都的求救。这位同父亲一样有入主中原野心的契丹皇帝，觉得这是好机会，马上命驻地距中原最近的奚王秃馁（《辽史》称他为"秃里铁剌"，他曾追随阿保机在定州与李存勗交过手，是契丹的老将。阿保机征服奚人后，设奚王统辖奚人六部。奚王府与南院大王府、北院大王府、乙室王府并称契丹四大王府，东丹王不在其内，因为它理论上只是契丹的藩属国，不是直接领土）统领骑兵一万人，驰援定州。

五月初，秃馁的骑兵穿越边境，突进到定州城下。王晏球没想到契丹军队来得这么快，为避免受到腹背夹击，就主动解除对定州的包围，暂退城西六十里的曲阳。

见唐军不战而退，秃馁以为是王晏球害怕契丹铁骑：看来李存勗死了之后，中原人已不足为惧了！兴奋之下，秃馁向耶律德光上报定州大捷，随后与城中王都的军队会合，要乘"胜"追击。

秃馁没想到，王晏球已经集结军队，在曲阳西面的嘉山严阵以待，他和王都一追击，就撞在了铁板之上。王晏球摆了一个鹤翼阵，为诱使契丹骑兵冲击唐军的中军，王晏球不用弓弩，自率步军，只用短兵器列阵中军，精锐的龙武军骑兵则列阵两翼，待中军顶住契丹铁骑冲锋的时候，再出击包抄。

为防止有士卒临阵脱逃，王晏球下了死令："敢回头者立斩不饶！"片刻，契丹与义武联军杀至，看到唐军中军只有短兵器，果然认为这是软柿子，立即开始冲锋。王晏球身先士卒，在第一线搏斗，将士人人奋死，使秃馁、王都无法突破。乘着秃馁、王都将精锐都集中到中央，唐军两大勇将，符彦卿率左翼骑兵，高行周率右翼骑兵同时出击，摧枯拉朽般击败当面的契丹与义武联军两翼，鹤翼张开，对联军成三面夹击之势。

片刻间，秃馁、王都大败，只带着两千名骑兵杀开一条血路，逃回定州。王晏球乘胜追击，再次将定州团团围住。秃馁、王都见势不妙，一面闭城固守，一面派勇士乘包围还不严密，潜出向契丹皇帝耶律德光求援。

求援信上，秃馁不肯说或者是不敢说自己打了败仗，只称是由于唐军大集，自己寡不敌众，需要援军。可能是因为求援信表现得情况不够紧急，再加上强悍的述律平对中原不太感兴趣，耶律德光虽然再次派来了援军，但只是由惕隐（契丹官名，掌管皇族事务，类似中原的宗正）涅里衮、都统查剌所率的骑兵七千人，没有名将，数量也不及上一次。

涅里衮等越过边界，避开沿路城池，直向定州而来。王晏球闻讯，命部分军队继续围城，自率主力北上，在唐河以北迎击第二拨契丹援军。一交战，本来就不够强的第二拨契丹援军输得更加干脆，王晏球乘胜追击，直至易州。时值大雨，河北各河流猛涨，大量溃逃的契丹兵在渡易水时被淹死，未能渡河的两千多名骑兵被俘。

好容易逃过易水的契丹兵，又遭到卢龙节度使赵德钧的迎头拦截，再次战败，涅里衮、查剌都被唐军俘虏，余众溃散，不复成军。河北一带的乡间百姓见到败逃落单的契丹兵，也毫不客气，往往聚集人手，拿起锄头、

▲ 929 年，后唐疆域的顶峰

木棒就痛打落水狗。最后，契丹的第二拨七千名骑兵，只有几十人得以逃回契丹，基本上算是全军覆没。

耶律德光登基以来，对中原的第一次大规模军事行动，就这样以全败收场。接到残兵逃回来的报告，耶律德光深感后悔，看来姜还是老的辣，没有十足的准备，中原的确是不能轻易去碰的。耶律德光放弃了在短期内再次对后唐用兵的念头，至于还被围在定州城里的秃馁和王都，那就只好交给上天去保佑了。

秃馁和王都的处境随着时间推移，越来越糟糕。王晏球发现定州城不愧是历代义武节帅经营百年的大本营，城防非常坚固，在一轮强攻无效后，便修筑设施，将城池团团包围，等待其粮尽自亡。

王都想了一个不是办法的办法。李存勖有一个不太重要的义子，名叫李继陶，在李存勖死后流亡到定州，王都让他穿上皇袍，坐到城楼上，然后向王晏球喊话："这位是庄宗皇帝的爱子，如今已承继大统，登基为帝。王公你也曾受先朝的厚恩，难道就不思报效吗？"

在下真不知道怎么评价王都。且说王晏球不是誓死不事二主的愚忠之臣，就算他是愚忠之臣，那也应该忠于真正从士卒中提拔他，让他位列上将的后梁王朝，没道理忠于李存勖。于是，王晏球对王都的喊话嗤之以鼻："都到现在了，你要这些小花招还有什么用？这样吧，我给你两个选择：一、出动全军，和我决一死战；二、自缚双手，出城投降。随便挑一个吧！"

王都两个都没选，继续与秃馁困守城中，多活一天算一天。义武军中不断有人想倒戈，响应城外朝廷的讨伐军，但王都、秃馁防备很严，让契丹兵监视义武兵，多次兵变企图都被他们扼杀于萌芽。李嗣源见自嘉山、唐河两次捷报之后，定州的战事仍迟迟不能结束，天天都在消耗朝廷的钱粮，也有些心焦，便派人到前线督促王晏球尽快拿下定州。

王晏球便与李嗣源派来的使节并肩骑马，带他去看了围困中的定州城，指着城池说："定州城墙如此高大险峻，即使守军不怎么还击，让我们用云梯、冲车攻城也很难奏效。与其白白让将士战死，换取对守军非常有限的损伤，还不如就城征粮，暂时消耗三个州（义武所辖的定、易、祁三州）的赋税，安抚好百姓，休整好军队，等待时机。我敢保证，用不了多久，他们一定会从内部崩溃！”

李嗣源同意了王晏球的方略，围困继续。王都、秃馁几次想突围逃往契丹，均以失败告终。在王晏球预言定州一定会从内部被攻破的四个月之后，义武都指挥使马让能终于发动了一次成功的兵变，打开了曲阳门，放朝廷的讨伐军入城。

王都眼看城破，带亲兵巷战又败，自知末日来临，便骑马奔回府第，疯狂地将全家老小聚集一处，然后纵火自焚，连同他收藏的三万卷图书、数百件字画和古玩，一起化为灰烬！不过，王都还有四个儿子和一个弟弟不想死，可能在点火前逃走，结果被唐军活捉。还有契丹的奚王秃馁，连同他的一个儿子，以及两千名残部被俘。王都的叛乱就此平定，义武镇结束了长期的半独立状态。

稍后，王晏球等平叛将领凯旋，向朝廷献俘。王都那颗被烧焦的头骨献祭太庙，而他的儿子、弟弟，以及秃馁父子，都在闹市被以磔刑（古代一种残酷的死刑，一说是先断手足后砍头，另一说就是凌迟，千刀万剐）处死。第二拨契丹援军的主将涅里衮和查剌比较幸运，连同五十名军官被李嗣源赦免，编成“契丹直”，专门负责在后唐举行朝会时整齐站列在大殿之外，充当仪仗队，让路过的人一看：哟，这些人就是契丹的将军！

高氏横跳

这样，自李嗣源登基以来后唐发生的两场战争中后打响的平王都之战结束了，那么先打响的讨伐高季兴之战，又进行得如何了呢？

是的，那场战争还没有结束。不过，那场对阵各方强弱悬殊的战争能拖这么久，可不是因为高季兴生命力太顽强，而是因为他的存在牵涉了太多方面的利益，每一个比他强大得多的势力都想利用高季兴的存在，达到某些不可以公开说出的目的。

首先当然是后唐中央，这个最强大的战争发起者。如果李嗣源肯不惜代价，一定要拿掉高季兴，高季兴是不可能幸免的。不过，在西线唐军收复夔、忠、万三州，又拿下归州，东线唐军攻下复州，高季兴的地盘只剩下一府一州（江陵、峡州）之后，唐军对南平就基本上停止攻击了，将重点转移到北边对王都和契丹联军的战争上去。李嗣源开始想到，对高季兴能不能废物利用，一箭双雕呢？毕竟现在最让李嗣源担心的地方势力，既不是高季兴，也不是王都。

没错，真正让李嗣源最放心不下的还是西川孟知祥。对于实力强大，能力也不俗的孟知祥，谨慎的李嗣源不敢轻易言战，先是希望用怀柔政策，争取孟知祥不反。

为此，李嗣源默认了李严被杀，不予追究。当时，孟知祥派人接自己的妻子琼华公主、侧室李氏和李氏所生的儿子孟仁赞（后来改名孟昶）入蜀，行至凤翔被节度使李从曮（原名李继曮，李茂贞的儿子）扣留，李嗣源也下令放人，送他们去成都与孟知祥团聚。

为表示感谢，孟知祥也在不要紧的地方投桃报李。比如"应圣节"（自唐代以来，习惯将当朝皇帝的生日设为法定节日，李嗣源生日九月初九被定为"应圣节"）快到了，孟知祥就派了五个和尚，带着据说是当年僖宗皇帝幸蜀时带来的佛牙，到洛阳进献给李嗣源，祝愿皇帝万寿无疆。

但在要紧的地方，孟知祥可丝毫不让。比如李嗣源得知，朝廷派去的赵季良成了孟知祥的得力助手，就乘着双方表面关系还融洽，下旨将赵季良调走，另派何瓒出任西川节度副使来接替。孟知祥得到圣旨，直接扣下不公布，当作没有那回事。李嗣源也只好当作自己没有下过旨，此事不了了之。

不过，讨伐高季兴的战事打响了，这场战争在很大程度上可是为了保卫蜀中，你孟知祥以前可是说蜀地的税负要用来养蜀地的将士，蜀地的将士要保卫蜀地的安全，好吧，养兵千日，现在该到用在一时了吧？李嗣源下令，为了防范高季兴进犯蜀地，蜀地各镇都要出兵、出钱、出粮支援西方邺，孟知祥是蜀中第一强镇，出动的兵力、钱粮数量当然也应该是最多的。对此，孟知祥找不到合适的理由来推辞，只得命指挥使毛重威率兵三千人前往夔州戍边。李嗣源总算是对孟知祥取得了一次小小的胜利，好了，高季兴就让他活着，长期拖住孟知祥的一部分兵力、钱粮也是好的。

不过，在荆南战场，想揍高季兴的不止后唐一方。在唐军的行动缓和下来之后，楚军的行动有所加强。楚王马殷决定给讨厌的高季兴一点儿教训。他派出一支水军，由将军袁诠、王环指挥，自己的儿子马希瞻任监军。在这三人中，王环为楚军宿将，是实际上的总指挥。楚军先沿湘江北上，经洞庭，入长江，再逆流而上，进攻江陵。

唐军已离开江陵，对高季兴的威胁减轻，他便决定利用江陵在上游的优势，主动出击，亲率南平水军顺流而下，迎击楚军。

楚将王环等得知南平水军出动，便让楚军主力在刘郎洑（在今长江湖北省石首市一段，相传汉末时，刘备在这里迎娶了孙权的妹妹，故得名）东边的江面上停下脚步，等待与高季兴的会战。同时，楚军乘着夜色，分出几十艘战船，悄悄驶入刘郎洑的湾汊中埋伏。

第二天一早，高季兴南平水军到达刘郎洑江面，乘着本方有顺水的优势，直接冲向楚军战船，两军马上接触，在江面上打成一团，一时胜负难分。这时，埋伏于湾汊中的楚军战船，默默等着南平水军大部从前方驶过，然后突然从芦苇荡中杀出来，横冲南平船队。战况骤变，南平军发现前后都是敌人，个个惊慌失措，无心再战，只想早点儿脱离这个腹背受敌的战场。于是，南平军大败，被俘和被杀者数以千计，高季兴也不知道是从水路还是从陆路逃出了战船，奔回江陵。

高季兴才入城，楚军也追到了江陵城外的江面上，摆出即将攻城的架势。看到情况不妙，高季兴仗着自己无敌的脸皮厚度，马上将去年扣押的史光宪使团，以及抢来的骏马、美女等全部送出城，还给楚军。咱们不就是有点小误会吗？算我错了，咱们从今天开始友好相处怎么样？

袁诠、王环、马希瞻商议了一下，由王环决定，接受高季兴的求和，楚军舰队在江陵城外耀武扬威一番后，班师南归。

楚军回到岳州。楚王马殷不知道是不是因为上了年纪（这一年七十六岁），大脑反应一时间不够灵光，责问王环说："干吗不把江陵打下来？"

于是，王环答出一段马殷平时都应该很清楚的道理："江陵处在中原、江淮、巴蜀和我们之间，道路四通八达，极易受到攻击。我们又不是高季兴最强大的邻居，与其拿下江陵，变成众矢之的，不如留着他，让他做我们的北面屏障。"

马殷大喜：你们都这么懂事，那就放心了。所以，就像当年王建要留着李茂贞一样，对马楚来说，留着高季兴比把他吞掉更符合自身利益。

不过，关于南平小国的存亡，还有一个重要的利益相关方，也在此时内部发生了重大变化。

就在朱守殷举家自杀之际，六十五岁的吴国权臣徐温身体不行了，感到自己可能来日无多，想重新安排一下继承人问题。

自从徐温的长子徐知训作死成功，被朱瑾杀掉之后，徐知诰接替他坐镇扬州，替徐温掌控吴国内政已经有九年了。公平地讲，徐知诰这九年干得是比较出色的，在吴国上上下下赢得了不少好评。对徐温，徐知诰也是极为尊敬，不放弃任何一个微小的机会来表现自己的孝心。

可是，不管徐知诰的表现有多么优秀，一个基本事实始终是他无法改变的：他只是徐温的养子，身体里并没有流淌徐温的血。

在岁月的流逝中，徐温的二儿子徐知询渐渐长大成人，开始对现状感到不满：父亲留下的基业本来是传给大哥的，大哥没了自然应该轮到我，怎么能拿去便宜外人呢？因此，徐知询多次向徐温提出，让自己代替徐知诰主管朝政。

最初，徐温的回答是："别闹，就你们几兄弟那点儿本事，哪里比得了你们老哥（指徐知诰）！"但徐知询很顽强，从哪里跌倒，就从哪里站起来，他深知自己血管里流淌着徐知诰不具备的天然优势，只要坚持不懈，转败为胜的概率是很大的。于是，徐知询转而主攻父亲身边的两个重要人物，一个是大谋士严可求，一个是行军副使徐玠，让他们替自己说话。

严可求原本就反对徐知诰，徐玠则认为徐温迟早还是会立亲子为嗣，那么早点儿向新领导靠拢是绝对明智的。所以，两人都十分卖力地游说徐温，请他用亲子代替养子。

　　不过，徐温身边也有替徐知诰说话的人，他的正妻陈夫人就说："知诰是咱们贫贱时收养的孩子，和咱们一起吃过多少苦？难道咱们一朝富贵，就把他抛弃吗？"

　　是让能干且孝顺的养子继续干下去，还是让真正有自己血脉的亲子顶上？徐温就在妻子与谋士的劝说下，感情与理性的纠结中，犹豫了很久，迟迟没有做出决定。直到天成二年（927）十月，徐温突发重病，时间不等人了，他终于下定决心：还是要把这片江山留给自己的亲儿子！

　　徐温命徐知询携带自己的奏章前往扬州，任务有两个：一是请吴王杨溥登基称帝；二是留在扬州，接替徐知诰主管吴国朝政。

　　徐知询来到扬州，徐知诰便知道自己的名义弟弟要来干什么。义父终究还是把自己舍弃了！虽然万般不舍，但在此时的吴国，没人敢抗拒徐温的意志，徐知诰只能自我安慰：算了，命里不是你的东西，再怎么争也没用！徐知诰写好奏章，请求辞去在中央的一切职务，出镇江西，只等第二天一早上呈，自觉地将权力移交给徐知询。

　　谁知就在当天深夜，有人急急敲开了徐知诰家的大门，然后上气不接下气地告知他一个惊人的消息：他的义父徐温，已在金陵暴病身亡！突然间，在整个吴国的土地上，已经没有人比他徐知诰更有权势了！

　　不知在得到这一消息的那一刻，徐知诰会是怎样复杂的心情？曾养育自己长大，并给予了自己全部富贵荣华的那个人死了！徐知诰不是没有良心的人，应该不会没有一点儿伤感。但徐温的确是在徐知诰最需要他逝世的时候逝世了，那种不能为外人道的惊喜，也没法不暗自涌上心头。

　　徐知询的感受估计要单纯得多，他在当天夜里紧急离开扬州，奔回金陵。父亲要是晚死两天，那吴国的一切都将是自己的！可父亲偏偏在最不该死的时候死掉了！

　　徐知诰由吴国实权的第二人进位为第一人，不遭某些人嫉恨显然是不可能的，所以新官上任急需多点几把火，吴国开始了进入后徐温时代的一系列操作。

　　其一，傀儡杨溥正式登基称帝，吴国由王国升级为帝国，理论上与北边的后唐平起平坐了。国家的级别提高了，众人的官位自然也可以跟着提升，都沾点儿好处。

其二，追封徐温为齐王，谥号忠武，继续保持自己的孝子人设，用好义父的剩余价值。

其三，将徐温生前的都督中外诸军事一职授予自己，进而掌握对吴国军队的最高统辖权，这条很关键。

其四，以徐知询为金陵节度使，诸道兵马副都统，先让他成为吴国境内实权仅次于自己的人，安抚一下这位心中不平的名义弟弟。

这些都是对内的措施，徐知诰想对外也做出新成绩，扬一扬吴国的国威。环顾周边，似乎最容易达成的目标，就是借援救南平的名义，出兵击楚，顺便将南平国纳为藩属。

于是在楚军从江陵城下撤军后的第二个月，吴国派右雄武军使苗璘、静江统军王彦章（与铁枪王彦章同名同姓）二将统领水师一万人，逆江而上，进攻楚国的岳州。同时，吴国传书江陵，通知高季兴，要南平出兵，呼应吴军的行动。

高季兴得知吴国终于肯接受他的臣服，非常高兴。于是，他不顾长子高从诲的劝谏，决定撕毁与楚国刚刚达成的停火协议，加入吴国阵营作战。不过，南平毕竟国小力弱，军队又刚刚打了败仗，虽然有心响应，但短时间内无法出兵。

再说得知吴军犯境，楚王马殷便命此时楚国的第一号宿将，右丞相许德勋为帅，统兵北上救援岳州。吴将苗璘、王彦章得知楚军将至，便留少量兵力看住岳州，主力水师进入洞庭湖，停泊于君山（当时洞庭湖中的一个小岛，位于岳州西面），想依托岛屿迎击楚军。但是洞庭湖很大，吴军驻守君山，根本封不住楚军通往岳州的水道。

楚军主帅许德勋非常自信，根本不担心交战不利，只担心吴军跑掉，吴军肯深入，可以说是正中下怀。于是，许德勋分出战船三百艘，由王环率领绕过君山，直达岳州北面的杨林浦，既断吴军归路，也防止南平军与吴军会合。苗璘、王彦章发现有楚军出现在自己的后方，顿时乱了方寸，急忙从君山撤走，冲击杨林浦，欲重入长江，或打通回国的道路，或与可能到来的南平军夹击王环。

南平军没来，但仗着兵力优势，吴军苦斗后，还是冲破楚军布置的第一道封锁线，好容易开进长江。许德勋见吴军已无战心，只想快点儿逃回国，便驱动水师主力在后面追赶。吴军逃至道人矶（今湖南省临湘市西面的长江东岸），一头撞上了楚军布置的第二道封锁线，许德勋的大军又从身后压来。吴军军心慌乱，两面受敌，无路可逃，于是大败，几乎全军覆没，两个主将苗璘和王彦章都当了俘虏。徐知诰当政后，吴军的首秀以一次惨败收场。

丢了面子固然让人不快，但为了扳回面子而扩大战争，不是徐知诰的执政风格，那就只好放下面子善后。

徐知诰派遣使节访楚，请求和解。马殷还是比较爱和平的，也不想与一个强邻长期为敌，便爽快地同意了吴国的和平建议，命许德勋送苗璘、王彦章二将回吴。

许德勋设宴为二人饯行，在酒席上，也许是因为喝多了，许德勋竟当着吴国人的面，说出了一段暴露楚国未来隐忧的话："我们楚国虽然小，但开国的旧臣老将还有不少人在位，所以你们别打我们的主意。要有点耐心，等将来老人离去，小马争槽的时候，你们再算计也不迟。"

原来，随着马殷步入暮年，人人都看得出他来日无多，但他的儿子却很多，达三十余人。光儿子多还不是问题，同时代的吴越王钱镠也有三十多个儿子，家教良好，大多表现不错，甚至直到今天，姓钱的名人，十之八九祖先都可以追溯到钱镠。但糟糕的是，马殷不是钱镠，他教子无方，对儿子们娇生惯养。马家这些儿子大多傲慢放纵，彼此又互不相让。楚国的重臣已经开始为楚国的未来感到忧心。

不过，此时距离"小马们"迈上舞台还有一段时间，就像许德勋说的，得有点耐心。咱们还是先来看看这次战役对各方的影响。对于徐知诰来说，仗虽然打输了，他想要达到的主要目标，就是将高季兴由后唐的南平王变成了吴国的秦王（本书统一称其为南平国），在西面顺利收纳了一个属国，也不算太失败。

在北方，后唐朝中第一重臣安重诲得知吴王竟然也敢称帝，认为这是南方人狂妄自大、无视天命，便驱逐了吴国派来的使节，彻底中断自李克用与杨行密为对抗朱温结盟以来，持续了几十年的传统友好关系。稍后，后唐方面又得知本方的叛臣高季兴已经向吴国称臣，李嗣源便以此为理由，下诏给楚王马殷，要楚军再次出兵江陵，惩罚高季兴的变节行为。

从前文已知，楚国君臣并不希望南平国完蛋，但中原朝廷的面子也不能不给，于是马殷命许德勋率得胜之师顺势北上，敲打敲打江陵，当然别下手太狠，可以向后唐有个交代就行了。楚军再次杀到江陵城下，高季兴派军队主动出击，结果战败，他的一个儿子高从嗣阵亡。高季兴大惊，只好又一次卑躬屈膝地遣使出城，请求与楚国和解。按照楚国的既定方针，许德勋同意停战，交差了事，率军班师。

谁知等楚军主力一南撤，高季兴仿佛川剧演员似的，马上又变脸了，他派遣一支突击队，奇袭岳州，抓住了楚国的岳州刺史李廷规，然后押往扬州，向宗主吴国报捷。不过，高季兴这次新的背信弃义，并没有引起楚国对他的第三次打击，可能是由于在南平，高季兴的时代即将结束。

天成三年十二月十五日（929 年初），七十一岁的一代厚脸老赖高季兴，在江陵逝世，其职位由长子高从诲继承。

关于高从诲的诞生，有一个传说。唐昭宗李晔在宰相张濬的鼓动下，调动中央禁军及中原各藩镇讨伐李克用那一年，高季兴（当时叫高季昌）作为朱温宣武军的一个中下级军官，参加了对晋军的战斗。那年的各支讨伐军，都让李克用和他干儿子李存孝揍惨了。高季兴所在的那支部队也不例外，被打得大败，他与随军出征的妻子张夫人一同逃亡，坠入山涧中，好容易游上来，躲藏于河岸之下。

这时，张夫人有孕在身，经过这一番折腾，筋疲力尽，再也走不动了，只得靠着河岸凹处昏昏睡去。高季兴心急如焚，生怕追兵再出现，妻子会拖累自己，又见河岸比较陡峭，突然生出一股杀念。他乘张夫人睡着，用剑去挖河岸上的土石，想让河岸坍塌，将妻子与未出世的孩子一起活埋。正在这时，张夫人突然惊醒（也可能她原本就没睡着），惊叫一声，对丈夫说出自己刚刚做的一个怪梦（更可能是刚刚编好的一个大谎）："妾梦见泰山突然倒塌，向妾身上压来，幸亏一个身穿金甲，手持戈矛的天神出现，撑住大山，才救了妾身。"高季兴听了，觉得大概是天意不让自己杀妻，只好带着张夫人一起逃命，最后双双脱险。

数月后，张夫人生下了那个据她说有天神护佑，还没出生就从父亲手中死里逃生的孩子，便是高从海。

这个故事的真实性无从考证，但从它能够被传扬并记录下来，似乎也从侧面说明了某些问题。

果然，高从海在很多方面的见解，都与父亲高季兴有很大不同。比如，在高从海看来，小小的南平与强大的后唐决裂，而去依附相对弱小的吴国，就是一种典型的作死之举。

因此，高从海一上台，南平的基本国策就出现了一百八十度的大转向。他公开对众文武批判父亲的外交方针："唐朝离我们近，吴国离我们远，舍近求远，岂是立国安邦的好办法？"在内部统一了思想后，高从海马上派人出使楚国，主动向楚王马殷认错：那些都是我父亲时代的错误，今后由我来做事，那样的错误不会再发生了。

取得楚王的谅解之后，高从海再请求楚国帮助自己传书给后唐，表达了南平国承认错误，只要中原赦罪便愿意脱离吴国，重新归附的诚意。同时，高从海还写信给后唐的山南东道节度使安元信，请他上书代为求情。

到了这一步，后唐和楚国都有了台阶下，本来就打得三心二意且已停滞很久的荆南战争，就这样结束了。经过双方协商，高从海正式向李嗣源上表称臣，进献赎罪银三千两。李嗣源则承认高从海为荆南之主，撤销了对南平国的讨伐。然后，高从海再派使节出访吴都扬州，用十分无辜的理由提出分手：由于高家的历代祖坟都在中原，如果向吴国称臣，可能会祸及祖坟，对不起祖先，所以实在没办法，只好请吴国体谅一下南平的难处，咱们还是停止往来吧！

不知徐知诰当时被气成什么样。为了保护南平，吴国在付出不少军力之后，还没亲热两天，就以这样一场外交灾难收场。看来，还是当初义父看得准，对南平的臣服就不能抱太大希望。一时激愤之下，徐知诰出动大军，对高从诲兴师问罪。但吴军一出师，徐知诰又渐渐恢复了冷静，于是不管前方有没有战果，又把军队调了回去，吴国与南平在很短时间内再次恢复到冷和平状态。

巴蜀抗命

对南平讨伐战的结束，同样给李嗣源带来了一个新问题，后续的麻烦甚至比徐知诰遇上的更大：以后要拿什么理由来消耗孟知祥的钱粮，牵制孟知祥的军力呢？

其实，早在高从诲刚继位，开始向后唐、马楚摇晃橄榄枝，但还没正式臣服前，孟知祥就向李嗣源上书：既然夔、忠、万三州已经收复，讨伐南平的战事也已经基本平息，是不是应该将从我西川抽调至夔州驻防的军队调回来啦？李嗣源当然不同意，本来打南平就是为了防着点儿西川，只是这话不能明着说。他只好回应：讨伐战还没打完呢，各军不能撤兵！

孟知祥也不介意改用其他方法来达到自己的目的。他悄悄下令给派驻夔州的西川军将领毛重威，让他煽动士兵闹事，就像昔日的庞勋或几年前的皇甫晖，让士兵自行离开驻防地返回故乡。放在当时士卒骄纵的大背景下，干这种事有极大的风险，搞不好弄假成真，就得吃不了兜着走。孟知祥敢于鼓动属于自己的士兵兵变，看来他在控制军队方面是很有一手的。

于是，夔州兵变，军营炸锅，西川军士无视朝廷军令，自行解散回西川，导致西线讨伐军军心动摇，好在对面的高从诲已经决定要重当后唐附庸，这起兵变才没有引发严重后果。不过，这引起了李嗣源的愤怒，他下诏严惩毛重威和他手下那些擅离职守的乱兵。

可是，这些人都已回到西川，处在孟知祥的庇护下，后唐皇帝的权力实际上管辖不了他们，诏书沦为一纸空文。不过，为了不与后唐皇帝撕破脸，孟知祥也不想公然抗命，就出来装好人，为士兵请命。他上书李嗣源，强调种种客观原因，西川将士的实际困难等，请求赦免毛重威等人。

冷静之后，李嗣源与安重诲不得不重新考虑现实。很显然，能否惩办闹事的西川军士，与洛阳的朝廷是否赦免毫无关系。孟知祥的反叛，看来不是会不会发生的问题，而是何时起事的问题。此时后唐中央在蜀中尚无应对叛乱的足够兵力，那就不妨先安抚孟知祥，为重新布置兵力争取时间。于是，李嗣源卖给孟知祥一个人情，就当什么事也没发生，不再追究夔州兵变的事。

不过，朝廷不追究你们的过失，你们是不是也应该对朝廷的宽大有所感恩？李嗣源宣布将在南郊举行隆重的祭天大典，但是国库缺钱，所以向各藩镇摊派这笔预算外的支出，蜀中富庶，理应出大头。安重诲派自己的心腹，客省使李仁矩入蜀，传达这项新指令，具体要求西川孟知祥捐钱一百万贯，东川董璋捐钱五十万贯。

孟知祥接到指令，表示对朝廷的困难十分理解，但是，今年西川遭灾了，米价狂涨，税负都收不上来，本镇经费开支已非常窘迫，军饷都不能按时发放了。不过，即使如此困难，西川仍然会咬紧牙关，勒紧裤带，排除万难，为国分忧。这样吧，西川认捐五十万贯。

孟知祥一口砍掉了一半，不过西川本来就不太可靠，那曾被安重诲夸奖为"忠义之士"的东川董璋会不会好说话一些呢？李仁矩又来到东川总部梓州（今四川省三台县）传诏，董璋先将他安置于馆驿，然后于第二天设下宴席，为他接风洗尘。至于捐钱的事，等明天到了酒桌上再谈。

谁知等到第二天，东川的文武官员都到齐了，众人在宴会厅等了很久，却一直不见主宾李仁矩出现。董璋感到奇怪，亲自赶到驿站找他，却见李仁矩抱着妓女玩，把今天该干什么事都忘了。暴脾气的董璋勃然大怒，马上命卫士上前将李仁矩从床榻上揪下来，然后指着他的鼻子大骂："你是不是只听说过西川杀李严，以为东川就不能杀李仁矩？"

李仁矩吓得涕泗交流，急忙跪下磕头如捣蒜，拼命哀求饶命，董璋才没有把自己的威胁变成实际行动。过了两天，董璋一想，李仁矩毕竟是朝廷派来的，不得罪的好，于是又派人向他道歉，还送了礼物。

不过说到正事，我们东川比西川还困难，只能认捐十万贯。虽然董璋砍价砍得比孟知祥还狠，但李仁矩哪里还敢留在梓州同他讨价还价？一得到答复便赶紧逃也似的奔回洛阳。回到朝中，李仁矩狠批董璋，说这位东川节度使嚣张跋扈，无视国法，简直比孟知祥还坏，用东川牵制西川是不现实的，国家应该尽快做出讨伐的准备。

于是，后唐朝廷决定先对董璋下手。李嗣源任命猛将夏鲁奇为武信节度使，进驻遂州（今四川省遂宁市），又割出阆（今四川省阆中市）、果（今四川省南充市）二州设保宁镇，以李仁矩为节度使，围绕着东川，形成一个半包围。

但李仁矩毕竟不是沙场老将夏鲁奇，就这样塞给他一个节度使的职务，去和董璋做邻居，感觉还是太冒险。夏鲁奇去了，他没敢去。最好还是和安老大说说，带着军队一起上任。于是，稍后安重诲又推荐自己的大舅子武虔裕当绵州（今四川省绵阳市，当时是东川的支州）刺史，让他和李仁矩一道带着中央禁军去巴蜀上任。当时还盛传，等武虔裕到绵州站稳脚跟，他那位位高权重的妹夫就要从东川割出绵、龙二州，重新设立一个藩镇，让武虔裕也当上节度使。

董璋感觉不妙，朝廷近期这一桩桩人事安排，明显就是冲着自己来的，绞索正在慢慢收紧，不能等勒到自己脖子上才做反应。同样感到不安的，是西川的孟知祥。夏鲁奇镇守的遂州、李仁矩镇守的阆州还罢了，武虔裕镇守的绵州可是紧挨着西川，距成都只有二百余里，朝廷往那里调兵，醉翁之意不可能仅仅是一个董璋。

原本董璋就是安排来牵制孟知祥的，所以之前东、西两川的关系并不友善。比如，董璋利用东川盐井众多，产量丰富，便组织盐商向西川倾销食盐，破坏西川的食盐收益。为此，孟知祥在两川交界的各主要交通道口设置关卡，征收关税，直到把东川的盐商吓跑为止。

但事到如今，同样的危机感使两人不得不摒弃前嫌，团结互助。董璋率先派出使节前往成都，替儿子向孟知祥的女儿求婚。孟知祥马上答应下来，并派副手赵季良出使梓州，正式缔结了两川同盟。

后唐长兴元年（930）二月一日，赵季良从梓州缔约完毕，回到成都，悄悄对孟知祥说了一段话："董璋这个人贪婪、残暴，志向很大，智商却不高，我看我们和他的同盟不会维持太久，他终究会翻脸，成为我们西川的大患！"

当然了，在盟约撕毁之前，两川同盟对双方来说都还是非常重要的。孟知祥和董璋联名上书李嗣源，口气也强硬了许多："两川军民听说朝廷要在阆州建立藩镇，在遂、阆、绵三州派驻军队，都感到这是朝廷对我们的不信任，人人忧心忡忡，军民不安。希望朝廷能够撤销上述决定，将夏鲁奇、李仁矩等人调回朝廷，好安抚军心！"

李嗣源当然是下诏抚慰：你们想多了，那些完全是正常的例行人事调动，和你们没关系，你们的忠诚，朝廷一直是绝对信任的！但与此同时，朝廷调兵的脚步并没有停下。不仅如此，李仁矩到阆州之后，拼命搜集董璋谋反的证据，然后添油加醋地上报给朝廷，只盼着朝廷赶快出兵，为自己报私仇。

董璋愤愤不平，写信给在洛阳当宫苑使的儿子董光业，让他向朝廷转达自己的愤慨："朝廷分割我的地盘设立藩镇，还不断往这里派兵，明显是要杀我。你去告诉安重海，只要朝廷再派一个骑兵进入斜谷，我一定造反自救。在此，只能和你诀别！"董光业也真是倒霉，摊上这样的老爸，想不死也不行了。

两川反叛已是箭在弦上，西川军中却出现了不稳定的苗头。都指挥使李仁罕、张业因故举办宴会，邀请上司孟知祥。有人向孟知祥告密说：那两位将军已经被朝廷收买，要在举行宴会的时候动手杀你。这李仁罕原是后梁降将，参与过灭蜀之战，在讨平康延孝叛乱中功劳很大，是孟知祥的得力干将，张业则是李仁罕的外甥，也以骁勇善战知名，这两个人如果倒向朝廷，即使不成功，也将是西川军的重大损失。

好在孟知祥经过暗中调查，发现并无此事，马上逮捕了制造谣言的人，但消息已传扬出去，军中人心惶惶。于是，到了宴会当天，孟知祥故意不带一名卫兵，只身到李仁罕府上赴宴。正提心吊胆的李、张二将又惊又喜，李仁罕跪倒在孟知祥的脚下，一时间感激涕零："老兵只有一死，来报答明公的知遇大恩！"

李仁罕大概不会想到，将来他会用一种意外的方式来实践他此刻的承诺。孟知祥则在为毛重威等人请命之后，进一步在西川军中树立了自己的良好形象，西川各将领都将他视为一个值得效忠的好老板。

与此同时，董璋也在内部清除异己分子，为反叛做最后准备。要说在东川辖区内谁最让董璋感到威胁，自然要数新任绵州刺史武虔裕了。董璋装好心通知这位名义下属："咱们东川还缺一个能干的军务总管，我向朝廷推荐，让你到梓州来当行军司马，怎么样？"安重诲这位大舅子的智商也真是让人惊叹，居然就上当了，乖乖来到梓州，然后被董璋囚禁。安重诲也不看看人选合不合适，"内举不避亲"，使他布置在蜀地的棋子，还没正式开局，就被对手吃了一颗。

安重诲继续往蜀地增派兵力，调将军荀咸义率军入蜀，增援李仁矩。得知这次军队调动的消息，宫苑使董光业非常焦急，只好将董璋的书信交给安重诲的一个手下，请他转告安重诲说："只怕这支军队还没有到达蜀地，我的父亲就已经反叛！我不是自己怕死，只是担心从此蜀地会兵连祸结，不知要劳烦朝廷动用多少军马，才能恢复安定。如果现在停止军队调动，那我可以用我的命担保，我父亲绝对不会有二心！"

安重诲对董光业的警告嗤之以鼻，对调兵部署不做变更，继续向蜀地集结军队。而董璋果然诚实守信，说到就做到。很快，忠于朝廷的昭武节度使李彦琦、保宁节度使李仁矩、武信节度使夏鲁奇等三镇同时向洛阳奏报：东川宣布脱离朝廷，集结军队，已经正式反叛。三镇兵力不敌，请求朝廷尽快发兵援救。

靠强硬政策捅下大娄子的安重诲似乎并不为此担心，甚至在朝堂上隐隐对李嗣源不够强硬有所埋怨："臣早就料到董璋要造反（不知道当初夸奖董璋忠心耿耿，可以帮助朝廷预防孟知祥反叛的人是谁），只是陛下太过于宽大，容忍他到今天！"

李嗣源只好说："我不能先辜负别人，但如果别人先辜负我，就别怪我下手太狠了！"

董璋造反当然不会是独自行动，他在第一时间通知了盟友孟知祥，两川将协调一致，对抗朝廷。孟知祥问计于赵季良。赵季良建议：鉴于剑州是东川的支州，可以让董璋先以一部兵力封住剑门天险，阻止朝廷援军入蜀，同时集中两川联军尽快拿下遂州、阆州，解决夏鲁奇、李仁矩，我们在蜀中就可以立于不败之地。

孟知祥同意了这个方略，马上派使节前往梓州面见董璋，约定两川同时起兵，并请董璋一定要保证剑门天险的安全。

九月九日，应圣节，孟知祥召集文武官员在成都举行了一次盛大的宴会。宴席上，孟知祥突然大哭，向着东北面洛阳的方向下跪叩拜：我们本不想反，无奈奸臣安重诲在朝，步步紧逼，我们已经是不得不反了！

九月十日，西川军兵分两路，大举出师。第一路，由都指挥使李仁罕为主将，汉州（今四川省广汉市）刺史赵廷隐为副，简州（今四川省简阳市）刺史张业为先锋，统兵三万余人，进攻遂州（今四川省遂宁市）的夏鲁奇。第二路，由牙内都指挥使侯弘实，先登指挥使孟思恭统兵四千余人，会合东川军主力，进攻阆州（今四川省阆中市）的李仁矩。

董璋大概是太恨李仁矩那张挑拨是非的嘴，一起兵就把他当成了主要打击目标，大军直指阆州。阆州城内有个叫姚洪的将领，曾经在董璋手下做事，董璋便先派人送了一封亲笔信给姚洪，让他当自己的内应。不想姚洪将送信人杀掉，尸体投入茅坑，内应计划只能告吹。

然而，董璋这次小小的失败，并没有延长阆州的抵抗时间。听说东川叛军将至，已经抵达阆州的禁军将领认为："董璋叛乱，蓄谋已久，他长期用恩惠收买军心，一旦发作，士气高昂，不可力敌。我军只能深沟高垒，闭城死守，只要抵抗十天，朝廷新的援军就能到达，到时候叛军锐气耗尽，又受到内外夹击，将不战自溃！"

谁知没打过什么仗的节度使李仁矩，骄傲得不得了，反驳道："蜀地的军队都是些怯懦厌战的胆小鬼，岂能与我中原劲旅对抗？"阆州守军只能按照节度使大人的命令出城迎战。

现实马上给李仁矩的厚脸皮扇了一个大嘴巴，出城的阆州守军一看到对面人多势众的两川叛军，竟不战而溃。李仁矩慌忙逃回城，董璋紧紧追上，包围全城，展开猛攻。数日后，阆州城陷，董璋搜捕到李仁矩，将他和他在城中的家属全部杀光。

姚洪也被生擒，董璋气愤地责问这个老部下："当年你不过是个小兵，是我把你提拔起来，升为将领，今天为何要负我？"

姚洪痛骂道："老贼，你当初在李让家当家奴，每天打扫马粪，偶尔赏你块肉吃，你就感恩不尽。而今，天子让你当节度使，什么地方对不起你？你竟然恩将仇报！我乃堂堂义士，宁愿为天子而死，也不会向一个无耻的家奴屈膝以求苟活！"

被人直揭老底，董璋怒不可遏，下令就在公堂上架起大锅，命人将姚洪身上的肉一小片一小片割下来，大家一起吃涮人肉。姚洪则骂不绝口，直至断气。

九月二十四日，巴蜀战报传到洛阳，李嗣源正式下诏免去董璋的一切职务，将宫苑使董光业全族斩首，调动各路大军，出兵讨伐。可能是李嗣源还不知道孟知祥已经和董璋联手造反，还幻想分化两川联盟，这次讨伐的纸面部署是这样的：以魏博节度使石敬瑭为东川行营都招讨使，统领朝廷大军入蜀，从北面进攻东川；以西川节度使孟知祥为西南供馈使，从西面进攻东川，同时为朝廷大军提供粮草；以武信节度使夏鲁奇为副招讨使，从南面进攻东川。

这个计划自然是行不通的，它还没有传达到蜀中，计划中三大主将之一夏鲁奇，就因为手中兵力微弱，被西川将领李仁罕、赵廷隐等包围在遂州城中。计划中另一位主将孟知祥，又新征发了民兵两万人，支援李仁罕，使围城部队增加到五万人。夏鲁奇命部将康文通出击，试探围城部队的强弱，不想康文通直接出城投降，老将夏鲁奇的处境更加艰难。

为防止以勇猛著称的夏鲁奇突围，西川军沿着遂州城外修筑起环形长墙，就是一只老鼠想出城也不容易了。与此同时，拿下阆州的董璋分兵进攻蜀地各州，主力则移兵北上，准备进攻利州。不料连续下了几天大雨，道路湿滑，使运粮的辎重车行进困难，董璋便率东川军主力返回阆州避雨，打算等天气好转再进兵。

孟知祥听说董璋仍逗留阆州，大吃一惊。孟知祥急道："攻破阆州之后，就应该一鼓作气直取利州，昭武节度使李彦琦是个胆小怯懦的无能之辈，他知道李仁矩败亡，又见大军迫近，一定会望风而逃。董公只要接收利州的仓储，根本不用从东川运粮。然后，以兵据守利州北面的大小漫天关，朝廷的讨伐军再多，也只能在崎岖的蜀道中望着天险兴叹，进不了蜀中，更无力救援夏鲁奇。就算暂时不进攻利州，也应该退守剑门关，董公却退到偏处一方，无法封锁蜀道的阆州，太失策了！"然后，孟知祥急致书董璋，愿抽调西川军奔赴剑州，助守剑门。

董璋看罢书信，不悦：就算我们是盟友，你也不能这么明目张胆地派兵来抢我的地盘吧？于是，董璋修书谢绝："剑门的防备，已经万无一失，不用再加派军队了。"而实际上，剑门的东川守军只有三千人。经过讨价还价，董璋勉强同意西川派少量部队助防剑州，但不能入城，只能驻守于剑州东南的来苏村。

十月，分兵略地的东川各偏师先后拿下合（今重庆市合川区）、蓬（今四川省仪陇县南）、巴（今四川省巴中市）、果等州，十一月，西川将领张武（曾在三峡大败高季兴的前蜀将领）所率的偏师沿长江而下，连克泸州、渝州（今重庆市），兵锋直指涪州（今重庆市涪陵区）。显然，赵季良判断得不错，只要中央讨伐大军不能入蜀，蜀中仍忠于中央的藩镇虽多，军力却都比较弱，两川叛军如入无人之境。

然而，就在两川叛军高歌猛进之时，董璋口中那个"万无一失"的剑门关出事了。

十一月，石敬瑭统率的中央讨伐军越过大散关，会合山南各军，进驻利州，从正面威胁剑门。十一月十三日，乘剑门三千名守军的注意力都被吸引到正面，石敬瑭分出一支善于攀爬的精锐小队，由阶州刺史王弘贽带队，翻山越岭，穿过人头山，绕道剑门关之后，伪装成东川援军奇袭剑门，一举拿下了这个蜀中第一天险。

王弘贽的偏师立下大功之后，不顾疲劳，再接再厉，又一举南下，乘敌不备，攻克了剑州，等待大军到来。此时，驻扎于来苏村的西川军仅一千余人，主将庞福诚与部下商议："朝廷的军队已经夺取剑门，如果再让他们占领剑州，开进平原地带，那两川都将陷于险地。所以即使兵少，我们也必须救剑州。"当夜，庞福诚率军到达剑州城下。此时，剑州城内有王弘贽部，城外有后续到达的讨伐军安设的大营，数量都比西川军多得多。

但庞福诚毫不畏惧，他把一千人马分成了两部分，一部分潜伏在大营正面，一部分由自己率领悄悄爬上北山，绕到大营之后潜伏。等大营中灯火渐熄，多数人进入梦乡，庞福诚突然率军高声呐喊着杀下山，而正面埋伏的军队呐喊呼应。朝廷讨伐军惊醒，发现前后都有敌人，黑暗之中又不知道敌人究竟有多少，惊慌之下，竟放弃大营，全军退往剑门关。

城中的王弘贽部因为连续翻山战斗，十分疲劳，发现城外友军逃走，不知道敌人来了多少，也不敢孤守剑州，便在城内放了一把火，也退往剑门关。这样，庞福诚以微弱的兵力，靠虚张声势吓退中央军，又夺回了剑州。

在成都，孟知祥得知剑门失守，气得大骂："董璋这个笨蛋，果然把我害了！"

十一月二十一日，孟知祥紧急集结五千名精兵，命牙内都指挥使李肇率领急援剑州，并对他说："你要倍道兼行，只要抢先进入剑州，死死地钉在那里，北方来的军队就没什么可怕了！"

孟知祥的话是这么说，但要对抗石敬瑭统领的中央大军，光靠李肇这五千人是肯定不够的，西川军主力此时尚在围攻遂州，所以孟知祥同时派人急赴遂州前线，命李仁罕部继续围城，赵廷隐部一万人马则立即掉头北上，支援剑州方向。

时值隆冬，天寒地冻，要士兵离开已修筑好的温暖营房，到北边与强大的敌人对抗，很多人都非常沮丧，不愿前行。赵廷隐流着泪向部下训话："现在北边来的军队声势浩大，那些人可不是善茬儿，如果咱们不能

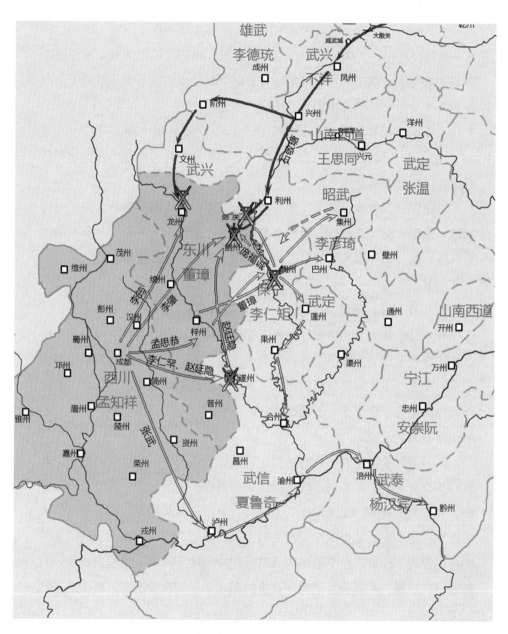

▲ 930年，两川反叛

奋力作战，把他们打回去，就等着家破人亡，妻子儿女都变成人家的奴隶吧！"从这段训话来看，后唐灭前蜀时，真没给蜀人留下什么好印象。果然，士兵的同仇敌忾之气被激发了出来，军心重新振作。

孟知祥还担心，朝廷可能分出一支偏师，沿阴平故道入蜀，又派将军李筠（本文中的李筠二号，将来还有个更重要的李筠三号）率军四千人赶赴龙州（今四川省平武县东），封住阴平道的南口。

果不出孟知祥所料，石敬瑭早已分出一支军队出文州（今甘肃省文县），想沿着三国时邓艾走过的道路，出其不意，突入蜀地。因孟知祥已有准备，这支偏师受挫北归。

与此同时，董璋也急了，他急命王晖率军三千人奔往剑州，先后与庞福诚、李肇、赵廷隐会师。接着，董璋本人也率东川大军进至剑州东南的木马寨，与剑州守军互为犄角，两川联军重新构筑起一道防线，阻止朝廷大军南下。

十二月三日，石敬瑭所率的讨伐军陆续到达剑门关，完成集结，于十二月六日向剑州发起进攻。剑州守军没有闭城固守，诸将中兵力最多的赵廷隐沿城下后山布阵，引诱石敬瑭来攻，另派五百名弓箭手设伏于路侧山道，李肇、王晖两部在河桥布阵（在下找不到剑州古地图，很难了解这样安排的用意，猜测李、王两部驻守的河桥能阻止朝廷军绕路，使其只能从正面进攻赵廷隐部）。

石敬瑭以步军主力进攻赵廷隐，以骑兵抢夺河桥，实现侧后迂回，却在两头都碰了壁。步军进了埋伏弓箭手的射程，两面受击，道路又不够宽阔，大军无法展开，无从发挥兵力优势，只得先收兵撤退。撤退中，因人多路窄，不少士兵坠落山崖，损失数百人。骑兵攻击河桥，狭窄的道路使骑兵也没有了速度，在李肇部的强弩连射中也败下阵来。交战到日暮，石敬瑭引兵后撤，赵廷隐会集各军追击，朝廷军又一次被击败，再次退回剑门关。

石敬瑭对于这次出征本就有些心不甘情不愿，现在又打了败仗，大军无法入蜀就地征粮，所有粮秣只能依赖关中和汉中盆地供给，再翻山越岭远程输送。出发时的一石粮，到达剑门已不足一斗，因此军民劳苦，怨声载道。

现在的情况显而易见，平定两川的难度要比打服南平、平灭王都高多了。地方军方面，武信节度使夏鲁奇带去的人马太少，被困遂州，自身难保，宁江节度使西方邺正好病死了，剩下没反的蜀中各藩镇，再没有一个能打，可为内应的。中央军方面，虽然身经百战，但还是第一次担任主帅的石敬瑭，表现很让人失望，拿下剑门，仍不能入蜀，也算是开了先例。

那现在该怎么办？是不计成本投入更多的人力物力，把战争打下去，还是知难而退，找个双方都能接受的台阶，比如找个人出来承担责任，把罪过都推给他，然后让战争结束呢？如果让先帝李存勖来回答这类问题，毫无疑问，肯定是打，打赢为止。但对于亲眼见证了李存勖如何失败的李嗣源，将战争持续下去的决心是不好下的。

历代征蜀，果然都不吉利！

第七章

一地鸡毛

王彦章　周德威　刘知远　石敬瑭

李从珂被逐

十二月十三日，李嗣源与群臣商议石敬瑭送来的战报，以及关中各地物资损耗的报告，不禁叹息道："还有谁能为我做事？看来我只能亲征了！"这话的弦外之音让安重诲非常不安，因为正是他一番煽风点火的操作，使原先的两川割据演变成今天的两川反叛。如果讨伐两川的战争不能打赢，要追究责任，他肯定是第一个中招。

而且，这一年多以来，安重诲越来越清晰地感觉到，李嗣源对他的信任正在一步步下降，两人曾经深厚的友情正在一天天消逝。这个时候，他不能不主动站出来承担责任了！于是，安重诲自告奋勇："臣执掌枢密，却使国家军威不振，这是臣的失职！臣愿亲往剑门督战，以期扭转战局。"好吧，李嗣源可能正等着安重诲这句话，就同意了。

安重诲向李嗣源叩头辞行，这一刻，他可能不会想到，这就是他和李嗣源之间的诀别，几十年友谊的终点……

前面说过，李嗣源对老友安重诲的信任正一步步下降，之所以出现这种情况，细细考究，其实大部分原因还在安重诲自己身上。安重诲的战斗力实在是太强了，到处树敌，多线开战。

比如说，就在后唐朝廷半公开地筹备讨伐两川之时，作为中央政府主要负责人的枢密使安重诲还在一心二用。在他的工作日程中，有一个与平定两川不相上下的重大项目：好好修理一个和自己有过节的人。

这位被安重诲列入打击名单的目标，也是一个很有分量的人物，对付起来有相当的难度。因为他同样是李嗣源最铁杆的心腹之一，论同皇帝的亲密程度，甚至可能超过安重诲。他就是李嗣源唯一有记载的养子，追随义父数十年，出生入死，屡建战功的李从珂。

安重诲与李从珂的矛盾，据说源于五年前发生的一次斗殴。那时，李嗣源在镇州担任成德节度使，经常召集亲信部下聚餐。在一次酒宴上，李从珂与安重诲大概喝多了，彼此不知为什么事吵了起来，越闹越僵，从动口发展到动手。但论起动手，平常只是动笔动口的安重诲，怎么可能是冲锋陷阵的沙场猛将李从珂的对手？要不是周围人拦得快，安重诲见机不妙逃得也快，弄不好就被打伤了。

第二天，李从珂酒醒，十分后悔，主动去见安重诲，赔礼道歉。安重诲虽然表面接受了道歉，但小肚鸡肠的他已将这笔账记下了。

不过，安重诲肯不计代价地拿掉李从珂，仅仅是因为两人打过一架，这种解释过于单薄了，极可能还有更深层的考虑。

这一年（长兴元年，930 年），李嗣源六十三岁，按当时人的平均寿命来看，继续执政的时间应该不会太长了，安排继承人的问题迫在眉睫。在君主制时代，李嗣源的合法继承人，自然只能从他的儿子中挑选。

据不同的史书记载，李嗣源有四个或五个儿子活到成年，他们分别是李从审、李从荣、李从厚、李从璨（"四子说"称李从璨是李嗣源侄子）、李从益。其中长子李从审（庄宗赐名李继璟），似乎是个很不错的继承人，史书上称他"忠勇沉厚，摧坚陷阵，人罕俦焉"。但是很可惜，他已经被元行钦杀掉，不可能再参与皇位角逐。李从璨、李从益皆是庶子，年纪还小，所以真正有竞争力的只有同为夏皇后（长兴元年追封）所生的两个儿子：李从荣与李从厚。

论年长，最优先的自然是李嗣源的次子秦王李从荣。与文盲父亲的个性截然不同，李从荣更喜欢舞文弄墨，经常与幕僚作诗应和。由于身份高贵，时时享受左右的吹捧，李从荣自以为自己诗才独步一时，得意扬扬地编著了一部《紫府集》，收录了他的诗作一千余首，光论数量，已经和李白、杜甫差不多了。不过，这位高产诗人的真实水平可能并不怎么样，因为他的一千多首诗没有一首流传到今天。

李嗣源虽然对写诗一窍不通，但他对儿子文才的判定可能比李从荣自己还要客观："以前庄宗皇帝就爱作诗，但我觉得，练武长大的武将家的孩子，比不得那些书生从小习文，写些自己不拿手的诗，白白让人家暗地里耻笑，你最好不要仿效。"李从荣当然没把父亲的话当回事。

舞文弄墨并没有让李从荣变得温文尔雅，相反，他性情粗野，动辄对左右打骂甚至杀戮，与大多数朝臣关系恶劣，这些做法使他在朝野的人望很低，很多大臣认为，李从荣如继位，定是一代暴君。所以，更多人希望他的弟弟能代替他当皇位继承人。

李嗣源的第三子（或第五子）李从厚，据说与年轻时的李嗣源长得很像，因此深得父亲宠爱。仿佛为了与二哥形成对比，李从厚是个好脾气，表现得低调内敛，谨慎孝顺，敬老尊贤，在朝野的名声比李从荣好得多，以至于李从荣的手下在劝谏李从荣时，都常常说，您要再不好好表现，皇储便会是李从厚了。为了防止二哥的嫉恨，李从厚对李从荣也极为恭顺，从不做违逆兄长的事，竟使得两兄弟之间，至少在表面上关系还不坏。

就李嗣源而言，估计他对两个皇子都不太满意，李从荣过于粗暴，不孚众望，固然让他担心，李从厚过于顺从人意，缺乏主见，同样不利于在乱世坐稳江山。结果李嗣源就一直拖着，没有明确谁是自己的继承人。

这种长期分不出胜负的对弈，最让对局者忧心，都希望能自己出奇制胜。于是在私下里，李从荣、李从厚都竭尽全力讨好父皇的第一重臣安重海，希望安重海能为自己助力。

这样看来，将来登位的不管是李从荣，还是李从厚，都得感安重海的恩。安重海是否可以高枕无忧了呢？不然，还有一个重要人物不能忽视，他就是李嗣源的养子，安重海的眼中钉，此时官拜河中节度使的李从珂。如果论功绩，论在军队中的威望（这条在乱世尤为重要），那么前面李嗣源所有的儿子，包括已经去世的李从审在内，都比李从珂差得远。

当然，在正常情况下，李嗣源有这么多正牌皇子，皇位不管怎么传也传不到李从珂手里。但是，在当时那个不那么正常的时代，很多不正常都有可能在特殊条件下转化为正常。不说别的，如果养子真的完全没有机会当皇帝，当今天子又怎么可能是李嗣源？万一李从珂凭借自己在军队中的影响力，在将来的某一天成为新天子，那对安重海而言肯定是一场灾难。

因此，为了老朋友李嗣源一系的皇统不受挑战，更为了自己的权力在后李嗣源时代保持平稳，对于李从珂这个潜在的危险因素，应该找个合适的时机将其解决。

以上是在下推测，但极可能也是安重海的真实想法（《五代史阙文》中记载，安重海在临死前说："我死而无恨，只可惜没能为官家杀掉潞王，将来他必然是朝廷的大患！"），但肯定没有与他的老朋友李嗣源达成共识。所以这个计划不能明目张胆地干，只能瞒着皇帝，使用阴谋。

也许是从孟知祥策动毛重威兵变那件事上获得了灵感，安重海也决定制造一次遥控兵变，拿掉李从珂。安重海便利用自己身居枢密，勾通内外的便利，假借皇帝的名义，制作了一道密诏，然后悄悄发给李从珂的手下，河中牙内指挥使杨彦温，内容高度保密。

长兴元年（930）四月的一天，李从珂出城，到郊外马场检查战马的饲养情况。杨彦温随即宣布奉旨接管河中军政，并关闭城门，阻止节度使李从珂回城。

李从珂大吃一惊，回到城下，敲打城门，呼叫杨彦温出来。虽然把长官坑了，杨彦温还是保持着礼貌，登上城楼与李从珂见面。

李从珂怒问："我一向待你不薄，你为什么要造我的反？"

杨彦温向李从珂下拜："我怎么敢忘记公的大恩？只是枢密院发来诏书，命您速去洛阳朝见，由我代管河中，我只是依旨办事。"

李从珂身边没带着几个兵，要反攻河中有困难，而且如果这的确是天子诏书的意思，自己更不能公然违抗。于是李从珂退到河中东面的虞乡县，派人将河中发生的突变上报朝廷，等候处分。

李嗣源收到李从珂的报告，顿时起疑，问安重海："杨彦温说他接到枢密院发出的诏书，这是怎么回事？"

安重海面不改色心不跳，谎话说得跟真的一样："这明显就是反贼在胡说八道，胡乱攀扯，不值一驳。我看应该马上出兵讨伐，绝不能招安，否则助长这些叛匪的气焰！"

李嗣源虽然是个实诚人，可人家又不傻，虽然在安重海的一再坚持下，同意两路出兵讨伐河中叛军，但还是留了个心眼儿，嘱咐出征的副将药彦稠（这次出征的主将是西都留守索自通，引兵从长安出征，见不到李嗣源）："等收复河中，切不可杀死杨彦威，一定要将他活捉送到洛阳，我要亲自审问。"

然而，安重诲极可能遣人给讨伐河中的主将索自通，打了方向相反的招呼，使李嗣源的命令变成一纸空文。索自通率领讨伐军，只用了几天时间就攻克河中，俘虏了杨彦温，然后在第一时间将这大呼冤枉的"叛军首领"砍头，传首洛阳。李嗣源见自己的旨意被公然违抗，十分愤怒，将失职的药彦稠大骂了一顿。

这时，李从珂已经回到洛阳请罪，李嗣源责备了他一番，命他先回家闭门思过，其实也是让他先避避风头。但已经取得了第一阶段成功的安重诲，自然要趁热打铁，不能轻易放过打击目标。要不乘机彻底扳倒李从珂，那第一步的胜利还有什么意义？至于具体招数嘛，就让两位宰相冯道、赵凤出面弹劾李从珂好了。

冯道在天成元年（926）丁忧期满，回到洛阳，对他印象极好的李嗣源亲自提名，任命他为端明殿学士，在罢免了豆卢革、韦说之后，让他与崔协一道升任同平章事。

有一次，李嗣源与冯道闲聊，说这几年年景不错，也没有发生特别大的战乱，天下之事总算能让人稍稍放心了。

冯道听罢，就给李嗣源讲了一个小故事："以前我在先帝幕府，受命出使中山，经过井陉口时，见道路崎岖难行，生怕摔倒，就紧紧抓着马辔，一步也不敢大意，终于平平安安出了谷口。等到了平地，我觉得已经安全了，就放开辔头任意奔驰，结果没跑多远就摔了下来。我认为对治理天下者也是这个道理，千万不能因为形势有所好转，就放松自己的警惕。"

李嗣源深以为然，又问："今年丰收，百姓的日子应该过得不错吧？"

刚刚从乡间回来，并将家产分给了乡民的冯道，郑重地答道："农民的日子很苦，遇上灾年，忍饥受冻，甚至沦为饿殍；遇上丰年，谷价又会大跌，卖粮完税，根本攒不下钱。所以不论灾丰，农民的日子都不会太好。

臣记得先朝进士聂夷中有一首诗是这样写的：'二月卖新丝，五月粜新谷。医得眼前疮，剜却心头肉。'诗虽然写得并不高雅，但道尽了农家的艰辛，掌管天下之人，不能不对此有所了解！"

李嗣源感叹良久，命人将聂夷中的诗记下来，时时念诵给自己听。

李嗣源执政时期，着力整顿吏治，酌情减免税负，尽量节约用度，不肯发动大的战争等减轻百姓负担的做法，可能或多或少都与他和冯道的这次对话有关。

不过，自从在刘守光刀下死里逃生，冯道面对强权，就只有委曲求全，明哲保身了。比如这次接到安重海的密嘱，不管其要求合不合理，权倾天下的安枢密是得罪不起的。

另一位宰相赵凤，虽然曾力劝安重海不可杀任圜，但那真的只是一句善意的提醒，并非他与安重海有什么矛盾。实际上，赵凤与安重海交往颇深，是安重海推荐他任端明殿学士，参与撰写诏书，长期在安重海的领导下工作，就在一个衙门，天天见面。等崔协死后，经安重海推荐，赵凤接任同平章事。因此，对于安重海，赵凤非常尊敬和维护，对于安重海要求的事，自然义不容辞。

于是，杨彦温传首洛阳的当天，冯道、赵凤联名上书，指控河中节度使李从珂治军无方，酿成兵变，以致丧城失地。对于这样严重的失职行为，如果不加以惩处，岂不是给其他藩镇树立一个极坏的榜样？

李嗣源召见了两位宰相，严厉地对他们说："我儿只是被奸人陷害，现在是非曲直还没有搞清楚，你们怎么就能把罪责都算在他的身上？天地之大，就不能给我儿留一条活路吗？我想，奏疏上的话，应该不是你们两个人的本意吧！"

冯道听出了轻重，不敢再说话了。而赵凤不愧是安重海一手提拔的心腹，撞了南墙也没回头，第二天再次上书，请求严惩李从珂。结果自然再次被李嗣源驳回。

眼见李从珂打而不死，安重海有些坐不住了。第三天，他顾不得避嫌了，亲自出马："听说冯道、赵凤两位都提议要处理李从珂，我认为他们

291

的建议是非常正当合理的，陛下您既为天下之主，就应当大公至正，不能因为私情就对某些人从宽发落！"

李嗣源知道，真正的幕后主使人出场了：你们一个是我最信任的老朋友，一个是我从小看到大的好儿子，相煎何太急！李嗣源一时说不出什么大道理来反驳安重诲的高调，只得回忆起家史："朕还是个军中小校的时候，家里很穷，多亏了从珂这孩子出去捡拾马粪，辛苦挣钱来补贴家用。难道朕今天身为天子，连他都不能保吗？你如果非要处置他，那就随你处置好了！"

安重诲听出李嗣源已经动怒，忙缓和了语气："这是陛下父子之间的事，情涉骨肉，我一个外人怎好插嘴？该如何惩办李从珂，只望陛下裁决！"

李嗣源答："朕让他回家闭门思过，已经裁决过了，难道还要再重复一遍吗？"

"李从珂清除计划"到此受阻，但安重诲已经不能罢手，如果让李从珂躲过这一难，将来很可能满血复活，他就会有大麻烦了，所以他只能追加计划，不达目的不罢休。

在安重诲的安排下，平定"河中兵变"有功的索自通，顶替李从珂，成为新的河中节度使。索自通工作努力，知恩图报，上任没几天，就在河中收缴了一批武器，派人送到洛阳。索自通宣称这些都是李从珂在任之时瞒着朝廷私自打造的兵器，想他李从珂掌控大藩，手握重兵，还在私下扩张武力，其居心之叵测，岂不让人触目惊心。

"治军无方，丧城失地"还治不死你，那么，搬出在历朝历代都是杀无赦、斩立决，没得商量的"谋反"大罪，你还能跑得了吗？

然而，这又出乎安重诲的预料，这一铁拳威猛挥出，仿佛打在了厚厚的棉花堆上，连个响儿都没有。因为谋反固然是不赦之罪，但那几件来历不明的兵器能不能成为李从珂谋反的铁证，大可商榷。在这关键时刻，又有重要人物站到了安重诲的对立面，使安重诲功败垂成。

安重诲的新对手，是此时事实上的后宫女主花见羞（王德妃），以及依附花见羞的宦官首领孟汉琼，从某个角度上讲，这组对手也是安重海自己创造出来的。

本来，安重海是花见羞得以嫁给李嗣源的大媒，花见羞对他还是比较感激的，也常常在李嗣源面前为媒人说好话。比如李从厚大婚，最初选择的是安重海的女儿，就是花见羞出于报恩向李嗣源建议的，但这个好意让安重海自己拒绝了，花见羞才又推荐了孔循的女儿。没想到没过几天，原本好得跟一家人似的安重海与孔循就翻脸了，枢密院一道诏令，把李从厚的岳父挤出朝廷，这其实相当于间接打了花见羞的脸。

就在李从珂被杨彦温驱逐的前几天，随着地位提升，渐渐习惯大把花钱的花见羞，想重新装修皇宫，就向国库索要一批绸缎，打算用来制作地毯。安重海听说了这件事，认为国家还不富裕，不能乱花钱，训诫了花见羞一番："你不记得前朝皇后刘玉娘是怎么死的了吗？"这次警告让花见羞又惊又恨又怕，孔循的事已经让她担忧：安重海要收拾谁，是从不考虑往日交情的。

花见羞本是个八面玲珑的人，自嫁入李嗣源家门，就把讨好李嗣源身边所有人，争取一个也不得罪，当作自己的行动准则，所以她和李从珂的"母子关系"很好，也不想开罪安重海。可现在，安重海不留余地的所作所为，逼得花见羞无法中立，非站队不可了，与其和不讲交情的安重海站一起，不如同对自己很尊敬的李从珂站一队，何况她也看得出来，皇帝丈夫在内心是不想伤害这个养子的。

于是，花见羞在宫中与安重海见招拆招，在她的多方保护之下，李从珂的"谋反"大罪一直得不到认定。

闭门思过的李从珂也在设法自救，他待罪的私宅位于皇城东侧的清化坊，与礼部郎中吕琦（刘守文心腹吕兖的儿子，北宋名臣吕端的父亲）是近邻。吕琦正好也与安重海不对付，在朝中百官大多像避瘟疫一样躲着李从珂之时，吕琦还时不时去李从珂家中探望。于是李从珂与吕琦结成密友，他有什么捉摸不定的事，都请吕琦帮他拿主意。

吕琦具体为李从珂出了些什么主意，已经无法知晓，但当时想弄倒安重海的人肯定不少，所谓来而不往非礼也，安重海想用捕风捉影的谋反嫌疑搞掉别人，也就有人用同样手法想搞掉他。

八月四日，就在安重海积极布置，准备讨伐两川之际，中低级军官李行德、张俭突然向李嗣源奏报，称接到一个叫边彦温的知情人密报，安重海正以即将南下征讨吴国的名义，悄悄调集军队，他还秘密与吴国间谍来往，又找人给自己算命，不知他究竟想干什么。

这件事如果属实，性质就比几件来历不明的兵器严重多了。李嗣源忙召来安重海对质，调查此事。倘若《新五代史》留下的记载没有问题，那么此事源自一起诈骗案。

据说在早先，一名自称是吴国密使的人来到后唐，经户部尚书李鏻的引见，与安重海见了面。这位"吴国密使"语出惊人，声称吴国新上台的掌舵人徐知诰，其实一直心向中原，他愿意让吴主废除帝号，向后唐称藩，现在只要"得安公一言以为信"，大事即可办成。安重海大概认为，徐知诰以徐温养子身份继掌大权，在淮南根基不稳，处境艰难，所以他向中原靠拢是可信的。而且，不费一兵一卒就能让吴国臣服，这样天大的馅儿饼从天上掉下来，不接住岂不是大傻子？于是，大喜过望的安重海给徐知诰写了一封密信，表示对他的弃暗投明非常欢迎，同时拿了一条据说价值千贯的名贵玉带作为信物，交给"吴国密使"带回，进一步约定吴国去帝号、称藩臣的具体事宜。

然而，这位"吴国密使"离开一年多也没有任何回音，不清楚是徐知诰反悔了，还是那位"密使"压根儿就是皮包公司的业务员。感觉受到了愚弄的安重海很恼怒，但又不能公开，否则堂堂的大国枢密使上了小骗子的当，传出去面子往哪儿搁？安重海虽然找了个由头，把向他引见密使的李鏻贬为行军司马，但还是积愤难消，总想找个机会，敲打一下吴国，出出这口恶气。

结果，现在好了，没等他动手，先被人举报了！听完对事件始末的调查陈述，半信半疑的李嗣源，询问身边的两位侍卫都指挥使安从进和药彦稠怎么看。

两人表示："这件事明显是奸邪小人企图离间陛下君臣。安重诲侍奉陛下长达三十年，是陛下让他位极人臣，得享富贵，他怎么可能会造反呢？我们愿以全家性命作保！"李嗣源最终相信安重诲不至于造反，但会瞒着自己搞些小动作。

考虑片刻，李嗣源下令斩了告密人边彦温，召安重诲相见。表面上，两个老朋友在饱含热泪，共话当年之际，再次言归于好。但李嗣源对安重诲的信任，其实回不到当初了。李嗣源肯放过此事，不再追究，最大的原因可能不是他和安重诲之间几十年的战斗友情，而是讨伐两川的战争将打响，这种时候不能轻易更换枢密使，让朝廷方面自乱阵脚。

然而，涉险过关的安重诲一派并没有就此罢休。八月十一日，由宰相赵凤出头，发起反击："臣听说最近有奸邪小人，公然诬告社稷重臣，企图动摇国家的根本。虽然他们的阴谋已被挫败，但这些小人还没有完全得到惩处。"于是，为了安抚安重诲，李嗣源又下令逮捕了李行德和张俭，一并诛灭全族。李嗣源也将此案到此画上句号，不管李行德与张俭上面还有没有幕后主使，都不许再追究。

在下认为，边彦温、李行德、张俭这三个小人物都不大可能是这次事件的主要策划者，只是由于史书不载，我们不能准确指认谁是藏在他们身后的主谋。那个人有可能是花见羞，有可能是孟汉琼，甚至有可能是李从珂或吕琦。只要这些人还在，还能在李嗣源面前说上话，光是杀了三个小卒子，不可能让安重诲感到安全，因为他已经越来越清晰地预感到，李嗣源对他的宠信不会维持太久了。那要怎么办？

九月，两川战事正式打响，军队、粮饷频繁调动，正是枢密院工作最繁重、最紧要、最不能轻动的时候，安重诲突然向李嗣源撂了挑子，请求辞去枢密使的职务。

在这个时间点上，李嗣源当然得挽留："我从来就没有怀疑过你，诬告你的人都已经被我杀掉了，你还有什么不放心的？"

安重诲的请辞看起来非常诚恳："臣出身寒微，幸而遇到陛下，得以升至今天的高位，可也招来了太多的嫉恨。这一次要不是陛下明察秋毫，臣全家恐怕一个人都活不下来。然而，臣的能力太低，担当的责任又太重，只怕终有一天，抵挡不住这些流言，大祸及身。臣现在只求在那一天到来之前，陛下能给我一个小镇，让我早点儿退休，能够平平安安地度过晚年。"

以安重诲一贯强势的性格和他选择的时间点来看，他不大可能是真的想退休，而更像是兵行险着，以退为进，通过展示自己的不可替代性，来重新加固自己在李嗣源心中的地位。李嗣源估计也是这么想的，于是表示不准。

谁料到安重诲不顾李嗣源的一再挽留，坚持要辞职。几轮下来，李嗣源被惹火了，大怒说："好吧，随你便，难道你不干我就找不到人了吗？"

此时还真没有人敢接安重诲的班。李嗣源召见了范延光，范延光便力劝皇帝挽留安重诲，并且说："安重诲要是走了，朝中有谁能代替他？"

李嗣源说："你不就可以吗？"

范延光连忙推辞："臣入值朝廷的时间还太短，才能也远不如安重诲，怎么能担当这样的重任？"

李嗣源只好放弃了用范延光代替安重诲的想法，叫孟汉琼去一趟政事堂，告诉那些大臣关于安重诲辞职的事，以及商议由谁来接替安重诲。

政事堂内，忠厚的冯道叹了一口气，对众人说道："你们如果真的为了安令公好，那还是让他辞掉枢密使的职务吧！"

安重诲的铁杆赵凤好像没听出这句话的分量，马上不假思索地反对："冯公您这话说得不对，国家大臣岂能轻易罢免？"然后，由赵凤领衔上书天子，强调安重诲是国家柱石，不可轻动。

在范延光、赵凤等重臣的坚持下，李嗣源不得不又一次收回成命，请安重诲留任枢密使。

安重诲总算没有再推辞：看来事实已经证明，朝中确实少不了我呀！

然而，这一轮操作在李嗣源眼中，又会是怎样一幅景象？这么多大臣不怕得罪自己，只怕得罪安重诲，连安重诲辞去的职位，都没有一个人敢接任，这样的人在朝，岂是君王之福？

安重诲之死

君臣间的友谊之舟已经沉没无影，李嗣源继续容忍安重诲，不是因为有这么多大臣站在安重诲的一边（李嗣源看得出，那些大臣站队安重诲，多数是因为他们害怕安重诲，而非衷心支持安重诲），而是因为两川讨伐战正在进行中不能轻易换人。

从某种意义上说，此时安重诲的命运已经与两川战局直接挂钩，如果顺利平定两川，安重诲还可以凭借功绩暂时维持地位。但如果弄巧成拙，战事不顺，李嗣源将实在没有理由再忍耐一个到处树敌，时时惹是生非，要挟君上，与自己离心离德的臣子。

那么两川战局会如何发展呢？从前文已知，打得那叫一团糟。到长兴元年（930）末，李仁矩兵败被杀，夏鲁奇被困死在遂州城中，石敬瑭统率的讨伐军主力则被堵在了剑州，连连受挫于赵廷隐。安重诲针对两川的种种布置，即使不说彻底失败，也输了个八九不离十。

面对如此糟糕的局面，激反两川的安重诲自然责无旁贷，所以就如前文所述，他不得不自请出京，奔赴前方督战。安重诲很担忧，如果这一仗打输了，那自己的政治生命基本上就可以画上句号了。于是他一离开洛阳，就急如星火地派出特使到处催促各藩镇执行军令，严厉赏罚。京西各藩镇惊恐万分，大家原本对出钱出粮支援前线的诏令执行得拖拖拉拉，现在全都昼夜不停地向利州输送各种物资，只求别让安重诲抓住把柄。

长兴二年（931）正月，风尘仆仆的安重诲到达凤翔，凤翔节度使朱弘昭连忙出城迎接。

朱弘昭也是李嗣源的老部下之一，最初他因为与安重诲关系不太好，经常被安重诲打发到外边担当各种苦差事。他曾被安重诲推荐去东川担任节度副使，如果不是他见机快，设法逃脱，险些沦为董璋的刀下之鬼。

从东川脱险之后，朱弘昭改弦更张，极力向安重诲靠拢。例如，在王建立弹劾安重诲，李嗣源与安重诲第一次翻脸之时，正是朱弘昭站出来为安重诲说话，使皇帝与枢密使重归于好。稍后的事实证明，这次站队是成功的，几轮明争暗斗后，安重诲仍旧权倾天下，王建立则被夺去一切权力，退休养老。而朱弘昭也赢得了安重诲的信任，官场处境大为改善，得以出任凤翔这样的大藩镇节度使。

可能因为这段时间都身在凤翔，朱弘昭并不清楚此时安重诲在朝中处境的变化，只是根据以往的经验做出下意识的反应：安重诲是需要好好巴结，千万不能得罪的大人物。虽然听说现在朝中又有人在弹劾他，但也许是第二次王建立事件罢了，多半撼不动安重诲这棵大树。

于是，凤翔城外的朱弘昭在安重诲的马前又是下跪又是叩头，然后无比尊敬地将安重诲迎进城，就住在自己家。朱弘昭的妻儿也都出来迎接贵客，环绕着安重诲纷纷下拜，口称恩公。心情郁闷的安重诲没想到，到了这个时候，朱弘昭还对自己如此亲热，如此毕恭毕敬，以为是患难见真情，不禁大为感动。

晚宴上，安重诲在朱弘昭的殷情相劝下，不知不觉喝至半醉，一时感慨万千，禁不住酒后吐真言，将一肚子苦水全都倒了出来，最后流着泪说："奸邪小人对我恨之入骨，百般攻击我处政失当，甚至造谣称我要谋反，危难之时，我几乎不免一死！如果不是主上明察，得以保全宗族，你我今天就见不着了。"

朱弘昭一脸沉痛地倾听着安重诲的诉苦，口中不断发出安慰暖心的话语，心里却乐开了花：真是没想到哇，姓安的，你也有今天！

安重诲对内与花见羞、孟汉琼、李从珂、康福等人结仇，也惹得天子猜疑；对外与吴国交恶，与吴越结怨，恶化了后唐的外交环境；处置失当，断送了夏鲁奇、李仁矩、武虔裕的性命，还捅出两川征伐这个看不到尽头的大娄子。能有多大祸，他就闯出了多大祸。看样子，皇上这次是真的打算舍弃他了……

【作者按：康福为河东老将，因在魏州兵变后，主动献出相州马场的数千匹战马给李嗣源，成为后唐第二王朝的佐命元勋。康福擅长胡语，常在便殿和李嗣源用胡语交谈，安重诲虽然也是胡人，却听不懂他们说什么，因而仇视康福。安重诲不是不能接受李嗣源从自己以外获得信息，但无法接受这些信息不受自己监控。于是，安重诲警告康福："你要敢在皇上面前乱讲话，我就砍你的头！"他还寻找机会收拾康福。正好，长期割据朔方的韩氏第五代节度使韩洙去世，他年幼的儿子韩璞继位，韩洙的弟弟韩澄认为有机可乘，发动兵变杀掉侄儿，自立为朔方节度使。但韩澄这番操作使当地人心不服，有个叫李宾的军校起兵倒韩澄，韩澄招架不住，被迫向名义上的宗主国后唐求救。安重诲决定借刀杀人，乘机任命康福为朔方节度使，让他只身去龙潭虎穴上任。谁料康福向李嗣源哀求，在李嗣源的干预下，硬是从朝廷军队和河中军队中抽调了一万人护送康福上任，使康福成功击败了朔方各路地头蛇，以及吐蕃嗢末人的进犯，成功当上朔方节度使，安重诲的陷害未获成功。但安重诲此后仍多次捏造证据，指控康福有不臣之心，两人势成水火。】

【作者按：吴越王钱镠向后唐称臣期间，曾写信给安重诲，有点倚老卖老，对安重诲不够恭敬，又碰上后唐使臣乌昭遇出使吴越，向钱镠行三跪九叩之礼的事件发生，使安重诲认为钱镠有不臣之举，遂建议李嗣源对吴越全面打压。后唐政府赐乌昭遇自杀；下旨命钱镠以太师身份退休，免除原有的所有职务；逮捕吴越派到后唐的所有进奏官、使者、贡品押运官。于是，吴越国与中原王朝的关系跌到史上最低，"退休"的钱镠让他还没有免职的儿子们上书替自己喊冤，但安重诲不予理睬。安重诲这样做，在下认为很不聪明。除非后唐有能力吞掉或更换吴越政权，否则如此打压一个长期的模范藩属国，对后唐有害无益。】

第二天，安重诲重新上路，继续前往蜀地。等他一离开凤翔，觉得报仇时机已到的朱弘昭，马上在背后下了黑手。

一方面，朱弘昭上书朝廷："安重诲对朝廷充满了怨恨，对陛下您也是恶言诽谤，说的那些话我都不忍心听。我认为不能让他去前方行营，否则他很可能从石敬瑭手中夺走兵权，天知道会干出什么事儿来！"

另一方面，朱弘昭派人送急信给石敬瑭："安重诲要到你那里劳军，我看他现在举止疯狂，做事已经不顾后果，如果让他到达前线，恐怕会军心大乱，不战自溃。你应该迅速派人隔断道路，阻止他前进，你和你的军队才能确保平安。"

却说就在安重诲自请督战离开洛阳以来，对后唐方面来说，蜀地的战况正在进一步恶化。

由于受赵廷隐阻挡，石敬瑭被堵在剑门关，无法前进一步，遂州（今四川省遂宁市）解围的希望完全破灭。不知夏鲁奇这时是否后悔当初在中都救下赵廷隐，他没看错，赵廷隐的确有良将潜质，只是他没想到，正是这员良将使他失去了得救的希望。长兴二年（931）正月十一日，在被围困了三个多月后，遂州弹尽粮绝，终被攻破，夏鲁奇自刎殉国。安重诲安排在蜀中最有分量的一枚棋子就这样没了，讨伐两川，只有外合，再无里应，成功的可能性更加渺茫。

直到遂州城破三天后，石敬瑭才率军再出剑门，又一次进攻剑州，在北山扎下大营，与赵廷隐对峙。孟知祥听到这个消息，命砍下夏鲁奇的首级，送到剑州前线展示，用以打击中央军的士气。

正好夏鲁奇有两个儿子从军，此时正在石敬瑭大营中，看到对面挂出父亲的人头，不禁悲恸欲绝。泪流满面的两个儿子，立即向主帅石敬瑭请战，表示不计性命，也要把父亲的人头抢回来，好好安葬。

石敬瑭却制止了他们："孟知祥是一位忠厚长者，等这一仗打完，他一定会让你们的父亲身首合体、全尸入葬的。这不比你们把人头抢回来，使夏老将军身首异处更好吗？"石敬瑭这个判断基本正确，后来孟知祥确实让夏鲁奇全尸入土了，但仔细琢磨一下石敬瑭的这段话，其潜台词就是说：这次讨伐两川，我们肯定赢不了！否则，讨伐胜利，孟知祥被灭，如何安葬夏鲁奇与他还有什么关系？

连主帅都毫无信心，接下来的交战结果也就毫无悬念了。石敬瑭进攻剑州，与赵廷隐交战失利，再次退回剑门关。刚刚打了败仗，就接到了朱弘昭的加急密信，这让石敬瑭警觉起来：安重诲可是连李从珂都敢下手的，自然更能借口战败处理自己。石敬瑭马上按照朱弘昭的建议行事，一面给安重诲设置路障，一面紧急上书朝廷："安重诲如果到达前线，只恐军心有变。陛下最好赶快召他回京，以免出事。"

然后，石敬瑭来了个"将在外，君命有所不受"，对手下众将说：现在遂、阆二州都已经陷落，夏鲁奇、李仁矩已死，咱们的粮草供应又时断时续（安重诲出京以来，对巴蜀前线的供应已经大大加强，所谓时断时续，恐怕有相当一部分原因是石敬瑭阻拦安重诲来前线造成的），为保全这支军队，咱们应该尽快撤军，不能等待千里之外的诏书了。于是，石敬瑭的讨伐大军烧毁前线大营，放弃了剑门关，撤退北归。赵廷隐等将率两川联军追至利州，昭武节度使李彦琦不敢抵抗，弃城随石敬瑭一起跑路。

数日后，孟知祥正与赵季良在成都议事时，收到了赵廷隐关于中央军北归，已夺取剑门、利州的捷报。孟知祥看过之后，故意把眉头紧锁，做出一副苦瓜相，叹气说："朝廷的军队一天天逼近，形势越来越危险，我们如何是好？"

赵季良满不在乎地答道："朝廷军队顶多推进到绵州，然后必然逃回去！"

孟知祥："哦，何以见得？"

赵季良道："我军逸，彼军劳，一支孤军深入千里，供应不及，等粮草一尽，不逃还能干什么？"

孟知祥听罢大笑，将前方捷报递给赵季良看。随后，孟知祥任命赵廷隐为昭武留后，把守蜀口，阻止中央军再来。至此，由安重诲发起的讨伐两川的战争，基本上已经打输了。

在洛阳，因为安重诲出京，无法再行使枢密使"掌军国机要，出纳密命"的权力，所有抨击他的言论都可以不受阻挠地释放出来。朱弘昭、石敬瑭弹劾安重诲的奏疏先后到达，紧接着，奉命到西边诸藩镇调查情况的宣徽使孟汉琼西巡归来，也极力指控由于安重诲处置不当，给关中军民造成了巨大损失。

顺着舆论，李嗣源最终决定牺牲安重诲。也许这样做对安重诲不是太公平，但他走到这一天，主要是咎由自取。只要牺牲了安重诲，朝廷就可以找一个台阶，在不太伤面子的前提下，结束灾难性的两川战争，就可以恢复吴越对后唐的宗藩关系，就可以让与自己父子情深的李从珂重获自由，就可以让功臣康福安心工作，就可以让爱妻花见羞不再担惊受怕……

于是，李嗣源下诏，免去安重诲前线督战的任务，命他即刻返回。安重诲在路上，已经没有耳目向他通报朝中发生的一切，所以他完全不知道洛阳的氛围已经天翻地覆，只是在三泉看到了回撤的讨伐军，还有李嗣源命他回去的诏命，没有解释为什么。

安重诲隐隐觉得事情不妙了，顾不得追究石敬瑭的责任，急忙掉头返京。途经凤翔，安重诲本想进城与"挚友"朱弘昭见面，打听一下朝中发生了什么变故，没想到朱弘昭派士兵把守城门，禁止安重诲入城。

安重诲这才大吃一惊：很显然，如果不是自己大祸将至，怎么会发生这种事？赶紧逃亡吗？太不现实，路上被捉住的可能性极大，而且不正好被说成是"畏罪潜逃"，向天下坐实自己的罪名吗？

虽然此刻安重诲还不知道自己的具体罪名是什么，但他自问是李嗣源的忠臣，就算死，也不能死得不明不白，于是马上上马，向洛阳的方向狂奔而去。

但安重诲最终没能回到洛阳，与李嗣源见上最后一面。二月十三日，李嗣源下诏改任安重诲为护国节度使，直接去河中上任，不用回京了。看到这份诏书，看到朝中一面倒地对安重诲喊打喊杀，安重诲在朝中真正亲密的心腹赵凤站了出来，为营救提拔过自己的老长官做最后努力。赵凤求见李嗣源，恳切进言："安重诲是陛下的家臣，考察其内心，其实对陛下忠心耿耿，绝对不可能背叛。只是他做事有些粗鲁任性，不够圆滑，得罪的人太多，所以被人陷害。如果连陛下您都不能体察他的忠心，知道他的冤枉，那他的死就在眼前了！"

李嗣源没有回答，他早已认定赵凤是安重诲一党：不追究你已经是宽大，怎么可能再因为你的一句话赦免安重诲？

就在安重诲生死未卜之际，他的对头两川正在庆祝胜利。东川节度使

302

董璋打算亲往对抗朝廷讨伐军的前线犒劳两川联军，联军主将赵廷隐得知此事，秘密建议孟知祥说："董璋这个人，狡诈多端，可以与他共患难，不可与他共安乐。现在正是个好机会，可以乘他到我这里劳军，轻松将他干掉。这样，两川便可归于一统，就是进取天下也有资本了！"

孟知祥接报后，密令不许：君子不为祸先！赵廷隐只能叹气，再摆出笑脸迎接董璋入大营，一番喜庆后，又安安稳稳地送董璋离开。完了，赵廷隐发牢骚道："孟公不接受我的建议，只怕将来的灾祸会没完没了！"

在另一条战线，攻下遂州的西川大将李仁罕被孟知祥任命为峡路行营招讨使，代替病逝的张武去攻入蜀的另一处险要。在此路，唐军没有重兵，李仁罕一路势如破竹，连克忠州、万州、夔州，后唐的宁江节度使安崇阮和武泰节度使杨汉宾一起借道南平，逃回后唐境内。三峡天险，遂被孟知祥集团掌控。至此，除了孤立无援，如风中残烛的壁（今四川省通江县）、通（今四川省达州市）、开（今重庆市开州区）三州，整个巴蜀都被叛乱的两川占有。其中，西川孟知祥控制的地盘大致是东川董璋的三倍，军队数量也比董璋多，处于明显优势。

在洛阳，李嗣源开始组建消除安重诲影响力的新政府班子。他召见了李从珂，流着泪对养子说："如果让安重诲得逞心愿，你我父子哪里还有相见的日子？"随后，李从珂被任命为左卫大将军复出，不久再升任同平章事兼西都留守。

此前朝中最重要的职务枢密使按惯例是两人，分别为安重诲和范延光，但范延光被安重诲安排出任成德节度使，所以他的枢密使一职有名无实。现在安重诲被罢免，李嗣源让范延光入京，又提拔女婿、负责宫廷事务的宣徽北院使赵延寿为另一枢密使，共同主持枢密院。

有安重诲的前车之鉴，范延光与赵延寿在这个位置上干得比前任低调，绝不敢专权，一切以宫中的意见马首是瞻。这个"宫中的意见"可能是李嗣源的，可能是花见羞的，还可能是别人的。比如，宣徽北院使一职则由花见羞的心腹孟汉琼接任，从此，没了厉行节约的安重诲，孟汉琼常常以皇后、淑妃（花见羞刚刚由德妃提为淑妃）的名义，任意从国库中支取财物，根本没人敢管，李嗣源的宫廷开支开始失控。

身在河中的安重诲，听着洛阳传来的一个个对自己不利的消息，越来越惊恐。他再没有别的办法，只好上书请求李嗣源看在几十年交情的分儿上，准许自己退休，让他避开是非，躲过大难。

安重诲的请求得到了回应，闰五月三日，李嗣源下诏，让他以太子太师的名义退休养老，护国节度使一职由李嗣源的侄子李从璋接替。安重诲似乎可以安全着陆了，然而，就在当天，发生了一件严重事件。安重诲的两个儿子安崇赞、安崇绪不知何故，突然逃出洛阳，奔往河中，朝廷随后下令追捕。这肯定是有人不希望安重诲能活下去，设计补刀，只是设下这一计谋的人究竟是谁，今天已难以确认。

安崇赞兄弟逃到河中，安重诲突见二子，大惊失色："你们怎么可以到这里来？"过了片刻，安重诲一声长叹，泪如雨下："我知道，这不是那个人的意思，他也是受人摆布。我只剩下用一死来报效国家，再没什么可说的了！"然后，安重诲将两个儿子捆绑，派人携带奏章，送两个儿子回洛阳投案自首。

但是，已经太晚了。第二天，有中使（宫中派出的使者，多为宦官）来到河中，见到安重诲，便放声大哭。安重诲问他缘故，中使答道："洛阳那边都传言安令公要据城造反，所以把儿子接回。现在朝廷已派药彦稠率军西上，马上就要到了！"

安重诲苦笑："我受国家大恩，一死也不足以报答，哪里还敢反叛？现在白白地劳动朝廷兴师，又让皇上增添烦恼，我的罪更加深重了！"

当时，李嗣源又派皇城使翟光邺随药彦稠到河中，调查安重诲谋反一案，给的训令是这样的："如果安重诲真有异心，那就在河中就地正法！"

翟光邺，濮州鄄城县人，其父翟景珂本是后梁将领，在梁晋交战中阵亡。当时，年仅十岁的翟光邺也连累当了晋军俘虏。李嗣源见这个孩子聪明伶俐，便养在身边当亲随，因此，他相当于李嗣源半个养子。不知道是不是这个原因，翟光邺对安重诲打压李嗣源养子及身边人的做法非常怨恨，接此令，正好公报私仇，已经按有罪推定给安重诲判了死刑。

行至陕州（今河南省三门峡市），翟光邺遇上了去洛阳自首的安崇赞、安崇绪二人，立即将他们就地囚禁，根本不让他们有机会去洛阳。随后，翟光邺到达河中，与先行到达的李从璋会面，两人短暂密商，决定动手。他们派军队将安重海的住宅团团包围，然后由李从璋入内去见安重海。

李从璋来到庭院，倒头便拜。安重海吃了一惊，连忙从台阶上奔下来，一边叩头回礼，一边惶恐地道："太傅为何行此大礼？"没等安重海低下的头重新抬起来，李从璋忽然取出随身携带的铁锤，照着安重海的后脑猛砸了下去！

砰的一声，鲜血四溅，安重海应声而倒。事发突然，安重海的妻子张氏惊叫着，扑上来抱住丈夫，悲泣道："令公反正都要死，你们何必下手如此之快？"话音刚落，李从璋又一锤砸来，击碎了张氏的头颅。这对恩爱的夫妇一同上路了，黄泉道上，奈何桥头，该不会寂寞了吧？

这还没有完，李从璋又让人剥光安重海夫妇的衣服，让两个人毫无尊严地裸尸示众，血流盈庭。随后，李从璋、翟光邺抄没了安重海的家产。出人意料的是，这位曾权倾一时，让无数人恐惧，被无数人讨好的重臣，全部身家也不过数千贯，远没有大家想象中的豪富。

安重海就是这样一个多面的、复杂的、无法用简单的好与坏来定义的人。和后唐上一个权倾天下的重臣郭崇韬相比，安重海的才干不及，忠诚相当，廉洁过之。尽管他们侍奉的主君不同，总体来说，李嗣源远比李存勖宽厚，可郭崇韬和安重海还是成了碎头之交。

安重海自有他的取死之道，但这只是安重海的责任吗？李嗣源与赵凤那一段关于金书铁券的对话，言犹在耳："只要帝王心中存有大信，其实没必要将它刻在金石之上。"也许天下事就是如此，知易行难，夫复何言？

长兴二年（931）闰五月十二日，安重海被杀的第二天，李嗣源发布诏书，向天下公布了安重海的三项罪行。其中有些罪状是真的，但被夸大，有些是真的没有，但也被罗织了进去：制造事端，破坏孟知祥、董璋、钱镠与朝廷原有的良好关系；以伐吴为名，暗中集结军队，欲图不轨；派心腹侍卫秘密接两个儿子去河中，为谋反做准备。

然后，安崇赞与安崇绪在陕州被处决。后唐在安重海时期制定的内外政策将迎来大改，是会变得好一些，还是更坏一些？一切还隐藏在深深的未知之后。

鸡踪桥之战

李嗣源高调公布安重海的罪行，不仅仅是要证明安重海其罪当死，更是为了推卸朝廷所犯一些错误的责任，让老朋友不白死。所以作为相应措施，李嗣源先是释放了被扣押的吴越国人员，派监门上将军张镈到杭州传旨，恢复钱镠的天下兵马都元帅、尚父、吴越国王等官爵，并且说，当初那道让你解职退休的诏令，是安重海假传圣旨，根本不是天子的意思。

吴越的事处理完，李嗣源又将原本被扣押的西川进奏官苏愿、东川将领刘澄各自放还本镇，让他们告知孟知祥和董璋，此前是安重海专权，欺上瞒下，擅自发动大军对你们的讨伐。但是现在真相已然大白，罪魁祸首安重海已被处决，朝廷对你们误会也解除了。

另外，虽然孟知祥的妻子琼华公主，侧室李氏，儿子孟仁赞很早就到了成都，但作为一个大家族，孟知祥仍有不少亲戚留在洛阳。不知道是什么原因，也许是李嗣源打过招呼，为将来和解留下余地吧，在两川讨伐期间，孟知祥的这些亲属全都安然无恙，没有受到牵连。到此时，李嗣源也让他们向孟知祥报平安，表示自己一直期待孟知祥停战称藩的诚意。

得知洛阳的家人平安无事，且入蜀的剑门、夔门两大险要都已在自己掌握之中，两川割据已成事实，想要的好处都拿到了，李嗣源又给了这么大一个台阶，孟知祥也想见好就收，毕竟以两川实力，与中央长期对立不是什么好事。于是孟知祥写信给董璋：事情已经过去，罪魁祸首安重海已死，要不我们一起上书朝廷，请求赦罪如何？

可是，董璋和孟知祥不一样，他的儿子董光业一家在洛阳被满门抄斩了。而且，在两川反叛过程中，他获得的地盘、捞到的好处远没有孟知祥多。大家都是节度使，都一起造的反，凭什么人比人还要气死人？

于是，董璋勃然大怒，发狠道："孟公的家人都没有事，当然可以重新归附朝廷，我董璋已经被灭族，还请求什么赦罪？怎么赦？难道赦了罪，我儿子还能活过来？而且诏书都是发给苏愿的，刘澄哪里知道详情？你们是串通一气，把我当傻瓜吗？"

于是，后唐与两川联盟的战火还没有完全熄灭，两川的关系就迅速恶化。董璋派人堵塞了绵州的关卡，禁止西川的人员通过：我不和朝廷讲和，你们也别想！

孟知祥见事情闹到这一步，也没指望董璋和自己统一行动，反正剑门虽然一时走不通，可夔门还在我手上，便与赵季良等人商量，派使者出三峡，借道南平前往洛阳，实现与朝廷的单独和解。

掌书记李昊（当初帮王衍起草降表的那位仁兄）建议说："我们和东川毕竟还是同盟，这件事如果不先和董璋协商而独自行动，那么背信毁约的罪名，就会完全落在我们头上。"于是，孟知祥又派了第二拨使者去东川，劝说董璋一同归附朝廷，结果也不出所料，再次被董璋严词拒绝。不过，孟知祥仁至义尽的形象树立起来了。

这时，蜀地还有壁、通、开三州在为后唐朝廷坚守，虽然不算什么大患，但总让人看着不舒服，如果等与朝廷的和解达成，就不好找理由再出兵攻取了。于是，赵季良建议赶快出兵，在和解达成前先把它们拿下。

可李昊又反对说："朝廷把苏愿放回来，我们还没有谢恩，却又马上出兵攻取朝廷的地盘，这不合适吧？如果孟公不在乎洛阳家人的死活，那大可以出兵汉中，杀往中原，打一个小小的壁州，哪里显得出英雄气慨？"于是，孟知祥叫停了赵季良的计划。赵季良则因为李昊屡屡唱自己的反调，越来越反感这位前蜀降臣。

孟知祥又派了两拨使者去梓州，任务还是与前两次一样，劝说董璋罢兵，一起归附中央。第三位使者提醒董璋：朝廷已经给足了我们面子，我们如果不见好就收，让朝廷下不来台，不得不再兴大兵来讨伐，那可怎么办？董璋不屑一顾：吓唬谁呢？难道朝廷的讨伐军没来过？最后一次派去的使者正是李昊（不知道这是不是赵季良的主意），董璋都不让他开口，一见面就破口大骂，把李昊给喷回来。李昊只好回来报告："董璋根本不听我说话，而且他已经在准备图谋西川，我们必须严加防备。"

董璋确实已经认定两川同盟不可能再维系。本着先下手为强，后下手遭殃的认知，董璋认为，与其等着孟知祥败盟，不如由自己先行撕毁盟约，主动出兵，袭取成都。虽然孟知祥的兵力明显比他强大，但孟知祥控制的地盘也比他大多了，军队分散驻防于各地，只要集中东川之兵直取成都，还是很容易取得局部兵力优势的。

长兴三年（932）四月，董璋准备得差不多了。他召集东川众将，公布了自己袭击成都的作战计划，让将军们讨论通过。东川众将一听，原来是领导已经决定的事，咱们要是唱反调就是太不给领导面子了，何况咱们的领导是出了名的暴脾气。于是，众将纷纷赞成，认为此次作战计划周密，部署得当，一定可以旗开得胜。

然而，少数唱反调分子还是出现了，担任过陵州刺史的将领王晖反对说："第一，剑南万里之地，最强的藩镇就是成都，不是我们梓州；第二，现在正值盛夏，天气炎热，不利于用兵；第三，孟知祥没做对不起我们的事，我们却率先背盟，师出无名。这样无视天时、地利、人和的战争，我赌大帅一定成功不了！"

董璋很不高兴，但他非常自负：好吧，咱们就打个赌，等我凯旋，看你还有什么话好说！

然后，董璋集中所有精锐部队，大举出师，杀向成都。

在出兵成都之前，董璋认为，要袭取成都，最大的障碍是孟知祥手下的两个"赵"——文有赵季良，武有赵廷隐（在两川翻脸前，赵廷隐已返回成都，驻防利州的昭武留后一职改由大将李肇担任，原西川第一大将李仁罕则驻防在遂州）。为了克服这两个障碍，董璋假意派人送信给赵季良与赵廷隐，信中内容让人感觉两赵好像早就是董璋的卧底，这次就是约定何时倒戈，然后让送信人"一不小心"，误送到它们不该到的地方。

孟知祥就这样收到了这两封密信。他召来即将率军出征的赵廷隐，将信递过去。赵廷隐看也不看，直接将信扔在地上："这不过就是董璋的反间计，想让孟公杀掉我和赵季良罢了！"孟知祥笑了："我也是这么想的。"于是，董璋的计谋没有奏效，赵廷隐仍旧担任行营马步军都部署，统领三万西川大军，迎击东川之师。

这时，因为剑门被阻，昭武镇成为孟知祥集团的一块飞地，董璋认为有机可乘，便送信给利州的李肇，劝他站在自己一边，至少不要在交战时夹击自己后方。李肇拆开信瞪了半天，一个字也不认识，便瞎猜道："这定是董璋叫我当叛徒！"于是，他下令将董璋的使节抓起来，囚于牢中。不过，目前情况不明，如果现在就把骰子投下去，万一董璋赢了，那就麻烦了。所以李肇下令按兵不动，坐观成败，等主公孟知祥与董璋分出高下，再决定站哪边。

与此同时，后唐的山南西道节度使王思同得知两川开战的消息，马上把这一情况上报朝廷。枢密使范延光建议："如果我们坐视不理，一旦两川一统，胜者取得蜀地全部资源，然后安抚军民，据守险要，我们再想收回蜀地就更加困难了。现在他们败盟互斗，正是最好的机会，应该乘他们相持不下，打得难解难分之时，再次出兵。"

李嗣源同意这个观点，于是暂停了与西川的和解进程。无奈石敬瑭的讨伐大军已经解散，要重新集结军队需要时间，李嗣源只得密令王思同悄悄集结军队，密切注视蜀地动向，如果条件确实有利，就马上出兵南下。

那么，对后唐朝廷有利的条件会不会出现呢？

四月底，董璋大军进入西川境界，在汉州东面的白杨林镇取得首次胜利，生擒驻防西川的将领武弘礼，一时间，东川军士气高涨，声势颇大。孟知祥有些担心，赶紧与赵季良、赵廷隐商议最新军情。

赵季良说："董璋这个人作战虽然勇猛，但待下无恩，士卒很难和他一条心。他如果固守坚城，倒是不容易攻克，决战野外，那就是让人活捉的材料。现在他不窝在老巢，跑出来自投罗网，其实对咱们有利。而且董璋用兵，向来是把所有精锐都压在第一线，所以开头很猛，但没有后劲。我们可以用老弱引诱他追击，用精兵设伏于后，必能取胜。如果担心前方一时顶不住，孟公可亲自出征，稳定人心。"

赵廷隐也表示："董璋轻率无谋，没什么可怕的，这次我一定替您把他抓来！"

五月一日，董璋又在汉州东南的赤水击败西川军队，随后攻克汉州，逼近成都。赵廷隐率军在汉州与成都之间的弥牟镇驻防，堵住东川军前进的大道。孟知祥担心前线有失，于五月二日亲率八千人马赶到弥牟镇，与赵廷隐会师。当日，孟知祥派以前俘虏的东川降卒，携带亲笔书信给董璋，劝董璋罢兵和好。董璋不听，道："势已及此，不可悔也！"

五月三日黎明前，孟知祥、赵廷隐乘夜调整了部署。赵廷隐率前锋北进五里到鸡踪桥（或称金雁桥）列阵，挨着董璋大营的边，做出挑衅的姿态，引诱东川军来攻。在赵廷隐阵地后有一座小山，小山后面有大将张公铎率精兵潜伏。孟知祥则出弥牟镇北列阵，与鸡踪桥的赵廷隐部呈掎角之势。

等太阳出来，董璋发现西川军突然出现在眼前，距离很近，且人数众多，心有忌惮，命大军先后撤至武侯庙，拉开安全距离。但董璋的亲兵因为最近连打了两次胜仗，正是骄狂：应该是敌人怕我们，哪有我们怕敌人的道理？天气又很炎热，他们便纷纷向董璋请求："我们难道是来晒太阳的吗？为什么不早早决战？"董璋见士气可用，又改了主意，立刻上马，指挥大军对赵廷隐的鸡踪桥阵地发起攻击。

两军刚刚交战，不知什么原因，东川的右厢马步都指挥使张守进就脱离阵列，突然奔来向孟知祥投降。然后，张守进仿佛跟原领导有深仇大恨似的，对孟知祥说："董璋的精兵全在这里了，再没有后续部队，只要力战打败这支军队，董璋就完了！"

看来赵季良说董璋"待下无恩"真不是虚言啊！孟知祥信心大增，率军向前移动，支援赵廷隐。

不过，张守进的倒戈并没有在第一时间影响到战局，倒是他关于进攻的董璋军队全是精锐的说法，很快得到了实证。董璋先对布阵于鸡踪桥前方的赵廷隐发起猛攻，激战中，赵廷隐部顶不住东川军的压力，只得让开了鸡踪桥的正面阵地，向一侧稍稍撤退，露出大道。

大道前方是正赶来的孟知祥本部。相比于赵廷隐，孟知祥的大旗自然更像斗牛士手中的红布：只要拿下孟知祥，这次战争基本上就打赢了！于是，董璋仿佛红了眼的公牛，先不管后撤的赵廷隐，掉了个头，直向孟知祥本部杀来。孟知祥登上鸡踪桥后的小山，命部将毛重威和李瑭马上占据桥头，顶住东川军队的攻击，但董璋的进攻势头很猛，像高压水枪冲开沙堆。西川军伤亡惨重，毛重威、李瑭二将先后战死，东川军冲上了桥头，直逼孟知祥本阵。

好在桥面狭窄，牙内都指挥副使侯弘宝率军迎上去，利用东川军无法展开兵力的有利地形，总算把董璋的军队堵在了桥上。这时，撤至一旁的赵廷隐重新整顿了军队，他的损失不算大，见孟知祥的正面压力巨大，便立即从侧面发起到反攻，牵制其对鸡踪桥主阵地的进攻。于是，主战场再次发生了转移，董璋不得不暂停对鸡踪桥主阵地的攻击，将东川军主力再次掉头，迎战赵廷隐。

炎炎夏日，两军士卒拼死搏杀。赵廷隐的第一次反攻被董璋打退，马上不停歇地又组织了第二次反攻、第三次反攻，但仍然不敌董璋部众的精悍，均告失败。三次反攻后，赵廷隐部损失过大，失去了再反攻的能力，只能后撤。董璋的损失同样不轻，但他决心一鼓作气拿下孟知祥再收兵。于是，东川军第三次调整了主攻方向，再次杀向鸡踪桥。侯弘宝顶不住东川军的攻击，开始后退，董璋的军队终于完全占领了桥面，马上就要杀到孟知祥面前了。

但是，经过整整一个早上的战斗，已经到了一天中最炎热的时候，每一套盔甲的内部都是一个小型温室，加上剧烈的战斗，双方将士挥汗如雨，体力消耗已十分巨大。董璋的精锐亲兵此时也快接近承受的极限了。但是有一支军队例外，他们就是被孟知祥、赵廷隐当作预备队隐蔽在小山后面树林中的张公铎部。整个早上，他们一直在阴凉处休息，此时体力充沛，锐气正盛。

孟知祥看到董璋的军队马上要杀到面前，忙用马鞭向后阵遥指，发出信号，张公铎的预备队终于从小山后杀出，投入了战斗。筋疲力尽的董璋亲兵突然遭到预料之外的猛击，战局顷刻间发生了逆转，东川军被完全击溃，在鸡踪桥两侧甩下了数千具尸体，八十多名将领被西川军俘虏，其中包括董璋的一个儿子董光演。没有布置预备队的董璋亲眼看着自己的军队在最接近胜利的那一刻一败涂地，先是目瞪口呆，继而捶胸大恸："亲兵都死完了，我还能靠谁？"然后，他在数十名骑兵的保护下，抛下军队，独自逃生。

董璋逃走后，还留在战场上的七千多名东川士卒丧失了斗志，全部投降。孟知祥乘胜收复汉州，东川留在汉州的守军投降。赵廷隐则继续追击，在赤水又招降了东川士卒三千余人，然后稍稍休整，再向梓州前进。

五月四日，董璋一路狂奔，逃回梓州。王晖出来迎接，看着董璋的狼狈样，禁不住语带讥讽地问道："太尉大人，您不是带着全部精兵出征了吗？怎么就带着这几个人凯旋啊？"这问题怎么回答？董璋没有袁绍杀田丰的威猛，大概大败而归，威信全无的他也做不到了吧？董璋只是哭得满脸是泪，什么话也说不出来。

董璋拖着又累又饿的躯体回到家，打算先填饱肚子，再商议下一步是坚守还是逃亡。但他没想到，他已经不用再为下一步怎么做烦恼了，他现在吃的就是此生最后一顿饭。王晖看到董璋的样子，认定他肯定是没救了，就说服了董璋的侄儿，负责保卫节度使衙门安全的牙内都虞候董延浩，两人拉起三百名卫兵，就在城内造了董璋的反，直冲董璋的私宅。

听到喊杀声，董璋急忙扔下碗筷，带着妻儿从后门出逃。逃跑途中，董璋预料自己无法逃脱，便命最后一个儿子董光嗣去投降。运气好的话，说不定还能为董家留下一脉。董光嗣大哭："自古岂有看着父亲去死，而自己苟且偷生的儿子？我宁愿同死！"言罢，董光嗣自杀身亡。

董璋顾不得悲伤，好不容易逃上了梓州城的北门城楼，急召守将潘稠来见，命他立即调兵平定叛乱。问题是，现在董璋的命令还有多大效力？潘稠带着十名士兵登上门楼，假意接受命令，等一靠近董璋，突然挥手一刀，将这位节度使砍死。叱咤蜀地的董璋，在完美完成了给孟知祥做嫁衣

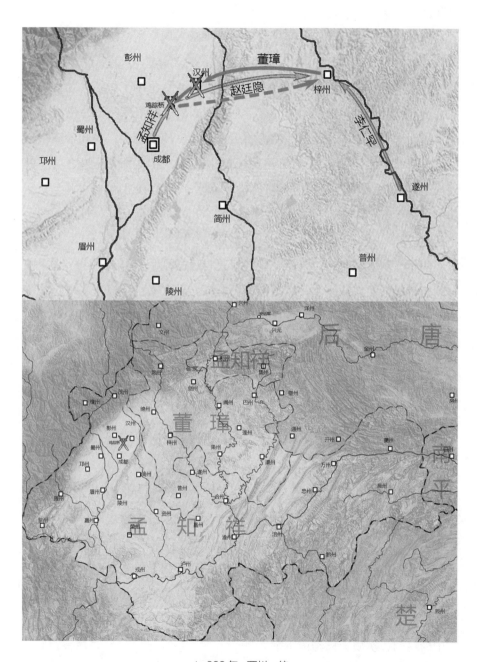

▲ 932 年，两川一统

的历史使命后，就这样完蛋了，潘稠将他的人头送给王晖，两人一拍即合，投降西川。

随后，王晖大开城门，迎接赵廷隐的军队入城，顺便献上董璋和董光嗣的首级。赵廷隐入城，西川军秋毫无犯，封闭仓库，等待孟知祥前来。两川战争结束得如此之快，董璋覆灭得如此之速，出乎了包括孟知祥在内几乎所有人的预料。李肇闻知此事，赶紧把囚禁中的董璋使节处死。

孟知祥手下原本排位第一的大将，武信节度使李仁罕，得知董璋兴师进攻成都，就集结军队从遂州发兵，攻向梓州，想收围魏救赵之功。但他没想到董璋太不争气，这么快就输干净了，都没有留给他一丁点儿立功的机会。李仁罕来到梓州城下，遇不到东川军的任何反抗，迎接他的是赵廷隐。

两年前围攻夏鲁奇时，赵廷隐还只是自己的副手，可接下来，这个姓赵的先是担任两川联军主将，打败了石敬瑭，现在又拿下梓州，平定了东川，其威名、声望已经把自己压倒。看样子，东川节度使这个蜀中第二人的位置，也要落到他手里了！想到此，再看着赵廷隐脸上那掩饰不住的得意，白跑了一趟的李仁罕，禁不住羡慕嫉妒恨，不但不祝贺同事的胜利，反而对这位曾经的副将大加讥讽：这么一大只死耗子，怎么就被你这只瞎猫撞见啦？

赵廷隐也大怒：你以为和董璋这一战赢得容易吗？战功都是用命拼来的，不像某些人只是捏了几个软柿子。

已经来到梓州的孟知祥，见到自己最重要的两员大将因功结仇，很是忧心，经过一番私下筹划，孟知祥接受李昊与赵季良的建议（难得他们两人意见一致），自己兼任东川节度使，避免李仁罕看见赵廷隐高升而眼红。他还恢复保宁镇，并增补了果、蓬、渠、开四个州，以赵廷隐为保宁节度使，褒赏其功绩。李仁罕仍任武信节度使，让二将名位相当，矛盾不要恶化。至此，蜀地基本上为孟知祥独占，虽然他还没有正式称帝建国，但十国中的后蜀，实质上已经成形。

洛阳因为比遂州、利州离战场更远，反应也就更为延后。等李嗣源让王思同秘密集结军队，相机南下的诏书送到兴元（今陕西省汉中市），两川已经合二为一，黄花菜凉透了。好在是没有公开的密诏，后唐政府不用花太大工夫给自己找新台阶，重新启动和解进程便可。

枢密使范延光一改之前趁火打劫的态度，提出一段自我安慰的建议："孟知祥虽然已经据有全蜀，但他的军队多是中原人，孟知祥担心他们思乡闹事，一定需要借助朝廷之威来安定人心。陛下如果不能委屈自己来安抚他，会让他失去改过自新的机会。"

李嗣源好像忘记自己之前对两川开战的看法，突然想起了友情："孟知祥嘛，是我的老朋友了！之前是受到安重诲、董璋这些奸人的挑拨离间才产生误会，如今奸人已死，重新和好，正是我的心愿，哪里来的委屈？"

于是，为显诚意，后唐特别派遣供奉官李存瓌携带诏书前往成都安抚孟知祥。李存瓌，本是李存勖叔父李克宁的儿子，也是孟知祥的外甥。是的，当初那位怂恿李克宁从侄子手中夺权，结果把丈夫送上不归路的孟夫人，正是孟知祥的姐姐。

李存瓌带来的诏书中，李嗣源把以前巴蜀抗命的罪责全部推给董璋，主动替孟知祥洗白："董璋狐狸心性，狼子野心，自取族灭，死不足惜！而卿在中原的祖坟、家人一直平安无事，不用担心。明白朕的心意，爱卿正当好好保全孟家世代忠良的美名（孟家什么时候是世代忠良？），守护住君臣之大节。"得了便宜的孟知祥自然是比董璋好说话，在成都隆重接待了外甥，恭恭敬敬地跪接了诏书，于是战争结束，和解成功，巴蜀在名义上重归后唐版图，表面上皆大欢喜。

一地鸡毛

话说就在这次巴蜀战争发起和进行期间，南方有两位重要人物先后离世，引起了不同的后续，值得回头说一说。

天成四年（929）时，楚王马殷已经七十七岁，精力严重衰退，不得不将楚国的日常政务移交给儿子。马殷有三十多个儿子，其中嫡长子叫马希振，从史书的记载来看，马希振似乎是个挺不错的人物，为人谦和，工于诗文，颇有贤名。不过马殷在考虑继承人时，并不按照儒家礼法来，早早就将理应最优先的马希振排除在外。原因据说是马殷身上有很多成功男士的通病：好色，并且爱屋及乌。在马殷的后妃中，据说以袁德妃相貌最美，最受宠爱，她所生的老二马希声因此脱颖而出，成为马殷指定的继承人。

马希声接手日常政务后，准备对老爸提拔的元老旧臣进行一番打击，也好腾出空间安排自己的人上位。他首先要对付的，正是辅佐马殷制定重商政策，使湖南经济获得大发展的经济专家高郁。

之前，马希声的三弟马希范出使洛阳，中了李存勖的反间计，回来后马希声和马希范兄弟都认定高郁必是马家的威胁，多次劝父亲疏远高郁。可李存勖的计谋骗得了两位"小马"，骗不了马殷，马殷当作没听见，此事便不了了之。等马希声掌了权，情况又不同了，他屡次在马殷面前抨击高郁种种捕风捉影的罪行，请求将他罢免治罪。马殷当然还是不同意："帮助我建下这份基业的，多是高郁的功勋，你以后别再说这种话。"但马希声不肯罢手。

反正我与高郁不能共事，即使不将他治罪，至少也要罢去他的兵权，否则我当不了这个继承人。

看着爱子与功臣势不两立，马殷最后还是爱儿子胜过功臣，满足马希声的要求，同意解除高郁的军权。这回该没事了吧？不想高郁被贬官，心中愤懑，忍不住对身边人发了一句牢骚："你们快修一修西山上的别墅，我马上要退休养老。小狗刚长大，就学会咬人了！"这句话传到马希声的耳朵里，惹得这位中年纨绔（这一年马希声三十一岁）勃然大怒。第二天，马希声假传楚王令，将高郁在其办公地点以谋反罪处死，然后全城搜捕，尽杀高郁的亲戚朋友，恐怖的气氛一直持续到天黑。

据说当天大雾弥漫，持久不散，马殷心里不安，对左右说："我以前追随孙儒，每当他滥杀无辜时，常有异象出现，今天这雾不寻常，难道又有人冤死？"

次日，马希声才将诛杀高郁一事上报。马殷听罢，捶胸大哭："我真是老糊涂了，政事都做不了主，让我的功臣老友遭此横祸！"

既而，他泣对左右："我还能在这个位子上坐下去吗？"

马殷虽然把话说得这样重，但他并没有为此事哪怕是象征性地惩罚一下行凶杀人的儿子。可能马殷认为高郁已经死了，处罚儿子也不能复活，而马希声不久将接班为湖南之主，不能损害他的威信，只能将错就错吧？高郁便只能白死了。毕竟马殷得子较晚，对儿子们的溺爱与纵容都养成习惯了。

马殷病倒了，他遣使至洛阳，表示将传位给儿子马希声，请求后唐批准。长兴元年（930）十一月（石敬瑭讨伐军攻克剑门那个月），马殷病逝，享年七十八岁。他留下了一道很不明智的遗命：楚王之位从老二马希声开始，由儿子们兄终弟及。他还在祠堂悬了一把剑为誓："不遵遗命的，斩！"

关于马殷，还有些逸闻。后唐得知马殷逝世，赠其谥号为"武穆王"，因为后来又出个特别有名的武穆王，所以提到武穆，几乎没人会想到马殷。史书明确记载，马殷的陵墓位于衡阳城外的上潢水一侧，但后来湖南民间都谣传马殷葬在长沙东郊五里碑附近，并因此将那个地方取名为"马王堆"，直到一千多年后的一次考古发掘，证明那是一座汉墓，与马殷毫无关系。

一辈子基本上没做过什么好事的马希声顺利接班，成为第二代楚王。当上一国之主，这当然是一件很让人高兴的事，马希声很难强迫自己做出难过的样子，在丧期他想吃就吃，想喝就喝，想作乐就作乐。马希声很在乎舌尖上的享受，他特别喜欢吃鸡，为此吩咐厨房每天给他杀五十只鸡做菜。不知道他怎么吃得下五十只，胃口真不错。

即使对于楚国之主，每天五十只鸡也是一种奢侈，而且是在给先王服丧期间，按礼法应该只能吃素。就在给马殷下葬的那一天，马希声先大快朵颐，将数盘鸡肉吞下肚，才带着满足感出来主持仪式。

大臣潘起忍不住嘲讽说："从前竹林七贤的阮籍居丧期间吃蒸猪，今观大王的风度，真是哪个时代都有'贤人'啊！"

除了喜欢吃，马希声对各种珠宝也很感兴趣。曾有一个海外来的巨商，带了一批号称价值百万的奇珍异宝，途经楚国。马希声听说此事，想把这批珠宝买下，就派人和那个商人谈价钱。但那个商人大概认为到洛阳可以卖个更好的价钱，所以不卖。马希声大怒，于是派军队伪装成土匪，袭击了商队，将这个商人杀死，将他的珠宝全部抢走。

以前马殷、高郁治理楚国的基本理念之一就是重商主义，吸引四面八方的商人，推动物流，推高经济，发展民生。如今在马希声治下发生了如此恶劣的事件，楚国原本那个商业天堂的形象渐渐暗淡。

不知道是动辄杀人的暴脾气不利于身心健康，还是暴饮暴食的习惯导致"三高"，马希声的寿命远不及他的父亲。长兴二年（931）七月（孟知祥击灭董璋后两个月），"美食家"马希声就死了，后唐追赠"衡阳王"，终年三十四岁，在位仅一年零八个月。之后，按照马殷的遗命，老三马希范继位，成为第三代楚王。

马希声死前四个月，差不多就是董璋与孟知祥翻脸之时，刚刚获得后唐方面平反的吴越王钱镠，也走向了人生尽头。三月二十二日，钱镠在病榻上召见了吴越的文武将吏，对他们说："我的病肯定是好不了了，几个儿子又都愚昧懦弱，恐怕不足以担当大事。我死之后，究竟让谁继位，就由你们来决定吧！"

钱镠的话虽然说得如此民主，但在场众人都很清楚，其实老吴越王选好了继承人。此时吴越国共有十二个州府，划分成三个藩镇，从大到小分别是镇东镇（包括越、明、台、温、处、婺、衢七州）、镇海镇（包括杭、睦、湖三州与开元府）、中吴镇（只有一个苏州）。早在四年前，钱镠便召诸子开了一次家庭会议，让他们各自言功，看看谁的功劳最大。结果，在五子钱传懿、六子钱传璙、十五子钱传璟的共同推荐下，曾充当过田頵的人质，取得过狼山江大捷的第七子钱传瓘得到钱家众兄弟的认可，认为是众兄弟中最优秀的人物。

钱镠见诸子已经心服，便顺势上书后唐，请求任命钱传瓘为镇海、镇东两镇节度使，也就是把吴越国超过九成的地盘都交给了这个儿子管辖，使其地位一枝独秀，远远超出了众兄弟（剩下的兄弟中只有钱传璙任中吴节度使，管辖一州，其余如清海节度使钱传懿、宁国节度使钱传璟等，均是没有辖地的虚领）。

于是，都还长着眼睛的吴越众臣，一起流着泪，毫无悬念地行使了他们的投票权："两镇令公（钱传瓘除身兼两镇节度使，还是后唐任命的权中书令）既仁爱，又孝顺，还立有大功，由他来继位，谁不爱戴？"

成功让百官宣誓向新主效忠，钱镠放心地将权力移交给了钱传瓘，对他说："你能继位，是因为众人的推举，你要好好守住这份基业，不要辜负他们的期待。"然后，钱镠又留下一道遗言："今后钱家子孙，都要谨慎小心地臣事中原。千万不能因为中原改朝换代，帝王易姓，就忘记了以小事大的本分！"

六天后，一代英豪，吴越武肃王钱镠无所遗憾地病逝，担任集团首领四十年，在王位二十八年，享年八十岁，在五代十国全部君主的长寿排行榜中名列第一。

如果说在治国治军方面，钱镠与马殷各有所长，都算得上英主，那么在选择和培养继承人，实现权力的平稳过渡方面，钱镠比马殷强得多。

在钱镠死后，钱传瓘表现极为哀伤，一连四天不进饮食，最后在左右的反复劝说下，才勉强喝了点儿稀粥。就算我们以小人之心度测钱传瓘就是在做样子，但那也证明他有足够的理性和自制力，知道自己该做什么，并且让自己做到位，远远强过楚国那位"美食家"。

钱传瓘继位后，改名钱元瓘，同时兄弟们名字中间的那个"传"字也一律改为"元"字，原因不详。随后，钱元瓘宣布先王遗命：一、取消帝王礼仪，恢复节度使的仪制；二、取消民间荒田及绝户人家的税负；三、设置"择能院"以选拔人才，吸纳新人入政府。

钱镠晚年时，身边统领亲军的两个内牙指挥使陆仁章、刘仁杞很受重用，权势颇重。陆仁章为人强悍霸道，刘仁杞则喜欢打别人的小报告，都得罪了不少人，只是众臣见二人得到钱镠宠信，只好忍气吞声。钱元瓘继位后不久，众将领突然聚集在一起，联名指控陆仁章、刘仁杞的罪行，请求新王将二人论罪处死（在下怀疑这件事是钱元瓘暗中策划的）。

钱元瓘对请愿众将说："陆仁章、刘仁杞侍奉先王的时间很久了，我正想奖励他们的功绩，你们却为了一些私人恩怨要他俩的性命，这样做可以吗？我既然是你们的新王，你们就应该听我的命令，不然，我只好回临安老家，让开贤才的上进之路。"众将听罢，惶恐而退。

不过呢，陆、刘两位将军，你们也看见了，好多人想要你们的命，你们继续留在杭州统领亲卫禁军，恐怕不太安全。钱元瓘顺势解除了陆、刘两个老资格的内牙指挥使之职，改任陆仁章为衢州刺史，刘仁杞为湖州刺史。就这样，钱元瓘收回了亲卫禁军的控制权，让被释兵权的两位老将对自己感恩不尽，还塑造了自己宽大仁义的好形象，在吴越国内创造了君臣和睦的良好氛围，一举多得。

想想杀害高郁的马希声，都是"二代"，人和人之间的差距怎么能这么大呢？不过，老拿钱元瓘来对比马希声有点不太公平，毕竟各国在这些年先后走进历史的"二代"中，像钱元瓘者少，像马希声者多。比如在八闽之地，已经更替的两任闽王，一任更比一任糟。

同光三年十二月（郭崇韬、朱友谦被杀前一个月），接替兄长王潮，执掌闽地二十八年的老闽王王审知病逝了，享年六十三岁，后唐赠谥他为"忠懿王"，以表彰其功绩，同意其子王延翰继承威武节度使之职。

在主政闽地期间，忠懿王王审知基本延续了兄长王潮的执政方略：在内政上轻徭薄赋，减省刑法，与民休息，收留和优待逃难来的中原士人（如唐昭宗李晔的忠臣韩偓，最后就是在闽国终老），促进闽地的文化发展；在外交方面臣事中原，与吴越和南汉联姻，较少参与不必要的战事，制造和平环境，尽可能实现睦邻友好；在经济上继续支持扩大海外贸易，招揽胡商，使闽国成为当时重要的国际商品交易中心。

通过海外贸易，闽国有了庞大的商船队，每年派船队泛海至山东的登州、莱州，送些金银、象牙、犀角、珍珠、香料等海外奇货到中原王朝进贡，好赢得中原王朝的承认和支持。即使在这些进贡活动中常常遭遇台风，发生海难，也从未暂停。

尽管由于商业较发达，闽国多的是高档奢侈品，但王审知本人十分节俭，甚至可以说抠门。比如，他的衣服穿破了，竟然就拿些酒库的废旧包装袋来打补丁。也有人劝王审知，说中原王朝虽然强大，但毕竟距离遥远，用不着怕他们，不如断绝来往，建国称尊。王审知不同意："我宁可打开门当个节度使，也不会去做个关起门来的天子！"在王审知明智而低调的治理下，闽地百姓基本上都能安居乐业，过上平静的生活。不过这一切的平静，随着王审知的去世，也就告一段落了，因为他的继承人王延翰可是一个远比父亲有追求的人。

据记载，王审知至少有十一个儿子和一个养子，王延翰在亲子中排行第一，所以他的继位很顺利，没什么争议。如果只看第一印象，王延翰好像是个很优秀的人，他出身好，是继承大业的大王子；相貌好，"美皙如玉"；学问好，"好读书，通经史"，又因为有学问，所以极有主见，绝不以老父的是非为是非。

王延翰继位的第二个月，随着郭崇韬、朱友谦被杀，中原大乱，又过了两个月，授予他威武节度使头衔的后唐天子李存勖丧命于绛霄殿，李嗣源摇身变成了新天子。这些剧烈的变化让王延翰在吃惊之余，不由得也把宗主国后唐王朝看扁了：所谓中原大国，也不过如此嘛！

天成元年（926）十月的一天，精通经史的王延翰召集群臣，给他们上了一堂历史课，他搬出了《史记·东越列传》中关于闽越国的记载，对群臣说："闽地自古以来就是独立王国，我今天不称王建国，还等什么？"于是，诸臣联名劝进，王延翰便自号大闽国王，兴建皇宫宝殿，一切礼仪仿照天子之制，不过在口头称谓上稍微低调，只称"殿下"，不称"陛下"。

之前王审知也是闽王，但那是中原王朝封的，在名义上只是中原的藩属。王延翰宣布建立闽国，虽然他没有称帝，但闽国已是独立国家，不算后唐的藩属国了。于是，王延翰不再承认后唐赐给王审知的"忠懿王"谥号，改谥父亲为"昭武王"。

按马斯洛需要层次论，人必然先满足生理、安全等较低层次的需求，才会去追求爱、受尊重等中层次需求，等满足了中层次需求，才会去追求

"自我实现"这样的高层次人生需求。所以王延翰在自我实现，建国称王的同时，对于低层次与中层次的需求也一样没落下。

王延翰决定在福州西郊兴建一座配得上自己高贵身份的新宫殿，计划中规模巨大，要绵延十余里，名号"水晶宫"，以显示此宫为真龙所居。等这么大的宫殿建成，里面当然不能空荡荡的，所以作为"水晶宫"计划的配套工程，爱江山更爱美人的王延翰开始征集美女。

王延翰先是在都城福州大量搜索民间美女，他派出的工作人员，一旦发现有样貌稍稍出色的女子，不由分说，就像老鹰抓小鸡一样拿下，再一批批送进水晶宫。福州及周边的百姓都惊恐不已，有女孩儿的人家纷纷躲避。仅仅一个福州周边，人口有限，美女资源本来就不够丰富，何况无知愚民还不够配合，所以征到的美女数量远不及王延翰的期望值。意犹未尽的闽王又给境内各州长官下令，要他们在各自的辖区内做好给宫廷选美的工作。

堂堂一国之君，为饱色欲就毫不掩饰地公开向各地官员强征美女，很多人都看不下去了，其中包括王延翰的二弟王延钧。虽然后来的历史证明，王延钧在荒淫放纵方面并不比他的大哥逊色，但这不妨碍他站在道德制高点，义正词严地多次劝说兄长要当个好君王，要节制私欲，不可过度好色。

王延翰大怒，将这个弟弟外放到泉州去当刺史，好眼不见心不烦。但这样一来，两兄弟的关系大幅度恶化，王延钧开始秘密寻找盟友，想取老大而代之。

在收到王延翰选美任务的各州刺史中，资历最显赫的是建州刺史王延禀。王延禀，原名周彦琛，就是史书上提到的那位王审知唯一的养子。如果不考虑养子与亲子的区别，只论年纪和功绩，其实王延禀才是王审知诸子中的老大，他参与过闽国的创业，为此还瞎了一只眼睛（因此有了一个和李克用相同的绰号"独眼龙"，虽然在档次上，建州这条"龙"远不及太原那条"龙"），积功至建州刺史。他在接到名义弟弟搜刮美女的命令后，仗着老资格不执行，还端出大哥的架子教育了王延翰一番。建州方面和福州方面的关系也恶化了。

于是，王延钧秘密致书于王延禀：咱们不能眼睁睁看着延翰毁掉先王的基业，联手行动吧！两人一拍即合，结成联盟。十二月初，王延禀与王延钧同时于建州、泉州起兵，攻向福州。其中，王延禀的军队乘船沿着建阳溪顺流而下，速度很快，于十二月七日突进到福州城下。

事发突然，驻于城外的指挥使陈陶仓促率军迎战，被王延禀一战击破，陈陶自杀，城中居然还不知道。当夜，王延禀率勇士一百余人偷偷爬上福州西门，杀入城中，占领了军械库，然后直取闽王寝宫。

听到喊杀声的闽王王延翰，惊恐地从床上跳下，想逃出城，已经来不及了，只能另寻房间躲避。十二月八日早晨，王延翰的藏身之处被发现，遭到逮捕。

王延禀立即向全城军民发布通告，给名义弟弟捏造罪名：王延翰与其妻崔氏合谋害死了先王王审知，篡夺王位，罪大恶极。

然后，王延翰被押到紫宸门外公开斩首。此时距离他给大臣上历史课，建国称王，才过去短短两个月。

等王延翰的人头挂了出来，王延钧的军队才来到福州南门外。虽然来晚了，没发挥什么作用，但毕竟他才是王审知的亲子，王延禀还是打开了城门，迎接王延钧入城，然后代表军队拥戴他为威武留后，继承先王大业。一个功臣，一个明主，一面庆祝成功，一面清洗王延翰余党。等这两件事干得差不多了，一个月过去了。

天成二年（927）正月，王延钧欢送大功臣王延禀回建州。临别之时，王延禀看着这位由自己一手扶起来的新君，对自己那一副恭恭敬敬的样子，一时得意忘形，以长辈教训晚辈的口吻说出一句牛气冲天的话："好好守住先王留下的基业，不要麻烦老哥我再来一趟！"

王延钧心中大惊，赶紧咬牙，勉强保持了僵硬的笑容：是呀，这个人能杀掉王延翰，当然也能杀掉我！要消除这个巨大的潜在威胁，恐怕不能仅仅依靠"好好守住先王留下的基业"。于是，从这一天开始，王延钧就把如何设法干掉他的大功臣王延禀当作自己执政的核心任务，秘密准备。

而王延禀也不安分，等他回到建州，也许自己回过味来，也许是旁人教唆怂恿，他开始对此次出征的结果感到有些后悔。虽然自己只是养子，但如今这个年头，谁说养子就不能继位？先有后唐的李嗣源，后有吴国的徐知诰，活生生的例子就在眼前，唉，自己还是太老实了，错过良机！如果有下次，可不能再当老实人了！

　　不过，已经有了王延翰的教训，福州的新君恐怕不会轻易露出破绽，要什么时候才能等到"下次"呢？王延禀思来想去，要让王延钧降低警惕，出现失误，最好的办法就是让他以为自己已构不成威胁。于是几年后，王延禀"病了"，他对外声称，出于身体原因，自己已经无法履行职务，便退休养病，不再过问政事，将建州刺史的职务让给长子王继雄。

　　但是，"义兄"这一番操作，并没有骗过他的名义弟弟王延钧，反而让这位闽王大受启发。好，如果王延禀确有异心，那就以其人之道，还治其人之身。

　　长兴二年（931）四月（李嗣源罢去安重诲枢密使之职后的第二个月），正在家"退休养病"的王延禀接到密报：闽王王延钧病重，已经不能理事。为称王理想等了很久的王延禀大喜：总算轮到我了！他马上命次子王继昇留守建州，自己与长子王继雄统领水军再沿建阳溪而下，奇袭福州。

　　四月十五日，王延禀的军队来到福州城下，他将军队分成两路，儿子王继雄指挥一路进攻东门，自己指挥另一路进攻西门。王继雄来到东门外，被一支水军挡住了路，不过这支水军并没有抵抗，而是一见建州来的军队，就高高竖起了白旗，还高声大喊：自己是楼船指挥使王仁达，因为大王已经不行了，自己愿意投降！王继雄大喜，亲自登上对方战船，准备受降，并表扬一下王仁达的弃暗投明。没想到，王继雄一上船，伏兵一涌而出，当时就把王继雄拿下，给砍了头。

　　而在西门，王延禀发现守军是有准备的，不可能再重演百人爬墙，一举克城的好事，便下令取来火具，打算以火攻克城。正准备间，突然见城头放下一颗血淋淋的人头，再仔细一看，竟然是儿子王继雄。王延禀一下子瘫倒在地，放声大哭，连指挥的责任也扔到了一边。

这时，福州城门大开，王延钧发起全面反击。王仁达率水军冲击，一下子将丧失指挥、群龙无首的建州水军打垮，部众四散。

王延禀的亲兵一时既没有马，也找不到轿子，临时弄了个称米的斛，抬着王延禀逃命，自然跑不快。十六日，王延禀被王仁达的追兵找到，然后被押送到王延钧面前。

王延钧的谋划大获全胜，得意非凡，对着昔日功臣、今日败将笑道："果然又麻烦老哥你再来一趟！"王延禀只能又羞又恨，无言以对。

随后，王延禀剩下的儿子王继昇、王继伦闻知父兄的噩耗，放弃建州，逃亡到吴越避难，建州城为王延钧派来的弟弟，人称"十三郎"的王延政接管，为闽国后来的大乱埋下伏笔。王延禀则被剥夺赐名，恢复原名周彦琛，在福州闹市被公开处斩，一如当初被他斩首的王延翰。

好了，天下太平了，王延钧感到最有可能威胁到他的力量不存在了，他可以安安心心、舒舒服服地放纵欲望了。于是，接下来，王延钧就以超越其兄王延翰的力度，向着通向昏君的大道昂首阔步。那些故事，我们以后再说。现在，把焦点调回中原，继续看看另一个重要的"二代"和他父亲的故事。

第八章

天下第一哭

王彦章　周德威　刘知远　石敬瑭

夏州失利

话说在安重诲丧命后，后唐中央政府的核心成员，如果不算皇帝李嗣源自己，是这样组成的。

两位枢密使分别由当年熬过酷刑的送信英雄范延光，以及李嗣源才貌双全的女婿赵延寿担任。两位宰相则由伐蜀时立过功的李愚，以及冯道的儿女亲家，后来参与编写《旧唐书》的历史学家刘昫担任。除了这四位明面上的朝堂代表，由于这一时期李嗣源后宫的影响力大大加强，所以还有两位不容忽视的后宫代表：代替皇后主导后宫的淑妃花见羞和相当于大内总管的宣徽北院使孟汉琼。

不过，比起他们，还有一个此时看起来前途无量，让以上六人都有些心怀畏惧的未来之星——李嗣源还活着的最年长的亲皇子李从荣。李从荣此时的职务是河南尹（洛阳市长）、判六军诸卫事（天子六军的最高指挥官，同后梁一样，后唐也将天子禁军分为天子六军和侍卫亲军两部分，但具体军号不同。此时的侍卫亲军都指挥使为康义诚）、守尚书令、兼侍中。

这四个职务中，后两个接近荣誉职称，但前两个分量极重。留在首都当市长，意味着已经老迈的李嗣源一旦有什么三长两短，李从荣可以很容易在第一时间即位，而等远在魏州的三弟李从厚得知父皇已死时，多半只能承认既成事实了。显然，李从荣虽然没有太子之名，但被李嗣源放在了皇位继承顺序的最优先位置上。而掌管天子六军，控制了首都半数的兵权，让李从荣身怀利器，比没有直接掌兵的枢密使、宰相更具直接杀伤力。

当然，只有能力，没有意愿的威胁还算不上真正的威胁。真正让重臣们害怕的，并不是李从荣身怀利器，而是这熊孩子自安重诲死后，越来越跋扈嚣张，看谁都不顺眼，你很可能在不知不觉间就把他得罪了。并且，李从荣对自己讨厌的人从不掩饰露骨的杀意。

让几个重臣唯一感到安慰的是，李嗣源还活着，李从荣暂时还不能无法无天。而李嗣源也许因为年事已高，智力、精力都不比从前，对此好像没有太深刻的认识，他主要关心的事，还在其他方面。

长兴四年（933）二月，李嗣源又想削减政府开支了。

他问范延光："现在国家记录在册的战马有多少？"

范延光答："共三万五千匹。"

李嗣源叹道："我记得当年太祖（李克用）在太原时，战马不过七千匹。先帝征战四方，拥有的战马数也始终维持在一万余匹。现在有这么多战马，却不能让九州一统，都怪我们养士练将的工作没做好。我现在也老了，没那个精力了，要这么多战马有什么用？"

范延光摸清了李嗣源的意思，附和说："臣也常常考虑这件事，国家养的战马太多了。臣算了一下，一名骑兵所需的费用，足以供养五名步兵，那么养三万五千名骑兵的费用，就相当于十五万名步兵（范延光的数学可能是体育老师教的）！既然一时又用不着，白白浪费国家的财力，恐怕不是长久之计。"

李嗣源道："你说得很对，为了养肥这些骑兵，却伤害到我们的百姓，有什么益处？"

关于这件事的记载，还有不同的版本。《五代会要》上记载，后唐战马的数字不是三万五千匹，而是五万匹，李嗣源与范延光一起嫌花钱太多。既然皇帝与枢密使的看法一致，都认为后唐的骑兵编制超出了合理数量，那是不是后唐要裁减军备？实际上，李嗣源感叹之后，史书上没有裁军的记载，只是记载他下令今后沿边诸藩镇向胡人买马时减少购买数量。

没有按皇帝的意思裁减骑兵，在下猜想，可能有两个原因：一、当时的兵大爷不好惹，在没有做好万全准备之前，后唐政府不敢轻言裁撤；二、就在李嗣源和范延光商量削减国防预算的时候，西北边境上又发生了一件引诱后唐政府用兵的突发事件。

经过唐末以来的征战杀伐，原关中诸藩镇绝大部分已重新纳入中央的控制之中，到李嗣源登基之时，仅剩下两个例外，即韩氏家族控制的朔方镇和党项李氏家族控制的定难镇。李嗣源当然不希望韩、李两家的割据长期维持，一直在等待将它们重新纳入中央控制的机会。天成四年（929），李嗣源利用朔方节度使韩洙逝世，内部分裂的机会，派康福出征，击破韩氏的反抗，收回了朔方。之后，就只剩下党项人李家的定难镇了。

长兴四年（933）二月十二日，李氏家族的第四任定难节度使李仁福（前三任分别是拓跋思恭、李思谏、李彝昌）病逝，军队拥护其子李彝超任定难留后，接李仁福的班。随后，紧挨着定难镇的彰武节度使安从进向朝廷奏报了定难镇的最新变化，认为这是收回定难、统一关中的好机会。

李嗣源接到报告后大喜，看来四年前的历史又可以重演，后唐统一天下的进程又可以向前挪动一步了。三月，李嗣源下诏：任命自封的定难留后李彝超为彰义节度使，原彰义节度使安从进改任定难留后，并派大将药彦稠统领军队，护送安从进到定难强行上任。至于前些天说的要裁减骑兵的事，当然得等一等。

为了减少定难军反抗的可能性，李嗣源同时又下了一道诏书，向定难的军民解释朝廷进行此次人事调动的"善意"，以及如果不接受朝廷"善意"，将会带来什么严重后果："夏州（定难总部，今陕西省靖边县北白城子）地处偏远，又靠近边界，临近契丹。而李彝超太年少，我担心他担当不了如此重任，出于爱护才调他去安全一些的延州（彰义总部，今陕西省延安市）。你们顺从听命，可享受与李从曮（原凤翔节度使，李茂贞之子，后听命调任宣武节度使）、高允韬（原保大节度使，高万兴之子，后听命调任安国节度使）一样的荣华富贵；你们如果抗命不遵，就会像王都、李匡宾（原朔方叛将，被康福击灭）一样惨遭灭门！"

尽管李嗣源说出了这样的狠话，李彝超还是没有接受朝廷的"善意"，毕竟在夏州，他还是一方的土皇帝，如果离开世代经营的定难，去到毫无根基的彰义镇，就只能受人摆布了。四月，李彝超上书拒绝，称受到定难军民极度热情的挽留，他无法离开夏州去延州上任。

谈不拢是意料之中的大概率事件，所以双方都没有耽搁，集结军队，开始战斗。和李嗣源期待的不一样，李彝超是否太年少不知道（因其生年无记载），但在面对巨大挑战时理性冷静，完全有能力担当重任。他深知定难军实力有限，要在野外与强大的后唐大军硬碰硬，那多半是找死。但李氏家族也有两项优势，如果用好了，击退唐军不是没有可能。

其一，李氏的老巢夏州，原名统万城，是天下闻名的坚固要塞。十六国时，夏主赫连勃勃倾尽国力，用当时最优良的筑城技术和最严苛的质量控制，建成了这座古中国建城史上的经典名城，至五代，虽已历经五百余年风雨，仍异常坚固，易守难攻。

其二，早在拓跋思恭成为定难节度使之前，他们这个家族就是西北党项人诸部落中的大盟主，与细封、费听、往利、颇超、野利、房当、米擒等党项各部都有联盟关系，在当地胡人中颇得人心，其经营之长久，根基之深厚，远非朔方韩氏可比。

于是，李彝超扬长避短，做出部署：一、将定难军主力收缩到夏州城内，凭城固守，并烧掉城外的牧草，藏好粮食，让后唐军队到达后无法就地补给，只能依赖后方输送；二、派他的哥哥阿啰王前往夏州西面的青门岭，号召境内的党项及其他胡人部落团结一心，合力抗击唐军。各部落联军发挥游牧民族在机动性上的天然优势，组成多支轻骑兵分队，重点任务是骚扰、袭击唐军的粮道，让唐军无法顺顺当当地吃到后方送来的粮食。

这两招组合拳，果然收效显著。四月，药彦稠率领唐军前锋先进至夏州南面的芦关，一到这里，便因为粮道被阻，无法维持，被迫掉头南撤，回延州北面的金明。五月，安从进与药彦稠带足兵粮，再次北进，未受大的阻碍，便一路直抵夏州城下，然后将城池团团围住，展开进攻。当然，夏州城不是那么容易攻下的，一连十余天，攻城都没有太大进展。

五月十七日夜，高耸的夏州城头突然燃起明亮的烽火，数十里外可见。安从进判断这可能是与城外救兵的呼应暗号，急命军队不得休息，做好战斗准备。果然，天色微明时，阿啰王召来的各部落联军从四面八方向围城的唐军发起冲击，企图里应外合，打破包围。但唐军已有准备，临时编成各部的游牧骑兵不是对手，全部被唐将宋温击败溃退。

不过唐军这一战的胜利，并没对攻城进程产生太大帮助，夏州高大结实的城墙仍然是唐军难以克服的天堑，之后一连两个月的攻击，都未见成效。随军带来的粮草迅速耗尽，只能依赖后方输送了。

然而，战败的各部落联军后撤，不再与唐军主力交战，只是尽全力发起骚扰作战。陕北高原数不胜数的天然沟壑都是极佳的伏击阵地，唐军的后勤车队屡屡被袭，导致运输成功率急剧下降，平均算下来，从关中运送一斗米或一捆草料到夏州前线，需要付出数贯钱的成本，并不算宽裕的后唐财政没法长期支持这项开支。

而且，就在夏州的战事拖延之际，后唐皇帝李嗣源突然病倒了，一连十几天没有上朝，使洛阳城内人心惶惶。在这个不安定的时代，李嗣源可是后唐政局能够维持稳定的核心支柱。老皇帝要是死了，最有可能的继承人是谁？很多官员都对未知的前途感到恐惧，竟纷纷托故离家出城避难，有的躲进深山，有的住进军营。直到李嗣源强撑病体，登广寿殿接见群臣，向世人证明他还活着，人心才稍稍安定。

但经过这一折腾，朝中大量军政事务被拖延，也间接影响了夏州的战局。看着士兵每天越来越少的粮食配给，以及一天比一天低落的士气，安从进和药彦稠对胜利的信心大失，不再指望攻灭李氏，只想着如何善后。

李彝超也看出了唐军的困境，当然，这些天小小的定难同样度日如年，于是他主动给唐军递来了台阶。七月的一天，李彝超兄弟登上城头，请求与安从进对话。

李彝超说："夏州只是一座贫瘠的边远小城，要钱没钱，要粮没粮，也没有什么珍贵的特产可以进贡给朝廷补贴国库。我不想离开这个穷地方，只因父祖几代人世守此土，故土难舍。但对于朝廷来说，打下这么一座蕞尔小城，并不足以夸耀武功，何必还要兴师动众，浪费国家的钱粮呢？这样吧，如果您能帮我奏明朝廷，准许我改过自新，那今后国家凡有征伐，我愿为先锋！"

安从进连忙把李彝超"忠诚恭顺"的表现上报，请求赦免其罪。身体很差、精力枯竭的李嗣源也不想再打下去了，顺坡下驴，下诏让安从进等班师。定难讨伐战就此结束。这次出征规模不算大，损失也不算多，但失败的成色十足。之前唐军拿不下两川，还可以说是因为两川实力强劲，天险可凭，现在连小小的定难都摆不平，后唐朝廷的威信再受重挫。而且，打退中央军之后的定难李氏，并没有像李彝超承诺的那样，为朝廷的征伐做前驱。恰恰相反，在他们看来，后唐朝廷充分暴露了纸老虎的虚弱本质，还有什么好怕的？此后，中原王朝每次发生变乱，定难李氏往往在暗中与叛军联络，为自己套取好处。

李嗣源自然知道这是一次让朝廷丢脸的失败，再加上自己病倒那几天出现了种种让人不安的迹象，他决定大规模撒钱消灾，以讨好军队，安抚人心。七月十一日，李嗣源无缘无故地下旨遍赏驻京各军，依据军阶大小，人人都能领到一份可观的计划外收入。八月四日，李嗣源大赦天下，再一次没什么理由地遍赏诸军。两次重赏导致后唐国库亏空，更让无功受禄的天下士卒骄悍之风大盛。

随着人们对李嗣源寿数将近的感觉越来越明显，后唐帝国的前途也渐渐驶进危险区，谁都看不清未来，但都感到未来险恶难测，得做点儿什么，为将来布局。

就在李嗣源第二次重赏诸军后没几天，一个七十岁高龄的退休官员向皇帝上了一道一石激起千层浪的奏疏：请立李从荣为太子。

这个比李嗣源年纪还大的老头儿名叫何泽，是一个很耐人寻味的人物。何泽的父亲，是唐末小诸侯之一容管经略史何鼎。据说何鼎在朱温欺凌唐室时，嘱咐他的几个儿子，绝对不可侍奉后梁。何泽不知在什么时候离开了偏远的广西，来到中原，一度当上了后唐的洛阳县令。

前文提到的，为保护百姓田地豁出性命阻拦李存勖的出猎队伍，幸而为伶人敬新磨所救而逃过一劫的那位洛阳县令，很可能就是何泽。因为那件事，何泽得到了很高的名声，还与后来明宗朝的宰相赵凤交上了朋友。

不过，接下来发生的一些事，让何泽人设崩塌了。李嗣源入京后，升何泽为吏部郎中、史馆修撰，以褒奖其正直敢言。上任后的何泽到内殿值班，等下了班也不离开，而是独自留在殿内，望北而跪，拿笏板叩着额头，用唯恐别人听不见的音量高声赞美："圣上真是明主哇，明主！"

虽然李嗣源在皇帝职位上干得确实比李存勖强，但何泽的表现也给人感觉过于肉麻了，殿外听到的人都在暗中耻笑：这就是昔日那位直言敢谏的何县令？真是见面不如闻名啊！

赵凤听说这件事后，深悔自己交友不慎，开始鄙薄其为人。但何泽浑然不觉，多次在私下里找赵凤，请求让自己当谏官，以便更好地发挥自己"直言"的强项。赵凤心里不乐意，就给他推荐了一个负责祭祀的闲差——太常少卿。何泽听说自己将升任太常少卿，竟然不等任官的敕书发下，就急急忙忙在自己的头衔上加上新职，然后呈递奏章，唯恐他人不知。

气恼不已的赵凤带头弹劾老朋友："何泽还没有接受任命，便以新官自称，轻慢污辱朝廷礼制，不能不依法严厉处罚！"

李嗣源还是宽大的，下令：已经任命的职务就不用剥夺了，但何泽直接以太常少卿的职务按退休处理。反正以何泽的年纪也该退休了。

按传统史书的说法，被迫退休的何泽，难以忍受当不了官的日子，还一门心思想重入朝堂。他等待了一段时间，闻知李嗣源病重，可能时日无多，秦王李从荣可能不久将一飞冲天，决定上一道奏疏讨好李从荣，以便将来新帝登基之后，自己重得任用。不过，臣下议立太子，是历朝都不能轻易触碰的大忌，常常出力不讨好。何泽此举得罪了不少人，没有讨好到任何人。只不过巧的是，大家不约而同地都把何泽当成小喽啰，认为他的背后必有主使，反而使他没遭到什么打击。

李嗣源看到何泽请立太子的奏章后，触动了忌讳：你们都觉得我快要不行了，是吧？老皇帝流着泪对左右说："看见了吧，大臣们要立太子了，不需要我了，我只能回太原老宅去了！"李嗣源虽然这么说，但还是命宰相与枢密使共同商议立太子的事。

这件事一传开，第一个明确表示反对的人，正是李从荣。而且李从荣的反对并不是做做样子，是真的不愿意。以此时李从荣的身份地位，不出意外，只要李嗣源过世，他就能合法继位，根本用不着太子之位的加持。恰恰相反，李从荣一旦当上太子，反而需要按惯例避嫌，解除一些兼职，

334

损失一些现有的权力，从而增加一些不可控的变数。

于是，李从荣觐见父皇，恳切推辞："听说最近有奸邪小人提议要立臣为太子，臣年纪还小，正在学习如何治军理民，实在不愿担当此位。"

李嗣源道："这是群臣的意思。"

现在朝中最重要的职务非枢密使莫属，等退了朝，李从荣截住了范延光、赵延寿两位枢密使，怒斥道："你们以为我不懂吗？你们要立我当太子，只不过是想剥夺我的兵权，把我囚禁在东宫罢了！"

范延光和赵延寿感到又冤枉又恐惧：何泽又不是我们的人，他说什么，关我们什么事？但这事还没法向坏脾气的李从荣解释清楚，否则只能越描越黑。看来只有拿出实际行动来避嫌了，两位枢密使急忙奏报李嗣源：太子的事先不忙说，还是先赋予秦王更多的兵权吧！于是，八月二十七日，李嗣源下诏任命李从荣为天下兵马大元帅。

当上大元帅，有了名义上的最高军职之后，李从荣更加得意和嚣张。他奏请将天子六军中的左右严卫、左右捧圣两军拨给自己当卫队。此后，李从荣每次出入宫廷，都要有几百名骑兵随从，个个弓上弦，刀出鞘，在京城的大道上横冲直撞，杀气腾腾。这等气势，别说小民，就是百官也人人唯恐避之不及。

光吓唬京城人，还显不出李从荣的威风，他又让秦王府幕僚起草了讨伐淮南的檄文，宣布自己执掌天下兵权，将廓清宇内，一统天下。好家伙，他父亲李嗣源还活着呢，这样的话是此时的他应该说的吗？

李从荣的幕僚中也有头脑比较清醒的人。虞部员外郎赵远就提醒李从荣说："殿下的地位尊崇，更应该向天下人展示良好的德行，以符合万民的期待。可是您现在这些做法，让人产生太多非议，您难道就没有听说过恭世子（春秋时被晋献公赐死的太子申生）和戾太子（汉武帝时那位被逼反之后又被杀的太子刘据）的故事吗？"

赵远就是告诉李从荣，储君这个位子不好当，不能不小心谨慎。他故意挑了两个本身无大错，而是被奸人冤枉的前朝太子举例，大概也是怕惹怒这位动不动就暴怒的秦王殿下。但即使如此，李从荣还是发火了，立即将赵远赶出了秦王府。

话说回来，李从荣因为怀疑两位枢密使要削他的兵权，而把范延光、赵延寿这两位朝廷大员记入黑名单，现在人家讨好他，增加他的兵权，他该给人家一点儿好脸色看了吧？可惜，李从荣在某些方面与前朝皇后刘玉娘颇为类似：对于仇恨，有时甚至仅仅是他自己想象出来的仇恨，那记忆力都是极佳的；而对于恩惠，谁有闲工夫记那些无关紧要的东西？

李从荣就毫不在乎地对左右说："等我一登大位，就要灭了那两个家伙的族！"这句很不保密的话传了出去，让范延光和赵延寿十分惊恐。他们纷纷请求外放当个节度使，以躲开这个不按套路出牌的混世小魔王。但似乎没人敢把李从荣的嚣张告诉大病中的李嗣源，这让李嗣源很生气。

赵延寿只好请出妻子齐国公主，向岳父老泰山求情："延寿他确实有病，承担不了繁重的公务。"

看在自己女儿的分儿上，李嗣源总算批准了赵延寿的辞呈，让他离京出任宣武节度使。在推倒安重诲的过程中，那位当面说好话，背后下毒手的朱弘昭，被调入京城，接了赵延寿的班。朱弘昭一上任，就发现自己成了李从荣的新眼中钉，看来李从荣的仇恨是对岗不对人啊！朱弘昭也赶紧请辞。李嗣源火了："你们全都不肯留在我身边，那我养你们这些人干什么？"朱弘昭只得叫苦不迭地收回辞呈。

朱弘昭没能离开，范延光则继续努力，他走通了花见羞与孟汉琼的门路，请后宫帮忙说情，终于还是让李嗣源同意自己离开京城，出任成德节度使。范延光留下的枢密使职务，则由一个此前更没什么名气的小人物冯赟接替。

冯赟的父亲冯章原本是李嗣源家的看门人，关系融洽，冯赟幼时显得聪明伶俐，可以说是李嗣源看着长大的孩子。尽管冯赟能力平常，也没有什么值得一提的业绩，但近水楼台，他的官运颇为亨通，从进奏官开始，历任客省使、宣徽北院使、三司使，越过大量功绩、资历都比他优秀的人，直至身兼宰执（宰相和枢密使的通称，值得一提的是，为了避其父冯章的讳，李嗣源给他的宰相职务不按惯例称"同中书门下平章事"，而改称"同

336

中书门下二品")。

之前李从荣任北都（太原）留守时，冯赟是他手下的副留守，这可能
也是李嗣源提拔冯赟的原因之一，认为他与将来的新领导有合作经验吧？
不过，冯赟当时曾上奏说："李从荣年少，性格刚愎而轻率，最好能挑选
一些德高望重的饱学之士来辅佐他。"虽然这话说得很客观，但李从荣听
不得一丁点儿批评，早就对冯赟怀恨在心，现在冯赟升官，只是把这种仇
恨放大了。冯赟因此对高升毫无喜悦之感，而是与朱弘昭一样，对眼前即
将到来的危险如坐针毡。

明宗辞世

危险到来的时间比众人想象得还要快。十一月十六日，也就是范延光
辞职离京后半个月，李嗣源的病情突然加重，停止了一切日常政务处理。
十一月十七日一早，李从荣进宫给父皇问安，只见李嗣源半躺在榻上，低
垂着头，一动也不动。侍候在一旁的花见羞轻声呼唤："陛下，从荣来了。"
但李嗣源仿佛就是一具泥塑，没有任何反应。

做完问安的例行公事，李从荣默默退出，他还没有走出太远，突然听
到身后传来一阵哭声。李从荣虽然看不见发生了什么事，但他的心已经猛
烈地跳动起来，没错，这阵突如其来的哭声只可能代表一个意思：父亲死
了，这天下马上就是自己的了！

李从荣怀着兴奋的心情回到秦王府，等着宫中派人传达父皇的死讯，
以及迎接自己入宫继位。然而，奇怪的是，整整一天过去，宫中并没有派
出任何人来通知他这个"悲痛"的消息，到第二天早上，按惯例他应该再
进宫向父皇问安的时候，仍然没有。

是什么地方出了差错？为什么宫中要隐瞒父皇已死的消息？李从荣马
上想到：现在的朱弘昭、冯赟两位枢密使，以及众多大臣都对自己又恨又
怕，宫里的花见羞与孟汉琼好像也同样不待见自己。可能是这些人担心自
己继位后会对他们不利，所以正联手对付自己！毕竟还有个名声好得多的

皇子李从厚，他们也不用担心没人继位。如果是这样，不，一定是这样！那我现在就不能轻易入宫了，因为宫里很可能已经布置好了陷阱。

想到这儿，李从荣宣布自己病了，今天不能给父皇入宫问安。先等一等，看看对方怎么出招，再决定自己下一步如何应对。

然而，按照史书记载，这时李嗣源其实还没死，恰恰相反，他的病情在十七日夜里还有所好转，恢复了清醒，只是这一切李从荣完全不知道而已。那么，李从荣听到的那一阵哭声究竟是怎么回事？今天已经弄不清楚了，也许到处树敌的李从荣，真的被人下了套吧！

在李从荣看来，对方似乎比自己更有耐心，又过了一整天，宫中仍然没派人前来告丧。李从荣觉得自己等不了了，与左右心腹商议之后决定，不用跟对方躲猫猫了，干脆带兵进宫。控制住朱弘昭、冯赟、孟汉琼等人，谁还能阻止自己在父皇的灵柩前继位？

既然做出了生死一线的重大决定，直接干就好了，但李从荣的心又有点虚，画蛇添足地派都押牙马处钧前往枢密院面见朱弘昭、冯赟二人，向他们询问："我打算带牙兵入宫照顾皇上的病情，也顺便防备非常之事，你们认为可以安置在宫中什么地方？"

朱、冯二人很坦然地答道："这种事秦王殿下自己看着办好了。"

等马处钧要回去报告，朱弘昭又偷偷追上来，悄悄地对他说："主上万福，病情已经好多了，秦王殿下要做的就是好好尽忠尽孝，千万不要听信别人的谣言。"

得到马处钧传来的回话，李从荣大怒：现在还想骗我？他又命马处钧再进去传话给朱弘昭、冯赟二人："你们不想要全家人的性命了吗，还敢和我作对？"

面对如此赤裸裸的杀气，朱弘昭、冯斌急忙入宫晋见花见羞和孟汉琼：不好了，李从荣要造反了！

怎么办？这四个人是后唐中央政府的权力核心，但都没有直接掌兵，必须拉拢一个掌兵之人。这时，京城的禁军还是按惯例分成"天子六军"与"侍卫亲军"两大系统。天子六军的最高指挥官早就是李从荣，侍卫亲军的最高指挥官则是亲军都指挥使康义诚。因此,四人达成共识:如果得不到康义诚的支持,大家就都完了!那么,康义诚会站在哪一边呢?

先来介绍一下这亲军都指挥使是何许人。康义诚,字信臣,代北沙陀人,很小时因战乱离家,投身军旅,以善骑(仅仅是善骑,不是骑射)闻名,参与征战数十载。大概能力并不突出,在李存勖的灭梁战争中,康义诚积功为突骑指挥使,这在同期的沙陀将领中并不引人注目。给康义诚命运带来转机的,是他受命追随李嗣源去镇压魏州的赵在礼。在魏州兵变发生后,康义诚最早看清时机,与石敬瑭一起劝李嗣源正式造李存勖的反,并以此功在后来飞黄腾达。

关于康义诚,还有一段传说。康义诚发达后,从军中调了一名年迈的老兵来给自己家里当用人,让这老兵每天打扫庭院,扫得不干净还要被他打一顿。有一天,康义诚心情不错,问那老兵:"姓什么?"老兵答:"姓康。"喔,还和我同姓,康义诚有了兴趣,又问那老兵是哪儿的人,家里有什么亲戚。等老兵一一答完,康义诚大吃一惊,这个老兵竟然是自己失散多年的父亲。父子俩相拥痛哭,听到的人无不称奇。

之前,李从荣因其跋扈无礼的性格,与朝中诸大臣的关系大多糟糕,但康义诚是少有的例外。

那时有个大臣叫孙岳,与康义诚的交情不错,在私下里给康义诚分析祸福,认为下一任天子必定是李从荣,得提前巴结。康义诚深以为然,亲自将儿子送进秦王府给李从荣当跟班,以表达对未来天子的忠贞。这样的人能站在我们一边吗?朱弘昭等人顾不得了,紧急将康义诚召入宫,告诉他现在情况万分紧急,秦王马上要逼宫杀驾了。你能为皇上尽忠吗?

康义诚摆出一副憨厚老实的样子,不肯发一言,被问得紧了,就推卸道:"哎呀,我只是一个老兵,国家大事我不懂,也不敢参与,都是几位相公说了算。"朱弘昭担心康义诚是怕人多耳杂,不敢轻易表态,特意当夜又把康义诚请到自己的私宅密商。康义诚仍然同白天一样打太极,就是不给朱弘昭一句准话。

十一月二十日,李从荣觉得不能再等了,夜长梦多,没理由继续给对方策划阴谋提供时间。他决定带兵强行入宫，把秘不发丧，妄行废立的朱弘昭、孟汉琼等奸臣抓起来，然后正式继位。当然，他也考虑到宫里的侍卫亲军，所以先派马处钧私下去见康义诚，告诉他："父皇已死，我将带兵进宫，铲除奸臣，你能支持我吗？"康义诚多日没见过李嗣源，觉得这个消息可能是真的，那么李从荣作为正牌皇子自然胜算更大，他拍着胸脯保证说："大王一到，我就开门迎接！"

有了康义诚的支持，李从荣觉得自己成功了九成！一时得意，他又画蛇添足，派人通知冯赟："我今天决定率军进宫，暂住兴圣宫（当年李嗣源登基前就是暂住兴圣宫），你们都是有家有室的人，现在该怎么办，好好想想，是福是祸，就在这顷刻之间了！"

于是，冯赟就在这顷刻之间急奔入宫，片刻后，朱弘昭、康义诚、孟汉琼、孙岳等人都被召到中兴殿外，冯赟将李从荣给自己传的话重述一遍，然后怒斥康义诚："秦王现在想干什么，已昭然天下！你不要以为你有个儿子在秦王府，就可以首鼠两端！我们这些人都是皇上一手提拔的，一旦秦王的军队开进宫，将置皇上于何地？我们这些人谁也别想活命！"

正说着，李从荣率领着一千名步骑，已经来到皇城之南的天津桥上布阵，然后派人来到端门（皇城正南门）外，呼唤康义诚，等着内应帮自己开门。情势骤然紧张，孟汉琼觉得是使出绝招的时候了，他拂袖而起，愤然道："今日之事，已危及君父。康公还想左右观望吗？我这条贱命可是豁出去了，你要不肯动手，那我帮你带兵去阻挡秦王！"说罢，他打开大殿走了进去。朱弘昭、冯赟马上跟了进去，康义诚略一迟疑，跟了进去。

空旷清冷的大殿正中，坐着一个人。这个人已经很苍老，身体也很虚弱，但神志清醒，眼中透出的光，仍然带有让人胆寒的不怒自威。康义诚吓得一哆嗦，立即跪倒：天啊，原来皇上真的还活着！

孟汉琼添油加醋地奏报说："秦王发动兵变，叛军现已打到端门外，马上就要杀进宫来了！"听闻此言，一旁侍候的宫女、宦官先是面面相觑，继而惊慌失措，哭声四起。

李嗣源虽然清醒过来，但显然并不清楚这两天发生了些什么事，又是惊愕，又是伤心："从荣何苦要这么做？他连最后这几天都等不得了吗？"

他又问朱弘昭等人："这是真的吗？"

朱弘昭等人当然附和："确实如此，现在已经命令卫兵关闭宫门。"

李嗣源泪如雨下，片刻后对康义诚说："这件事就交给你处理，注意不要惊扰京城百姓。"

康义诚连连叩头，他已经决定了，什么"秦王一到就开门迎接"的承诺，都见鬼去吧！

李从珂的长子叫李重吉，这时正担任控鹤指挥使，侍奉在李嗣源身旁。李嗣源又对李重吉说："这个天下，是我和你父亲冒着飞石流箭，出生入死拼来的！我好几次身陷重围，还是靠你父亲拼死救出。从荣这些人，他们出过什么力？坐享其成不说，居然被人一挑唆就干出这种大逆不道的事！我早该知道这些人不足以托付大事，应该召你父亲入京，将兵权交给他。你现在就先替我封住各道宫门。"

控鹤军为天子六军中护卫皇宫的部队，理论上归李从荣管辖，但平时李嗣源的命令等级显然高过李从荣，更不用说此刻了。李重吉马上率控鹤军控制各门，李从荣如果真的发动进攻，也不能轻易进来了。

此时，天津桥上的李从荣还在等待，他完全不知道自己这次行动已被定义为谋反。实际上，在李从荣自己的感觉中，他的行为与谋反完全不沾边，他就是想和平地带兵进入皇宫，然后捍卫父皇留给他的合法继承权而已。因此，在操作中，他完全不是谋反的样子，就这样等着康义诚给他开门，半天等不到大门打开，也没想派人撞门或者搬梯子爬墙。

端门老是叫不开，被李从荣派来叫门的侍从只好向右转，去端门东面的左掖门看看，试试那里能不能打开。侍从来到左掖门外，忽听得里面好像有急促的马蹄声，透过门缝往里看，只见数百名骑兵正杀气腾腾地疾驰而来。侍从急忙奔回天津桥，急报还坐在胡床（一种可折叠的小凳子）上等待的李从荣："不好了，宫里有军队杀出来啦！"

李从荣大惊，这时才想起来：我是不是该穿上盔甲啊？但要穿一套完整的盔甲，显然来不及了，他只能呼唤左右取来铁背心，临时套上，然后临时接上弓弦（古代的弓为了延长使用寿命，平时弓弦都是取下的，使用时才装上）。如此仓促的备战措施当然起不到太好的效果。

从左掖门杀出来的军队，是捧圣马军都指挥使朱洪实所率的五百名骑兵，就是被李从荣奏请给自己当卫队的那个捧圣军，还不是康义诚的侍卫亲军。按规定，控鹤军、捧圣军都归李从荣管辖，如今兵到用时全不是他的人，可见职务这东西，并不一定代表相应的权力，尤其在乱世。

这些被李从荣管辖的军队，如今不能为李从荣所用。之前，李从荣升任天下兵马大元帅，开大元帅府时，便召集众将大宴，以示庆贺。这本来是一个笼络禁军诸将的好机会，但李从荣让众将在下首坐着，理都不理他们一下，自己与几个近臣在上首落座，有说有笑，谈诗论赋。这样一来，骄傲惯了的禁军众将个个怀恨在心：现在就不把我们放在眼里，他要是当上皇帝，还能有我们的好吗？

回到天津桥现场。本应也是李从荣亲兵的捧圣军，顷刻间就击溃了李从荣带来的基本上毫无作战准备的亲兵。见到真阵仗，李从荣吓得魂飞魄散，转身就逃，身边的幕僚与侍从一哄而散。

李从荣逃回自己位于嘉善坊的官邸，一路溃逃的秦王亲兵在嘉善坊内大抢特抢，再也不关心李从荣的死活。不过，李从荣的死活，追兵关心。

李嗣源其实没想杀自己的儿子，他更想把李从荣抓来，好好问他为什么谋反。但现在局势不是他能掌控的了，策划这一切的人，成功的关键就是隔断他们父子的联系，怎么可能再让他们有机会见面，查清真相呢？

李从荣与王妃刘氏藏身床底下，不一会儿，皇城使安从益毫不费力地将二人从床下拖了出来。没有讯问，没有审判，没人在乎他冤枉不冤枉，李从荣夫妇被就地斩首。同时，李从荣在府中的儿子也一并被杀。

康义诚跟在朱洪实后面，目睹了一切。混乱中，孙岳从他的前面奔过，康义诚一下子恨意迸发，派兵追上去，将孙岳射死。

刀头溅满了皇子皇孙之血的禁军诸将，前往皇宫告捷，李嗣源得知李从荣全家被杀，自己又一次老来丧子，一时悲痛难当，晕了过去。在侍从的抢救下，李嗣源苏醒过来，然后又晕过去，又被救醒，反复数次。但不论李嗣源如何难过，事情还不算完，李从荣还有一个小儿子没有随父母一起住在河南府官邸，而是养在宫中，陪伴爷爷李嗣源。众将一致请求把这个孩子拖出来一并处决，斩草就要除根。

李嗣源舍不得可爱的小孙儿，这不仅仅是李从荣的儿子呀！悲伤的老皇帝哭着对众将说："这么小的孩子，他有什么罪？你们就不能放过他？"众将只是下拜，没人松口。僵持了一阵，李嗣源的理智还是战胜了感情，行将就木的他其实已不可能保住孙子的性命，不管这孩子有多么可怜和无辜，因为他活着很多人就不能安心。李从荣终于还是绝了后。

李从荣全家被杀的第二天，由老臣冯道领衔，率文武百官入宫觐见李嗣源。李嗣源泪流不止，语出哽咽："我家里竟出这种事，实在没有脸和你们相见。"君臣相对流泪后，李嗣源决定派孟汉琼去魏州，征召正在天雄（魏博）节度使任上的宋王李从厚入京，准备继承大统，天雄节度使一职暂交给孟汉琼担任。

十一月二十四日，诏令废李从荣为平民，同时开始追究其余党。朱弘昭打算将李从荣的部属（包括秦王府、河南府、大元帅府以及六军等）一网打尽，来一次轰轰烈烈的大清洗。冯道见状，极力反对："李从荣的心腹不过高辇、刘陟、王说几个人而已，其余的如任赞到职才半个月，王居敏、司徒诩请假已经半年……要追究的，只能是证据确凿的同谋共犯，岂能不问青红皂白，见人就杀？"

朱弘昭不同意："如果那天李从荣进了光政门，我们这些人一个也活不了！主犯虽伏诛，从犯能不问吗？"

冯赟站在冯道一边，主张应该宽大，一大批李从荣的部属官员才侥幸得免一死。

在天津桥事变后第六天，在宫中长期卧病，又因儿孙丧命而几尽心死的后唐老皇帝，终于结束了心理与生理的双重煎熬，病逝于雍和殿，享年六十六。稍后，按冯道与卢文纪的建议，李嗣源被追谥为"圣德和武钦孝皇帝"，庙号"明宗"，葬于徽陵，具体地点是今河南省孟津县送庄乡送庄村东南。

与把皇帝当得极失败的庄宗李存勖不同，明宗李嗣源在后世得到了不错的评价，常常被誉为五代的第二明君。虽然李嗣源执政的这几年，天下就没有一天真正太平过，但好坏往往是对比出来的，放在五代来说，明宗在位这七年，已经算得上是"年谷屡丰、兵革罕用"的小康年景了。

如果说"兵革罕用"实际上反映了明宗的消极，是靠着他对统一进程的放弃和对一些割据强藩的无奈妥协才换来的有限成果，并不太值得颂扬，那么"年谷屡丰"，李嗣源则是真正做出了很多正面努力的。

明宗靠精简各种政府机构（其中，李嗣源的后宫编制，在有记载的文献中可能是史上最小的）、厉行节俭，减少了政府开支，在此基础上多次降低税负、徭役，让利于民，让百姓有了安心生产、改善自身生活的动力。比如，李嗣源先后减少、取消了"曲钱""桥道钱"等杂税；规定征用民夫劳动一次不得超过十五天，"不可失信于小民"；限制民间高利贷对贫民的盘剥，规定不论年限，利息最多不得超过本金，等等。不过，要论李嗣源在内政方面对后世影响最大的举措，还是他对税收加耗制度的改革。

在李嗣源称帝之前，收税的官吏收的如果是实物粮食，为防止在转运、存储中的损耗，在征收时会比实际税率收得多。比如，按税制规定该收一斗的，通常会收一斗一升，多收百分之十，其中多收的部分被叫作"省耗"。李嗣源知道百姓负担与国家账面收入不一致，等他一登基，就下令禁收省耗，只准按实际税率征收。但这样一来，百姓负担是减轻了一些，另外一些人又受害了。

后来，李嗣源到国家粮库视察，了解到仓库保管的实际情况：由于无法完全阻止老鼠、麻雀的偷食，以及粮食本身放久了可能出现的自然朽坏，仓库中的粮食出库时总不可能与入库时一样多，而亏空的部分，仓官只能用家产去填补，填补不足时，甚至要用命去顶罪。李嗣源听了，大为感慨，又下令开征"鼠雀耗"，每征收一斛粮食时允许加收二升不入账，即加征百分之二，以备鼠雀之灾。

仅就李嗣源在位期间而言，取消了"省耗"，增加了"鼠雀耗"，百姓的税收负担还是减轻了。但是，由于官吏在官民矛盾中天然的强势地位，一项为官吏合理利益考虑的制度一旦开了口子，极难不被滥用，从而由合理走向不合理。"鼠雀耗"的加征比例，在接下来的日子中根本守不住百分之二的底线，而是扶摇直上，到后汉时涨到百分之二十，比原先被李嗣源废除的"省耗"还高了一倍。

"鼠雀耗"最初是以防备老鼠、麻雀为名开征的，深受其害的百姓就给老鼠这种动物取了一个至今家喻户晓的别名——"耗子"。一项本为利民的改革，最终演变成了害民的弊政，虽然这些责任并不应该由李嗣源来负，但他的确是这一切的始作俑者。

除了关心民间疾苦，李嗣源也能够承认和改正自身错误。比如有一次，李嗣源得到巡检军使浑公儿的奏报，称有两名百姓私下练习战斗。李嗣源的上位经历，使他对阶级斗争这根弦绷得非常紧，认为对下层的造反企图就应该扼杀在萌芽状态，于是命石敬瑭从严处理此事。石敬瑭揣摩圣意，不由分说，将两人都处死。

过了一段时间，李嗣源才得知真相，原来那两个练习战斗的百姓，只是两个儿童拿着竹竿打闹嬉戏罢了。李嗣源非常后悔，做出了以下处分：自己减膳十日，向冤魂道歉；石敬瑭罚一月俸禄，以示薄惩；浑公儿杖二十，革职流放；再给受害者家属每家赔偿绢五十匹，粟、麦各一百石，安排埋葬；通告天下各州道府官员，今后凡有极刑大案，都要反复核实查清，不得虚应故事。

如果用今天的标准衡量，李嗣源对责任人的处理自然还是过轻，但放在当时那种军阀杀人无算的大背景下，一个身经百战、取过无数人性命的沙场皇帝，对于对自己毫无威胁的小小百姓能主动认错并赔偿，已经算做得非常不错了。

传说李嗣源当上皇帝后，对自己能否胜任这个神圣的职务内心忐忑，屡次于宫中焚香，祷告于苍天："我只是一个胡人，因为时逢大乱而被众人拥戴，事出于不得已，愿上天早日降下真正的圣人，为天下百姓做主。"

正好，就在李嗣源执政的第二年，在洛阳城甲马营有一个中级军官的妻子，生下了一个异常强壮、活泼好动的儿子。几十年后，这个孩子长大了，一飞冲天，成为五代的终结者，开创了下一个以经济发达、文化繁荣著称的长期王朝。

李嗣源祈求什么，就真的出现了什么，这到底是因为李嗣源太虔诚感动了上天，还是整个故事就是被人编出来的，只是为了神化在他执政第二年出生的那个孩子？大多数人认为答案是第二个，在下也这么认为。

不过，在下同时也觉得，李嗣源对于自己在时代大潮的推操下，由自诩的忠臣变成身不由己的叛逆，再变成意想不到的皇帝，在这个过程中产生的那种诚惶诚恐的不自信和战战兢兢的无力感，还是有几分真实的。李嗣源能一直压制欲望，成为让多数人认可的明君，恐怕多少也与此有关。

在下隐隐觉得，李嗣源在帝王生涯中应该是感受不到什么幸福的。他的心太累了！不过，现在，他终于解脱了，脱离苦海，魂归彼岸，只给中原留下了一批不合格的继任者，许多未知的危险，以及更加莫测的前途。

李嗣源的逝世，并不仅仅是让中原失去了一个比较宽厚仁慈、温和谨慎的执政者。作为唐末大乱中最后一个经历了全程创业时代，在战场上赢得至高威望的君主，至此离开人世，让五代进入了一个人才相对凋零的中衰期。接下来十多年，北方没有再出现一个有能力完全整合中原的君主，混乱和无序再度笼罩了华北大地。虽然那些混乱引发的战争烈度，并不能同唐末大乱到梁晋争雄的时代相比，但历史的主色调让人感到更加灰暗，慷慨豪迈的英雄气少了，被压迫的憋屈感更强了，太多的人都仿佛是历史洪流中浮浮沉沉的小木片，无力且无助。

同时，因为中原中衰，曾受到李存勖与李嗣源有力打击，不得不暂时蛰伏于北方草原的契丹猛兽，也从这个时候开始重启南下的勃勃野心，成长为真正可以威胁中原政权的巨大外患。这一系列影响，都会在不久的将来清晰地体现出来。

逼反李从珂

李嗣源死后第四天，从魏州赶来的宋王李从厚到达洛阳。第五天，后唐朝廷正式向天下宣布天子驾崩，举国缟素。李从厚在李嗣源灵柩前即位，成为后唐第二王朝的第二位皇帝。

这一年，李从厚已经十九岁，并非幼主，但他个性比较懦弱，缺乏主见。之前，他很害怕他那个凶巴巴的二哥，处处让着李从荣，只想老老实实当个亲王，开开心心地混日子。但谁能想到，天命真是种说不清道不明的东西，有时候真是你有心栽花，花却不活，无心插柳，柳偏成荫。尽管李从厚没有主动去争位，平天之冠却从天而降，落到了他的头上。

不过，天上掉下来的皇冠虽然看起来诱人，却未必是什么大吉大利的东西。因为，皇位仅仅是李嗣源留下的有形资产，继承相对容易，而李嗣源的无形资产，如在天下军民中的威望，是无法随着皇位一起打包传给儿子的。李从厚和二哥李从荣一样，未历任何战阵，在军队中的威信接近于零。他也同二哥一样，缺少一个可靠、可用的心腹班底。也许在皇权稳固的大朝代，这两项都不算特别大的问题，但在城头时时变换大王旗，王朝正统观念建立不起来的五代，这些极可能是埋在皇位之下的定时炸弹。

远在蜀地的孟知祥，就是用这样的逻辑来看待后李嗣源时代的。蜀地之主听说李嗣源逝世，李从厚登上后唐皇位后，大感欣慰，向左右官员发表了一番关于未来后唐政局演变的预测："宋王幼弱，他能够信任和重用的，又都是些跟班出身、能力低下的小人，新的大乱已指日可待，我们只需搬个椅子等着，好好欣赏中原的大戏。"

孟知祥想用来坐着看戏的可不再是普通的椅子。既然后唐对巴蜀的威胁，在可预见的时间段内已经大大降低，孟知祥也就觉得是时候给自己的椅子升升级了。

因为有了需求，蜀中就接二连三地冒出了"祥瑞"。先是有人声称在嘉州犍为县看见了黄龙，然后又有大批白鹊飞到玉局化（成都城北郊的一个道观），有白龟畅游宣华苑等，各种存在的或不存在的稀奇生物纷纷出场，共同表达老天爷的愉悦心情。于是，由赵季良领衔，蜀中百官联名劝进，恳请孟知祥即皇帝位，不要辜负老天爷的好意。孟知祥自然要按照惯例，再三辞让，但在天命人心的共同拥戴之下，最后还是"万般无奈"

地当上了皇帝。后蜀正式建国,时为后唐应顺元年(934)闰正月二十八日,距离李嗣源逝世只有三个月。

正如后蜀皇帝的预测,后唐新天子李从厚和他的执政团队,很快就无事生非,惹出了一连串的麻烦,最后一个还是惊天动地的大麻烦。

其实从李从厚的本意来说,他还是希望当一个称职的皇帝的。登位后不久,李从厚就请学士给自己讲《贞观政要》《太宗实录》等帝王教科书,一副勤奋学习的好学生模样。然而,李从厚对帝王课程的学习只是个形式而已,从来没有真正仿效前朝那位伟大君主的治国理念。李世民当政最重要的成功经验,就是广纳谏言、集思广益。而在朝中缺少根基的李从厚别无选择,只能装作信任和不得不重用将他扶上皇位的朱弘昭、冯赟等人。

例如,宋王府幕僚中有个人名叫宋令询,在魏州时任都押衙,其人"知书乐善,动皆由礼",极受李从厚信任。李从厚入京继位,宋令询也陪同而来,继续为李从厚出谋划策。

朱弘昭与冯赟一看:这不行啊,如果不对新天子身边的旧人加以限制,这姓宋的可能不久就会拜相入堂,甚至取代我们执掌枢密院。于是朱弘昭、冯赟等串通一气,撰写诏书,任命宋令询为磁州刺史,外放出京。李从厚见众臣要将宋令询从自己身边赶走,虽然很生气,但鉴于跋扈的二哥都能被这些人弄死,懦弱的他自然不敢违逆朱、冯二人的意愿,只得违心地在诏书上画日同意,送走了自己最优秀,后来也被证明是最忠诚的心腹。

不过,由于此时朝中的新贵,如朱弘昭、冯赟、孟汉琼、康义诚等人在得势之前,资历、功绩都很低微,不论是朝中还是地方,胜过他们的人都比比皆是,所以要有效地保住意外到手的权势,需要排挤的潜在对手还是非常多的,甚至包括曾经的盟友。

前文说过,李嗣源临终前,身边还有四个最有影响力的亲信,分别是朱弘昭、冯赟两位枢密使,宦官首领孟汉琼,以及以淑妃身份代理后宫之主的花见羞。在扳倒李从荣的谋划中,朱弘昭、冯赟、孟汉琼表现都十分活跃,唯独花见羞的态度比较暧昧,从她一向圆滑、避免做恶人的处世原则和事后的一些迹象看,花见羞很可能在整个阴谋中选择了置身事外,没有参与其中。

李从厚登基不久，发生了一件可大可小的事。一个宫中的六品女官司衣王氏，在与击斩李从荣的功臣朱洪实的妻子聊天时，心直口快，竟瞎说了一段不知轻重的大实话："秦王作为人家的儿子，父皇重病时不在床前伺候，导致别人嫁祸给他，实在是罪有应得。不过，硬要说他谋反，那就诬陷太过了！朱司徒（朱洪实）以前也算受过秦王的恩宠（李从荣开大元帅府时，欣赏朱洪实的骁勇，对他特别优待，时时奖赏，待遇厚于诸将，只是李从荣不知道，朱洪实暗中已拜朱弘昭为义兄，他的笼络已无效果），关键时候怎么也不替秦王说句公道话？实在让人遗憾啊！"

真不知道该怎么评价这位宫廷女官的智商，你在朱夫人面前说人家丈夫的坏话，还能指望人家给你保密吗？于是，这段私下的聊天先是传入了朱洪实的耳朵，朱洪实马上去找康义诚商议怎么利用此事。

王氏在宫中可不仅是管理服装首饰的司衣，还是许王李从益的奶妈。许王李从益是李嗣源最小的儿子，是在李嗣源称帝后，由不知名的宫嫔所生，此时年仅三岁。之前，由于花见羞没有生下孩子，李嗣源就让花见羞领养了李从益。花见羞作为后宫之主和李从益的养母，特别挑选了司衣王氏当李从益的乳母，可见两人的关系不一般。因此借着这次机会，一个大目标花见羞落入了标靶。

于是，康义诚、朱洪实等人密商，将王氏这段大逆不道的言论上报给李从厚，还爆出了一组天知道从哪里弄出来的惊天丑闻：司衣王氏之所以如此目无君上，公然为逆贼鸣冤叫屈，是因为王氏曾经与秦王李从荣有奸情，而王氏能有与李从荣通奸的机会，都是太妃花见羞安排的。太妃以前一直看不起陛下您，认为秦王才是真命天子，所以一直对反贼李从荣多有照顾。

李从厚听了，又惊又怒，在煽动者的操纵下，立即勒令王氏自杀，稍后又赐死了花见羞的另一个心腹女官司仪康氏。眼看这起谋逆大案查着查着，即将牵连太妃花见羞，与花见羞感情深厚的曹太后出手相救，李从厚不好驳太后的面子，花见羞才算是逃过一劫。但自此之后，花见羞不再是代理后宫之主，更像是宫中一个地位比较崇高的囚徒。

摆平了宫里的旧盟友，朱弘昭、冯赟等又操纵李从厚外放了侍卫马军都指挥使安彦威，由朱弘昭的"义弟"朱洪实接任；侍卫步军都指挥使则由另一个信得过的将领皇甫遇接任。

到目前为止，朱、冯一党的胜利是一个接着一个，但他们知道还不能骄傲，因为最关键的胜利还没有拿下，还有两个实力最强、威望最高的目标等待着他们去战胜，那就是当年先帝征战沙场时的左膀右臂：先帝义子、凤翔节度使、潞王李从珂和先帝女婿、河东节度使石敬瑭。

这里说一下，李从珂和石敬瑭是在长兴三年（932）七月和十一月分别就任凤翔节度使、河东节度使的，他们在相应任上的时间只有一年多，在当地并不存在长期经营的根基。这一点，与前面不带"后"字的那个唐王朝时期，大多数中央讨伐藩镇的战争是完全不同的，虽然很多人出于偷懒，喜欢将它们等同来看。

朱弘昭和冯赟的目标虽然有两个，但他们还是明智的，知道不能同时出击，避免李、石联手，而是各个击破，先选软一点儿的柿子捏，等拿掉一个后，另一个也就好对付了。

那先收拾谁呢？相比之下，石敬瑭在河东的基础要稳固一些，毕竟他就是在河东长大的，当地的亲朋故旧不少，河东镇本身也更大、更强。李从珂之前没去过凤翔，完全是个空降的节度使，在李茂贞的故地，他能信任的大概只有少量亲兵。那么很显然，先从李从珂下手，成功的概率应该更大。

前文说过，当时李从珂的长子李重吉还在洛阳担任控鹤都指挥使，负责皇城守卫。如此关键的位置，当然不能由潜在的敌人掌握。于是，应顺元年（934）正月二十八，在朱弘昭、冯赟的安排下，对二人言听计从的李从厚连下了两份诏令：一、外放李重吉为亳州团练使，以便清除京城禁军中亲李从珂的势力；二、将李从珂一个出家为尼的女儿李惠明接入皇宫，实际上充当人质。

小试牛刀的两招使出，朱弘昭、冯赟有点紧张地等待着，看看李从珂会有什么反应。结果一个多月过去，没发现李从珂对此表现出任何不满。朱、冯二人把提着的心放了下来：看来天下大势强弱已定，李从珂纵有不满，也不敢公然违抗朝廷，那么我们做事是不是就可以更大胆一些？

于是，到二月九日（这一年农历在正月与二月间还有个闰正月），自以为天下皆在掌控中的朱弘昭、冯赟玩了一把大的，以枢密院公文的形式，给几位节度使换换岗位。

具体调令如下：魏博节度使孟汉琼重新入京任职；成德节度使范延光调任魏博节度使，接替孟汉琼；河东节度使石敬瑭调任成德节度使，接替范延光；凤翔节度使李从珂调任河东节度使，接替石敬瑭；至于李从珂现在任职的凤翔镇，将由李嗣源的侄子，洋王李从璋前往接管。

接到公文的几位大员感觉各不相同。孟汉琼作为当朝第一宦官，宫廷才是让他得心应手的主场，自然很乐意回去。范延光是否遵令去了魏博？在下没有查到相关记载。可以肯定的是，石敬瑭好像并没有遵守这道指令，没有去镇州上任，可能朱、冯二人也不在乎，因为他们这一招针对的目标不是他。

李从珂就非常在乎了，除了最近朱、冯二人的许多操作充满了对他的敌意，还有两个重要原因。

一、这是枢密院公文，不是诏书。以前李从珂任河中节度使时，就是因为安重诲掌管下的枢密院的一道密令，差点完蛋。

二、派来接替他的人是李从璋。洋王李从璋是李嗣源的侄子，以性情粗野、心狠手毒出名。三年前，正是这个李从璋受命去接替安重诲当河中节度使，然后就在会面之时残忍地杀害了安重诲夫妇。

这两段历史，李从珂记忆犹新，现在朱弘昭、冯赟又这么玩，那么河中发生过的故事会不会在凤翔重演？李从珂心中充满了极其不安的联想，可要举兵反抗，兵力又太弱，粮草也不足，民心士气支不支持也是问题。思来想去，李从珂只得召集身边的文武官员问计：朝廷如此下旨，我该怎么办？

追随李从珂多年的判官马胤孙答道："'君命召，不俟驾。'（君王下令召见，即使车马还没准备好，也应该马上出发）殿下只要先顺路去京城奔丧，然后去太原到差就可以了，这还有什么好问的？众人有什么阴谋论的，都不要相信。"

此言一出，众人齐喝倒彩。

诸将一起劝李从珂说："现在主上还年幼，未能亲自理政，军国大事都掌握在朱弘昭、冯赟这些小人手中。而大王功高震主，这些小人对您嫉恨极深，一旦遵从他们的意愿离开凤翔，绝对不会有好下场，所以一定不能听从！"

李从珂看到多数部下是支持自己的，心下稍安，决计举兵反抗，奋起自救。随后，他向临近各藩镇发出檄文，声称："朱弘昭、冯赟乘先帝病重的机会，杀害皇上的长子，擅立幼子，然后以此专制朝政，离间皇室骨肉，动摇国家的藩篱，再不挽救，只怕他们将要颠覆国家社稷！我，李从珂，身为国家的皇室宗藩，不能坐视不理！今将举大义起兵入朝，清除君王身侧的恶人！无奈我力量不足，难以独立承担此大任，故请各藩镇的忠义之士，群起响应，共诛国贼！"

当李从珂反叛的消息传到洛阳，朱弘昭、冯赟等人并没有感到太意外，毕竟这就是他们最近一系列操作的必然结果。既然是意料之中甚至是计划内的事，有什么好担心的？

中央强于地方，在后唐建国以来已经是不可动摇的大趋势，以区区凤翔一隅，焉能挡天下？何况自明宗皇帝以来，天下大致太平，非庄宗末年那种四方皆反的态势，李从珂就算要作乱，他也拉不到同伙啊！而且，最初从西边各镇传来的消息，似乎也证明了朱弘昭、冯赟等人对时局判断的"准确性"。

李从珂最想拉拢入伙的藩镇节帅，是西都（韩建重建后的小长安）留守王思同。原因嘛，是王思同镇守的长安就在凤翔与洛阳之间，不管李从珂想东征洛阳，还是阻止朝廷军队的征讨，长安都是必经之地。因此，除了檄文，李从珂还派推官郝诩、押牙朱廷乂带着美女前往长安，送给王思同当见面礼。李从珂还秘密吩咐郝、朱二人：王思同肯入伙便罢，如果他拒绝与我们联手，那就设法杀掉他。

王思同已经出场过多次，只不过此前一直是小角色，很难给人留下深刻印象。他本是唐末枭雄刘仁恭的外孙，刘守光发动兵变囚禁刘仁恭，成为幽州之主后，王思同不肯给这位糟糕的舅舅卖力，便率部下投奔了李克用。之后，王思同在李克用、李存勖父子麾下征战多年，无奈当时晋军中将星璀璨，他始终没有脱颖而出的机会。直到李嗣源称帝，昔日名将大多凋零，王思同才熬出头，被提拔到节度使一级，因此对李嗣源颇为感恩。

于是，李从珂失算了。王思同不等与郝、朱见面，便对部下说："我身受明宗皇帝大恩，如果今天跟着李从珂一起反叛，即使成功，得享荣华富贵，也不过是一个为后世所不齿的叛贼！何况李从珂的反叛注定要失败，我岂能跟着他去干蠢事，枉自留下千古骂名！"

然后，王思同逮捕了郝诩、朱廷义，向洛阳朝廷奏报此事。王思同的做法仅仅是此时西部诸藩镇的一个缩影，实际上收到李从珂檄文的各藩镇，不是把李从珂派来的使节抓起来，就是将使节驱逐出境，都不肯响应李从珂的号召。只有陇州（今陕西省陇县）守将相里金，算是例外，派了判官薛文遇到凤翔共商大事。可是，陇州本来就是凤翔镇的支州，换句话说，除了李从珂自己镇守的凤翔本镇，他没能拉到一个盟友。

强弱是悬殊的，洛阳方面对平叛前景非常乐观。本来朱弘昭打算让康义诚担任主帅，讨伐李从珂。但是，康义诚觉得自己曾经与李从荣交好，加入朱、冯一伙的时间太晚，担心自己一旦离开洛阳，朱弘昭、冯赟有可能另外推荐一个人代替自己主管侍卫亲军，那自己不就亏大啦？于是，康义诚竭力推荐王思同，说他忠勇可靠，久历戎行，距离凤翔又近，最合适担当讨伐军主帅。如果怕王思同独担此任有困难，可以让前静难节度使药彦稠、羽林都指挥使侯益做他的副手。

侯益，河东平遥人，出身农家，少年时投入李克用帐下从军，为人骁勇敢战，在梁晋争雄时立下不少战功，被编入李存勖的亲军从马直，灭梁后任从马直副都指挥使。

当年，皇甫晖兵变发生后，侯益率部分从马直亲兵，随李嗣源征讨魏博叛军。可一到魏州城下，亲兵张破败又发动兵变，从马直几乎全员倒戈，挟持李嗣源造反。侯益是里面少有的例外，他独自逃回洛阳，向李存勖表达忠心。可他没想到，李存勖会倒得那样快，等李嗣源进洛阳，侯益只好自缚双手，和西方邺一起向李嗣源请罪。好在李嗣源大度，说："你们不过是坚守忠节，有什么罪？"李嗣源仍让他在禁军中任职。

大概因为有了这段经历，侯益对时局多了个心眼儿。他知道，不论是新天子李从厚，还是两枢密朱弘昭、冯赟，抑或统领侍卫亲军的康义诚，都是名微德轻，在军队中的影响力远低于李从珂。而现在这些军队，自从七年前废庄宗立明宗成功之后，早已骄悍成性。依此推断，真不敢担保此次讨伐李从珂必胜。万一失败，难道要自己再一次倒缚双手去向李从珂请罪？李从珂有没有他义父的宽大，侯益还真没有把握。

躲开才是上策。于是，在得到任命后，侯益突然得了"重病"，卧床不起，没办法，只好请辞。朱弘昭大怒，认为侯益是装病，将他贬出京城，任商州刺史，其职务改由绛州刺史苌从简接替。

二月二十一日，洛阳朝廷正式任命王思同为讨伐李从珂的主帅，为加强王思同的军力，药彦稠与苌从简率中央禁军进驻长安，威逼凤翔。与此同时，李从珂没什么大动作。

二月二十七日，李从厚下诏罢去李从珂的全部职务，王思同升使相，代理凤翔节度使，让各镇军队向凤翔城下集结。同日，李从厚派殿直楚匡祚前往亳州，逮捕了李重吉。而李从珂由于实力有限，仍然没有什么举措，只是在凤翔备战。

三月初，朝廷的讨伐大军陆陆续续到达前线，在凤翔城下完成了集结。除了王思同的西京留守部队，药彦稠、苌从简带来的中央禁军，还有河中节度使安彦威、山南西道节度使张虔钊、武定节度使孙汉韶（也有记载说孙汉韶留守兴元防备后蜀，没有参战）、彰义节度使张从宾、静难节度使康福带来的各镇军队。七支大军会集于凤翔城下，对城内的李从珂军，形成绝对碾压的数量优势。

既然本方兵强马壮，王思同就觉得用不着考虑什么技巧问题，直接将凤翔围上，然后四面猛攻，争取用最短时间解决李从珂。三月十五日，经过一天激战，李从珂军在城外的重要据点西关被攻克，守军损失不小，李从珂不得不放弃城外所有据点，将剩余兵力收缩进凤翔，困守孤城。

见李从珂军表现得如此不堪一击，王思同、药彦稠等讨伐军主将都觉得胜利在望，决定第二天一鼓作气，对凤翔城发起全面总攻。

按史书的说法，让王思同等人拥有如此底气的原因，除了第一天战斗的胜利和巨大的兵力优势，此时的凤翔城防也很糟糕：城墙低矮，壕沟非常浅，各种守城所需的装备也都不完备。这条记载很奇怪，因为在李茂贞时代，凤翔可是天下闻名的坚城，当年朱温亲统大军围攻了一年多都没有拿下来。这也没过去多少年，怎么就突然变得样样不行了呢？在下怀疑后唐合并岐国之后，为防止凤翔再度成为割据势力的核心，破坏过其城防设施，只是史书没有记载。

天下第一哭

三月十六日天色放明，战斗开始了。讨伐军攻势凶猛，凤翔守军难以支撑，破城似乎已经近在眼前。李从珂在城头往来奔走，手忙脚乱地指挥着看起来越来越无望的抵抗，心里几乎凉透，禁不住一股悲愤涌上胸膛：难道天要亡我了吗？我并没有太多的奢望，我仅仅是不想被弄死！这要求也算高吗？

战斗中，李从珂奔到西面城墙指挥，发现在这里攻城的军士好多都很面熟，很多人曾经共事过，或做过自己的部下。李从珂心下一横：如果自己注定要死，就死在这里吧！

于是，正在攻打凤翔西面城墙的讨伐军将士看到了让他们印象深刻的一幕。一个身材高大、满脸沧桑的中年男子（李从珂本年四十九岁），登上城楼最醒目的高处，对着城下边说边哭："我还是一个孩子时就追随先帝，出生入死，南征北战。我这全身都是为了创建国家而留下的刀箭之伤。你们中多少人都当过我的部下，摸摸良心：我说的是不是事实？可现在，朝廷听信奸臣的谗言，离间骨肉至亲，我究竟有什么罪，为何一定要置我于死地？！"说到痛心处，李从珂再也抑制不住情绪，放声大哭。

攻打西面城墙的讨伐军，由山南西道节度使张虔钊的部队和中央禁军中的右羽林军组成，他们中确实有很多人跟随过李从珂，对这位待下不薄的老长官还是有些感情的。毕竟比起从没上过战场的李从厚，以及朱弘昭、冯赟那些不知从哪里冒出来的新贵，李从珂更像是自己人。而且，李从珂说得也不无道理，情绪渲染之下，很多军士都为他们的老长官感到哀伤，战斗也一时停滞了下来。

可能有些人的心思也活动起来：七年前，皇甫晖由一介小兵升到节度使，靠的是什么？如果想重演历史，一步登天，现在正是最好的机会。

西面攻城的主将张虔钊是一个单纯的武夫，勇猛、凶暴、粗线条。他远远一看，城上那个人不就是悬赏的头号目标李从珂吗？拿下他，自己就是首功了。可他再一看，前面那些士兵停下不打了，大怒，命亲卫抽出大刀，上前督战，驱赶士卒拼命攻城：凡不用命者，就让他没命！

原本在李从珂的恸哭之下，军心已有些动摇，张虔钊的愤怒恰恰成了最好的催化剂，于是一次运行剧烈的规模巨大的置换反应（$AB+C \rightarrow A+BC$）在凤翔城下奇迹般爆发了！士兵们勃然大怒，掉过头攻击张虔钊，迅速击溃了张虔钊的督战队。张虔钊急忙纵马奔逃，总算得以逃出一命。

在这群哗变的军队中，有个军官叫杨思权，他在不久前还是秦王李从荣的手下，与李从荣的关系比较亲密，曾劝秦王要招聚兵马，以备不测。虽然在之后李从荣真遇上"不测"的时候，杨思权正驻军兴元（今陕西省汉中市），没有参与，也就躲过了朱弘昭清洗的黑名单，但他心里始终不安：谁知道自己这个把柄什么时候又会被人抓出来？

这时，身为右羽林指挥使的杨思权感到，自己要转危为安，进一步博取荣华富贵的唯一机会，就在这一刻了！于是，他突然带头高呼："大相公（李从珂，按年岁计，他是李嗣源最大的儿子，虽然不是亲生的）才是我们的主人！"顷刻间，万人响应。刚才还占尽了优势的讨伐军士兵，纷纷将武器扔在地下，脱下盔甲，向城楼上的李从珂下拜请降。

在城楼上，原本抱着必死之心的李从珂也被城下这一幕惊天反转惊呆了，自己这辈子多少次拎着脑袋冲锋陷阵，但战果加起来也比不上刚才这一阵哭。战争居然还有用这种方法打赢的？

幸福来得太突然，让人都有些不敢相信，但李从珂还是很快反应过来，马上命军士打开西门，迎接归降的军队入城。杨思权走上城头，找了一张纸呈给李从珂，要求将自己带头倒戈的功劳尽快变现："臣今后就赤胆忠心地追随殿下了，愿殿下大功告成之日，给臣一个节度使当当，不要只给个防御使或者团练使。"李从珂也好说话，马上在纸上写下一行字："杨思权可担任邠宁（静难镇）节度使。"

由于凤翔城的物理阻隔，西面城墙外发生的事，其他几面的讨伐军暂时还不知道，其他几面的战斗也还没有停下来。讨伐军主帅王思同仍在指挥士兵攀城而上。这时，杨思权在禁军中的一个同事，严卫指挥使尹晖可能是收到了老朋友传来的消息，突然在阵中高声大喊："别打了！听说城西的兄弟们已经进城，接受潞王的重赏去了，咱们还在这儿傻乎乎地打什么呀？"讨伐军的各支大军，几乎全部士卒都加入了哗变行列。他们抛下武器、解开铠甲，欢呼声响彻如雷，震撼着关西的大地。

值得注意的是，朱弘昭、冯赟开战前的判断在一定程度上是准确的：王思同、张虔钊等几位节度使，以及中央军的主将药彦稠、苌从简全都没有背叛。但这没用，因为他们的部下，几乎全部倒戈，归顺了李从珂，害得他们纷纷夺道逃走。这让李从厚、朱弘昭他们该找谁说理去？

奇迹在继续。三月十七日，王思同、药彦稠等败将一路狂奔，逃到长安城下，他们准备在这里闭城据守，等待朝廷派来的援军，挽救败局。然而，王思同这个西京留守发现自己已经进不了自己镇守的城镇了，临时代替他守城的副留守刘遂雍已经叛变，下令紧闭城门，禁止讨伐军的败将入城。王思同等见形势已变，只好绕过长安，逃往潼关。

刘遂雍本是后梁著名将领刘鄩的儿子，刘鄩的儿子们在刘鄩被杀后一度混得挺惨，后来因为花见羞意外成了当朝最得宠的皇妃，才迎来转机。花见羞对前夫的家人自然非常照顾，经她活动，刘遂雍当上了西京留守，另一个兄弟刘遂清当上了兴州刺史。因此，刘家兄弟在朝中的靠山就是花见羞。不久前，花见羞在宫中的地位被朱、冯一党扳倒了，刘家兄弟不知道什么时候灾难就会落到头上。现在，受过花见羞营救大恩的李从珂突然取得了莫名其妙的大胜，那他们当然要站队到李从珂一边了。

与此同时，意外得胜的李从珂发现自己也不轻松。杨思权和尹晖代替自己许给了降兵巨额的赏赐，因为降兵众多，这笔赏钱的总额高到了自己完全没有能力兑现的程度。凤翔城的仓库搬空了，李从珂只好命令城内各文武官员出钱救急，就连锅碗瓢盆都不放过，全部变卖折成现钱，发给士卒当赏赐。但还是远远不够！

李从珂清楚，这个时候的赏赐可不能打折。他只好向降兵们许下诺言："放心，每人一百贯的赏钱绝对少不了，凤翔的钱不够，但会在路上补齐，最迟到洛阳，肯定全部发清，绝不会打白条！"史书中没有明确记载李从珂原有的部众再加上归降的七路大军究竟有多少人，假如有十万人，那就算不考虑军官应该多得一些，也需要一千万贯的赏金！这已经超过唐朝后期一年的中央财政总收入，确实不是一个容易填满的巨坑。

随后，李从珂正式从凤翔出发，挥师东进，开始了同时具有争夺天下与找钱填坑双重目标的浩浩征程。

本来，李从珂认为在长安可能要打一场硬战，可刚走到岐山，就听说了刘遂雍拒绝王思同入城的消息，大喜，马上派使节前往长安。刘遂雍果然主动归附，而且将长安公库中的全部金银财帛都搬了出来，摆到城外大道上犒赏李从珂的东征军。李从珂的前锋部队都领到了赏钱。

三月二十日，李从珂抵达长安，刘遂雍迎接入城。这时，长安公库的钱全部用光了，刘遂雍只好在城中征收紧急特别税，用作东征军的赏钱。自然还是不够。

也就在三月二十日这一天，朝廷讨伐军的部分败将逃回洛阳，凤翔兵变的消息这才传到了朝中，顿时举朝大震。李从厚不知所措，紧急召见朱弘昭、冯赟、康义诚等，商讨对策。

见到这些天来联手揽权，排挤走不少大臣和他的心腹，几乎把他变成虚君的这几位当朝权贵，又想到目前被他们弄砸的局势，李从厚的火气就不打一处来。原本懦弱的皇帝忍不住第一次大着胆子，怒责这几个曾经让他心存畏惧的人："先帝去世的时候，我还在魏州当留守，当时由谁来继承大统，完全是你们这些人决定的，并不是我有心要和别人争夺帝位！我继位之后，因为年纪尚轻，没有经验，所有军国大事都交给你们处理，你们就这样辅佐我？本来我和兄弟们的感情一向和睦，与潞王之间也没有猜忌，可你们告诉我这事关社稷，不能计较私情，我能不听你们的话吗？这一次出征凤翔之前，你们一个个把胸膛拍得当当响，说什么叛军不堪一击，凤翔很快就可以平定。好吧，现在怎么样啦？你们还有什么救亡的主意？"

让李从厚失望的是，别看之前朱弘昭、冯赟飞扬跋扈，个个仿佛雄才大略，现在真遇上大事，两人都哆哆嗦嗦，半天答不上一句话。李从厚恼道："罢了，实在不行，我就亲自去迎接潞王，将大位让给他！就算不能免罪，也心甘情愿！"

这时，康义诚灵机一动：自己加入朱、冯一党的时间短，与李从珂的仇恨不深，如果能带着自己统领的侍卫亲军主动向西来的军队归顺，说不定自己在李从珂那边的身份，就能由"战犯"变成"功臣"！对，这是一个转祸为福的好主意。

于是，康义诚向李从厚进言："这次讨伐军失利，主要是因为主将无能（可讨伐军主将王思同不就是你康义诚推荐的吗？），并不是叛军有多么强大。现在京城中侍卫亲军的数量还不少，臣愿亲自率领他们出征，扼守险要，召集前方败兵，坚决阻止叛军的推进。陛下您不用过于担心。"

李从厚还是有点不放心，现在后唐诸将领中，资历、声望能与李从珂相匹敌者，只有石敬瑭，要不，调石敬瑭来京，指挥禁军，抵挡李从珂？康义诚连忙反对，自己计划中"起义投诚"的大功怎么能让给别人呢？于是他反复强调兵贵神速，形势演变太快，不能等石敬瑭。

李从厚想想也有道理，同意了康义诚的请求。为稳定军心，李从厚命令打开国库，将所有金帛拿出来，给侍卫亲军大发赏赐。这还不够，因为害怕军队再发生倒戈，李从厚不顾后果地给即将出征的禁军再许下相当于李从珂承诺赏金两倍的重赏：一旦打下凤翔，平定叛乱，每名士兵都可以再领到两百贯的赏钱！

李从厚大概没有考虑过，平定了凤翔，他如何拿得出这笔赏金的问题。不过，稍后发生的那些事证明，李从厚用不着为这个问题烦恼。

领到的赏赐，只是进一步刺激了侍卫亲军的贪婪与骄横，丝毫没有让他们为王前驱的信念稍有增强。背着赏钱的士卒在路上相见，得意地相互打着招呼："等到了凤翔那边，还有一份呢！"

三月二十一日，李从厚亲自到左藏库（当时国库分为三部分：左藏库、右藏库、内藏库或称内库。通常左藏库最重要，负责收纳保管天下的税负，右藏库保管各地和外邦进贡的物品，内藏库则是皇家私库）检点财物，分发给禁卫各军，防止有官员从中克扣。

禁军各将领自然也都到场，马军都指挥使朱洪实昨天因为级别不够，没能参加御前会议，此时知道了康义诚的主意，明确表示反对。朱洪实认为，此时不能再派禁军西上迎敌，否则军队很可能在行进途中就垮掉。想想当初魏州兵变后，庄宗皇帝亲统大军去讨伐明宗皇帝是什么结果，还不如集中军力固守洛阳，等待各地的勤王援军，这样或许还有转机。

康义诚大怒，他与朱洪实在扳倒花见羞时合作过，但并不代表两人感情深厚。原先在消灭李从荣时，朱洪实抢他头功的事，康义诚还怀恨在心，现在朱洪实想来坏自己倒戈的大计，是可忍，孰不可忍！

于是两人大吵了起来，愤怒之中的康义诚奏道："朱洪实阻挠朝廷用兵的决策，他分明是想造反！"

朱洪实也反唇相讥："明明是你自己想造反，还要诬赖别人吗？"

两人越吵越凶，李从厚完全没有能力分辨两人谁是谁非。但他既然已经决定让康义诚率军出征，自然不能在这个时候处罚即将出征的大军主帅。于是李从厚一边倒，当即下令斩了朱洪实，以便维护康义诚在军中的权威。但实际效果不好，朱洪实的部下都认为他们的长官冤死，怨怒之情无法压制。

朱洪实是朱弘昭的义弟，击杀李从荣的主要功臣，李从厚却连声招呼

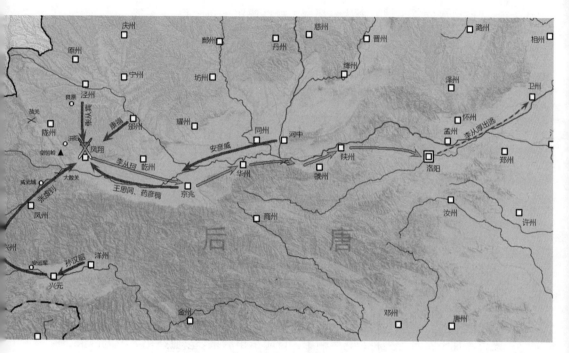

▲ 934 年，李从珂反叛

也不打就杀掉。从这个事件可以判断，如是说此前朝廷是朱弘昭、冯赟一党的天下，那么自三月二十日御前会议以后，由于朱、冯二人畏罪退缩，李从厚似乎已经收回了权柄，之后几天朝廷的决策，应该由他这个皇帝负责了。可以看到，权柄在手，李从厚一改以往给人留下的为人温和的好印象，变得残忍好杀。也许这就是兔子急了也咬人吧？

那么在危急时刻，李从厚都做了哪些决策来自救呢？

首先，大概是要表明朝廷与李从珂叛军绝不妥协的态度，李从厚派殿直楚匡祚前往宋州，诛杀已被监禁的李从珂长子李重吉。楚匡祚到宋州后先对李重吉严刑拷打，百般折磨，逼他交出所有藏匿的家产，然后再杀人。与此同时，李从厚又在宫中杀掉了被扣押的李从珂之女李惠明。

然后，李从厚任命康义诚为凤翔行营都招讨使，指挥中央禁军讨伐李从珂。原先讨伐李从珂的主帅王思同改任康义诚的副手。同时，李从厚急召石敬瑭南下，打算借助姐夫在军中的声望，来对抗正在东进的义兄。

王思同没能接到新的委任，三月二十二日，他在逃往潼关途中被李从珂的前锋部队抓获。李从珂问他：为什么不降，还要跑？王思同答："我身在行伍间，只因为得到先帝的提拔，才位至节帅，常常惭愧自己没能立下功勋，来报答先帝的大恩。我知道现在依附大王，可立得荣华富贵；继续效忠朝廷，则是死路一条！但我今天要是惜命苟活，死后还有什么脸见先帝于地下？身为大将，既然输了，自应承担后果，以血祭祀大王的战鼓，请快点儿杀了我吧！"

李从珂听罢，耸然动容，命人将王思同带下去休息，然后与众人商议，打算赦免王思同。这下子急坏了倒戈功臣杨思权和尹晖：要是王思同被定义为忠义之士，那我们算什么？尤其是尹晖，在进长安时，他闯进王思同的家，将王思同的家产和妻女都霸占了，岂能再让王思同活着回来？

于是杨思权与尹晖一起向刘延朗进言："如果留王思同一命，就不怕失了起义将士的军心吗？"于是，刘延朗乘李从珂喝醉，擅自做主，将王思同及其妻子一并处死，以便让杨思权、尹晖等"起义"将士心安。

等李从珂酒醒，知道王思同已死，对着刘延朗发了一通火，然后叹息了好几天。不过，放在当时的情境下，杀王思同也可能就是李从珂的决定，只是他既不愿意自己动手杀一个忠臣义士，又不敢逆杨思权、尹晖等人为代表的降兵意愿，只好把这个难题推给刘延朗了。有一点事实可资证明，之后李从珂并没有以擅杀王思同罪名而处罚任何人。

三月二十四日，李从珂抵达华州，朝廷讨伐军主将之一药彦稠被擒，李从珂将其囚禁于华州大牢，不久后处决。第二天，李从珂大军越过没有设防的天险潼关，进抵潼关之东的阌乡。朝廷原本在这里驻有军队，但一见到李从珂的军队，便不放一箭，全军投降。原先参与讨伐凤翔的河中节度使安彦威、匡国节度使安重霸向李从珂投降。保义节度使康思立原本准备坚守陕州（今河南省三门峡市），等待康义诚的大军。但康义诚的军队还没到，李从珂的前锋先到了，守军纷纷出城投降，康思立只好出来投降。

三月二十六日，康义诚率领的第二批讨伐军终于从洛阳出发，向西开进。

三月二十七日，李从珂进入陕州，左右幕僚建议说："如今大王就快进入京城，有传闻说皇帝已经出逃，大王不如在陕州稍事停留，先发布文告，安抚一下京城的人心。"

李从珂心领神会：是呀，如果大军直接挺进洛阳，使李从厚死在京城，那天下人的悠悠之口还是不好应对的，还不如留出时间，让李从厚自己逃走。以当时的情势看，李从厚一旦逃出洛阳，重新翻盘是不可能的，多半会在途中被人干掉，这样自己所承担的道德压力就会小很多。

于是，李从珂暂停进军，向洛阳发布文告，宣布除了朱弘昭、冯赟二人罪大恶极，不予赦免，其他在京文武官员均不再追究，各自安心。

李从厚被弑

再说康义诚的理想是率全部侍卫亲军投降，博个反正的大功。但理想很丰满，现实很骨感，他能想到的事，他的手下基本都能想到。不就是"到凤翔那边再领一份"嘛，这谁都会，何必要跟着他，让他再抽一份油水呢？于是康义诚带领的大军刚走到洛阳城西仅九十里的新安（距离陕州大约还有两百里），侍卫亲军就开始各自拉帮结伙，或几十人，或百余人，成群结队地脱离编制，奔往陕州，向李从珂投降领赏去了！

康义诚的军队就像一大块烈日下的冰块，以极快的速度消融瓦解，一切与朱洪实的预测毫无二致。等康义诚走到陕州东面的乾壕，遇到李从珂的一小支斥候骑兵，然后赶紧解剑投降时，康司令已经变成了康排长，手下只有几十人了！

三月二十八日傍晚，李从厚接到康义诚和侍卫亲军倒戈的消息，又惊又怒，又没了主意，只好又派宦官急召朱弘昭入宫议事。朱弘昭接旨后，大惊失色，他首先想到的是：这个时候紧急召我入宫，是要把锅全扣到我头上，让我去当替死鬼吧？人固有一死，或痛不欲生，或闭眼一跳，反正逃不脱了，就给自己选个轻松一点儿的安乐死吧！于是朱弘昭没有入宫，而是马上找了一口井，翻身一跃，成功躲过别人的诛杀。

此时负责洛阳治安与防务的将领安从进，私下已经与李从珂有联系，突然听说朱弘昭自杀了，猛然反应过来：时候已到，再不做点儿什么，就要错过起义大功了！现在有两个目标，一是抓李从厚，风险太大，毕竟李从珂打的旗号是"清君侧"，没说清君主，搞不好会弄巧成拙。那稳妥起见，就选第二个，安从进马上带兵闯进冯赟的宅第，将冯家满门抄斩，再派人从井里把朱弘昭的尸体捞上来，将朱、冯二人的人头一并砍下，准备进献给李从珂。

且说李从厚召朱弘昭不至，紧接着听说朱弘昭、冯赟都死了，安从进已经有了二心，大惊：显然用不着等李从珂到达，洛阳城就已经不安全了。李从厚急忙让大内总管孟汉琼准备车马卫队，以便出逃。但孟汉琼不见了，他已经单人匹马出城，西上迎接李从珂去了。

处处墙倒屋塌，李从厚只得连夜奔入最亲密的亲军控鹤都求救。此时的控鹤都指挥使慕容迁，是跟随李从厚多年的心腹，想当年梁末帝朱友贞遭遇大难时，控鹤都指挥使皇甫麟是最后陪死的忠臣，卿不会辜负我吧？慕容迁指天发誓，忠义感人："无论生死，臣都会追随皇上到最后一刻！"

李从厚稍感宽慰，总算还有一个忠臣，便道："我要出城去魏州，集合河北藩镇的力量，慢慢寻求复兴的机会。"于是，李从厚在五十名骑兵的护卫下先出玄武门，等待慕容迁出来。没想到他刚出门，慕容迁就将玄武门紧闭，将刚才那些誓死追随的誓言扔到九霄云外去了。

连慕容迁都背叛自己，李从厚大恸，好在最后这五十名骑兵还真保持着对他的忠诚，他只得在这几十人的保护下，连夜向着东北方向逃去。

三月二十九日一早，百官按惯例上朝，才得知昨天晚上死了两个枢密使，逃了一个皇帝。显然，变天了。三位宰相中的冯道、刘昫打算先回家等待，另一宰相李愚反对："皇上虽然出奔，太后还在宫中，出了这么大的事，我们应该先入宫请示太后，让太后做决定，这才是人臣的本分。"几人正争论间，安从进派人通知他们："潞王殿下正加紧东来，马上就要到了，各位相爷和百官准备一下，前往迎接。"

于是，冯道找到中书舍人卢导说："当务之急是还少一份劝进文书，麻烦你赶快动笔。"

卢导说："潞王入朝，百官前往迎接是可以的。至于废立君主，那只有太后有这个权限，咱们做臣子的，岂能擅自劝进？"

冯道答："你说的虽然合乎大道，但做事最重要的是务实！"

卢导怒道："哪有天子刚刚出奔，他的臣子就急吼吼劝别人当皇帝的道理？如果潞王坚守臣节，以大义责备我们，我们怎么回答？"

应该说，卢导说对了一半，虽然事到如今，李从珂不可能再坚守臣节，但并不妨碍他用大义来责备变节之人。比如率数十人投降的康义诚，就遭到了李从珂劈头盖脸一顿痛斥："先帝逝世之时，挑选我兄弟来继位，是由你们决定的。当今皇上在守丧期间，所有军国大事，都是交给你们来处理的。你们既立了新君，又掌握了大权，为何仍不知道该有始有终？不能用心辅佐，反而私心自用，把我兄弟害到如今这境地！"

康义诚吓得跪倒在地，拼命叩头，连称死罪。李从珂原本对康义诚就没什么好感，现在看到他这副丑样，更加厌恶，只是考虑到还没进洛阳，现在杀降稍早，便决定让他再多活几天。

另一个跑去投降的重要人物孟汉琼，四月一日在渑池与李从珂的军队相遇。与康义诚相比，孟汉琼觉得自己的投降更有底气。毕竟在当初李从珂遭到安重诲迫害之际，自己听命于花见羞，为营救李从珂忙里忙外，是出了不少力的。这些事，李从珂应该还记得吧？

于是，在见到李从珂时，孟汉琼放声大哭，打算先酝酿一下感情，再好好叙叙旧。不想李从珂制止了他："所有的事，不必多说了，我都很清楚。"然后，他便离开了。

心下坦然的孟汉琼，自觉地加入从凤翔东下的从龙功臣行列，跟着一起前进。孟汉琼不知道，李从珂如果感谁的恩，那也只会是只救人不害人的花见羞，不会是他。在李从珂的檄文中，早已将李从荣的死定义为被奸臣所害，自己起兵的目的之一，就是要为李从荣申冤。而在杀李从荣时，孟汉琼是出力最多、行动最积极的人，怎么可能被饶过？

于是，李从珂一回头，发现孟汉琼如此没有自知之明，不由得大怒：原本打算到洛阳再收拾你，你等不及也好，那你就提前上路！

李从珂下令将孟汉琼从人群中揪出来，就在大道之旁斩首。

这时，参与讨伐凤翔的其余大将也都有了下落。苌从简、王景戡在逃亡中被部下抓捕，献给李从珂。对讨伐失败责任最大的山南西道节度使张虔钊，却成功地逃回了驻地兴元（今陕西省汉中市）。想想李从珂一旦当上皇帝，自己在后唐恐怕不会再有好果子吃，张虔钊便与同样受命参加讨伐凤翔的武定节度使孙汉韶一起行动，献出山南西道、武定两镇所辖的六个州、府（兴元、兴州、洋州、壁州、通州、开州）向后蜀帝孟知祥请降。（有记载说，孙汉韶没有参战，在讨伐凤翔期间，只是替张虔钊守兴元。但孙汉韶如未参加讨伐，似不必降蜀，此处存疑）早就说过要等着看李从厚笑话的孟知祥，得到了这个天上掉馅儿饼的好消息，当然不会客气，立即命大将李肇、张业统领大军北上受降，接收山南之地。

在两镇所辖之地中，兴州（今陕西省略阳县）刺史刘遂清是刘郚的儿子，西京副留守刘遂雍的兄弟，自然不愿意随张虔钊降蜀，但他又没有能力抗拒蜀军，只好放弃兴州，带着所部人马向北翻越秦岭，奔回后唐境内。

至此，后蜀完全统一三川，拥有了完整的北部防线。

也就在孟汉琼被砍脑袋的这天凌晨，李从厚一路仓皇奔命，逃到卫州郊外，正好遇上受命南来朝见的姐夫石敬瑭。石敬瑭可能是此时后唐国内唯一在军队中的声望能与李从珂匹敌的人，李从厚仿佛在淹死前抓到了一根稻草，大喜过望，觉得终于要转运了：明宗皇帝传下的社稷能不能保全，自己的命能不能保住，这一切，就都仰仗姐夫您的谋略与忠勇了！

在这个地方见到皇帝，石敬瑭也颇感意外。他问道："听说朝廷已经派康义诚统军西征，战事如何？陛下怎么就跑到这里来啦？"

提到伤心事，李从厚哭得稀里哗啦："潞王叛军一逼近，康义诚也就跟着叛变投敌了！我已经没有人可以依靠，是长公主叫我从这条道走，才有机会遇上你。"说罢，李从厚透过婆娑的泪眼望着这位久历戎马的姐夫，希望他能拿出什么起死回生的大招。

石敬瑭听完，心凉了大半，时局已经发展到如此地步，自己还出头对抗李从珂，非常不明智。他低头沉思，连连叹气，过了大半天，才在李从厚期待的目光中勉强答道："这里的卫州刺史王弘贽，是本朝宿将，知晓时事，等我去和他商量一下再做决定。"

于是，将李从厚一行安置于驿站后，石敬瑭前往州衙会见王弘贽。王弘贽在石敬瑭征讨两川时任大军先锋，两人以往就有交情，见面后也就不再绕弯子，直接谈正事。

石敬瑭问道："主上遭逢危难，我身为国戚皇亲，如何才能保万全？"

王弘贽一听，石敬瑭问的是如何保万全，而不是如何保皇上，就心有灵犀。于是他侃侃而谈，摆出一番可以代表当时后唐广大军人心声的大道理："自古以来，天子出逃也不是什么稀罕事，但至少得保持一点儿天子的派头。当今这位来卫州，身边可有护卫禁军、将相大臣相随？"

石敬瑭答："没有。"

王弘贽又问："传国玉玺、天子乘舆、祭祀法物这些东西带来了吗？"

石敬瑭答："也没有。"

王弘贽接着合理推导："所谓大树将倾，不是一根草绳能够拉回来的。

如今皇上只带着五十人狼狈逃窜，将相无一人相随，象征天命的器物也一件没有，这正是蛟龙失云雨，还谈什么复兴大计？如今天下将士的人心已经归附潞王，无论你我再怎么满腔忠义，也不可能改变了！"

石敬瑭带着一队卫士回到驿站，入内将王弘贽的话告知李从厚一行人：对不起，你已经没救了，所以呢，我帮不了你。

跟随在李从厚身边的一名叫奔洪进的侍卫极为愤慨，怒斥石敬瑭："皇上是明宗皇帝的爱子，你是明宗皇帝的爱婿，在安乐时同享富贵，也该在忧患时共担灾难！而今皇上落难于此，把一切中兴的希望寄托在你这个皇室至亲身上，你居然推卸责任，是要投靠叛贼，出卖皇上吗？"

另一个侍卫沙守荣更是怒不可遏，直接抽出刀刺向石敬瑭。石敬瑭的侍从陈晖抽刀挡在石敬瑭的身前，两人同时挥刀，竟同归于尽！统领石敬瑭卫队的牙内指挥使刘知远听到声音，马上带兵闯进来，砍杀李从厚身边的侍卫。片刻之后，奔洪进自杀，保护着李从厚逃出洛阳的五十名侍卫全部丧生。杀光皇帝的侍卫后，石敬瑭、刘知远纵马扬长而去，只留下一个孤零零的李从厚，在血淋淋的驿站内，呼天不应，叫地不灵……

四月三日，李从珂到达洛阳，以冯道为首的群臣在大道旁相迎，并上书劝进（卢导的意见还是被否定了）。李从珂则理智地避开群臣，表示自己在未叩见先帝梓宫之前，不宜与群臣相见。

李从珂先进宫晋见了太后曹氏与太妃花见羞，安抚两宫，然后再到西宫，匍匐在尚未下葬的李嗣源灵柩前，放声大哭，向义父的在天之灵诉说自己的冤屈，以及自己这次起兵是如何迫不得已。

随后，文武百官由冯道领衔，入宫叩见潞王，并再次请求李从珂登基为帝，不要使国家无主。李从珂又搬出了大义，极其高风亮节地回绝道："我这次东行，实在是事出无奈，并非我的本意，更没有什么其他的想法。现在只要等皇帝回来，先帝的灵柩下了葬，我自然还要回凤翔去镇守边藩。你们突然提出这么无理的请求，太无聊了！"

都到这时候了，大臣们自然不会蠢到把李从珂的"高风亮节"当回事，潞王殿下应该是在等一个合法手续。卢导说过，要废立皇帝，从理论上讲群臣是做不到的，只有太后有此权限。

于是四月四日，曹太后下令：废去李从厚的皇帝之位，贬为鄂王，同时由李从珂权知军国事，入住至德宫（李嗣源称帝前在洛阳的旧宅）。冯道又率文武百官一起前往至德宫门前待罪请辞。李从珂这回没有再扭扭捏捏，而是大大方方地以代理皇帝的身份赦免群臣："冯相爷与诸位大臣有什么罪啊？请各自复位。"

四月五日，曹太后又下令，请李从珂即皇帝位。李从珂没有按传统习惯再推辞三次，四月六日便在李嗣源灵柩前举行了登基仪式，正式称帝。此时，李从厚已被卫州刺史王弘贽接出驿站，囚禁于州衙。李从珂得知这位高贵的义弟已经一无所有，却还没有自己"体面"的消息后，便派王弘贽的儿子，殿直王峦携带毒酒前往卫州，帮他"体面"。

四月九日，王峦到达卫州，当天李从厚身亡。有记载说李从厚是被毒死的，也有记载说他不肯喝酒，王峦只好动手将他勒死。李从厚在位五个多月，卒于二十岁。李从厚死后不到三年，曾在卫州落井下石、杀光他的侍卫的石敬瑭，宣布为自己这位小舅子平反，追谥他为"闵帝"。不过，石敬瑭虽然重新承认李从厚的皇帝之位，却并没有按皇帝规格为其营建陵墓，李从厚最后与为他所害的李重吉一起，栖身于一座数尺高封土的小墓下，陪葬于李嗣源的徽陵之内。

李从厚逃出洛阳时，他的皇后孔氏因为正在患病，与四个年幼的儿子都没有跟随出走，仍留在皇宫。据记载，孔皇后是个贤惠的妻子，没做过坏事。但急于斩草除根的李从珂不会考虑她是否无辜，在派王峦去卫州之后，又派人责问孔皇后："我的儿子李重吉如今在哪儿？"于是，孔氏与四个儿子全部被杀（真正动手虐杀李重吉的楚匡祚，却被李从珂赦免）。

在李从厚被囚禁于卫州那几天，只有磁州刺史宋令询派人来问候过。得知李从厚遇害后，宋令询伏地痛哭，半日之后，这位李从厚最后的忠臣上吊自杀，追随故主于九泉之下。

李嗣源系的后唐第二王朝就这样结束了，仅存在了八年，汉人李从珂系的后唐第三王朝开始。

第九章

后唐第三王朝

王彦章　周德威　刘知远　石敬瑭

扶起"生铁"

在通常条件下，李从珂当然不属于没钱者的行列，这也是他没有在第一时间倒台的基本条件之一。但随着时势发展，随着意想不到的"天下顺之"，那些心里想着"到凤翔那边还有一份"的大兵，争先恐后地投入李从珂一方，李从珂真的已经捉襟见肘，囊中羞涩了。虽然李从珂这次东进，一路上刮空了不少地方的仓储乃至地皮，但他需要面对的资金缺口仍然非常巨大。

水能载舟，亦能覆舟，作为军选皇帝的李从珂，是"兵能立帝，亦能废帝"。所以他当时的想法是，什么都可以欠，唯独许给兵大爷的赏金是不能也不敢拖欠的。

当然，并不是所有投降过来的人都需要支付赏金，有些钱还是可以省下来的。比如之前被砍头的孟汉琼；又比如在李从珂登基后第十三天，之前带着几十个侍卫亲军投降的"起义功臣"康义诚，同样被拉到兴教门外斩首示众，同时被杀的还有康家满门。为了荣华富贵反复倒戈的康义诚，恐怕没想到自己也有今天吧？

李从珂登基后第十四天，讨伐凤翔的中央禁军主将药彦稠也被处决了。关于药彦稠被杀，不少人认为可能与四年前他没有阻止索自通杀杨彦温有关，因为另一将领苌从简被赦免了。所以稍后，保大节度使索自通被李从珂调回中央任右龙武统军后，不由得万分恐惧，心想一旦追究起当初依附安重诲，陷害李从珂的老账，连药彦稠都活不了，自己恐怕会全族不保。于是，在一天上朝后，索自通一头跳进洛河，自我了断。

不过，这些可以削减的开支，毕竟只是少数。绝大多数降人还是需要李从珂兑现承诺，用真金白银来打发的。

所以一进入洛阳，李从珂马上找到掌管中央财政的三司使王玫，问他国库里还有多少钱。王玫查了查账簿，给了李从珂一个非常乐观的答案：各种金帛合计折钱还有好几百万贯哪！李从珂这下放心了，一直让人头大的赏金问题总算有着落了，那就赶快入库取钱，把许下的赏金都发了吧！

可前文提过，在康义诚统军出征时，李从厚为给出征将士打赏，曾亲下左藏库，几乎将这个朝廷最大的仓库搬空了。国库里还剩下的"好几百万贯"又是从哪儿来的呢？等打开仓库一清点，原来王玫口中那"好几百万贯"，绝大多数只是历年应收但没能收上来的欠税账单，国库里真正剩下的金帛只合钱三万贯了。

李从珂大怒，责问王玫：你胡说什么国库里有的是钱，现在怎么办？

王玫慌了神，请求向洛阳百姓紧急摊派，以凑足这笔钱。但王玫显然高估了摊派的力量，洛阳百姓对这种毫无合法性的摊派充满抵触，几天过去，王玫只收上来几万贯钱财。

李从珂只好召枢密使（不知道是谁）讨论这个问题："军队不能不赏赐，人心也不可不安抚，但现在没钱，怎么办？"枢密使建议，不论官民，只要没有睡大街的，一律预征五个月的房产税，以解燃眉之急。

李从珂同意了，但王玫的摊派加上预征上来的这点儿税收，也不过杯水车薪，根本填不满赏军所需的大坑。李从珂的眉毛还在继续燃着！

李从珂又急又怒，索性不再讲什么法令，遵守什么规则，原本用于严肃军纪的军巡法狱，被李从珂用成了官方土匪，对大批洛阳百姓实施合法绑票，尽全力勒索民间财富。在极短的时间内，洛阳的各个监狱人满为患，里面严刑拷打和呼痛哀号之声日夜不绝。大量交不出钱财的百姓想落个好死，或上吊，或投井，死者难以计数。

只有那些大兵活得惬意，连走在大街上也是一副趾高气扬、无比得意的样子。洛阳百姓看在眼中，怒在心头，有些胆大的人聚在一起愤怒地斥骂军队："你们效忠主君，奋力作战，立下了好大的功勋啊（这自然是讽刺，从凤翔到洛阳，一路只有倒戈的大兵，不见效忠的军人，更没有会战）！所以害得我们被鞭胸仗背，倾尽家产来给你们发赏金。你们居然还能扬扬自得，扪心自问，你们对得起天地良心吗？"

就这样，李从珂的后唐第三王朝，在建立之后没几天，就几乎丢光了民心。但即使如此，合计民间搜刮所得，国库残存物资，加上各藩镇呈献的贡物，乃至太后、太妃都将宫中的珍玩、器物大量捐出，距离李从珂许给军队的赏金仍然缺口巨大。李从珂愁白了头，夜不能寐。

一天晚上，枢密直学士李专美在宫里值夜班，他是追随李从珂多年的心腹，深得器重。李从珂便召他会面，半是埋怨，半是求助地说："你身为士人子弟，又以才气闻名，现在怎么不能替我想点儿办法，让我渡过难关？你的才气是干什么用的？"

李专美很惶恐，踌躇了半天，才缓缓对道："臣其实是个愚昧笨拙、才能低下的庸才，幸得陛下错爱，才得到过分提拔。不过，给军队的赏金不足，真不是臣的错。臣以为，这前因在明宗皇帝晚年就已种下，那时连续两次无缘无故地重赏军队，军人遂把无功受赏当成了惯例，由此开始骄横难制。之后，为营建明宗皇帝陵墓，以及出动大军西征，都是大把地花钱，有限的国库哪里禁得起这一再折腾，因此枯竭也是意料中事。其实，就算有再多的钱财，也不可能完全满足这些骄兵悍将的贪欲。而这一点，也正是陛下能在危急存亡之际拱手得天下的原因！"

李专美见李从珂已经动容，便狠了狠心，说出了一段之前没人敢说，必然招惹军人怨恨的建议："臣以为，国家的存亡，不能只依赖于赏赐，更重要还是明修法度，树立纲纪。陛下如果不能改弦更张，继续用有限的钱财来填充骄兵无限的贪婪，只怕百姓更加活不下去，军队的忠心也收买不到，国家是存是亡，也将无法预料。现在，国家的财力只能做到这一步，把已有的钱拿出来分给军队即可，不一定非要践行当初的诺言。"

李从珂想了想，也只能如此了。四月二十三日，李从珂下诏：凡在凤翔兵变时归顺的军队，从两大功臣杨思权、尹晖开始，每人赏马两匹、骆驼一匹，钱七十贯；以下随军阶递减，减到士卒，每人赏钱二十贯；在凤翔之后一路上归顺，以及在京城留守的军队，每人赏钱十贯。

靠把赏金砍到原许诺数的五分之一，甚至十分之一，李从珂总算是把赏金这一关勉强渡过。但军营中马上怨声载道：新皇帝说话不算话，真是太没有诚信了！看起来还不如李从厚慷慨呢！虽然假如胜利者是李从厚，他几乎可以肯定没有能力兑现给军队许下的赏金，但兵大爷是不会如此理性地考虑问题的，他们只是一味地后悔：早知今日，何必当初呢！因为李从厚小名"菩萨"，军营中就开始传出一条发泄不满的歌谣："除去菩萨，扶立生铁！"唉，这笔生意真是做亏了！

顷刻间，李从珂打算靠牺牲百姓来讨好军队的图谋也完全失败。民心、军心皆失，李从珂的执政，一开始就极其失败，仿佛预示着他的王朝不可能长远了。李从珂自然也很清楚自己糟糕的处境，但没办法，这年头军心的价格涨上了天，真的买不起了！在不可能将潜在不安定因素消除的情况下，只能退而求其次，看看如何防止小火苗扩大为燎原之势。

从当时的历史经验看，对现状不满的兵大爷很喜欢兵变，但大多难以服众，如果不能找到一个有声望、有地位的大人物拥戴为领导核心，那他们的兵变规模通常就是有限的、可控的，很难掀起排山倒海的滔天巨浪。

比方说，李存勖被迅速推翻，很大程度上是因为乱兵拥戴了李嗣源。如果叛军首领一直是赵在礼或皇甫晖，李存勖不可能死得那么快。同理，李从厚死得更快，同他的对手是李从珂关系也很大。因此，加强对重点危险人物的防范，即使做不到釜底抽薪，至少可以扬汤止沸，也算是没有办法的办法。

那么，现在李从珂坐上了危机四伏的天子宝座，放眼天下，哪个人在军队中分量最重、最有可能成为下一次军队反叛的领导核心呢？几乎不用犹豫，李从珂就迅速在心里锁定了头号危险分子——自己昔日的老同事兼名义妹夫石敬瑭。

不过，令人稍感安慰的是，石敬瑭此时就在洛阳，在朝廷的有效控制之下。当李从珂向洛阳进军之时，石敬瑭正好受命进京朝见，离开了自己的大本营。通过对局势的判断，他认为当时的自己绝不能同李从珂对抗，至少是暂时不能，否则只有死路一条。所以，石敬瑭在卫州狠狠坑了一把小舅子之后，再进京朝见大舅子，尽全力表现出对新皇帝的忠心。

可大家都是老江湖，你石敬瑭要真是个忠义之士，那李从厚的侍卫是怎么死的？也不可能跑到洛阳，向长久以来平起平坐的老同事下拜。所以光表忠心是远远不够的，石敬瑭还要想方设法让李从珂觉得自己构不成威胁。于是，他想到了当年司马懿对付曹爽的那一招——装病。没过多久，石敬瑭竟在众目睽睽之下，体格迅速缩水，面目憔悴，气息奄奄。

由于石敬瑭"减肥"太成功，连李从珂也感觉自己这位妹夫应该活不了几天，放他离开好像也构不成大害，相反，如果让他死在洛阳，没准儿会有人造谣说是自己害死的。曹太后与魏国公主（石敬瑭之妻，曹太后的亲生女儿，原封长宁公主，改魏国公主，后来又改封晋国长公主）也多次给石敬瑭说好话。李从珂便向心腹征求意见：对石敬瑭应该如何处置？

多数心腹认为，既然知道石敬瑭有可能带来风险，那就应该把他牢牢按在洛阳，可不能重蹈当年李存勖放虎归山的覆辙。但枢密使韩昭胤和枢密直学士李专美提醒李从珂：如何处置石敬瑭，要考虑的可不仅仅是石敬瑭一个人的问题，因为您可不止一个妹夫呀！

没错，李从珂还有一个重量级的妹夫，就是在明宗时期当过枢密使的美男子赵延寿。此时，赵延寿的身份是坐镇汴梁的宣武节度使，虽然他以往的功绩、声望都远低于石敬瑭，但他还有一个重量级的继父——时任卢龙节度使的赵德钧（原名赵行实）。赵家父子手握两个大镇，实力非常雄厚，如果石敬瑭入朝被扣，他们能不感到兔死狐悲，甚至铤而走险吗？

权衡再三，李从珂最终还是做出了一个让他在两年后追悔莫及的决定，送石敬瑭回太原，继续担任河东节度使。

在宣布诏令时，李从珂用满含友情与亲情的暖心话语，力证他与石敬瑭之间是如何亲密无间："石郎是皇室至亲，而且我和他从小同甘共苦，一起战斗，一起经历了多少艰辛。而今我当上天子，如果连石郎都不重用，还能重用谁呢？"

不过，李从珂肯让石敬瑭回任河东，除了安抚赵延寿等藩镇的内部考虑，很可能还有外部考虑。自从定州会战之后，安分了好几年的契丹帝国又开始蠢蠢欲动，表现出即将南犯的苗头。河东重镇需要有能力的重臣前往坐镇。

据《辽史》记载，在李从珂登位后不久，契丹皇帝耶律德光收到了一封从南边送来的密信。寄信人是耶律德光的哥哥，前东丹王耶律倍，当然，他现在已经被后唐赐名叫"李赞华"。

从"耶律倍"，到"东丹慕华"，再到"李赞华"，他已经在后唐生活了四年，《辽史》说他非常喜爱汉地文化且精通儒学，但阿保机的长子"李赞华"看起来并没有融入他的新家乡，仍与周围的一切格格不入。在中原的史书中，"李赞华"是个性情暴虐，甚至可以称为变态的家暴狂，这与他在契丹时博学儒雅，到处强调"仁者爱人"的完美人设形成巨大反差。

据称，耶律倍有个很恐怖的爱好，喜欢喝新鲜的人血，为此他经常在婢女的手臂上刺孔吸血。他暴躁易怒，一发怒便在妻妾、女仆的身体上尽情施虐，用火烫她们的肌肤，甚至挖出她们的眼睛。

这些被虐待、被残害的妻妾、女仆都是中原人，耶律倍原来的两个妻子和至少五个儿子都留在了契丹，没有随他南逃。当初李嗣源见耶律倍孤身南来，便特别安排了原李存勖的嫔妃夏氏嫁与他为妻。不久，夏氏就因为无法忍受与新丈夫相处时的恐惧与痛苦，请求离婚，而后出家为尼。

关于耶律倍在中原表现出的变态行为，比较令人信服的解释，可能是耶律倍在中原的妻子夏夫人是后唐官方给他安排的，他疑心夏夫人。身边的婢女也可能是后唐派来监视他的眼线，他用变态暴虐的行为，将这些人吓得远远躲开他，以便他干一些不能让后唐政府知道的事。

因为他给弟弟耶律德光的密信是这样写的：李从珂弑君篡逆，得位不正，既失民心，又失军心，比其父李嗣源差得远！现在，正是我契丹军队大举南下，征服中原的大好良机！

原来，"李赞华"从来没有在内心真正"赞华"，他仍然是一个完完全全为契丹利益考虑的契丹人，一个活在后唐的"无间道"。

再说契丹方面，收到耶律倍的密信后，耶律德光心动了。自继位以来，他一直生活在母亲述律平强大的阴影之下，还没有特别拿得出手的战绩，证明自己配得上成为伟大的父亲的继承人。相反，最得母亲宠爱的老三耶律李胡，在荣升寿昌皇太弟兼天下兵马大元帅之后，志得意满，数次统兵出征，征讨位于契丹西南面的党项人诸部落。在太后威力的加持下，老三每次都能凯旋，那段时间看上去比皇帝二哥还要风光。显然，在老大被赶跑之后，已经轮到耶律德光来感受"小山"的压力了。

耶律德光不是一个甘心当母亲傀儡，做老三上位垫脚石的庸人，现在机会出现在眼前，岂有不搏一把的道理？只要南犯得手，富庶的中原可以提供的战果是党项诸部完全没法比的。于是，从定州之战后，契丹与后唐之间保持了六年的和平时期宣告结束，契丹军队的新一轮南犯提上日程。

后唐清泰元年（934）八月，准备完毕的耶律德光，亲自统领契丹大军南下，进犯后唐。后唐的皇位更替究竟对其边防实力会有多大的消极影响，耶律德光心里还没底，所以他这次南犯用兵比较谨慎，先对后唐沿边各藩镇进行试探性进攻，想寻找其中的薄弱环节。

九月，契丹军队首先攻入了以前沙陀人的老根据地大同镇，兵锋直指云州（今山西省大同市）。军情传来，后唐的河东节度使石敬瑭与振武节度使杨檀都率军前往救援。耶律德光得知后唐两路援军将至，便留少量军队对云州围而不攻，主力迎上去打援。

石敬瑭率部进至雁门关，与契丹人马遭遇，他依托关城，派易州刺史安叔千率精兵主动出击。安叔千是追随李存勖开国的沙陀老将，以骁勇闻名，因为一个大字都不识，绰号"安没字"。不过冲锋陷阵这种粗活儿本来也用不着识字，安叔千一阵猛冲猛打，击退契丹前锋。耶律德光见前锋失利，觉得石敬瑭部不是轻易可以击败的，便转攻振武军杨檀所部，可没想到一交手，契丹军队又吃了小亏。

耶律德光不愿轻易与后唐军打硬仗，就放弃对云州的进攻，移师东进，杀入蔚州，取灵丘，然后经飞狐陉，越太行山，攻入卢龙镇境内。卢龙节度使赵德钧在幽州重兵以待。耶律德光见各地的唐军并不弱，远不像耶律倍说的那样好对付。怎么办？老三为什么屡次出征都能告捷？不就是他专拣软柿子吗？这办法谁不会啊？于是耶律德光不攻幽州，便找一个低难度的目标，以便打场胜仗好回家。

契丹军队于是又转向西北，入武州（今河北省张家口市宣化区），攻破了一座叫阳城的小县城（今地不详），将小县城洗劫一空，把全城男丁抓为俘虏，驱赶回北方为奴。耶律德光当上皇帝后的首次亲征，便这样雷声大雨点小地结束了，损失不大，战果也不大。

后唐方面，从石敬瑭奏报中得知契丹被打退后，李从珂奖励了有功人员，给他们加官晋爵，如安叔千由刺史晋升为节度使（《资治通鉴》记载为振武节度使，但稍后杨檀仍是振武节度使，疑误），杨檀也因这次功绩得到李从珂重视，开始在后唐军中显赫。

李从珂突然想起来，明宗李嗣源在称帝后改名"李亶"，"亶"与"檀"虽然不是一个字，但读音相同。为了表现自己对先帝义父的孝顺，李从珂让杨檀改了个名，叫作"杨光远"。

耶律德光的南犯还带来了另一个后果，后唐方面不得不向北面负责抗击契丹进犯的两大战区主帅（坐镇河东的北面马步军都总管石敬瑭与坐镇卢龙的北面招讨使赵德钧）增兵运粮，间接弱化了中央集权。

耶律德光回去也没有闲下来，通过阳城的小小胜利，证明南犯是有油水的，只要做好成本控制，可以积小胜为大胜。于是，耶律德光暂时不再亲征，而是派一些估计位置不太高的将领（比如拽剌化哥、窟鲁里、阿鲁扫姑等，《辽史》中都只露过一次脸），分领小股骑兵，利用机动方面的优势，不断侵扰后唐边界，寻找薄弱地段，不求攻城略地，重在抢掠人丁。

于是，后唐的北部边境自此就很少有安宁的日子了，契丹轻骑多次进犯代北、山后诸州，常常是唐军稍一松懈，契丹人来了；唐军集结御敌，契丹人走了；唐军各自回归驻地，契丹人又来了！小股契丹军队攻城拔寨的能力虽然不算强，但闹出的声势着实不小。

面对契丹人的嚣张，后唐的石敬瑭、赵德钧两位前方主帅，忧愁挂在脸上，欣慰藏在心头：还有比这更好的扩军理由吗？他俩连连上奏朝廷，心照不宣地共同夸大了敌情，不停地请求向自己的防区增兵运粮，否则前线就危险了！

但李从珂手头何时宽裕过？为给军队发赏金，国库早就清空了。祸不单行的是，从清泰元年（934）秋到次年春，中原内地遭遇严重旱灾，尤其是从长安到洛阳间的同、华、绛、河中等州府，因在李从珂向洛阳进军期间公私仓储皆被刮空，面对天灾毫无抵抗力，饥民纷纷流亡他乡，根本不能就近为河东的石敬瑭军队供应补给。

李从珂无奈，救灾是不可能了，只能加大对非灾区百姓的剥削，看看靠拆东墙能不能把西墙补上。

清泰二年（935）六月二十一日，李从珂下诏：河东百姓凡家中还有余粮的，一律不得隐藏，必须"借"给国家。六月二十二日，李从珂命灾情较轻的成德镇，筹集绢帛五万匹，运至太原用于购买军粮，另征用民间牛车一千五百辆及相应民夫，运粮至代州。成德一镇要凑出这么多东西显然有困难。李从珂又下诏在魏博大规模征粮，石敬瑭也派人来督促催粮，在洛阳朝廷和太原总管府的共同逼迫下，相关官吏只顾横征暴敛，不管百姓死活。河北很多农夫承受不了严酷的盘剥，抛弃家园，四散逃亡。

这样一来，社会秩序当然会大大恶化，破产的农夫如果不肯等死，又乞讨不到免于饿死的基本食物，往往只能靠偷、靠抢来度日。为保住官方的"合法"抢劫成果，六月二十九日，李从珂又不顾正常律法，出台了重典：凡有盗窃、抢劫公私财物者，不论赃物多少，一律处死。

看来，大兵们给李从珂起的绰号虽是无病呻吟，但对另一批人还是挺形象的。李从珂对百姓冷酷、强硬，的确不愧"生铁"之名。

在迫使不知多少百姓流离失所、家破人亡后，前线军需物资的缺口总算是让李从珂填上了。除了军粮，还有军服。一批崭新的夏季军服被送到忻州，石敬瑭正以抗击契丹进犯为名，率军驻扎于此。

领赏，本应该是一件皆大欢喜的事，谁知就在石敬瑭奉旨给士兵发放新衣的时候，一个意外发生了。有士兵突然冲着石敬瑭高呼："万岁！"石敬瑭脸色骤变。"万岁"是能乱喊的吗？显然，又有士兵耐不住诱惑，想通过制造新皇帝来发家致富，看中自己这块原材料了。但皇帝毕竟不是这么容易制造的，石敬瑭判断，此刻天时未至，会响应的人也还少，实际上喊"万岁"的人也并不多，自己要是糊里糊涂地跟着这几个自贪富贵的大兵瞎起哄，很可能会走向黄泉路。

石敬瑭的幕僚段希尧建议，赶紧杀掉几个带头闹事的，好向朝廷自证清白。于是，石敬瑭让心腹刘知远马上率亲兵抓捕，将带头喊万岁的军士三十六人斩首。

李从珂自然在石敬瑭身边布下了不少眼线，所以忻州发生的"万岁事件"，他很快就知道了，也极大加深了他的忧虑。尽管石敬瑭的处理好像很忠贞，但这不是重点，重点是军心已经浮动，改朝换代的风险已经露出苗头。要知道，在九年前，当元行钦向李嗣源喊"万岁"的时候，李嗣源可还没想过要造反。

李从珂召集端明殿学士李专美、翰林学士李崧、知制诰吕琦、薛文遇、司天监赵延义等心腹谋臣，在中兴殿连夜密商应对可能的风险。众人思来想去，提出一个效能有限的安保方案：派遣一位可以信任，又有一定能力、一定威望的重臣去代州就任北面行营副总管，名义上做石敬瑭的副手，实则分割石敬瑭的兵权，牵制其行动能力。

李从珂考虑再三，选择了武宁（原感化）节度使张敬达。

张敬达，字志通，代北代州人，年少时便善于骑射，被李存勖收入亲军，任直军使，参与了梁晋争雄的不少战役。他为人忠厚，死心眼，也比较有责任感，但要说到能力和功绩嘛，如果真的很突出，也不至于在本书中到现在才第一次被提到。

不过，在担任武宁节度使之前，张敬达担任过两年多的大同节度使，为他赢得了一定的声誉。在张敬达坐镇云州期间，契丹大军多次在大同镇的北境外出现，每次张敬达都会集结军队于边界，严阵以待，而契丹人果然一次也没敢入境。等张敬达刚刚调离云州，前往徐州，就发生了耶律德光亲自统领的南犯。

当然，后人看清了双方的底牌，知道其中的原委，契丹人数年不敢南下，主要是因为在定州之战中让王晏球揍怕了。多次出现于大同镇北境外的契丹军队，是契丹皇太弟耶律李胡去讨伐党项诸部时往返路过，目标本来就不是大同。耶律德光重启南犯，是因为"李赞华"送去的密信告知后唐内乱。

但是，这些情况，当时的后唐方面都没有掌握。他们能看到的是，当张敬达坐镇大同时，契丹军队数次蠢蠢欲动，都被事先制止了；而张敬达一离开，契丹人就连连南下，北境再无宁日。人们不知道这其实只是巧合，很容易以为这证明了张敬达对付契丹人很有一套，有大将之才。李从珂显然也是这么认为的，所以决定重用张敬达。

有趣的是，张敬达有个小名，正好也叫"生铁"。骄横的大兵扶起了"李生铁"，结果让他们失望，现在"李生铁"又扶起了"张生铁"，去担当外抗契丹、内防敬瑭的重任，结果又会怎样呢？

河东反叛

石敬瑭同样对李从珂那边的情况了如指掌。石敬瑭的长子（《资治通鉴》上叫"石重殷"，《新五代史》《旧五代史》中叫"石重英"）任右卫上将军，另一个儿子石重裔任皇城副使，都在洛阳宫中当值。石敬瑭通过他们贿赂亲岳母曹太后的侍女，在宫内布置了一个足够强大的情报网络，将李从珂的一言一行随时报与自己。

至少到此时看来，这两位老同事之间的关系，虽然远没有他们各自向外人表演的那样友善，但也还没有到反目成仇的程度。虽然有了岳父和大舅子的两次成功先例，升级当"万岁"的念头可能已经在石敬瑭的内心深处掀起过波澜，但肯定还不是他的必然选项。毕竟一旦起事，能不能成功还不一定，留在洛阳的两个儿子却必死无疑！那么就一直保持现在的状态，当个河东的土皇帝也不错吧？

双方的关系就这样又保持了半年，直到清泰三年（936）正月十三，李从珂生日"千春节"的到来。这一天，洛阳宫中大摆宴席，石敬瑭的妻子晋国长公主也赶来为名义兄长祝寿。等酒过三巡，晋国长公主上前给李从珂敬酒，此时，酒品很差的李从珂已经喝醉了。

后唐皇帝满口酒气地问道："石郎最近都在干些什么呀？"

公主答："敬瑭身体不好，每日只是卧床调养，日常事务多交给手下人去办。我明天也要回太原了，别人照顾我不放心。"

李从珂道："才来，怎么又要回去，多住几天不好吗？"

话到这里，听着还比较正常，谁知紧接着，李从珂便语出惊人："这么着急回去，难道是要和石郎一起谋反吗？"

大醉后的李从珂说过便忘了，如果不是后来有人提醒，他自己都不知道祸从口出。惊出一身冷汗的晋国长公主可不敢忘，她回到太原，将这件事原原本本地告知丈夫。石敬瑭也大惊，酒后吐真言，这样看来，李从珂对自己猜忌已深，动手诛杀是迟早的事，自己必须在他动手之前先摊牌！

石敬瑭于是派人将自己在洛阳及分散各地的家产悉数变卖，折成钱款运往太原，对外只称，前方将士军饷不足，所以自己要毁家纾难。

在洛阳，李从珂自然没有被石敬瑭最新的"高风亮节"感动，他又连夜召集了几个心腹官员，商讨对策："石郎是朕的至爱亲朋，手足兄弟，我们之间一直亲密无间，从来没有任何猜疑。但世间喜欢嚼舌头的小人太多，各种谣言层出不穷，万一将来真闹出了什么误会，该怎么办？"

端明殿学士李崧退下后，找到自己的同事吕琦（当年刘守文心腹吕兖的儿子），咨询道："我们深受皇上的大恩，现在石敬瑭谋反在即，我们岂能如路人一般袖手旁观？你比我聪明，可有什么好办法？"

吕琦道："我想过，河东方面如果要谋反，他们现有的实力不足，必然会联络契丹作为外援。我听说契丹的述律太后是不赞同南犯的，自李赞华投奔我国以来，多次派人来请求和亲，之所以和议一直没有达成，是因为我们还扣压着他们的将领（定州之战中被俘虏的涅里衮、查剌等人）。而今，如果把契丹将领放回去，再每年送他们十几万贯的礼金，契丹一定愿意与我们和好，缔结盟约。这样的话，石敬瑭就算想谋反，也拉不到外援，必然孤掌难鸣。"

李崧大喜："我的想法正好和你一样，只是这个计划需要不少钱，那些归三司管，我们应该再征求一下张相的意见。"所谓张相，是指当时身兼判三司的吏部尚书同平章事张延朗。张延朗原为后梁的郓州粮料使，李嗣源奇袭郓州后欣赏他在理财方面的才华，便将他收为幕僚，后逐步高升，直至宰相，是个长期从事财政工作的技术型官僚。

张延朗这些日子正为契丹南犯开始后，石敬瑭、赵德钧等人请领的无底洞式的军费开支深感头疼。听到李崧、吕琦的计划，张延朗非常欣喜，三句话不离本行："如果你们的计划成功，与契丹和解停战，那不但可以牵制河东，现在高昂的边防开支也可以削减十分之九，没有比这更好的办法了，只要皇上同意，所需钱粮的事包在老夫身上！"

得到张延朗的保证后，李崧、吕琦密报李从珂，李从珂也觉得这个办法不错，便命二人起草给契丹的国书。

稍后，轮到另一个枢密直学士薛文遇当值，大概认为兼听则明，李从珂就将李崧、吕琦的主意告诉他，征求他的看法。薛文遇，是李从珂在凤翔起兵时，最早响应他的陇州防御使相里金派来联络的判官，之后便留在李从珂身边充当谋士。若论与李从珂以往的交情，薛文遇与李崧、吕琦相比都是晚辈。但不知道薛文遇是想挤走两位前辈，以便自己往上爬，还是他本就是个心智没有完全成熟的人，不会审时度势，只知强硬，不知妥协，反正薛文遇在听过两位前辈的计划后，当即表示强烈反对。

薛文遇道："陛下以堂堂天子之尊，却屈身去讨好蛮夷，难道不觉得羞耻吗？而且胡人都是贪得无厌的，如果他们借口和好，请求迎娶公主，我们如何拒绝？以前汉成帝送昭君出塞，不但自己追悔莫及，而且，陛下知道后人怎么看待此事吗？"

薛文遇声情并茂地背诵了《和蕃》一诗：

汉家青史上，计拙是和亲。
社稷依明主，安危托妇人！
岂能将玉貌，便拟静胡尘。
地下千年骨，谁为辅佐臣？

这一刻，李从珂只是个没有什么文化的一介武夫，又不能准确判断局势的缺点暴露无遗："哎呀，要不是有爱卿提醒，我几乎犯了大错！"

第二天一早，李从珂紧急召见了李崧、吕琦，劈头盖脸就是一顿怒斥："你们都是通晓古今的文化人，难道不该辅佐君王创建太平之世？为什么给朕出那些蠢主意？朕只有一个年幼的女儿，身上的奶味都还没退，你们就想把她抛弃到大漠之外？还有，将国家用来恩养将士的钱，拿去讨好胡人，你们安的什么心？"

一上来便是诛心之论，身为人臣，李崧、吕琦除了连连叩头认错，别无办法。好在李从珂还记得当年吕琦为营救自己出的力，命赐给两人两杯酒之后，不再论罪。但两人提出的伐交之策也就此作废，再没人敢提。

此时，在河东的石敬瑭虽然一直在努力扩军备叛，但究竟要不要发动叛乱，其实还没有做出最后决定。虽然李从珂想对自己下手，已是不争的事实，但想干的事不代表必然去干，就像自己也想造反当皇帝，却迟迟下不定决心一样。毕竟双方都有能力让对方付出难以承受的惨痛代价，举大事有可能成功，更有可能失败！那么为规避风险，相互妥协，互不侵犯对方的利益底线，应该也是可以接受的。

李从珂愿不愿意妥协呢？石敬瑭决定对朝廷再做一次试探，看看他们之间那鲜明亮眼的"塑料兄弟情"还能不能粉饰下去。于是，石敬瑭上表，用非常诚挚的口气提出：河东因为靠近契丹，军务十分繁重，而自己身体不好，实在难以担当如此重任，希望朝廷能够体恤自己的困难，解除自己河东节度使与北面马步军都总管的职务，另换个相对清闲的藩镇任职，以便养病。

李从珂接到上表，便与众谋士商议如何处理此事。伐交之策被驳回的李崧、吕琦都认为：现在国库空虚，国力有限，军心又不稳，根本没有做好应对大规模叛乱的准备。因此对于石敬瑭这样的高危人物，只能安抚，千万不能动他的蛋糕！即使这蛋糕是他自己装模作样主动献出来的。

其实按照李从珂的本心，他是很想答应石敬瑭的请求，早点儿扫除这枚不知何时会爆的地雷。如果仅仅是李崧、吕琦反对，可能也不会动摇他的想法，毕竟这两位大臣不久前因为与契丹和解的"蠢主意"，刚刚受到过他的严厉批评。但是，此时身居两枢密使之一的房暠（另一位是赵延寿），看法也与李崧、吕琦相同，并提醒李从珂：千万不能相信石敬瑭的诚信，一旦接受他的请求，则大乱立至！

这个房暠，是李从珂在担任河中节度使时收入幕下的心腹，虽然已经身居枢密高位，但他的日常作风与郭崇韬、安重诲、朱弘昭等张扬的前辈截然不同。房暠是个最怕得罪人的人，遇事多不言，上班常靠打瞌睡来混日子，把事务都交给喜欢揽权且更得宠信的副使刘延朗去做决定。如果连这样一个好好先生都一反常态地据理力争，那么是不是证明这件事真的做不得？李从珂陷入沉思，犹豫不决。

五月二日夜，轮到李崧与薛文遇到中兴殿当值，但那天碰巧李崧有事请假，只有薛文遇一人在。心事重重的李从珂见到很对自己心思的薛文遇，自然又提起了石敬瑭请辞兵权的事，问薛文遇有何看法。

薛文遇心喜：又一个突出自己，排挤前辈的良机到了！他深吸一口气，对李从珂道："陛下听过一个谚语吗？'当道筑室，三年不成。'（在大路旁盖房子，因为听过路人七嘴八舌的议论，不断改变方案，使房子总也建不起来）关于河东的事，还得靠陛下宸衷独断！群臣多为自己身家打算，有几个能不避嫌疑，尽心做事的？"

通过将前辈黑了个遍，那个能"不避嫌疑，尽心做事"的"忠臣"也就呼之欲出了。李从珂再问道："那你怎么看？"

已看穿李从珂想法的薛文遇慷慨激昂起来，套用了一段西汉晁错说过的话："据臣观之，石敬瑭的反叛已成定局。调动他，他要反；不调动他，他同样要反！差别只不过是时间的早晚罢了。与其等他准备充分后造反，掀起大祸，还不如咱们先下手，让他早反，祸患还小些。"

李从珂听罢，也激动起来，感到终于遇到知音，欣喜溢于言表："年初有个术士对朕说，今年能得到一位贤辅，有经天纬地之才，可助朕安定天下。现在看来，他说的贤辅肯定就是爱卿了！爱卿所言，句句说到朕的心里，我决定了，成败就在此一举！"

五月三日，李从珂批准石敬瑭移镇的诏书下发，房暠、李崧、吕琦等人皆大惊失色，他们预见又一次大乱将至，但已经没有能力阻止了。

话分两头，却说在太原，石敬瑭送出那份自请解除兵权的上表后，对于朝廷会如何答复，心中还是有所预感的。于是他也抓紧时间，预先给部下做一做思想工作。

一天，石敬瑭与几个心腹闲聊，很从容地说道："昨晚上我做了个怪梦，梦里好像回到了好多年前还住在洛阳的时候，我与当今天子在路上相遇，天子请我去他的旧居，我再三推辞，但架不住天子的热情相邀，还是去了。到旧居后，我下马入内，西向而坐，正要叙叙旧，却见天子已乘车而去，把我留在居所内。你们给我解解：这个梦究竟预示了什么呢？"

什么意思？天子将他的居所让给你还能是什么意思？座间至少有两个心腹心领神会，只是时机未到，暂时没有挑明。由于这两个聪明的心腹，在不久的将来都将成为重要人物，有必要对他们略作介绍。

其中一位看上去威武异常，是个"目精多白"的紫面大汉。他就是当初在卫州帮石敬瑭杀光李从厚侍卫的河东都押牙刘知远。刘知远为沙陀部旧人（后来刘知远自称东汉汉明帝刘庄第八子淮阳王刘昞之后，但很少人信），年纪稍长便加入李嗣源的亲军，参与征战。在梁晋德胜会战期间，刘知远曾在战场救过石敬瑭一命，之后便被石敬瑭收为亲卫队长，担当手下第一号打手，极得信任。

另一位则是个长相有些对不起观众的文士，就是当初找楚国使团求赞助，被马楚王子马希范用几个小钱打发走的那位才子桑维翰。桑维翰，洛阳人，其父是河南府客将桑珙，稍长，聪惠过人，擅长词赋。可惜，桑维翰身材不高，脸却长得不成比例，样子颇为丑陋。传说他曾照着镜子，叹息说："难道我堂堂七尺之身，就毁在这一尺长的脸上吗？"

以当时的标准，还真是这样。李唐以来，授官有四条基本要求——"身言书判"。其中排在第一位的"身"，就是看体貌是否丰伟，长得帅不帅。据说桑维翰去参加科举考试，主考官一看他的名字，姓桑（丧），就感到十分晦气，再一看真人，马上将他的名次打入孙山之后。怎么能让这么一个丑八怪来污染我们的队伍呢？因此，尽管桑维翰才华过人，但参考多次，总不得中。有人劝他算了，不用再去考了。桑维翰却异常坚定，他让人打造一个铁砚台，发下毒誓："等到把这个铁砚磨穿，我就不考了！"他还作《日出扶桑赋》，指出传说中，连太阳都是从扶桑巨树那里升起的，有什么理由看不起姓桑的？

同光三年，桑维翰终于考中了进士。但这个听起来很励志的故事，背后有一个很不励志的真相：他的父亲桑琪走了齐王张全义的后门，张全义给主持科举的官员打了招呼，桑维翰因此才中的举。张全义很快就死了，但刚刚失去靠山的桑维翰，又幸运地遇上了石敬瑭，遇上了一个真正看中他才华，而不在乎其长相的上司。此后，不管石敬瑭调到何处任职，桑维翰都担任他的掌书记，参与决策。

回到正题，石敬瑭向心腹述说自己的"怪梦"后不久，太原方面收到那份至少从表面文字看十分体贴的诏书：当今天子表示充分肯定石敬瑭曾为国家立下的汗马功劳，也非常理解老战友长期带病坚持工作的辛苦，故批准所请。调石敬瑭出任天平节度使，进封赵国公，再加一个荣誉称号"扶天启运中正功臣"。至于河东节度使一职，改由原河阳节度使宋审虔担任；北面马步军都总管一职，由原副总管张敬达接替。石郎你就放心地上路，赶快去郓州（今山东省东平县）享享清福吧！

不知道是否感念皇帝的关怀，身体很差的石敬瑭瞬间精神焕发，急召左右心腹议事。石敬瑭先说了一段极有可能是他自己杜撰的谎言："我这次来太原之前，今天子当面对我说：国家北门就托付给你了，只要你活着，我就不会派人来替换！言犹在耳，怎么突然就自食其言，下这样的命令？"

然后，石敬瑭做出自己的判断，同时试探部下对自己的支持程度："我想，可能是去年忻州那几个乱兵闹事引发的猜忌。今年千春节，主上对公主说的那些话，杀心已现。而且，自当今天子登基以来，重用外戚，信任奸邪，沉湎酒色，荒淫无道，不亡何待！当初，少帝出奔，我见人心大去，一时迟疑，没能扶危持颠，使少帝遇害。每想起此事，我便心痛难当，郁结于胸，都快三年了。而今，我本是不想造反的，朝廷却先要害我，我难道还能束手就擒，横死于路上吗？或者我先上表说病重不能上路，如果今上能放过我，我继续尊其为主，如果他一定要加兵于我，那就怪不得我了！"

石敬瑭的部下听闻上司这段半真半假的"肺腑之言"，知道他们都走到了人生最大的十字路口，有的人忐忑，有的人坚定，想法各不相同。

当初在忻州劝石敬瑭诛乱兵以洗嫌疑的幕僚段希尧不怕事大，说："不用试探了，直接说不去，朝廷能怎么样？"

石敬瑭笑笑：这人真是个直肠子呀！

节度判官赵莹提出了明显不是石敬瑭想听到的意见。赵莹原是名将康延孝的手下，可能对当年康延孝从叛乱到被杀的全过程感受太深，所以反对石敬瑭起兵。他认为关于李从珂要谋害石敬瑭的说法并不能肯定，只要听从诏令，放弃兵权，去郓州养老，让天子放心，多半就没有危险了。如果起兵，仅以河东一隅，如何挡得住天下之兵？那才是必死之道。

观察判官薛融的看法似乎与赵莹相同，不过他不敢说得这么直接："我就是一个书生，不习军旅之事，帮不上忙。"

石敬瑭相信他们对自己并无恶意，也不怪罪。

石敬瑭手下第一武将刘知远自然是强硬的主反派："明公您掌兵多年，深得将士之心，现在又占据天下形胜之地，手下兵强马壮，如果举兵起事，传檄天下，则帝业可成！有这么好的基础在，岂能仅仅因为朝廷的一纸制书，便自投虎口？"

当然，在所有建言中，理论水平最高，最具可操作性的意见，还是出自最聪明的桑维翰："今上初登大位之时，明公您入朝觐见，今上岂能不知道蛟龙不可以纵之于深渊的道理？但他还是将您送回河东，这不是人谋，而是天意要授公以利器，让您做一番大事！且现在明宗皇帝尚有遗子在人间（许王李从益），主上却以养子之身夺位，群情不服。您身为明宗皇帝的爱婿，自然被于心有愧的主上视作潜在的大敌，这种猜忌，是不可能靠低头服软来消除的，只能自救！"

那怎么自救呢？光靠河东一隅的实力对抗朝廷，如果不再发生李从珂式的奇迹，恐怕希望不大吧？桑维翰不慌不忙："契丹之主曾与明宗皇帝约为兄弟（在下没找到李嗣源与阿保机或耶律德光结为兄弟的相关记载，难道是指李克用曾与阿保机约为兄弟，以此推李嗣源就和耶律德光是兄弟？但那层关系在李存勖时代就不被承认了，李存勖还认阿保机二弟为义子，从这方面推，李嗣源是耶律德光的爷爷辈），他们位置最近的部众就在云州（今山西省大同市）、应州（今山西省应县）一带，如果您能与他们推心置腹，放低姿态，向他们称臣，一旦有紧急事态，那么早上求救，契丹援军晚上便可抵达，何必担忧大事不成？"

五月十日，昭义节度使皇甫立紧急上奏：石敬瑭反了！没等朝廷做出任何反应，石敬瑭一道新的上表已经送到了洛阳："明宗皇帝留下的社稷，自然应该留给明宗皇帝的儿子，怎么轮得到陛下来继承？既然做不到让众人心服，陛下最好还是主动退位，让给真正有天命之人。如许王李从益，本是明宗皇帝爱子，自幼在皇宫中培养德行，您如果主动还位给他，也可以免去世人对您残害兄弟的种种非议！"

看了太原送来的表章，李从珂勃然大怒：好吧，既然撕破脸，那就谁也别装了！后唐皇帝一把将表章撕烂，扔到地上踩两脚，然后下诏驳斥："我听说：父有社稷，传之于子；君有祸难，倚之于亲。你跟鄂王（李从厚）的亲缘不算疏远吧？当他落难到卫州之时，你落井下石干的那些事，天下谁人不知？现在突然想起要立许王了，要装先帝忠臣了，你想骗谁呢？英雄做事，有像你这样的吗？"

文斗自然代替不了武斗。李从珂经过与群臣紧张商议，随即做出了一系列决定。

五月十四日，正式下诏撤销石敬瑭的一切职务。十七日，任命北面马步军都总管张敬达为讨伐石敬瑭的诸军主帅，义武节度使杨光远为副，又加上河阳节度使张彦琪、安国节度使安审琦、保义节度使相里金、彰武节度使高行周、右监门上将军武廷翰等各路军队，会攻太原。

石敬瑭并没有在举兵造反的第一时间出师南下，或是向契丹求助。他可能想尝试一下自己舆论攻势和煽动策反究竟能够产生多大的效果。毕竟已经有李从珂的成功在前，万一能够重演一次低成本的改朝换代，那就没必要让契丹人掺合进来分肥了吧？

实际上，石敬瑭传檄天下的举动，还是收到了一些效果的：讨伐军副帅杨光远刚离开驻地定州，定州就发生了响应石敬瑭的兵变，但他们迅速被镇压，没有对局势产生影响。

石敬瑭的密使至代州，劝代州刺史张朗响应自己。张朗的心腹雄义都指挥使安元信（与前文提到的沙陀老将安元信同名同姓，老将安元信已于数月前病逝）也劝张朗说："石公是忠厚长者，我看他此次举事必能成功，我们不妨暗中响应。"但张朗拒绝，说："为人臣者怎么可以有二心？"然后，他将石敬瑭的密使斩首。安元信后悔不迭，大概担心祸及自己，便谋划想袭杀张朗，但计划失败，便率数百名部下逃出代州，投奔安国节度使安审琦的堂兄安审信。安审信与安元信可能在私下已有联系，两人会合后，便率所部骑兵阵前倒戈，投奔石敬瑭。

继安审信和安元信之后，张敬达统领的讨伐大军内又发生了两次倒戈：巡检使安重荣、指挥使张万迪，各率五百余人、一千余人投入太原。

在云州，有个步军指挥使桑迁发动兵变，袭击了大同节度使沙彦珣。沙彦珣猝不及防，突围逃走，随后集结军队反攻，击败桑迁。桑迁欲南逃投奔石敬瑭，在途中被擒获，随后被押赴洛阳斩首。

在魏州，由于时任魏博节度使刘延皓是李从珂皇后刘氏的弟弟，弟假姐威，在魏博作威作福，强夺民财，克扣军饷，然后毫不掩饰地花天酒地，致使军心怨愤。捧圣都虞候张令昭乘机煽动兵变，赶走了刘延皓。不过张令昭的行动似乎与石敬瑭没有直接关系，他在得手之后，上书李从珂，请求任命自己当魏博节度使。李从珂当然不能同意，经过一番准备，命宣武节度使范延光为主帅，讨伐魏州。至七月，范延光攻克魏州，将张令昭及其七名同党诛杀。

从石敬瑭起兵后数月内发生的事可以证明：李崧、吕琦关于当时后唐军心不稳的判断是准确的。不过，这一系列的兵变、倒戈也证明了另一件事：凤翔的奇迹是低概率事件，并不是随随便便就可以重演的。地方兵变都被忠于中央的军队镇压了，而四将倒戈，给石敬瑭增加的降兵不足三千人，完全没有改变他被讨伐军压制的战略势态。

与此同时，石敬瑭在太原之外的亲属纷纷大难临头。

一直在洛阳刺探情报的右卫上将军石重殷（或石重英）与皇城副使石重裔，在得知父亲已经不管他们，举兵反叛后，立即弃职逃亡。但关卡重重，想逃回太原哪有那么容易？他们只得东躲西藏，隐匿于民家。一个多月后，石家两兄弟在某户百姓家的井中被捕到，随即被处斩，连帮助他们藏匿的那户人家也遭到满门诛杀！

差不多同时，沂州方面奏报：已将指挥使石敬德一家全数处决（另一说，在兄长造反后，石敬德杀死妻儿后潜逃，被捕获死于狱中）！石敬瑭的堂弟，彰圣指挥使石敬威在得知河东反叛后，自知不可能逃脱，只好叹气道："有生便会有一死，世间有哪个人能躲得了？我哥既然要举大事，我怎么能偷生取辱，让人取笑呢？"他随后自杀。

不知道两个儿子和兄弟们的死，对石敬瑭有何触动，或许这只是他计划内造反需要付出的代价，但有些事，石敬瑭和他的心腹应该看清楚了：上天不打算再制造一次奇迹，如果再不去找契丹人帮忙，那他们失败的可能性很高。如果失败了，别说石敬瑭，就是他的心腹，多半也别指望李从珂会宽宏大量。

石敬瑭于是不再迟疑，让桑维翰立即修书，向契丹求救。为了确保契丹人肯出手，石敬瑭与桑维翰决定给契丹开出一张大单。桑维翰所撰写的求救信大致内容如下。

如果契丹人肯出兵，帮助石敬瑭夺取天下，那么：一、中原的新王朝将向契丹称臣；二、四十四岁的石敬瑭愿以侍父之礼来事奉三十四岁的契丹皇帝；三、除了金帛谢礼，新王朝还将卢龙一镇及雁门关以北诸州县全部割让给契丹。

修书之时，石敬瑭的另一心腹刘知远也在一旁看着，忍不住开口反对说："向契丹称臣已经足够谦卑了，还要把契丹人当成父亲来事奉，是不是太过分？多给契丹人一些钱，也可以要来他们的援兵，土地怎么能轻易割让？一旦割地，只怕将来契丹坐大，成为中国的大患，到那时再后悔也来不及了！"

石敬瑭苦笑，现在是自己有求于契丹，不是契丹有求于自己，如果不开出高价，哪能要来救兵？石敬瑭相信刘知远对他是忠诚的，但不能接受他的意见，就像他不接受赵莹的意见，却依然信任赵莹一样。桑维翰的书信写好，由赵莹担任密使，潜行而出，奔往契丹求救。

太原之败

收到石敬瑭那封求救兼认父的信，契丹皇帝耶律德光大喜。虽然自契丹帝国兴起以来，卖身投靠的中原兵将、官吏、士人并不少，但顶多是卢文进、赵思温这一类中下层人物，对中原的影响力有限。相当于后唐大军区司令，且有夺取天下可能的顶级大人物，主动献媚的，石敬瑭还是第一个。何况是对于一直有心向中原扩张的耶律德光，石敬瑭的千里认父，证明了心诚则灵，长生天终于听到自己的祈祷了，实在值得庆贺。

不过此时的契丹帝国实行的，其实是双元首制，虽然千里之外有人申请当他的儿子，但耶律德光自己也是当儿子的，如果得不到仍然掌握着极大权力的太后述律平的同意，耶律德光能够直接动用的军队，只有总计三万人的皮室军（契丹皇帝的近卫亲军，"皮室"是契丹语中"金刚"的意思）。依上次用兵的经验看，这次如果要深入中原救援石敬瑭，而不仅仅是边界上进行试探性攻击，这点儿兵力可能有些不足。

奈何述律平对汉人的东西不怎么感兴趣，顺道也就对南犯兴趣不大，于是耶律德光仿佛与千里外的干儿子心有灵犀，也想出了个根据需要"做梦"的好主意。到了孝顺的契丹皇帝来给太后例行请安之时，耶律德光一脸纯真地对母亲说，自己做了个奇怪的梦。

他先是看见一个神仙从天而降，后面跟着十二只异兽，接着十二只异兽中的一只黑兔突然一下蹦出队列，跳入自己的怀中，然后就不见了。这时，神仙开口了："石郎使人唤汝，汝须去。"太后，您觉得这是不是吉兆呢？

平心而论，耶律德光这梦编得比石敬瑭还要没水平，直白过度了，完全不具备职业巫师装神弄鬼、云山雾罩的忽悠功底。述律平也就没当回事，只是提醒儿子：睡前不要胡思乱想，梦做多了对身体不好。

但耶律德光的"梦"是按连续剧的剧本发展的。第二天又去请安时，耶律德光口中的神仙又说话了："石郎已使人来唤汝。"接着，有人适时来向太后报告一个被契丹皇帝偷偷隐瞒了几天的重要消息："南朝的河东节度使石敬瑭遣使来见！"耶律德光在母亲身旁"又惊又喜"："我还在奇怪这些梦是什么意思，没想到这么快就应验了！"

老狐狸述律平不太可能看不穿儿子的伎俩，但儿子毕竟已是皇帝，年纪也不小了，还是多给他一些自己做主的空间吧！于是，她没有再阻挠南下的计划。取得述律平的首肯后，耶律德光让赵莹回去告诉石敬瑭："再坚持一下，等到了中秋，草长马肥之时，我当亲率倾国之兵，南下救援！"

这时，距离张敬达统率的讨伐军进至太原城下，已经过去两个多月了，但攻城战事毫无进展。这也怪不得张敬达，毕竟攻克太原本身就是一项巨大的挑战，在他之前的氏叔琮，在他之后的柴荣、赵匡胤，都比张敬达不知要强多少倍，也都没能做到。实际上，在整个唐末至五代，太原坚城虽屡经战火，但从未被用纯武力攻陷过！

张敬达虽然不知道将来发生的事，不会有必定失败的宿命式悲观，但真正面对坚城，自然更觉得强攻没把握，那还是不打无准备之战吧！所以，张敬达到达城下，先不急着攻城，甚至都没有围城（这样赵莹才可能从容来去），而是先在晋祠之南的晋安寨修筑了一个坚固的大本营，囤积物资，等待各路兵马到齐。

等各军会合，一切准备得差不多了，张敬达这才沿着太原城修建长墙，深挖壕沟，打算断绝城内的粮草供应，用长期围困来困死守军。对于张敬达来说，这大概是他最可行的策略，毕竟几年前王晏球前辈攻定州，就是用类似的方案成功的。

城内，石敬瑭登上城楼，鼓舞士气。已被升为太原马步都指挥使的刘知远，担心冷箭不长眼睛，万一把石敬瑭伤了，咱弄不好就提前灭亡了，于是对石敬瑭说："我观察了这几天，张敬达他们就知道高筑营垒，深挖壕沟，明显是打算长期围困，并没有什么特别高明的策略。主公您用不着亲临，只要派出使者，四处布置便可。守城这种事，最简单不过，您就放心交给知远，一定出不了事。"

从当年讨伐两川就可以看出，石敬瑭本人并不能算很优秀的统帅，单论军事才干，在五代各开国之君中可能是垫底的。但他的优点是比较识人，听闻此言，高兴地握住刘知远的手，轻抚其背：好兄弟，军队就先交给你了！刘知远指挥守城各军，纪律严明，不问亲疏，一视同仁，因而军心稳定，将士团结。然后，刘知远不时派军队出击，破坏讨伐军修筑的工事。而且天气不太好，围城的长墙多次被雨水冲坏，所以始终不能完全竣工。

石敬瑭回到府邸，也没闲着，开始挖空心思，装神弄鬼，用一些虚的东西激励手下。

比如，牙城内一尊菩萨像据说突然头冒青烟，然后寺里的和尚一致做证：吉兆哇，以前庄宗皇帝即将得天下之时，这菩萨像也冒烟来着！

又传说，在某天深夜，有个一丈多高的金甲天神，突然降临城头，指点一番后，又消失不见。虽然大家都是听说，谁也没有亲见，但这仍是一个令人振奋的消息：这大概就是佛经中的毗沙门天王（四大天王中的持伞天王，哪吒的生父。在唐代，关于毗沙门天王下凡，帮助军队战胜敌人的传说很多，所以毗沙门天王被当作战神来供奉。可惜在后来的神话演变中，本属于毗沙门天王的职务和儿子，都让八竿子打不着的李靖夺了去，成了天兵司令托塔李天王）吧，看来天意是站在咱们这一边的！

做完了这些骗人工作，石敬瑭焦急地等待着中秋，等待着契丹皇帝许诺的契丹援军到来的日子。毕竟太原城再结实，刘知远再可靠，守军再用命，也改变不了城中粮草会一天天减少的事实。说好的中秋节到了，石敬瑭站立城头，举目北望，有些怅然若失，他新认的契丹干爹，以及期待中干爹的契丹大军，都还没有出现。

实际上，契丹的南下大军还在准备中。可能是述律平固然没有阻挠，但也不怎么积极支持儿子南征的缘故，耶律德光集结的军队只有五万名铁骑，虽然不算少，但没有达到期待中的倾国之兵。

与此同时，李从珂派来慰问讨伐军的端明殿学士吕琦，来到了太原前线。吕琦代表皇帝，给各军发过赏赐，军营上下看起来一片喜气，似乎都对胜利充满信心。讨伐军副统帅杨光远得意扬扬，当着吕琦的面夸下海口："吕学士回去请启奏陛下，尽管放宽心，战事已尽在掌握中。贼兵如果得不到契丹军队援助，那么被平定不过是早晚的事；就算他们勾引契丹成功，张招讨和我也策划好了，咱们故意让开要隘，纵其深入，然后四面合击，一战可破！"

张敬达和杨光远的计划，颇有打大歼灭战的宏大气魄，听了很让人提气。不过，这种诱敌深入，聚而歼之的计划，在历史上成功的例子很多，失败的例子也不少。张敬达他们有胜利的机会吗？

要判断这一点，可以先来看一看战争中最基础的资源，即双方为这次战争准备的军队数量对比。

张敬达初到太原城下时带来三万名讨伐军，之后，被调动的各军陆续向太原城下会合，使直接用于攻击石敬瑭的讨伐军，最低不会少于六万人，在下估计八万人左右。另外，后唐方面集结完毕，可以随时投入作战的军队还有身兼北面招讨使的卢龙节度使赵德钧部三万人，赵德钧义子、忠武节度使兼枢密使赵延寿部两万人，天雄（魏博）节度使范延光部两万人，以及李从珂亲自统领的京城禁军三万人。各支后唐军队合计，多达十七八万人。

在对阵的另一方，石敬瑭拥有的军队，有三万人至四万人。耶律德光的南下军队有五万人，合计八九万人，只相当于后唐投入军力的一半左右。

当然，撇开质量只谈数量，做出的比较肯定不准确。此时后唐军队的平均战斗力能和契丹军队比吗？

从当时看，在十余年的时间内，李存勖、李存审、李嗣源、王晏球都曾给过契丹军队一次又一次重创，这些事例足以证明：五代军队是能打的，除了马匹没有契丹人多，平原地区的机动性有所逊色，论硬碰硬的战斗力，中原军队丝毫不落下风，有时甚至更强。

高级将领方面，在唐末大乱，梁晋争雄中锤炼出来的第一代名将已大多凋零，接替上来的新人将领，平均的军事素质确实差了不少。不过，这种衰退情况也不是中原独有，契丹在阿保机死后，述律平为求权力稳定过渡，对契丹开国功臣进行了大清洗，同样也会影响契丹将领的平均素质。

综合来看，即使发生了石敬瑭的反叛，但只要后唐的其他军队能够齐心协力，团结一致战斗，整体优势仍然在后唐这边，还不小。这大概就是李从珂认为薛文遇的削藩之策可行，以及张敬达、杨光远敢于不守险要，准备放契丹军队深入的底气所在吧？

可惜，李从珂就没好好想想这是一个什么时代，如果胜负的计算如此简单，他此刻根本不可能在洛阳发号施令，而是早就在凤翔一命呜呼了！

通过吕琦的回报，张敬达与杨光远的自信也感染了李从珂。后唐皇帝大喜，看来胜利可期。不过李从珂还是比张敬达他们谨慎一点儿，在得知契丹军队即将大举南下的消息后，后唐皇帝派人催促张敬达：尽快攻城，争取在契丹军队到达前拿下太原，以免受到内外夹击的风险。

于是，张敬达不再仅限于修筑围城工事，也开始发动强攻。讨伐军建造五龙桥逼近城墙，用投石机压制城头，让军队使用大批云梯强行登城。但城内守军在刘知远有效的指挥下，挫败了这些攻城努力。

看讨伐军围城越来越紧，攻城越来越猛，石敬瑭觉得不能总是被动挨打，便也策划出敌不意，来一次大规模主动出击，破坏讨伐军的战斗。

八月二十五日，太原城中杀出三十队骑兵（通常五十人为一队，三十队为一千五百人），以及步卒三千人，冲入长连城（围城的连营）中。不想，这次出击遭到了唐军猛将高行周的迎头痛击，在讨伐军的压力下，出击的叛军节节后退，纷纷被挤得掉入围城的壕沟。这段时间多雨，壕沟内积满了水，身穿甲胄的河东叛军多被淹死。将军安小喜等一百余人，战马一百八十余匹被讨伐军俘获，这次出击遂以全败告终，石敬瑭也不敢再轻易派军队出城。

张敬达虽然取得了一场小胜，但距离攻克太原的目标还差得远，战事继续僵持。到九月初，石敬瑭的救星终于来了。为了夸大声势，吓唬对手，契丹皇帝耶律德光声称自己带来了三十万大军。他在行军时则多设旌旗，拉长队列，将五万名骑兵绵延出五十余里（可能有很多民夫被夹带其中，队列总人数恐怕不止五万），远远望去，颇为吓人。不知道是不是契丹军队的虚张声势收到了效果，还是张敬达把代北地区的唐军都调空了，反正耶律德光在雁门以北，如入无人之境，越过云州、应州、朔州，长驱直入，直抵恒山山脉。

这时，耶律德光最担心的就是唐军在恒山一线据守险要，在雁门关、扬武谷、楼烦等要隘设下伏兵，那样，不擅攻坚的契丹军队将面对天险干着急，无法发挥所长。不过，契丹皇帝很快便通过侦骑惊喜地发现，唐军在所有要隘都无一兵一卒把守。耶律德光额手称庆：天助我也！

于是，契丹大军从雁门关西侧的扬武谷翻越恒山，杀入平坦开阔的汾河谷地。代州刺史张朗、忻州刺史丁审琦分别登城据守，契丹军队对他们毫不理睬，绕过两城，于九月十五日直抵太原北郊的虎北口，列下阵势。

耶律德光派使节入城（张敬达、杨光远到现在都没能完成合围），通知石敬瑭："我今天就要和南军决战，准备好了吗？"终于等到契丹人的石敬瑭先是大喜，继而大惊：干爹是不是太年轻了，把打仗看得太容易，刚刚到达，不顾军队长途行军的疲惫，就要决战？

与张敬达交锋，石敬瑭是吃过亏的，万一契丹干爹也输了的话，我到哪儿找第二个干爹去？

于是石敬瑭连忙派人出城劝阻："围城的南军实力也很雄厚，不能轻视。要不让大军休息一日，等明天咱们再慢慢商议交战的计划？"然而，石敬瑭派出的使节还没有到达虎北口的契丹大营，契丹军队与围城唐军的战斗就已经打响！原来，干爹只是通知干儿子一声，并不是征求干儿子的意见。

石敬瑭没办法，赶紧派出王牌刘知远，马上调集军队，出城支援，这一战千万不能输！

第一轮交锋发生在双方的骑兵之间。契丹先锋迫近唐营，张敬达为了让主力步兵赢得列阵的时间，派高行周、符彦卿（李存勖死前拼死护卫在其身旁的李存审之子李彦卿，李存勖死后改回祖姓）率骑兵出营迎战。高行周、符彦卿都是此时唐军中最优秀的将领，契丹前锋与他们一接触，好像就不敌后退了。高、符二将追了上去，于是在交战伊始，唐军骑兵便与唐军步兵渐渐脱离了协同。

张敬达没感到有什么不对，他看到这一幕只是心情大好：和以往一样，契丹人果然不难对付嘛！乘着好心情，张敬达与杨光远、安审琦等率步军出营，主动迎着契丹军队出现的方向，进至城西北的山下列阵。

唐军的阵形刚刚摆好，又有一支三千人的契丹轻骑兵攻了过来。这三千名轻骑都没有穿盔甲，看上去瘦小虚弱。一看对手如此，唐军更加骄傲，立即发起反击。这支契丹轻骑又是一触即退，唐军沿着汾河，奋勇追击。但步兵追骑兵，哪有这么容易追上的？这样一跑起来，唐军摆好的阵形先是被拖长，然后就被拖散了，但张敬达的唐军将领被眼前的“胜利”冲昏头脑，仍不以为意。他们甚至连契丹军队的主力究竟部署在哪儿都还没有侦察清楚，就放心大胆地继续追击。

契丹轻骑退到汾河大河湾处，被河水堵住了路，纷纷涉水退往河对岸。唐军步兵因为速度不够快，没法及时追上来个半渡而击，等契丹轻骑都过了河才来到河湾处。没关系，渡河接着追！没想到第一批刚渡过汾河，一支埋伏在河对面的契丹军队就杀了出来，现在变成契丹军对唐军半渡而击，在最前方的唐军迅速被打垮！

与此同时，耶律德光亲率的契丹主力终于从虎北口杀出，他乘唐军阵形已经沿着汾河被拉成了一字长蛇，挥动契丹铁骑，无比迅猛地拦腰一击，瞬间便将唐军来了个一刀两断！胜败在这一刻已成定局，唐军大乱，失去了有效的指挥与协调，无力组织起有力的抵抗，只能在契丹铁骑的砍杀践踏下，艰难逃命。

天近黄昏，恶战渐渐平息，唐军在战场上扔下了一万多具尸体，逃散的数量无法统计。出城配合契丹作战的刘知远也抓了一千多名唐军俘虏，随后将他们全部处死。张敬达、杨光远、安审琦等收拾败兵，退回晋安寨大营固守。只有高行周、符彦卿表现稍好，他们打退了契丹军与刘知远军的两面夹击，将唐军骑兵基本完整地带回晋安寨。

现在回头想想张敬达、杨光远那个自大的计划。他们成功实现了计划的前半部分，契丹人确实深入了，但在后半部分的"聚而歼之"，他们的表现就太差了。从整个交战过程来看，唐军数量不比对手少，士气不比对手低，而且是主场作战，差的部分在于糟糕的情报和拙劣的指挥。如果张敬达有李存勖、李存审、李嗣源、王晏球等前辈哪怕一半的军事能力，唐军也绝无一败涂地的道理。

当天夜里，石敬瑭出城，叩谢耶律德光的救命之恩，并正式明确两人的父子关系。耶律德光亲手握住石敬瑭的手，和颜悦色地将他扶起，表示与这个满脸皱纹的乖儿子相见恨晚。石敬瑭则仿佛是最虔诚的"粉丝"遇到了自己最崇拜的偶像，谄媚地问道："皇上您远道而来，按理说已经人困马乏，为何在仓促间与南兵交战，还能大获全胜，可有什么用兵的绝招？"

耶律德光得意地笑道："我率大军从北方出发时，最担心的事就是南兵一定会事先阻断雁门等诸隘口，在险要处布置伏兵，使我军无法前进。可没想到派人一侦察，所有天险竟无一兵一卒把守，对手的软弱程度超乎想象，我军士气倍增，知道此战必胜。我这才长驱直入，乘其不备，一鼓作气破之！如果拖延时间，让南兵了解我军虚实，胜负反而不好说了，这不能用常规的劳逸之势来判断。"

石敬瑭听罢，连连称赞：干爹果然用兵如神，天下无敌呀！

九月十六日，乘着大胜的锐气，石敬瑭叛军与契丹军队正式会师，将晋安寨内的唐军团团包围，并在比晋安寨更靠南的柳林设下大营。然后，耶律德光和石敬瑭，用比张敬达围太原时高得多的效率，在数日内便围着晋安寨建起了一道沟壕，沿壕立木桩，绑上系有铃铛的绳索，并派士兵带着军犬随时巡逻，哪怕一只兔子要出入封锁线，都不可能不被发现。

九月十八日，张敬达乘封锁线还未完工，派出了最后一名使节冲出包围圈，向朝廷报告了战败的噩耗：契丹大军突然出现，我军交战不利，损

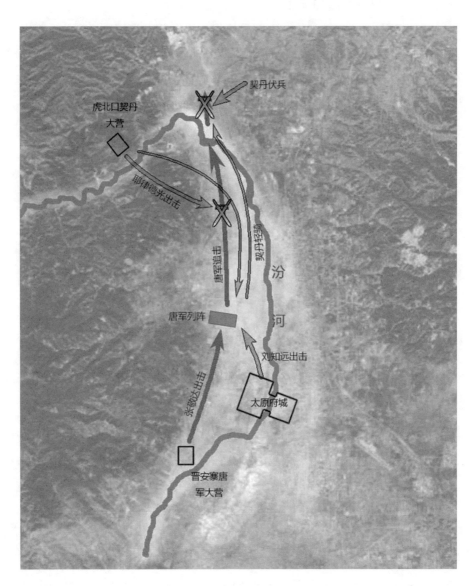

▲ 936 年，太原之战

失惨重，被迫退入晋安寨固守。如今寨中还有兵五万人，战马一万匹，但粮草不多，请尽快发兵来救！

前些天，李从珂接到的一直都是捷报，以及前方将领对战况的乐观展望，这下子突然接到这份败报，仿佛从幻梦中的天堂，一下跌入现实的地狱。后唐皇帝大惊失色，急忙下达了一连串的命令：一、命彰圣都指挥使符彦饶（符彦卿的二哥）率一支洛阳禁军先行进驻河阳，为自己亲征打先锋；二、让不久前讨平镇州叛乱的天雄（魏博）节度使范延光，率所部西进，经青山口过太行山，逼近榆次，从东面威胁契丹军队；三、最关键的一路，命东北面招讨使赵德钧率所部出飞狐口，从北面逼近太原，威胁契丹军队的退路。

赵德钧一路最为关键，因为他地位高（与石敬瑭平起，是后唐军队北方两大主帅之一），兵力强，更因为卢龙兵积极行动，正是契丹上层最担心的。

耶律德光在这次出兵南下之前，老太后述律平警告过他："如果赵德钧大军出渝关（后来的山海关），攻入我国本土，你就赶快回来，别管中原的事了！"同样，耶律德光大获全胜包围晋安寨之后，也在不断派轻骑侦察自己退路的安全。每天傍晚，契丹军队都会收拾好行装，以便一旦发现有归路被断的危险，能甩下干儿子及时北撤。

实际上，耶律德光与石敬瑭联军虽然获了一场辉煌的大胜，但直到此时，后唐并没有注定失败，整场战争的胜负，仍存着在巨大的不确定性。

可以这么说，后唐方面能不能抓住最后契机，转败为胜，主要就看赵德钧现在的表现了。因此，在介绍接下来发生的那些让人瞠目结舌的操作之前，有必要先了解一下赵德钧是个怎样的人物。

与打拼多年，但功绩不显，直到不久前才在史书记载中冒出来的张敬达、杨光远不同，赵德钧可是咱们的老熟人了，只不过他换过两次马甲，曾用名有赵行实、李绍斌。读者可能早就注意到赵德钧的一个重要身份：他的养子赵延寿娶了李嗣源的女儿兴平公主，因此他是李嗣源的儿女亲家。不过，赵德钧得到提拔重用，接替李存审、李存贤坐镇卢龙，是李存勖当皇帝时候的事，因此，赵延寿的婚事，并不是赵德钧受到重用的原因，而是他得到重用的结果。

虽然已出场过多次，但赵德钧在之前出场的事迹少有亮点，那他达到今天这个高位靠的是什么？仅仅是混资历吗？其实前文提过，要得到李存勖的提拔重用，得满足两个条件之一：或者是有趣，或者是有用。

赵德钧从来没有成为过李存勖的近臣，所以他不可能靠有趣进身，实际上，他是战争中表现出了一定的军事能力，才得到李存勖器重的。可能有读者会问：赵德钧有什么军事能力？之前的事迹怎么没看出来呢？那是因为前文没有介绍他成功的部分。当时吏部侍郎龙敏说过：赵德钧也就是在守城上有所专长。

在赵德钧担任卢龙节度使之前，阿保机已夺取营、平二州，占据渝关，控制了长城的最东段，燕山天险在卢龙方面，已经开了一个大口子。契丹军队从平州出发，西进至幽州，一路上基本无险可守。因此契丹游骑连年骚扰，卢龙百姓苦不堪言，连名将李存审对这些骚扰，都没有特别好的应对方法。

这种情况，直到赵德钧坐镇幽州之后，才有所改观。赵德钧奏请征发河北民夫，在卢龙境内开挖了总长近两百里的人工河道，又沿着河道修筑堡垒，组成一道水防线，代替已经失去的东段长城，限制了契丹骑兵的优势发挥。但毕竟不是每个地方都有开挖河道的条件，在水防线无法顾及的地方，赵德钧又修筑了军事要塞三河城，与蓟州相呼应，将幽州东面的防线补充完整。自此，卢龙镇的百姓"稍得樵牧"，不用天天担心被契丹游骑打劫杀掠了。因为这些功绩，赵德钧坐镇卢龙十余年，在当地颇得人心，官位也节节上升，最后当到检校太师、兼中书令，封北平王。论爵位，比石敬瑭的赵国公高得多。

不过，除了守城和修建防线表现优异，以及在条件有利时出去打打败退的落水狗，这位后唐的"马其诺"从来没有过一次出城野战，与敌军主力交战取胜的记载。也就是说，要认为赵德钧在军事上是个蠢材，那无疑有失公允，但可以确定，他是个能力严重失衡的偏科生。更糟糕的是，现在不管要赵德钧北进契丹，还是西进断耶律德光的归城，他都必须离开自己精心打造的乌龟壳，去与契丹大军争胜于野外，这正是赵德钧军事上最短的短板！他有本事，或者说有胆量去打这一仗吗？

儿皇称尊

赵德钧来了，不过，他是带着与李从珂的期望，以及述律平、耶律德光的担忧完全不同的想法来的。

在赵德钧的心里，这次出征第一个要对付的大敌，并不是契丹人，而是李从珂。为什么呢？如果严格按照后唐皇帝的诏令，他率本部军队出飞狐口，将来到雁门关以北。而在雁门以北的大同、彰国、振武等诸镇军队，之前差不多全让张敬达调空，带去围攻太原，现在不是被消灭了，就是被围在晋安寨了。换句话说，自己将是孤军深入。而且，由于阻断雁门诸隘口，对耶律德光大军团的威胁太大，相当于对着公牛摇晃红布，契丹皇帝很可能抛开晋安寨不管，全军北上与自己决战！乖乖，要了命了！这种舍己为人的蠢事，老赵所不为也！

于是，赵德钧把诏令当废纸一扔，再派人与李从珂讨价还价，提出另一个对契丹人威胁小得多的作战方案。赵德钧提出，自己已经率麾下最精锐的一支骑兵部队"银鞍契丹直"为前锋，昼夜兼程，赶往镇州，打算经土门（井陉的东口）过太行山，从东面逼近太原。

【作者按：赵德钧在坐镇卢龙期间，收降了不少俘虏或主动叛逃过来的契丹士兵，然后将这些契丹士兵编组成一支三千多人的骑兵部队，名为"银鞍契丹直"。】

按照这个赵德钧先斩后奏，已经在实施中的方案，他的军队将先到镇州，与成德军合兵，增强自己的实力。同时，从东面逼近太原，更靠近范延光的友军，便于相互支援，安全系数可以大大增加。当然，这样一来，契丹大军将后路无忧，安全性同样大大提高。

接到赵德钧自作主张的行动方案前，洛阳朝廷正在讨论李从珂亲征御敌的问题。九月二十一日，李从珂在朝堂上表示：自己打算亲自出征，与契丹人和石敬瑭决战！毕竟这不是一个忠义当道的年代，你自己的江山，你自己都不用心守护，还能指望手下人有多少忠心？至少做个样子也好。

李从珂的次子，默认的皇位继承人雍王李重美说："陛下您得的眼病还没有痊愈，不宜冒着风沙远行。我虽然年幼，但愿能代替陛下北征！"李从珂听了儿子的话，非常高兴。也许是出自某种不祥的预感，也许是担心会重演李存勖最后一次亲征的惨剧，身经百战的李从珂并不真想亲征，甚至对这次战争充满了莫名的恐惧，只是不好当众说出口。

但是，让一个从没打过仗，在军中毫无威信的少年皇子担任主帅，去对抗强敌，又找不到一个郭崇韬这一级别的人担任实际操控的副手，这不是拿社稷的存亡当儿戏吗？张延朗、刘延皓、刘延朗等大臣纷纷反对，都认为：危难之际，除了陛下亲征，别无他法！李从珂话已出口，只得弄假成真。

九月二十二日，李从珂心不甘情不愿地率禁军离开洛阳北上。一路上，这支大军的士兵经常不听长官招呼，任意胡为，主管军纪的符彦饶害怕发生兵变，根本不敢管。李从珂更加忧虑，他对他任命的宰相卢文纪暗示道："朕听说你有宰相之才，所以力排众议，首先提拔了你，现在面对如此大的灾难，怎么不见你的好主意？"

卢文纪心领神会，等大军渡过黄河，到达孟州，他便提出建议："国家的根基大半在于河南，陛下不宜太靠北。胡人的骑兵来去无常，飘忽不定，并不能在中国久留，且晋安寨大营十分坚固，他们很难拿下来。更何况朝廷已经派出好几路大军去救援，可保无忧。河阳（孟州）是天下重镇，陛下最好坐镇此地，可以兼顾大河南北，只需派一个重臣北上督战即可，如果真不能给晋安寨解围，陛下再北进也不晚。"

那派哪位重臣北上呢？主管三司的张延朗正想将枢密使赵延寿挤出朝廷，便联合翰林学士和凝（就是那位当年在胡柳陂战后，救了梁将贺瑰一命的和成绩）一起推荐说："赵延寿之父赵德钧正率卢龙之师勤王赴难，最好让赵延寿率军北进，父子同心，一定能团结协作，击破强敌！"

于是，李从珂的亲征只是稍稍挪了挪步子，到达怀州（今河南省沁阳市）便停止前进，继而派赵延寿率两万大军北上，前往潞州。

几路大军派出去了，但前方再也没有传来过什么好消息，李从珂很担心晋安寨的守军不能坚持到解围，只好再向群臣问计。吏部侍郎龙敏提出了一个新的方案："契丹皇位的合法继承人李赞华不是在我们这儿吗？我们不妨策封李赞华为契丹皇帝，派卢龙、天雄两镇军队护送他北归西楼（契丹首都临潢府，位于今内蒙古自治区巴林左旗），同时布告天下，使人尽皆知。这样一来，耶律德光有了后顾之忧，还能不急着回去？"

李从珂一听，觉得是条好计，从契丹方面的记载来看，这也是契丹太后述律平最担心发生的事。然而，李从珂只是让手下讨论一下具体实施方法，没有后续。史书没有明确说明李从珂最终没有采纳这个计划的原因。有人认为，李赞华之前送密信给耶律德光，鼓动弟弟南犯，使后唐方面对他有所警惕。不过，这种猜测极可能是错的，如果输送密信的事当时就已泄露，他早被处决了，不会等到后唐亡国时才让将死的李从珂拉去垫背。

在下认为，该方案不能实施的主要原因，是这个计划需要动用赵德钧、范延光二人的军队。范延光都不像是李从珂的忠良之臣，更不用说赵德钧了，他已经在用实际行动证明他不听指挥。要让赵德钧执行率军深入契丹内地的危险任务，肯定是打死也调不动的！更何况李从珂已经不可能打得死赵德钧了。

在下猜想，在经过一番数百里加急的公文往来之后，李从珂发现赵德钧等人根本无视自己的皇权，而自己统率的中央禁军，又一个个无法无天，骄悍难制，于是变得对前景悲观绝望，完全不再有四个月前与薛文遇定计削藩时的踌躇满志。李从珂像一只把脑袋扎进土里的驼鸟，一天到晚喝酒消愁，喝醉之后，便放声悲歌，不祥之声笼罩着怀州小小的行在。

有官员劝皇帝振作，应该率大军继续北进，给诸军督战。谁料身经百战，曾经被李存勗夸奖为骁勇敢战、与自己相类的李从珂，竟然说出一句骨气丧尽，懦夫到不能再懦夫的话："你们不要再提北征的事，一想起石敬瑭，我心胆都堕地！"

当然，除了喝酒、悲泣、说泄气话，李从珂也不是完全不做事了。根据张延朗的建议，李从珂下诏强征民间马匹，同时让天下每七户人家必须出一人充当民兵，自备盔甲武器，号称"义军"，预定在两个月内集结训练完毕，参与作战。这道诏令一下，天下纷扰，大量官吏借机发了横财，百姓纷纷逃避，民间正常的生产受到很大破坏。

最后，张延朗这个馊主意只凑起了几乎毫无作用的五千名"义军"，外加两千匹马，还引爆了彰武镇的兵变。

彰武节度使杨汉章本就是个贪腐之人，又执行强征"义军"和马匹的诏令，激起当地军民更大的不满。当杨汉章凑起一批军队，准备出师勤王之际，坊州刺史刘景岩觉得有机可乘，便派人悄悄煽动即将出征的士兵："契丹军队非常厉害，你们这一走便是有去无回！"于是，就在出征当天，士兵哗变，当场斩杀在检阅台上的杨汉章，拥立刘景岩为留后。而后，李从珂也只得默认。

而这段时间内，打着勤王旗号的赵德钧正一路南下，就像一条巨大的贪吃蛇，锱铢必较地为自己谋取每一丝能抓到手的利益。他经过易州，合并了北面行营都指挥使刘在明的军队；到达镇州，又合并成德节度使董温琪的军队。按理说，这时应该按照他自己提出的方案，西出井陉去救援张敬达部了吧？可赵德钧又变卦了，他提出自己现在的军队仍然太少，不足以和契丹人交战，要求再往南，会合潞州方面的军队（就是他的养子赵延寿部）。

十月十八日，赵德钧从吴儿谷（大概就是滏口陉）穿过太行山，到达乱柳（今山西省沁县东南）。不久，赵延寿的军队进至乱柳北面的西汤，然后便将这两万人马的指挥权交给了养父赵德钧。

赵德钧掌握的军队更强大了，但他仍不满足，又贪得无厌地写信给正驻军于辽州（今山西省左权县）的范延光，要求他率军南下与自己会合。

但范延光与刘在明和董温琪不同，也不是赵德钧的干儿子，他当过明宗朝的枢密使，在后唐此时的藩镇节帅中是排得进前三名的重量级人物，岂能甘心充当赵德钧往上爬的垫脚石？于是，范延光宣称自己已经深入敌境，与契丹人对峙上了，所以无法南撤与赵德钧会师。

赵德钧见范延光不肯乖乖将军队交给自己，很恼火，也不顾大局有多么危险，将大军停留在乱柳一带，摆出一副得不到天雄军就不打仗的架势，和李从珂玩起了罢工！

李从珂也很着急，他既然不亲自上前线指挥各军，就只能向拥兵最多的赵德钧玩绥靖，尽量喂饱他。李从珂下诏，任命赵德钧为各路军队的总司令（诸道行营都统）兼任东北面司令（东北面行营招讨使），范延光为东南面司令（东南面行营招讨使），赵延寿为南面司令（南面行营招讨使），皆受赵德钧节制。

吕琦带着诏书和大批金帛，赶到赵德钧大营，传旨并犒军，同时催促这位总司令：别忘了，晋安寨被围的将士还在度日如年地等待着朝廷的救兵。皇上已经将天下大半兵马的指挥权交给大王，大王岂能再逗留不进，坐视不救？

赵德钧只好答应北进，做做样子应付李从珂。这位外表威猛、内心怯懦的总司令，率领大军推进到晋安寨之南约百里的团柏谷，再次停了下来，扎下大营，并小心翼翼地保持着与契丹军队和石敬瑭叛军的安全距离，避免发生交战。

大军集结，临敌却不战，是因为赵德钧没有胆量与契丹皇帝决战，但借抗击契丹之名，抢夺兵权和地盘，甚至更大利益的胆量还是有的。

赵德钧在团柏谷野营期间，干了两件大事。先说第一件。他不断上书李从珂，上书内容既不是通报前线战况，也不是阐述自己打算如何给晋安寨解围，而是对藩镇的人事任免提出建议："老臣这次不顾艰难，出师远征，可把卢龙的军队都带来了，幽州方面因此非常空虚。老臣以为，可以让赵延寿出任成德节度使，坐镇镇州，这样幽州方面如果有危险，也便于迅速接应。"

李从珂接到上书，安抚说："延寿身为大将，现在正在军中作战，哪有时间去镇州？这样吧，等到叛乱平定，我一定答应你的请求。"

不答应是吧？这下拖延不战有理由了！赵德钧便关心起幽州的安危来，一封接一封的奏疏不断送到李从珂的案前：请让赵延寿出镇成德！请让赵延寿出镇成德！请让赵延寿出镇成德！重要的事说三遍，要再不同意，可别怪我忧虑成疾，无心作战！

李从珂气得直哆嗦："赵家父子非要得到成德，究竟是何居心？只要他能打退契丹人，就算要我的皇位也可以！如果只会利用强敌要挟君主，就不怕猎犬与狡兔同死，白白便宜了别人？"

赵德钧听说了李从珂的表现，也很不高兴：都到这时候了，咱们的皇上怎么仍然这么小气？真不是一个良好的交易对象！正好，与此同时，另一边传来了一个让赵德钧怦然心动的消息。

十一月十二日，在契丹与石敬瑭联军驻扎的柳林大营，有一个临时筑起的祭天台，工程完工了。耶律德光便召见了干儿子石敬瑭，用赞赏的口吻对他说："我这一次不远三千里跋涉，来救你的危难，自然不会半途而废。我看你相貌不凡，气宇轩昂，堪为中原之主！这样吧，我就立你为中原的皇帝！"

石敬瑭连忙按惯例辞谢：儿德薄福浅，怎么敢当呢？但在他手下，早就操演好的文武官员马上一致劝进，都认为不但天意昭昭，更重要是爹意如此，孝顺儿子怎么能拒绝慈父的好意呢？

非常时期，一切从简，所以一套通常要表演好多天的例行大戏，在几个钟头之内就演完了，石敬瑭推让再三，还是"万般无奈"地接受了帝位。大概因为河东镇在春秋时代属于晋国，他的国号便定为晋。当天，耶律德光下旨，册封石敬瑭为大晋皇帝。这开创了一个纪录，石敬瑭成为中国历史上第一个被非中原皇帝册封的中原皇帝。

可能也是从简的缘故，连皇帝的袍服都没有做好。好在旁边就有个现成的皇帝，耶律德光脱下自己的帽子和外套，给石敬瑭披戴上。虽然风俗不同，礼制不合，显得有点不伦不类，但总算是皇袍。当天，石敬瑭就穿着父皇帝赐给的衣服，爬上祭天台，登基为"儿皇帝"。五代中最受诟病、国格最低的后晋王朝，就此成立。

当上皇帝的石敬瑭，第一道圣旨，就是报答父皇帝耶律德光对他个人的大恩大德：割让幽（今北京市）、蓟（今天津市蓟州区）、瀛（今河北省河间市）、莫（今河北省任丘市北）、涿（今河北省涿州市）、檀（今北京市密云区）、顺（今北京市顺义区）、新（今河北省涿鹿县）、妫（今河北省怀来县）、儒（今北京市延庆区）、武（今河北省宣化市）、云（今山西省大同市）、应（今山西省应县）、寰（今山西省马邑县）、蔚（今河北省蔚县）、朔（今山西省朔州市）等十六州之地给契丹，另外，今后每年还将向契丹进贡绢帛 30 万匹（在稍后的北宋，每匹绢帛约合铜钱 1.3 贯，30 万匹绢约合铜钱 39 万贯）。

当然，就暂时而言，这份大单还只是一张空头支票，如果耶律德光不能帮助石敬瑭夺得中原的控制权，就无法变现。因为上述那十六个州，此时还没有一个在后晋或契丹的掌控之中。

两天后，石敬瑭下诏，宣布改长兴七年为天福元年（936）。请注意，"长兴"是明宗李嗣源的年号，到四年就结束了，所谓"长兴七年"，压根儿就不存在，石敬瑭就当李从厚、李从珂两代皇帝从来没有过。

同时，石敬瑭给拥护他的一大批后晋开国元勋加官：原节度判官赵莹为翰林学士承旨、户部侍郎，原掌书记桑维翰为翰林学士、礼部侍郎、权知枢密院事（代理枢密使的意思。从此，"权知枢密院事"和"枢密使"变成同一个职务的两种叫法，就像"留后"与"节度使"），原军城都巡检使刘知远为侍卫马军都指挥使，原客将景延广（当初随王彦章守中都，战败后死里逃生，回汴梁汇报的那员梁军将领。梁亡后，景延广又一次站错了队，投入朱守殷门下，李嗣源剿灭朱守殷时，他作为同党几乎被杀。幸而当时负责清除朱氏余党的石敬瑭爱惜景延广骁勇，悄悄将他放了，待风声过去，又收入自己麾下）为侍卫步军都指挥使等。石敬瑭集团从上到下，大家都升级了，一派喜气洋洋。

这些喜气，当然也传到了团柏谷，传到了赵德钧的耳朵里，赵德钧禁不住食指大动：连石敬瑭这样靠讨好契丹的人都能当皇帝，我原本爵位比石敬瑭高，现在手中的兵力又比石敬瑭强，凭什么不行？不就是多给契丹人一些好处，谁不会啊？

于是，赵德钧干了在团柏谷的第二件大事，派遣使臣前往柳林的契丹大营，求见耶律德光。赵延寿给李从珂的报告是这么解释的：自己的义父遣使与契丹联络，完全出自对国家社稷的一片忠心，为的是先礼后兵，以武力为后盾劝说契丹军队北归，不要插手中原的内战，否则就不客气了。

不知道李从珂信不信，但石敬瑭在第一时间得知父皇帝接见了赵德钧的使臣后，马上想到会是怎么回事，急忙派桑维翰去晋见耶律德光。

石敬瑭的判断很准确，赵德钧的使臣是来找耶律德光谈合作的。赵德钧的使臣提出，如果耶律德光愿意封赵德钧为中原的皇帝，赵德钧可以马上率全军倒戈，与契丹联兵，一起推翻李从珂！契丹该得的好处费，一切好商量，咱们的赵大王绝不是小气的人。至于石敬瑭，可以让他永镇河东，也不算亏待他吧？

由于之前赵德钧镇守卢龙的表现不错，他在用兵能力上的重大缺陷还不为契丹人所知，现在见赵德钧已集结重兵于团柏谷，晋安寨的张敬达还在坚守不降，如果后唐这两个重兵集团来个里应外合，内外夹击，耶律德光感到自己并无必胜把握。现在，赵德钧提出的合作条件，虽然远没有"儿皇帝"石敬瑭孝敬的条款优惠，但实行起来没有风险，可担保成功，好像也是可以接受的吧！

那么，在高风险高收益与低风险低收益的两套方案之间，究竟该选择哪一套呢？耶律德光有些拿不定主意了，踌躇间，明显有向着赵德钧方案倾斜的样子。

桑维翰一看自己的主子有可能失宠，急忙不要底线地向耶律德光游说道："大国（指契丹）这次发动义兵，拯救孤危，仅一战就让张敬达部唐军大败瓦解，残兵只能龟缩于孤营，现在食将尽，力将竭，已不足为虑。至于赵德钧父子，既毫无忠心，也不讲信义，他们因畏惧大国的军威，又心怀异志，所以一到团柏谷就不敢再前进一步，首鼠两端，恃众观望，一看就不是会为国献身的人，又有什么可怕的？大国可不能轻信他的夸大其词，为了蝇头小利，就放弃即将成功的大业呀！"

看耶律德光有所动心，桑维翰再加大火力，吼出了一句数百年内都无以复加的最强音："如果我主得了天下，一定会刮空中原，来侍奉契丹！岂是赵德钧的那几个小钱能比的？"

但决定人们行为的主要因素，除了利，还有害。耶律德光并未因桑维翰的一句名言就下定决心。他辩解说："你见过抓老鼠的吗？一不小心就会被它反咬一口，何况我们现在面对的是强敌。"

桑维翰道："如今大国已扼住唐军的咽喉，他们哪里还有可能咬人？"

耶律德光只好再次敷衍说："我不是要背弃对石郎的承诺。暂时答应赵德钧，只是一种兵家的权谋罢了。"

桑维翰急了，他早已将自己的一切与石敬瑭高度绑定，一损则俱损。他大哭道："大国皇帝救人于危难的大信大义，四海之内皆亲眼所见，亲耳所闻，为何朝三暮四，使大义不能有始有终？我深深为皇帝您的美名受损而感到难过！"

耶律德光说不过桑维翰，只好请他先回去，容自己再考虑考虑。不想桑维翰干脆就不走了，就跪在耶律德光的御帐之外，旁若无人地号啕大哭：大皇帝要不答应履行对我家主君的承诺，我就不起来！桑维翰哭到做到，从早到晚，一刻也不停地哭泣，那场景要让不知道的人看见，还以为他正在办丧事，御帐里边就是灵堂！

不知道耶律德光是被桑维翰对主子的忠心感动，还是实在受不了他制造的噪声污染，终于做出了最后决定。契丹皇帝召来赵德钧的使节，指着帐前一块大石头对他说："我已经答应了石郎，除非这块石头烂掉，承诺才会改变！"

耶律德光这个看起来带些感性冲动的决定，在实践中却是出人意料的最优选择（当然是对契丹而言）。赵德钧统领大军到达团柏谷后，别说再前进一步，甚至都没有设法让被围的张敬达部知道援军接近的消息，所以唐军的两大军团根本没有协同作战，内外夹击的可能性。

吏部侍郎龙敏在他提出的扶立李赞华的方案不了了之后，仍不死心。

他对李从珂的一个心腹将领李懿说："你身为皇亲，社稷沦亡在即，岂能默默无言？"李懿认为情况没这么严重，赵德钧已统领大军到达前线，应该能击破契丹人，挽救危局。

龙敏只能摇头："我是幽州人，深知赵德钧的底细，他只是一个胆小的懦夫，也没有什么出众的谋略，擅长的只有防守城池，修筑营垒，收买军心这些事。若遇大敌，指望他奋不顾身，冲锋陷阵，那是肯定没门的！何况他现在名位震主，已存二心，更不能指望了！"

然后，龙敏提出了一个大胆的方案："现在怀州有护驾禁军一万人，战马五千匹，如果从其中挑选出精锐骑兵一千人，由我和郎万金（陈州刺史，负责训练'义军'的总教头，也是当时有名的勇将）率领，乘着夜色沿介休一带的山路前进，需要冒点儿风险穿越契丹游骑的封锁线，只要有一半人冲到晋安寨，事情就成了。现在张敬达的几万大军陷于重围，得不到朝廷的一点儿消息，士气因而低落。假如他们知道救兵已到团柏谷，万众一心，死中求生，再结实的铜墙铁壁他们也能冲破，何况只是契丹人的游骑？"

听了这话，李懿赶紧将龙敏的新建议奏报给李从珂。李从珂却已经完全失去了信心，叹息道："龙敏不愧壮士，可惜，太晚了。"也许李从珂觉得，要从现在这些骄悍、不听招呼的护驾禁军中，挑出一千人，去执行一项九死一生的危险任务，还指望他们服从命令听指挥，是不大可能成功的事吧？于是，同龙敏的第一个主意一样，第二个主意也不了了之。

唐主自焚

不论是皇帝还是北平王，谁都靠不住，晋安寨内的五万大军渐渐陷入了无可挽救的绝境！

在被围的数月中，高行周与符彦卿二将多次率骑兵出击，试图在包围圈上打出缺口，但各镇兵马人心不齐，每次突围都因寡不敌众，失败而归。不能在被围初期突围，随着时间推移，唐军自行解救的能力就越来越弱，原因很简单，胃口比人大得多的战马，将晋安寨中囤积的草料首先吃完了。

唐军骑兵为了不让自己的战马饿死，只好去淘洗马粪，挑出其中还没有消化的植物纤维来喂马。但很快这办法就不管用了，毕竟饿着肚子的马也拉不出多少马粪，经过一道马肚子的转化，还能利用的植物纤维就更少了。于是，他们又将木块削成细丝来喂马。即使最不挑食的战马也受不了这种伙食，它们互相啃食邻马的马鬃和马尾，一匹匹战马不再拥有漂亮的鬃毛，开始大量饿死。

随着战马数量减少，很多骑兵只好转成了步兵。当然，好处也是有的，大量马肉补充了粮食的不足，人的食物暂时还是充足的，只是由于援军仍然没有一点儿消息，全军的士气渐渐跌至谷底。

眼见要撑不下去，副帅杨光远和安国节度使安审琦数次劝说主帅张敬达：要不我们还是投降吧，至少现在这几万名将士还能活命。张敬达虽然打仗的本事不怎么样，但几根硬骨头还是有的，不愧"生铁"之名，他坚决不降："我受明宗及今上两代皇帝的厚恩，担任元帅却遭此大败，罪过已经够大，岂能再做出率众降敌的事？相信援兵迟早会来的，我们应该再等等。如果援兵真的不至，到了山穷水尽的那一天，你们可以砍下我的人头，出去投降，也不算太晚！"

听了主帅张敬达的话，副帅杨光远认为，长官的提议不错，具有相当的合理性，不过也还有改进的空间：既然已经愿意牺牲，干吗非要等到山穷水尽的那一天呢？早点儿做那事，大家不是都能早点儿解脱吗？

但杨光远在早年与契丹人的交战中折过一臂，自己不便动手，便马上给安审琦使眼色：你来，杀掉张敬达，咱们都得救！安审琦大概有点迟疑，害怕当出头鸟：你作为大军的二把手不自己干，交给我这个三把手，完了罪过都算我的吗？于是，张敬达那一天没出事。

而且，此时要杀张敬达还有一定难度。将军高行周知道军心不稳，担心会有人杀主帅，便亲自带着一批精锐卫士，常常跟在张敬达身后，以防不测。不过知人知面不知心，张敬达先起了疑心，对左右说："高行周最近老跟着我，他究竟想干什么？"高行周听到这话，也不敢瞎积极了。杨光远等人则秘密联络同党，准备起事。

闰十一月九日晨，按惯例诸将要到张敬达的大帐开会议事，杨光远，很可能还有安审琦等同谋都提前到达，乘着高行周、符彦卿二将还没到，动手突袭，一举斩杀了张敬达！

既然张敬达死了，那妨碍大家求生的障碍就消除了，然后，所有将领一致决定向契丹投降，就连后到的高行周和符彦卿也没有异议。此时，晋安寨内的五万大军基本上还活着，但那一万匹战马已被吃掉了五千匹。

敌方五万大军倒戈，相当于双方的兵力对比一下子产生了十万人的巨变，到了这个时候，可以说契丹与后晋的胜利，才真正不再有任何悬念。大喜过望的耶律德光接见了各位降将，这些人中不少他都久闻其名，便一一慰劳，每人赏赐契丹皮裘一件、毡帽一顶。

然后，耶律德光让众降将引路，进入晋安寨内视察，看到满地的马骨，嘲笑道："你们真是一群恶汉，都不用盐和酪浆当作料，就吃掉一万匹战马！"虽然实际上被吃掉的战马只有这个数字的一半，但没人敢说契丹皇帝哪里不对。耶律德光又来到张敬达的尸身前，命人好好收葬，并亲自焚香祭悼。随后，耶律德光当着众降将的面，对自己与石敬瑭的部下说："你们当臣子的，就应该学习张敬达这样，忠心事主，至死无二！"

晋安寨大营中的五千匹战马、五万套兵甲被耶律德光接收，运往契丹。五万名降兵降将耶律德光不要，全交给石敬瑭，由后晋皇帝重新武装后，充作后晋军队。在完成这个安排之前，耶律德光对这些投降的将军说："好好侍奉你们的新主，不要再有二心了！"绝大多数降将默默接受了命运的安排，忍辱偷生，唯有马军指挥使康思立羞愤难当，气急攻心而死。

晋安寨已投降，石敬瑭马上派出大量使节，前往各州劝降。太原以北的各州县，大多归顺了后晋，只有少数州县不从。如代州刺史张朗，杀了后晋的使节，继续向后唐效忠。

端明殿学士吕琦奉旨到前方犒军，这时正走到忻州，遇到石敬瑭派来的使节，立即将使节斩首。然后，吕琦劝忻州刺史丁审琦说："之前契丹人经过城下，对城池都不多看一眼，可见其心不在小，等他们还师，全境必定不能保全！不如乘契丹人还没返还，早点儿率全城军民撤走，经五台去镇州避难。"

丁审琦先是同意了，但临出发又反悔，关闭内城，不肯离开。吕琦身边的军人想马上进攻内城，吕琦制止他们说："国家都到什么时候了，咱们还要自相残杀吗？"随后，吕琦带着愿意离开的人离开，丁审琦等他们一走，便向契丹投降。

晋安寨唐军投降后的第三天，耶律德光与石敬瑭稍稍消化了胜利成果，实力大增，决定挥师南下，攻灭后唐。出征前，石敬瑭准备让一个儿子留守太原，但石敬瑭不敢擅自做主，特地让儿子们站成一排，请耶律德光决定：您看哪个孙儿合适？

据记载，石敬瑭至少有六个儿子。其中，长子石重殷（或名石重英）和排行不明的石重裔（或名石重胤）已经在洛阳被杀，幼子石重杲夭折，留在太原的还有三个，分别是李皇后（后唐的晋国长公主）唯一的亲子楚王石重信，生母不详的寿王石重义，以及未成年也未受封的小儿子石重睿。除了三个儿子，石敬瑭原本有个大哥叫石敬儒，已去世多年，石敬瑭收养了大哥的遗子石重贵，视如己出。有趣的是，虽然石重贵只是侄子，但相貌比几个亲儿子更像养父石敬瑭，此时他也一起站出来，接受挑选。

耶律德光一眼便看中了这个小一号的"石敬瑭"，指着石重贵说："就选这个大眼睛的孙子吧！"契丹皇帝大概没有想到，相貌相像的人，行为可不一定相像，有乖儿子不一定有乖孙子，不过那些是后话了。

闰十一月十二日，契丹与后晋联军进至团柏谷，向赵德钧大军发动攻击。赵德钧此前的一切操作都输得一干二净，在看到远比自己强大的联军杀至时，终于完全暴露了他隐藏已久的懦夫本色：他抛下大军，与赵延寿一起，在银鞍契丹直骑兵的保护下拨马先逃，奔往潞州（今山西省长治市）。

连主帅都临阵脱逃，其他人哪还有心思抵抗？于是，团柏谷的数万大军瞬间崩溃，各自奔逃。符彦饶、张彦琪等逃往孟州，刘延朗、刘在明等逃往怀州，参与救援晋安寨的后唐各军，只有范延光因坚持不与赵德钧合兵，得以率他的两万人马全师而退。

就在几年前，后唐这些军队还曾给予契丹军多次重创，打得契丹人数年不敢南下。如今，后唐军基本上还是那批后唐军，契丹军也还是那批契丹军，谁能想到，再战一次，后唐已变得如此不堪一击！

闰十一月十四日，刘延朗、刘在明逃到怀州，给停驻于此的后唐皇帝李从珂，一股脑儿带来了石敬瑭称帝、张敬达被杀、晋安寨投降、团柏谷惨败等四个惊天动地的坏消息。李从珂惊得目瞪口呆，毫无疑问，他大势已去，社稷沦丧无可挽回！但心头残存的一丝侥幸，让他还想挣扎一下，他召群臣商议：现在该怎么办？

多数官员提议：现在只有范延光的两万天雄军（魏博军）还没有损失，皇上应该前往魏州，接手这支军队。只要天雄军还在，契丹人必定不敢无视侧翼的危险，南下洛阳。

李从珂略有动心，想到李崧与范延光的私交不错，便命群臣退下，独留李崧，想听听他的意见。

薛文遇大概没听清楚，他见李崧留下，以为李从珂要像以往一样，召见心腹学士密商，便也跟着李崧走进后厅。

李从珂一看几个月前还被他夸奖为"天赐贤辅"的薛文遇，顿时脸色骤变，勃然大怒。李崧见皇帝面色不善，急忙悄悄踢了薛文遇一脚，薛文遇这才反应过来，急忙退出。

看着逃走的薛文遇，李从珂仍怒不可遏，对李崧说："我一见这个混账东西，就气得浑身颤抖！如果不是他跑得快，我恨不得抽出佩刀，当胸捅他个对穿！"

李崧委婉劝道："薛文遇不过一小人，见识浅短，只会出些误国的馊主意。但事已至此，杀了他也于事无补，反而让人笑话罢了。"

顺便提一句，那天以后，史书上再也没有记载过有关薛文遇这个人的任何事迹。由于李崧以德报怨，薛文遇大概没有死于自己闯下的大祸（虽然他只该负次要责任，毕竟决策者是李从珂自己），而是弃职逃生，躲到某个不为人知的角落终老了吧？

回过头，李从珂怒气稍缓，问李崧：现在去魏州如何？李崧提醒李从珂："两年前，鄂王（李从厚）逃出京城，去投奔石敬瑭，结果是什么下场？如今晋安投降，团柏大败，人心已散，范延光恐怕也不会保持忠心，去了，很可能就是自投虎口！不如回洛阳吧，天子留在京城，还能稍稍维系人心，不至于马上崩盘。"李从珂听罢，打消了去魏州的念头，同意回京。

这时，前方惨败的消息传至洛阳，京城中人心慌乱，由于担心石敬瑭和契丹人的军队攻到京城杀人放火，城内百姓纷纷抛家弃舍，准备逃往周边的山谷间避难。于是，城中秩序大乱，城门口挤满了惊慌的人群，哭泣和怒骂之声充斥着人们的耳膜，处处都是一幅末日将至的景象。

守门的官吏认为，这也太不像话了，不能纵容恐慌情绪的传播，便暂时关闭城门，禁止人员出入，同时请示河南尹：要不要强令戒严，恢复秩序？

此时担任河南尹的雍王李重美对来请示的官吏说："国家多难，朝廷没有能力拯救百姓倒也罢了，怎么可以再阻止他们自救？不如让百姓自由选择，想离开的就让他们离开，等战乱过后，他们自然还会回来的。"有了李重美这道命令，城中人心才稍稍安定。

再说赵德钧、赵延寿在团柏谷大败之后，一路狼狈逃窜，奔入潞州才稍稍停下脚步。赵家父子判断，现在如果继续南逃，一旦见到李从珂，恐怕不会有好果子吃，于是派了个部将东行，探探穿越太行山回幽州的路还能不能走得通。

可此时，石敬瑭已命晋安寨的降将，昭义节度使高行周回潞州，为契丹和后晋联军南下开道，并准备给养。没等赵德钧派去探路的将领回来，高行周已直抵潞州城下，赵德钧父子忙登城防守。高行周远远看见赵德钧，命暂不攻城，靠近城墙，高声喊话："看在我和大王都是卢龙老乡的分儿上，不能不实言相告：之前为支援前线，潞州城内的存粮已被调运，一斗不剩，你怎么可能守得住，不如顺应时势，出城迎接圣驾吧！"

赵德钧父子一听，连残存的斗志也消失得干干净净，等另一对"父子"，也就是耶律德光和石敬瑭，率联军接近潞州，他们就早早出城，前往城郊的高河迎降。

赵德钧父子先叩见耶律德光。契丹皇帝态度和蔼。他们既已投降，就不用担心了。然后，赵家父子又到石敬瑭马前叩拜，不想石敬瑭一见到赵德钧，气就不打一处来。他故意把头上仰，不看赵家父子一眼，仿佛自己马前什么东西都没有。赵德钧只好再厚着脸皮套近乎："很久不见了，您一向还好吧？"石敬瑭依然昂着头，仿佛耳背，什么也没听见。

赵德钧正尴尬间，还好耶律德光又给了他一个"戴罪立功"的机会："你在幽州时，组建的那支银鞍契丹直骑兵在哪儿啊？"赵德钧不敢怠慢，忙将那些契丹降兵指给耶律德光看。契丹皇帝虽然对中原的叛徒关爱有加，但绝对容不下契丹叛徒，马上下令将总计三千人的银鞍契丹直骑兵押往西郊，全数处死。

赵德钧并没有因为他一系列破灭后唐的巨大"功绩"得到契丹人的优待，他和养子赵延寿，仍像千千万万被契丹俘掠的人丁一样，被用铁链拴成一串，在契丹人马鞭的驱赶下，离开故国，押往塞外。

到达契丹后，赵德钧作为高级俘虏，被献俘于契丹太后述律平。赵德钧乘此时机，将携带的所有金银细软，以及田地、房产的契约全部献上，希望能讨得契丹太后的欢心。

述律平当然不是这么好打发的，她问道："你这次为什么去太原啊？"

赵德钧叩头答："奉唐主之命，也是身不由己。"

"身不由己？"述律平禁不住冷笑，"你向我儿乞求，封你当皇帝，这也是唐主的命令吗？在我面前还敢撒谎！"她指着赵德钧的心口说，"你骗得别人，骗不了自己！"

赵德钧不敢答话。看着他那副孬种样儿，契丹太后暗暗叹息：亏我以前还把此人当成中原的好汉，看作契丹的劲敌，没想到竟是个如此不堪的废材！于是，她忍不住再斥道："我儿将行之时，我对他说：一旦赵大王引兵出渝关，你就赶快回来，不要管太原。我就想不通了，你如果想当皇帝，为何不先打败我儿，那时挟大胜之威，夺天下也不晚啊！你身为人臣，既不能忠于主君，又不能击退敌人，却妄想乘乱为自己捞取私利！做人做到你这么垃圾的程度，怎么还有脸活着呢？"

然后，述律平又问："你献上的金银在这里了，你献上的房屋、田地又在何处？"

一直低着头听训，不敢答话，几欲晕倒的赵德钧忽听此问，心下一喜：问钱的事？这么说契丹太后还是肯收钱的？好，伸手不打送礼人，只要没被剥夺行贿的权利，就还有转机。赵德钧赶紧擦擦满是冷汗的脸，讨好地答道："那些都在幽州。"

不想述律平接下来兜头给他一盆冷水："幽州现在属于谁？"

赵德钧忙答道："当然属于太后。"

述律平冷笑："既然都是属于我的东西，还用得着你献？"

不管怎么说，赵德钧也算契丹的大功臣，述律平极度鄙视其为人，却也没有治他的罪。但她这一番毫不留情的奚落，让赵德钧羞愧难当，从此，他吃不下饭，半年后郁郁而终。不过，他最后几个月表现出的那点儿廉耻之心，没传给他的养子。赵延寿从此心安理得地留在契丹，成了受耶律德光宠爱的重臣。在未来的岁月中，赵延寿不断为契丹人南犯献策献力。

回到主线。石敬瑭夺取潞州后，决定趁热打铁，马上挥师南下，直取洛阳，不给李从珂喘息的时间。契丹皇帝贴心地对干儿子皇帝说："我这次远来赞助大义，大功基本告成，我军如继续南下，可能会吓坏河南的百姓，还是你单独带兵南下更好一些，以便安抚河南。这样，我留大军于此，派大相高模翰（又被记作'高谟翰'或'高牟翰'）率五千名骑兵送你到河阳。如果路上有什么危急，我会马上去救你。等你拿下洛阳，我就率军北归。"

石敬瑭自然是感激涕零，与耶律德光相泣告别。耶律德光又送给石敬瑭上等良马二十四、普通战马一千二百匹，以及自己身穿的白貂裘一件，吩咐说："好好将我们父子君臣之谊传下去，世代子孙都不要相忘！"想了想，契丹皇帝又对后晋的人事安排做出安排，"刘知远、赵莹、桑维翰都是你的创业功臣，如果没有特别大的变故，不可以抛弃他们！"

与此同时，李从珂正从怀州仓皇南撤，奔至孟州（今河南省孟州市，即前文提到的河阳）。此时的孟州城地跨黄河两岸，中间有浮桥连接，李从珂不敢留在北城，护驾全军皆过桥退到南城。

这时符彦饶、张彦琪正好也逃到孟州，两员败将向李从珂奏报军情："现在契丹人大举南下，黄河又处于枯水季节，再加上人心已去，河阳肯定是守不住的，陛下不可久留！"

李从珂勇气尽失，于是命令斩断黄河浮桥，由河阳节度使苌从简与从团柏谷逃回的败将刘在明一道，扼守河阳南城，自己率其余军队撤回洛阳。

这苌从简本是久经沙场的猛将，善用长槊，能力敌数人，在梁晋争雄时曾追随李存勖屡建战功。有一次，他在战场受伤，箭头深入骨缝，嵌在里面无法拔出，连军医都束手无策，苌从简居然自己动手，凿开自己的骨头，取出箭头，让关二爷的刮骨疗毒都逊色三分！李从厚讨伐凤翔时，苌从简是讨伐军主将之一，在军队集体倒戈后奔逃，被李从珂抓获，当时苌从简很硬气："事主不敢有二心，今天要杀要留，随你定！"

总之，苌从简悍勇过人，不是赵德钧那样的怯懦之辈，但不怕死不代表会为李从珂去死。咱为庄宗皇帝卖命可以，为明宗皇帝卖命也行，可你李从珂算哪根葱？结果，等石敬瑭大军一到黄河北岸，苌从简就投降了，还献出了大量船只，帮助石敬瑭与契丹联军快速渡河。另一员大将刘在明倒是没有主动投降，但他很快被自己统率的皇家禁军生擒，献给石敬瑭。石敬瑭下令释放刘在明，让他官复原职，于是刘在明也成了后晋的将军。

却说李从珂经上东门回到洛阳。有记载说，后唐皇帝是深夜悄悄回来的，那时天幕低垂，万籁俱寂，夜色苍茫，寒风萧瑟，只有无尽的惆怅相随。也有记载说，当时有洛阳父老在上东门外相迎，百姓不了解天下大势，见皇帝悲泣，劝慰说："我们听说前唐时国家也多难，天子多退入蜀地，再力图恢复，现危难当头，陛下何不去西川？"对于这个不好笑的笑话，李从珂完全笑不出来："西川已经有孟家的皇帝了，我哪里还去得了？"然后，他大哭着回宫。

回到洛阳后，李从珂先下令杀掉李赞华（耶律倍），既然对付不了耶律德光，就拿耶律德光他哥出气。待情绪稍缓，李从珂决定尝试一下困兽之斗，他派马军都指挥使宋审虔、步军都指挥使符彦饶、新任河阳节度使张彦琪、宣徽南院使刘延朗等，率一千多名骑兵前往洛阳东北巡视，想选择一个合适的阻击阵地。

不想，他们走到距离洛阳约三十里的白马阪时，与正南下的后晋、契丹联军遭遇。还未发生冲突，唐军阵营中就有数十名骑兵离队北奔，投降后晋去了。宋审虔等四将大惊，士气如此，还打什么仗？他们急忙奔回洛阳，奏报李从珂。

李从珂召见了四将，强打精神，提出了一个明显不现实的作战计划：咱们出动全军，反攻河阳如何？正讨论间，传来了第一个坏消息：禁军将领已纷纷出城，向石敬瑭呈递降书去了！接着，又接到第二个坏消息：有契丹骑兵占领了洛阳西面的渑池。李从珂退往关中或回凤翔的道路也被切断了！李从珂彻底绝望了，他不想像前任李从厚一样，等着别人诛杀，决定还是保持尊严，带着一家人自我了断！

太妃花见羞见形势不妙，对与她情同姐妹的曹太后说："事情紧急了，我们最好先躲起来，等姑爷到了再出来。"按亲疏来说，花见羞的说法是有道理的，李从珂不是曹太后的亲儿子，石敬瑭却是曹太后的亲女婿，后晋得了天下，多半也不会为难她。

然而，曹太后不愿再苟且偷生了，她对花见羞说："我的儿孙一家落难至此，我怎能忍心独自求生？咱们姐妹就此别过，妹妹今后要好好保重！"于是，太后与太妃洒泪而别，曹太后留了下来，陪李从珂一起死。花见羞则带着由她抚养的许王李从益逃走避难，以保住明宗李嗣源最后的血脉。

临死之前，李从珂的皇后刘氏下令堆积柴草，打算焚毁皇宫。雍王李重美看见，劝阻母亲说："等新皇帝到来，不可能露天而居，到时候还要征发百姓重修宫殿。我们都要死了，何必做这种遗怨于后世的事？"

平心而论，在下对李从珂的失败一点儿也不感到惋惜，他虽非大奸大恶，却非常不适合当皇帝，在他短暂的帝王生涯中，黑点一抓一大把，亮点几乎找不到。但在下为他最可能的继承人李重美感到可惜，这个少年在有记载的寥寥几件事中，表现出一种在历代皇子中不多见的善良与宽容，在临死之前，他还在为那些与他并不相识的百姓着想。如果他能生在一个和平安定的时代，应该能成为一位宋仁宗或明孝宗之类的仁爱之主，只可惜时代没有给他那样的机会。

因李重美一言，他的母亲算是收了手，洛阳宫殿的绝大部分幸免于难，为百姓减少了一份劳役。但这个少年可能没有注意到，与此同时，他的父亲还是做了一件遗怨于后世的大事。

一切杂事办完了，李从珂携带传国玉玺，与曹太后、刘皇后、李重美等家人，还有宋审虔等心腹，一起登上了玄武楼，然后放火点燃了楼台。在熊熊烈焰中，后唐王朝彻底灰飞烟灭。这一天，是清泰三年闰十一月二十六日（937 年 1 月 11 日）。如果从李从珂称帝算起，后唐第三王朝只存在了两年零八个月。如果按惯例从李存勖称帝算起，整个后唐只存在了十三年零八个月。

后唐是个奇异的朝代，在不到十四年的短短历程中，内部经历了两次王朝更替，它实际上是由没有更改国号的三个王朝拼合而成，这在中国历史上独一无二。

后唐灭亡对后世还有一个重大影响，就是李从珂自焚前带走了中国古代的顶级国宝——传国玉玺。这件自秦始皇一统华夏时，用和氏璧雕琢而成的，统治中国的正统象征物，在经历了一千多年的传承，多个王朝反复易手之后，至此下落成谜。

按照常识，玉玺应该是烧不坏的，所以稍后石敬瑭进入洛阳，让人翻遍了玄武楼遗址上的每一寸灰烬。但最后什么也没有找到，他只得自己制了一个"皇帝受命宝"，像他的得国方式一样名不正言不顺。再往后，为了弥补这个遗憾，北宋、元、明三代都有人宣称找到传国玉玺，但经后人检测，全都是赝品。那方真正的传国玉玺，或许仍深藏在某个不为人知的角落，或许在玄武楼于烈焰中崩塌之时被摔碎了……